UMA LONGA E
ESTRANHA VIAGEM

Tony Horwitz

Uma Longa e Estranha Viagem

Rotas dos exploradores norte-americanos

Tradução
Ana Deiró

Título original
A VOYAGE LONG AND STRANGE
Rediscovering the New World

Copyright © 2008 *by* Tony Horwitz
Todos os direitos reservados.

Direitos para a língua portuguesa reservados
com exclusividade para o Brasil à
Av. Presidente Wilson, 231 – 8º andar
20030-021 – Rio de Janeiro, RJ
Tel.: (21) 3525-2000 – Fax: (21) 3525-2001
rocco@rocco.com.br
www.rocco.com.br

Printed in Brazil/Impresso no Brasil

PREPARAÇÃO DE ORIGINAIS
Fátima Fadel

CAPA, PROJETO GRÁFICO E EDITORAÇÃO
Fatima Agra – FA Editoração

CIP – BRASIL. CATALOGAÇÃO NA FONTE.
SINDICATO NACIONAL DOS EDITORES DE LIVROS, RJ.

H8141

Horwitz, Tony, 1958-
    Uma longa e estranha viagem: rotas dos exploradores norte-americanos /Tony Horwitz; tradução de Ana Deiró. – Rio de Janeiro: Rocco, 2010.

    Tradução de *A voyage long and strange: rediscovering the new world*
    ISBN 978-85-325-2541-3

    1. Exploradores - América – História. 2. Exploradores – América do Norte – História. 3. América – Descobertas geográficas. 4. América do Norte – Descobertas geográficas. I. Título.

10-0511   CDD – 970.01
                                        CDU – 94(7)

*Para Erica e Josh,
o pão do sanduíche no banco traseiro
de nossas viagens de infância.*

Erros... são portais de descobertas.

— James Joyce, *Ulisses*

"Veja, vossa mercê", disse Sancho; "que aqueles ali não são gigantes, mas sim moinhos de vento."

— Miguel de Cervantes, *Dom Quixote*

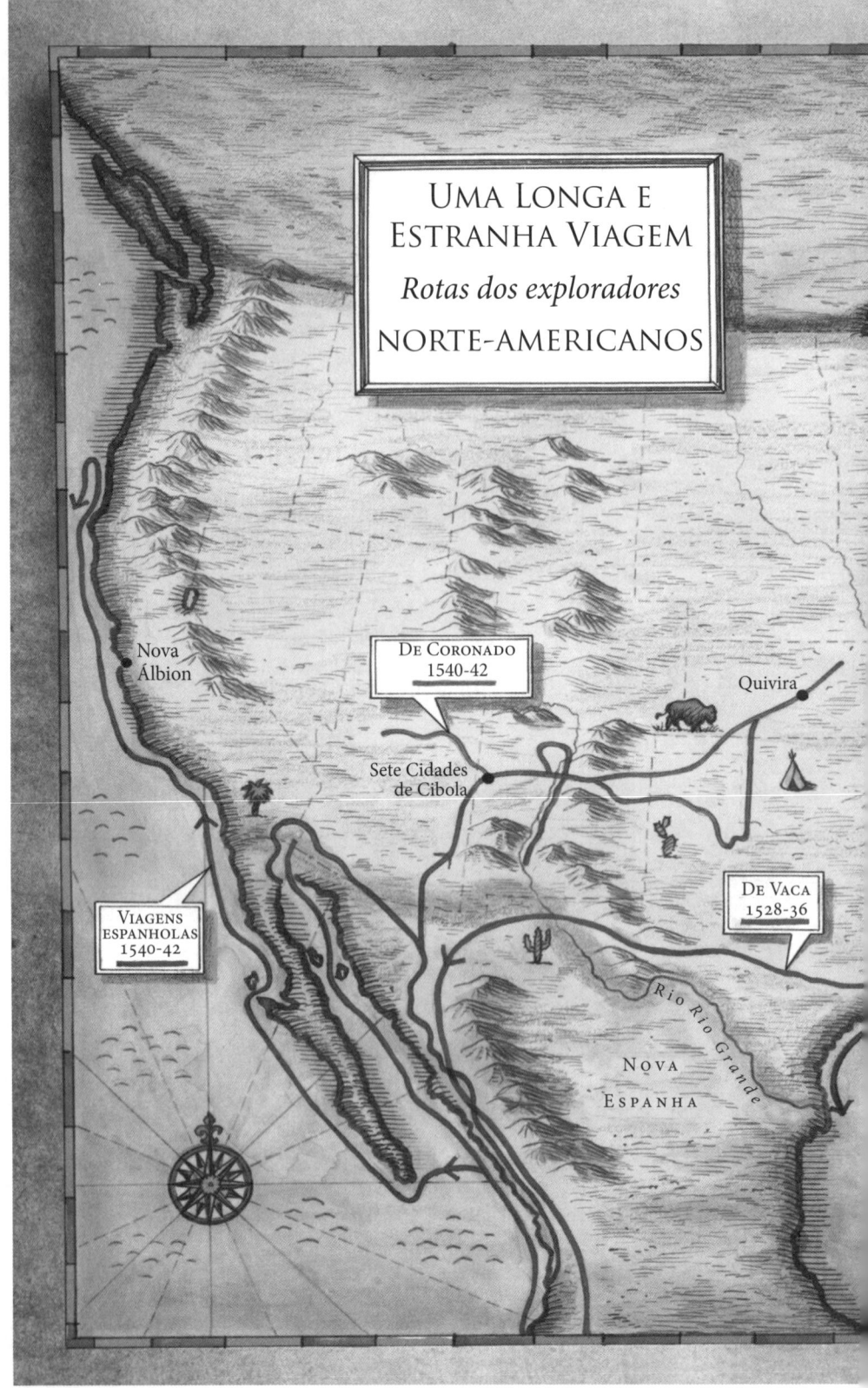

SUMÁRIO

Lista de mapas 13
Prólogo: *O Século Perdido* 15

parte I
Descobrimento

1. Vinland: *O primeiro contato* 25
2. 1492: *A metade oculta do globo* 62
3. Santo Domingo: *A maldição de Colombo* 86
4. República Dominicana: *Você acha que ainda existem índios?* ... 108

parte II
Conquista

5. A Costa do Golfo: *Nus no Novo Mundo* 129
6. O Sudoeste: *Rumo às sete cidades de pedra* 145
7. As Planícies: *Mar de relva* 175
8. O Sul: *De Soto vai a Dixie* 208
9. O Mississípi: *O último bastião dos conquistadores* 238

Parte III
Colonização

10. Flórida: *Fonte da juventude, rio de sangue* 273
11. Roanoke: *Perdidos na colônia perdida* 300
12. Jamestown: *O capitão e os naturais* 332
13. Plymouth: *Um conto de dois rochedos* 374

Notas sobre fontes 395
Bibliografia 411
Agradecimentos 423
Créditos das ilustrações 425

MAPAS

1. Mapa da Rota dos Vikings 30
2. Mapa da Terra Nova e do Golfo de St. Lawrence 45
3. Mapa da Primeira Viagem de Colombo 70-71
4. Mapa da República Dominicana 115
5. Mapa da Rota de Cabeza de Vaca 134-135
6. Mapa da Rota de Coronado (1 de 3) 152
7. Mapa da Rota de Coronado (2 de 3) 177
8. Mapa da Rota de Coronado (3 de 3) 193
9. Mapa da Rota de De Soto (1 de 3)...225
10. Mapa da Rota de De Soto (2 de 3) 240
11. Mapa da Rota de De Soto (3 de 3) 256
12. Mapa de St. Augustine e La Caroline 282
13. Mapa da Ilha de Roanoke e Arredores 311
14. Mapa de Jamestown e das Viagens de John Smith 339
15. Mapa da Rota de Gosnold e dos Peregrinos 377

PRÓLOGO

O Século Perdido

Os peregrinos não tinham muita simpatia por Cape Cod. "Uma imensidão inóspita, desolada e odiosa", William Bradford o descreveu. "Cheio de animais e homens selvagens." Em vez de permanecer, um pequeno grupo do *Mayflower* seguiu navegando em busca de um abrigo para o inverno. Em dezembro de 1620, eles chegaram a Plymouth, um lugar "apropriado para a situação", escreveu Bradford. "Pelo menos foi o melhor que puderam encontrar."

Durante uma viagem pelas estradas da Nova Inglaterra há alguns verões, eu também fui parar na costa de Plymouth. Poderia ter sido em Dedham ou Braintree ou qualquer outro dos muitos pontos de parada na autoestrada perto de Boston. Mas uma partida do Red Sox corria animada no rádio, de modo que continuei dirigindo até que acabei na saída de Plymouth. Quando parei para tomar uma cerveja na Myles Standish Liquor, indicaram-me a William Bradford Motor Inn como o melhor lugar que eu poderia encontrar no auge da temporada de turistas.

Cedo na manhã seguinte, saí para uma caminhada no passeio à beira-mar, e passei diante de uma casa de sopas de frutos do mar, uma loja de balas puxa-puxa, um museu de cera e uma réplica do *Mayflower* ancorada na baía. Perto da água, erguia-se um marco com uma placa histórica sucinta, mesmo para os padrões da Nova Inglaterra.

Rochedo de Plymouth. Local de Desembarque dos Peregrinos. 1620.

Olhei ao redor e não consegui ver nada, exceto asfalto e algumas pedras pequenas o bastante para arremessar sobre a água. Então avistei um solitário corredor se deslocando em velocidade pela calçada.

— Perdoe-me — disse, correndo atrás dele —, mas onde fica o Rochedo de Plymouth?

Sem reduzir a marcha, ele espetou um polegar por cima do ombro.

— O senhor acabou de passar por ele.

Dezoito metros mais para trás, havia um recinto cercado por colunas, entre a calçada e a linha da costa. Entrando ali, cheguei a uma balaustrada se estendendo em volta de uma depressão rasa. No fundo havia uma protuberância de granito, a areia molhada ao redor estava coberta de pontas de cigarro e de canhotos de entrada para o museu de cera. O pedregulho, de cerca de meio metro quadrado, tinha uma fenda mal remendada no meio. Parecia uma batata fossilizada.

Alguns minutos depois, uma família chegou. Enquanto entravam no pórtico, o pai anunciou em tom solene para os filhos:

— Foi aqui que tudo começou. — Então eles se debruçaram por cima da balaustrada para olhar.

— É *só isso*?

— Acho que sim.

— Mas é, ora, não é nada.

— Nós temos pedras maiores que essa no quintal.

Não demorou muito e o pórtico estava lotado: ônibus com grupos de turistas, visitantes estrangeiros, gente que viera passar o verão acampando. A reação deles seguia um arco com a mesma trajetória, de seriedade solene ao choque e à hilaridade. Mas o Rochedo de Plymouth era um ícone da história americana. De modo que os visitantes respeitosamente tiravam fotografias ou apontavam câmeras de vídeo para o granito estático.

— Isto vai dar um belo de um filme para mostrar em casa.

— Pois é. *Minha visita à Pedrinha de Plymouth*.

— Os peregrinos deviam ter pés muito pequenos.

Eu fui conversar com uma mulher de shorts verdes e camiseta cáqui postada logo na entrada do recinto, contando visitantes com um contador estatístico. Claire Olsen era uma guarda florestal veterana do parque de Plymouth, habituada a ouvir turistas desrespeitarem a pedra sagrada.

— Muitas pessoas vêm aqui esperando encontrar o rochedo de Gibraltar — comentou. — Talvez tenham passado suas últimas férias por lá.

Ela também estava acostumada a responder a perguntas estranhas. Era verdade que o *Mayflower* havia se chocado com o Rochedo de Plymouth? Os peregrinos serviram a refeição de Ação de Graças em cima dele? O índio de bronze, de três metros de altura, numa colina com vista para a rocha — era em tamanho natural?

A pergunta mais comum, contudo, dizia respeito à data gravada na superfície da rocha. Por que dizia 1620, queriam saber os visitantes, em vez de 1492? Colombo não havia chegado em 1492?

— Ou então eles perguntam: "Foi aqui que os três navios aportaram?" — contou-me Claire. — Estão se referindo ao *Niña*, ao *Pinta* e ao *Santa María*. As pessoas pensam que Colombo desembarcou os peregrinos e partiu de volta para casa.

Claire tinha que explicar pacientemente que o desembarque de Colombo e o dos peregrinos haviam ocorrido separados por uma distância de mil milhas e um intervalo de 128 anos.

— Os americanos aprendem as datas, 1492 e 1620, quando crianças, e é só disso que se lembram quando adultos — declarou ela. — O resto da história é uma lacuna.

Enquanto ela retomava sua contagem de turistas, eu retornei ao Governor Bradford, rindo baixinho das perguntas dos visitantes. América, o grande país da ignorância! Mas o comentário que Claire fizera ao se despedir me fez parar para refletir. De volta à estrada, fazendo curvas em meio a pântanos de oxicoco, passei em revista as informações armazenadas em minha memória sobre a fundação da América pelos europeus. Em 1492, Colombo navegou o azul do oceano... John Smith e Jamestown... O Pacto de Mayflower... Peregrinos de chapéus engraçados... Dos índios que tinham encontrado os ingleses, é claro que eu conhecia Pocahontas, Squanto e... Hiawatha?

Isso foi a soma do que consegui desencavar. Fragmentos de história do ensino fundamental e da mesa na comemoração do Dia de Ação de Graças. Mais algumas imagens indistintas de livros de ilustrações com frades de vestes negras e conquistadores de armadura que eu não conseguia identificar. Quanto às datas, eu havia perdido um século inteiro, o que separava a navegação de Colombo em 1492 da fundação de Jamestown, em 1600 e alguma coisa. Talvez nada tivesse acontecido no período entre as duas. Contudo, era incômodo não saber. Eu tinha cursado escola particular e universidade caros — e tinha feito nada menos que uma especialização em história! —, agora me descobria matriculado na meia-idade com o conhecimento da fundação da América de uma criança de terceiro ano fundamental.

Depois de voltar para casa na Virginia, decidi me dedicar a alguns estudos para remediar minha deficiência. De início, isso demonstrou ser enganadoramente fácil: a maior parte do que eu queria saber estava escondido bem debaixo de meu nariz, em minha biblioteca local. Depois de fazer uma leitura rápida de algumas histórias, decidi ir mais fundo, lendo as cartas e os diários dos primeiros exploradores. Uma canja, na verdade — exceto que uma enorme quantidade de coisas havia acontecido entre Colombo e os peregrinos. Histórias incríveis a respeito das quais eu não tivera nenhum conhecimento. Aquilo não era uma lacuna em meus estudos; era um abismo.

Quando afinal o primeiro inglês havia se estabelecido como colono, outros europeus já tinham alcançado *metade* dos 48 estados que hoje constituem os Estados Unidos continental. Um dos primeiros a chegar havia sido Giovanni da Verrazzano, que havia excursionado pelo litoral leste em 1524, quase um século inteiro antes da chegada dos peregrinos. Verrazzano, um italiano no comando de um navio francês, havia sentido o cheiro da América antes de vê-la: "Uma doce fragrância", escrevera ele, bafejava até o mar, vinda das densas florestas de cedros das Carolinas.

Ao chegar à costa, Verrazzano despachou um de seus homens para nadar até a costa e saudar algumas pessoas reunidas nas dunas. Os nativos prontamente carregaram o francês até uma fogueira na praia e despiram-no de suas roupas — não para "assá-lo para comer", como temeram seus companheiros de tripulação, mas para aquecer o marinheiro, enquanto "olhavam para a brancura de sua pele e o examinavam da cabeça aos pés".

Costeando em direção ao norte, Verrazzano ficou favoravelmente impressionado por uma larga baía chamada Santa Margarida, mais conhecida hoje em dia como o porto de Nova York. "Um lugar muito agradável", escreveu ele, observando com presciência que em sua costa bem populada "não faltavam algumas propriedades de valor". Só no final de seu cruzeiro pela costa leste foi que Verrazzano se decepcionou. Os nativos desnudaram os traseiros para os marinheiros e baixaram os produtos para intercâmbio sobre "rochedos onde as ondas de arrebentação batiam com maior violência". Verrazzano chamou aquela região de "Terra de Gente Ruim", um nome que desde então foi mudado para Maine.

Em 1528, numa viagem de retorno à América, Verrazzano chegou a uma costa numa ilha caribenha que parecia deserta. Rapidamente foi capturado por nativos, então "cortado em pedaços e comido até o menor dos ossos". Ou pelo menos é o que afirma o único relato sobrevivente de seu desembarque, que conclui: "Uma morte tão triste teve o homem que vivia em busca de novas terras."

A história também foi cruel para com Verrazzano. Em sua época, o navegador era tão célebre que seu nome aparecia em um globo terrestre primitivo abrangendo a costa leste da América do Norte. Hoje, ele está esquecido, exceto como o homônimo de uma ponte de Nova York que se abre em arco sobre o braço de mar através do quel navegou em 1524.

Ainda menos lembrados são os pilotos portugueses que navegaram os navios espanhóis ao longo de *ambas* as costas do continente no século XVI, explorando as regiões rio acima até Bangor, no Maine, e chegando até o Oregon. Ao longo do caminho, em 1542, um deles escreveu em seu diário sobre a Califórnia: "A terra parece ser muito boa", mas seus habitantes "vivem de modo muito porco". Naquele mesmo ano, os conquistadores espanhóis completaram um reconhecimento do interior do continente: escalando as Apalaches, viajando de balsa pelo Mississípi, examinando do alto o Grand Canyon e galopando pelo interior até chegar à região central do Kansas (para grande surpresa dos índios da planície, que nunca tinham visto cavalos).

Os espanhóis não apenas exploraram: eles colonizaram, do rio Rio Grande ao Atlântico. Ao fundar St. Augustine, a primeira cidade europeia permanente em território dos Estados Unidos, os espanhóis fizeram uma oração de graças e sentaram-se para comer com os índios — 56 anos antes do dia de Ação de Graças dos peregrinos em Plymouth. Os espanhóis também fundaram uma missão jesuíta na Virginia, a poucos quilômetros da futura Jamestown. Os espanhóis também não eram os únicos europeus na região. Protestantes franceses, fugindo de perseguição em sua pátria, fundaram uma colônia na Flórida em 1564, antes que todos, exceto dois dos peregrinos, sequer fossem nascidos.

Quanto mais eu lia sobre a América pré-*Mayflower*, mais ficava a me perguntar por que havia aprendido tão pouco a seu respeito antes. Não se tratava de um punhado de datas e nomes esotéricos que haviam sido citados e eu deixara passar enquanto cochilava na aula de história no colégio, como a Sucessão dos Habsburgo ou a Guerra de Jenkins Ear, em 1739. Aquilo era o primeiro capítulo esquecido da fundação de meu próprio país pelos europeus, um capítulo misteriosamente excluído dos livros de estudo de minha juventude e — até onde eu sabia — da memória nacional.

O preconceito anglo me parecia o culpado evidente, mas não explicava inteiramente a amnésia dos americanos. Jamestown precedia Plymouth em 13 anos como a primeira colônia inglesa permanente no continente. Contudo, como a maioria dos americanos, eu ignorava a história de Jamestown, apesar do fato de ter passado a maior parte de minha vida na Virginia. Quase todo mundo conhece o *Mayflower*, até mesmo novos imigrantes; o navio dos peregrinos aparece com proeminência nos testes de cidadania. Quantos americanos são capazes de dizer os nomes dos três navios que trouxeram os primeiros colonos ingleses para Jamestown? Ou se recordam de alguma coisa a respeito da colônia, exceto talvez Pocahontas e John Smith?

Plymouth, como se revelou, não fora nem sequer a primeira colônia inglesa na Nova Inglaterra. Essa distinção pertencia a Fort St. George, em Popham, no Maine — um lugar de que eu nunca tinha ouvido falar. Tampouco foram os peregrinos os primeiros a fundar uma colônia e se estabelecer em Massachusetts. Em

1602, um bando de ingleses construiu um forte na ilha de Cuttyhunk. Tinham vindo, não em busca de liberdade religiosa, mas para enriquecer desencavando raízes de sassafrás, uma mercadoria muito valiosa na Europa usada como cura para a gonorreia.

A história não é esporte, onde ser o primeiro a chegar significa tudo. Os postos avançados de Popham e Cuttyhunk foram rapidamente abandonados, do mesmo modo que o foram a maioria das primeiras colônias francesas e espanholas. Plymouth resistiu e os ingleses venceram a disputa pela conquista do continente, e os protestantes anglo-americanos — da Nova Inglaterra, em particular — moldaram a memória da nova nação. E assim surgiu um mito de criação, de Pais Peregrinos semeando a nova terra com sua piedade e ética de trabalho. Os vencedores escreveram a história.

Mas os perdedores são importantes, especialmente na história dos primórdios da América. Foram as viagens dos espanhóis, dos franceses e dos portugueses que, para começar, incentivaram os ingleses a fazer a travessia do Atlântico e que determinaram onde eles se estabeleceram. Os primeiros colonizadores europeus também introduziram cavalos, porcos, ervas, espadas, armas e — de maneira extremamente letal — doenças para as quais os índios não tinham resistência.

Plymouth era um lugar "apropriado para a situação", nas palavras de William Bradford, porque "uma praga extraordinária" recentemente havia dizimado os nativos da costa. Isso deixara o litoral indefeso e os campos convenientemente limpos para o plantio de milho. No sul e no vale do Mississípi, a devastação fora ainda maior. Os conquistadores do século XVI deixaram em sua esteira uma trilha de destruição em antigas civilizações que outrora haviam rivalizado com as dos astecas e incas. Os peregrinos e, mais tarde, os americanos que avançaram para o oeste, vindos do Atlântico, não desbravaram uma natureza virgem. Eles ocuparam uma terra que há muito tempo havia sido transformada pelo contato europeu.

Havia, ainda, outra versão da história, igualmente dramática e não tão deprimente. Para os primeiros europeus, a América parecia verdadeiramente um mundo novo, e suas palavras dão voz à estranheza e à maravilha da descoberta. Que pensar de insetos luminosos que à noite pareciam uma "chama de fogo"? Ou de "vacas corcundas" com barbas parecidas com as do bode que corriam em disparada pelas planícies? Mesmo as pradarias sem fim, hoje desprezadas como "terreno de passagem apenas para sobrevoo", deixaram pasmos aqueles que primeiro cavalgaram por elas. "Se um homem se deitasse de costas, perdia de vista a terra", maravilhou-se um cavaleiro espanhol pasmo com o nivelamento da superfície do terreno.

Mais exóticos que tudo o mais eram os povos da América, a quem Colombo denominou *los indios*, Verrazzano chamou de *la genta de la terra*, e a quem os primeiros ingleses se referiam como os naturais. Para os europeus imundos, malnutridos e demasiado vestidos, os nativos pareciam chocantemente grandes, limpos e nus. Os índios ficavam do mesmo modo estarrecidos com os europeus. Os nativos enfiavam os dedos nas barbas dos estranhos, alisavam as pregas em suas roupas (talvez pensando que o tecido fosse pele) e ficavam curiosos com os produtos que ofereciam para troca. Quando lhes eram dados espelhos de mão, escreveu Verrazzano: "Eles os olhavam rapidamente e então os recusavam, rindo." As trocas de alimentos também eram surpreendentes. "Não havia nada que lhes desagradasse, exceto a nossa mostarda", escreveu um inglês sobre os ilhéus de Cuttyhunk, em 1602, "à vista da qual eles faziam muita careta."

Os peregrinos que chegaram a Massachussetts 18 anos depois tiveram uma experiência muito diferente. Samoset, o primeiro índio que eles encontraram em Plymouth, saudou os colonos em inglês. A primeira coisa que ele pediu foi cerveja.

Se o drama do primeiro contato foi negado aos peregrinos que chegaram mais tarde, é ainda mais difícil de encontrar para viajantes de nossos dias. Encontros entre culturas desconhecidas não acontecem mais, fora da ficção científica. Tudo de que se precisa para explorar outros hemisférios é um programa de busca.

Mas, vasculhando os anais dos primórdios da América, descobri um mundo que era novo e estranho para mim. Como seria explorar esse Novo Mundo, não apenas em livros, mas em campo? Fazer uma viagem pré-peregrinação através da América dos primeiros tempos que acabasse no Rochedo de Plymouth, em vez de começar lá? Fazer uma aterragem onde os primeiros europeus haviam desembarcado, conhecer os naturais, escavar o passado e mapear sua memória no presente? Redescobrir minha terra natal, o continente norte-americano?

Eu não tinha ideia de onde isso me levaria nem do que encontraria. Mas tinha lido o suficiente para saber que haveria desvios para fora das fronteiras modernas e de cronologias impostas por compêndios escolares. Colombo, para começar, fora mais um retardatário ao chegar. Para partir do princípio, eu tinha de voltar atrás, muito mais para trás, chegar aos primeiros europeus que haviam cruzado o azul do oceano, muito antes de 1492.

Parte I
DESCOBRIMENTO

Uma xilogravura publicada em 1493 para ilustrar o relato de Colombo de seu desembarque no ano anterior. Acredita-se que seja a mais antiga obra de arte europeia imaginando "as Índias" e seu povo.

Capítulo 1

VINLAND
O PRIMEIRO CONTATO

> Agora se falava muito de sair em busca de
> novas terras.
> — *A saga dos groenlandeses*

A história da descoberta da América pelos europeus começa com um fugitivo. Eirik, o Vermelho, fugiu de sua Noruega natal, dizem as sagas, "por causa de algumas mortes". Instalando-se na Islândia, Eirik dedicou-se a ser fazendeiro e desentendeu-se com um vizinho, Filth-Eyjolf. Então ele assassinou Filth, bem como Hrafn, o Duelista. Banido por causa dos assassinatos, Eirik se mudou para as ilhas ao largo da costa da Islândia e emprestou armações de cama para um homem chamado Thorgest. Quando o empréstimo não deu certo, Eirik matou os filhos de Thorgest, "e também vários outros homens".

Novamente exilado — dessa vez pela *Thing* ou assembleia regional —, Eirik partiu rumo ao oeste, como fariam tantos fora da lei um milênio depois. Navegou da Islândia para desbravar uma região de fronteira glacial, que chamou de Groenlândia (Greenland — terra verde), "como ele disse, as pessoas seriam atraídas a ir para lá se tivesse um nome favorável".

A Groenlândia nos dias de hoje não tem solo arável; três quartos de sua superfície são cobertos por calota glacial. Eirik, contudo, havia chegado durante um longo período de aquecimento no Atlântico Norte. A Groenlândia em 985 d.C. não era exatamente um jardim, mas também não era a vulcânica Islândia nem as desarborizadas Ilhas Faeroe, outro confim do mundo que os vikings haviam colonizado. Eirik e seus seguidores criaram animais domésticos na orla da costa, fundando uma colônia que cresceria até contar vários milhares de nórdicos, e manteria um vigoroso comércio de artigos de luxo, tais como peles de ursos polares e presas de morsa, com a Europa.

Eirik parece ter se abrandado na Groenlândia, ou pelo menos parou de matar. O único desentendimento depois de sua chegada foi doméstico; a esposa de Eirik se converteu ao cristianismo e se recusou a dormir com o marido pagão "para grande desagrado dele". Mas na época o casal já tinha vários filhos crescidos, inclusive Leif, que era grande, forte "e sábio, além de ser um homem dado a moderação em todas as coisas". Eirik, o Vermelho, também tinha uma filha ilegítima, Freydis, que herdara o temperamento explosivo e homicida do pai. O momento dela chegará mais adiante nesta saga.

Existem duas versões para o que aconteceu a seguir. Ambas falam sobre os homens do mar que ficaram perdidos quando navegavam pelo Atlântico Norte (a palavra norueguesa *hafvalla*, que significa "desorientado no mar", aparece com frequência nas sagas). Em *A saga de Eirik, o Vermelho*, conhecida sob forma resumida por muitos americanos, Leif Eiriksson deixou a Noruega para ir para a Groenlândia e "por sorte encontrou terras onde não esperava que existissem". Ele colheu plantas maravilhosas e, em sua viagem de volta para casa, resgatou marinheiros naufragados. "Depois disso se tornou conhecido como Leif, o Afortunado."

Mas *A saga dos groenlandeses* relata uma história mais completa e menos galante. Nessa versão, foi um homem do mar desviado de sua rota por uma terrível tempestade, chamado Bjarni Herjólfsson, que, quando navegava para a Groenlândia, foi o primeiro a dar com uma costa desconhecida dos noruegueses. Ao longo de cinco dias, Bjarni navegou ao largo da costa resistindo às súplicas de seus homens, que queriam desembarcar. "Não", respondeu Bjarni. "Pois esta terra me parece sem valor."

Mesmo sem uma percepção tardia de mil anos de conhecimento, os instintos de Bjarni pareciam suspeitos. "Muitas pessoas achavam-no um homem a quem faltava curiosidade", diz a saga da recepção fria de Bjarni ao chegar à Groenlândia, "uma vez que ele não tinha nada a contar sobre aquelas terras." Leif, uma alma mais intrépida, comprou a embarcação de Bjarni e fez-se ao mar com 35 homens para explorar o misterioso território. Ele chegou a uma costa montanhosa onde "um único rochedo plano se estendia das geleiras até o mar". Leif ainda não tinha desenvolvido o talento do pai para a venda. Chamou sua descoberta de A Terra da Pedra Chata.

Depois de uma segunda parada, numa costa coberta por uma mata densa que Leif denominou Terra da Floresta, os nórdicos chegaram a uma ilha onde "encontraram orvalho na relva, que recolheram nas mãos e beberam, e concluíram jamais ter bebido nada tão doce". Nas vizinhanças havia um promontório e um rio cheio de salmões. Os nórdicos construíram "grandes casas" e se instalaram nelas. "Parecia que a terra era tão boa, que os animais de criação não precisariam de forragens no inverno. A temperatura nunca caía abaixo do nível de congelamento e a relva só murchava ligeiramente." Aos olhos dos homens do norte, um Valhala terrestre.

Incursões ao interior revelaram mais uma maravilha. Um homem chamado Tyrkir, que era oriundo "de um país mais ao sul" que os escandinavos, saiu para uma exploração e retornou "muito satisfeito com alguma coisa". De início disse coisas sem nexo em alemão e fez caretas estranhas. Então Tyrkir relatou na língua dos homens do norte que havia encontrado uvas. Pela descrição de seu estado de espírito e de seu comportamento, parece que de alguma forma ele havia se embebedado com elas.

— Você tem realmente certeza disso? — perguntou Leif sobre a fruta. Os nórdicos adoravam vinho, mas viviam demasiado ao norte para reconhecer a planta de que era feito.

— Tenho certeza absoluta — respondeu Tyrkir —, porque onde eu nasci não faltavam vinhedos e uvas.

Leif pôs seus homens para trabalhar, colhendo a fruta e cortando mudas de vinhas para carregar seu navio. Então ele partiu para a Groenlândia. "Dizem que o barco que foi levado a reboque atrás do navio estava carregado de uvas." Leif também levou para casa um nome sedutor para sua descoberta: Vinland, ou Terra do Vinho.

QUANDO A NEBLINA se dissipou, depois de 15 minutos de percurso de carro do aeroporto, tive meu primeiro vislumbre da Terra Nova. Uma placa apareceu à margem da autoestrada Transcanadá, ostentando uma pictografia de um grande animal de imensas galhadas erguendo-se sobre um sedã destruído. "Cuidado: Antílopes Podem Atravessar a Estrada." A estrada mergulhou numa baixada entre dois lagos e a neblina tornou a me envolver. Eram quatro e meia da manhã, a aurora na Terra Nova em pleno verão, e hora do rush para os antílopes. Durante os oitenta quilômetros seguintes, o único outro veículo na estrada além de meu carro alugado foi uma ambulância em alta velocidade, seguindo na direção oposta, com a sirene aos berros. Exausto por não ter dormido depois de meu voo durante a noite, imaginei um acidente, com um motorista esmagado por um antílope dentro do carro.

A placa seguinte que vi era para o Dildo B & B (Pensão do Consolo de Viúva), e depois uma placa rodoviária, assinalando a distância até a cidade mais próxima: 170 quilômetros. Estranho que o primeiro território na América descoberto por europeus devesse figurar, um milênio depois, entre os menos habitados. Para me manter acordado, liguei o rádio no Canadian Broadcasting Service, que enche as primeiras horas da manhã com programas radiofônicos em língua inglesa transmitidos do mundo inteiro. Eu liguei bem a tempo de ouvir a rádio Suécia e um programa sobre cozinha escandinava.

A transmissão começou com uma mulher cantando, depois emendou com uma entrevista com um judeu sueco.

— O senhor come alce? — perguntou o locutor.

— Não tenho certeza de que seja *kosher* — respondeu o convidado. — Mas a maioria dos judeus come carne de alce se tiver vontade.

Seguiu-se um sami ou lapão, falando sobre língua de rena. Então a rádio sueca cedeu lugar à rádio tcheca, e depois à BBC, ajudando-me a chegar à hora do desjejum. Finalmente alcançando um pedacinho de civilização, parei o carro junto de um pequeno restaurante e loja. Na placa na fachada lia-se:

Minhocas vivas
Serviço macio
Línguas de bacalhau

Como carne de alce ser *kosher*, bacalhaus terem língua não era algo a respeito de que eu jamais havia parado para pensar. Optando por café, continuei dirigindo e passei por mais uma placa de advertência, que registrava o alarmante número de mortos envolvendo "Acidentes de Veículo/Alces" ao longo do ano anterior. Montanhas de cumes cobertos de neve erguiam-se ao longe. Então avistei o que me trouxera até ali: uma placa ornamentada com uma antiga embarcação a remo e a vela e as palavras "Trilha dos Vikings". Enveredando pela trilha, segui em direção ao ponto extremo nordeste do continente que se podia alcançar de carro: L'Anse aux Meadows, o sítio do primeiro povoado europeu na América.

O TERMO "SAGA" SE ORIGINA DE UMA PALAVRA do escandinavo antigo que significa "dizer", história, conto. Ela se refere a relatos orais da Era dos Vikings (aproximadamente 800 a 1050 d.C.) que mais tarde foram escritos por clérigos medievais. As sagas relatam histórias de pessoas reais, lugares reais e de acontecimentos reais, tipicamente contendas. A prosa é simples, informal. Mas as sagas também habitam uma zona crepuscular onde há uma interseção entre o normal e o paranormal.

Na *Saga de Eirik, o Vermelho*, uma mulher sai rumo ao telheiro, só para ver seu caminho impedido por fantasmas. Em Vinland, um viking é massacrado por um ser metade homem metade animal perneta, armado de arco e flecha. "Era uma vez um homem chamado Ulf", começa uma saga, "filho de Bjalfi e de Hallbera, a filha de Ulf, o Destemido. Ela era irmã de Hallbjorn Metade-demônio de Hrafnista."

Desnecessário dizer que tais passagens lançaram dúvidas sobre a confiabilidade das sagas como fontes históricas. Para tornar ainda maiores as dúvidas, há a maneira como as sagas foram transmitidas. Os escribas cristãos que primeiro as registraram, vários séculos depois dos eventos que elas descrevem, não viam mal algum em manipular os relatos sobre os seus ancestrais pagãos. Editores posteriores acrescentaram seus próprios estilos narrativos, diferindo na sequência de cenas e no significado de expressões escandinavas antigas. Em suma, as sagas que lemos hoje distam em muitas gerações das histórias inicialmente contadas ao redor de fornos circulares no extremo norte do Atlântico mil anos atrás.

As sagas também têm um histórico de inspirar ficções românticas. Quando as traduções inglesas das sagas de Vinland alcançaram um amplo público americano, nos anos 1830, vestígios dos vikings subitamente começaram a aparecer na Nova Inglaterra. Antiquários declararam que uma misteriosa torre de pedra em Newport, Rhode Island, na verdade fora construída pelos nórdicos antigos e que um cemitério nas vizinhanças contendo tanto ossos quanto metal pertencia a um guerreiro da Antiguidade. "Era um viking dos tempos antigos!", escreveu Henry Wadsworth Longfellow em seu conhecido poema "The Skeleton in Armor" (O esqueleto de armadura).

Mais tarde, no século XIX, o lugar exato de achados vikings se mudou para o norte do Meio-Oeste americano, lar de escandinavos emigrados que estavam ávidos para alçar um dos seus à condição de fundador do continente. (*A América não foi descoberta por Colombo* era o título de uma história de grande sucesso em 1874 de autoria de um estudioso de Wisconsin de descendência dinamarquesa.) O achado mais renomado, a Pedra de Kensington em Minnesota, ostentava uma inscrição rúnica que falava de godos e noruegueses que tinham viajado por lá vindos de Vinland. Outras runas incontáveis apareceram pelo interior do país, até em lugares tão distantes como Heavener, em Oklahoma. Como e por que os navegadores marítimos escandinavos tinham viajado para estados cercados de terra nunca foi esclarecido.

Tampouco qualquer dessas afirmativas resistiu a exame mais detalhado por estudiosos e arqueólogos. A torre de Newport acabou por se revelar um moinho de vento do século XVII, e o "viking dos tempos antigos" de Longfellow, um índio Wampanoag, enterrado com uma chaleira inglesa colonial. A Pedra de Kensington foi desmascarada como uma esmerada falsificação, esculpida pelo pedreiro sueco que a "encontrou" em sua fazenda em 1898. Outras runas foram identificadas como petróglifos indígenas, ranhuras glaciais ou marcas deixadas por ferramentas de fazendeiros.

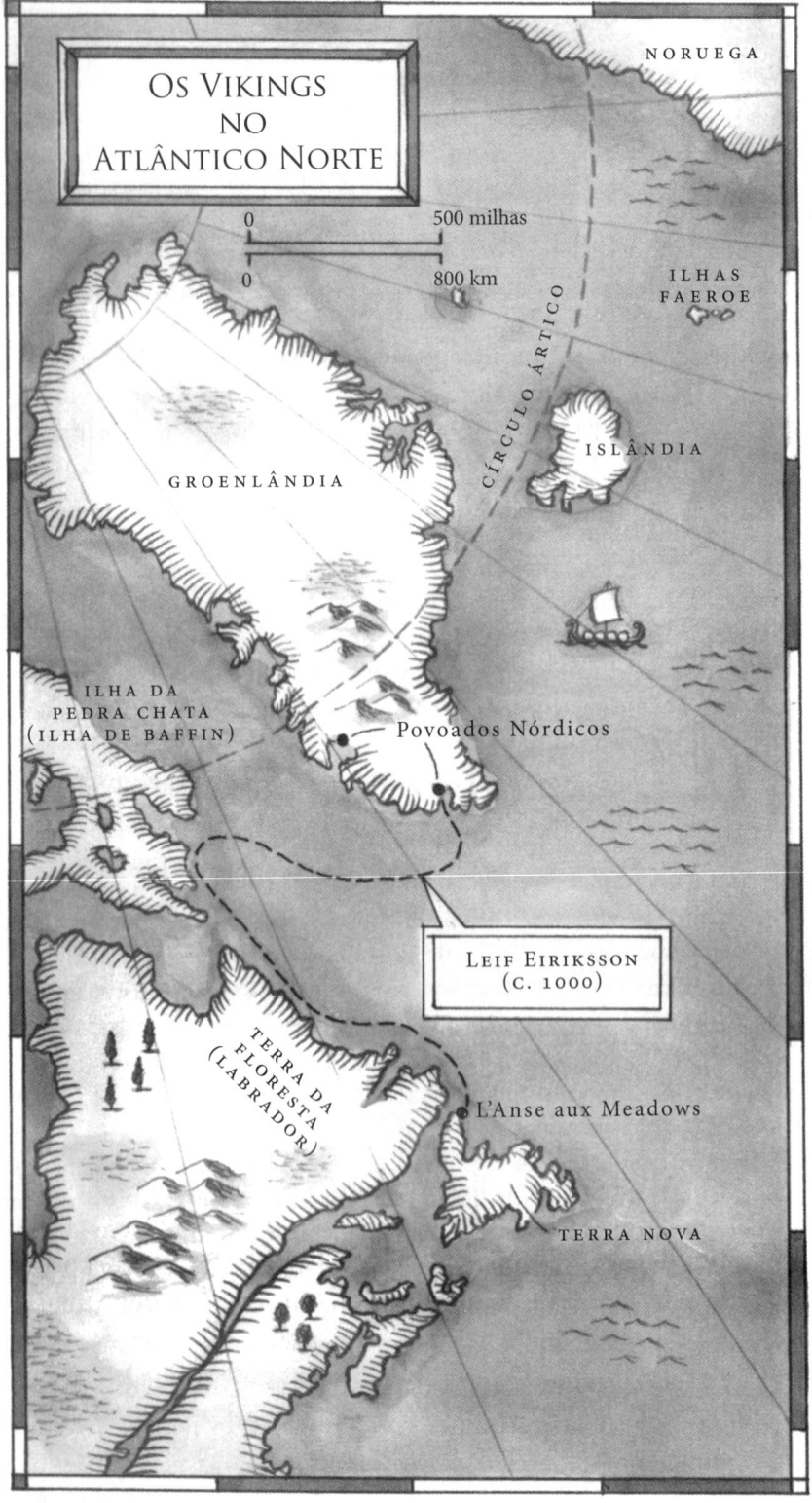

Portanto, foi com considerável ceticismo que os estudiosos receberam a notícia, em 1961, de mais uma descoberta de despojos escandinavos, dessa vez por um norueguês. Helge Ingstad, advogado de formação e aventureiro por vocação, havia embarcado, aos 60 anos, no que parecia uma missão quixotesca. Seguindo vagas pistas nas sagas, bem como registros eclesiásticos e mapas antigos que mencionavam Vinland, ele se dedicou a fazer um levantamento da costa atlântica noroeste inteira em busca de vestígios de visitas dos escandinavos mil anos atrás. Essa busca por fim acabou por conduzi-lo à Terra Nova, que se estende tão longe a leste que quase entra na linha de fuso horário da Groenlândia. Se Leif Eiriksson navegara pelo longíquo Atlântico Norte e depois costeara rumo ao sul, teria esbarrado com a extremidade norte da Terra Nova.

Viajando de barco, Ingstad ouviu falar sobre sítios de antiquíssimas casas no remoto vilarejo de pescadores de L'Anse aux Meadows. Ao desembarcar no cais do vilarejo, ele seguiu um pescador até um platô relvado que ostentava marcas e vestígios tênues de moradias desaparecidas. Os residentes locais chamavam-no de "acampamento dos índios", mas para Ingstad a disposição das ruínas recordava as casas de fazendas nórdicas que vira na Groenlândia.

No verão seguinte, Ingstad e sua esposa arqueóloga, Anne Stine, deram início às escavações. Ao longo dos 8 anos que se seguiram, eles e uma equipe internacional descobriram moradias e artefatos iguais aos que haviam sido encontrados em conhecidos sítios arqueológicos de vikings. Datação por radiocarbono e outros testes determinaram que os achados remontavam a cerca de 1000 d.C. E assim, em 1978, a Unesco nomeou L'Anse aux Meadows seu primeiro patrimônio histórico da humanidade, o único povoado viking confirmado até hoje descoberto na América. As sagas, conforme se revelou, estiveram corretas.

A Trilha dos Vikings se estendia por horas ao longo de uma planície costeira desolada. Os poucos povoados pelos quais passei eram funcionais beirando a austeridade: casas bem cuidadas sem nenhum adorno, igrejas simples e mercearias de estilo soviético com placas indicando "Comida". A única estação de rádio que consegui sintonizar transmitia boletins pesqueiros de Labrador. Até as placas de atenção aos alces desapareceram.

Exausto e entediado pelo percurso de um dia inteiro dirigindo, comecei a sentir simpatia por Bjarni Herjólfsson. Se a costa que encontrara por acaso tivesse sido parecida com essa, ele podia ser perdoado por ter pensado que a América "não tinha nenhum valor". Visitantes posteriores concordaram com sua opinião. Jacques Cartier, que havia costeado a Terra Nova em 1534, a chamara de "a terra que Deus deu a Caim".

No cume da ilha, a estrada enveredava para leste em meio a dejetos rochosos, turfeiras e lagos glaciais. Então a Trilha dos Vikings se bifurcava, e eu segui uma das direções até seu final num penhasco à beira-mar. Ao saltar de meu carro, fui recebido por um vento gélido e uma vista de um paredão de rocha encerrando um braço de mar estreito: um fiorde. Abrigado em seu interior estava o que parecia um navio de cruzeiro naufragando, enorme, branco e adernando. Eu precisei de um momento para registrar em minha mente a palavra "iceberg", algo que nunca tinha visto fora de um cinema IMAX.

A outra direção da Trilha dos Vikings conduzia a L'Anse aux Meadows, um nome que soa enganadoramente bonito e agradável como "campos de Flanders". Na verdade é uma corruptela do nome original francês: Anse à la Médée ou Enseada de Medeia, em homenagem à mitológica assassina grega. Passei por outro iceberg e por trechos cobertos de neve. Então as poucas árvores mirradas desapareceram e o panorama se abriu e se ampliou: um urzal subártico descendo em ondulações até o mar. Era bonito, mas desolado e tão frio, mesmo no verão, que minha respiração fez uma pequena nuvem quando saltei do carro.

A estrada acabava num cais e numa dúzia ou pouco mais de casas à beira da água. No posto de gasolina, uma hora antes, eu ficara sabendo que um homem chamado Tom mantinha um barco de passeio para excursões no cais de L'Anse. Aquela me parecia uma maneira agradável de iniciar minha exploração, vendo a costa a partir da água, como os vikings tinham feito. Mas a única pessoa na doca era um homem dentro de um carro estacionado com um gorro enfiado bem baixo na fronte. Bati de leve na janela fechada dele e perguntei onde poderia encontrar Tom e seu barco.

— Não há icebergs por aqui — respondeu o homem, mal baixando a janela.

— Eu não quero ver icebergs — respondi.

— O que você quer ver?

— Aonde os vikings chegaram.

— Também não tem vikings por aqui, nunca houve — declarou ele. — Não senhor. Tudo isso é conversa fiada. Eles devem ter encontrado um lugar melhor que este. No inverno aqui não serve para viver. — Ele fechou a janela, deu partida no carro e se foi.

Do outro lado do passeio, vi um velho emergir de uma casa pequenina, andar até junto de uma cabra e acariciá-la. Uma placa em seu quintal dizia: "Vende-se Meias de Lã", algo que, me dei conta, eu bem que estava precisando. Aproximando-me dele, comentei sobre o frio.

— Está um dia quente hoje — respondeu ele, levantando o suéter de lã para revelar um agasalho de malha, uma camisa de flanela e uma camiseta por baixo. — Estou quase nu, eu estou.

O homem se chamava Job Anderson, e era um dos moradores locais que tinham ajudado os Ingstad quando começaram as escavações nos anos 1960.

— O trabalho andava escasso, de modo que eu disse sim — recordou Job. Ele mencionou que seu avô era norueguês, e eu perguntei se aquilo havia feito com que se identificasse com os vikings cujas casas ele ajudara a escavar.

— Aquilo foi há muito, muito tempo — respondeu Job. — Não vou lhe contar mentiras. Nunca andei com eles. Eu sou velho, mas não assim tão velho. — Então ele começou a cantar. — "Nasci aqui de manhã, um quarto depois das duas, com minhas mãos em meus bolsos e meu velho *ragadoo*. — Quando olhei para ele sem compreender, explicou: — Um *ragadoo* é um casaco.

Job deu uma palmadinha na cabra.

— Ela viverá até o dia em que morrer, esta aqui. — Eu assenti, comprei um par de meias e me recolhi ao meu carro, perplexo com meu primeiro contato com os nativos da Terra Nova. Será que eles estavam se divertindo às minhas custas? Ou será que eram todos loucos varridos?

Nas sagas, pouco se conta sobre Leif Eiriksson depois de sua viagem para Vinland. Mas seus irmãos deram continuidade à empreitada de onde ele parou, liderando várias expedições à Terra do Vinho. Primeiro, um irmão, chamado Thorvald, navegou para oeste e passou o inverno no acampamento fundado por Leif. Durante uma excursão de verão das águas circundantes, Thorvald navegou subindo por um fiorde e encontrou um cabo arborizado com uma enseada protegida. "Este é um lugar atraente", declarou ele, "e aqui eu gostaria de construir minha fazenda."

Então os nórdicos repararam em algo que parecia ser três pequenos montes na praia. "Ao se aproximarem, viram que eram barcos cobertos de pele, com três homens debaixo de cada um deles." As sagas dedicam apenas algumas linhas a esse memorável momento: o primeiro encontro registrado entre europeus e nativos americanos, dois ramos da humanidade que estiveram separados por tanto tempo que mal se reconheciam como parentes.

Quando e como os primeiros povos chegaram à América é um tema de intenso debate, alimentado por achados arqueológicos recentes e novos dados genéticos e linguísticos. De maneira geral, acredita-se que seres humanos primitivos migraram da África há cerca de 50 mil anos, com um grupo desse fluxo finalmente alcançando o nordeste da Ásia, mais ou menos ao mesmo tempo e nas mesmas latitudes que outros se instalavam no canto noroeste da Europa. Perto do fim da última era do gelo, há aproximadamente 12 mil anos, caçadores fizeram a travessia da Ásia para o Alasca dos dias de hoje, antes de se espalharem pelas Américas. Então outros 11 mil anos se passaram antes que a família do homem se reunisse — ou, melhor dizendo, entrasse em choque — numa praia no leste do Canadá.

Nas sagas, a palavra para "nativo" é *Skraeling*, um termo arcaico nórdico que é traduzido alternadamente por "seres nojentos", "feio", "gritador estridente" ou alguma combinação dos três. Os nativos também são descritos como baixos, de pele escura, e "de aparência malévola", com cabelos grossos e maçãs do rosto largas e achatadas. É claro, nós só ouvimos um lado da história. Para os olhos e ouvidos nativos, os escandinavos — muito claros de pele, hirsutos, de rostos alongados e falando uma língua desconhecida — também devem ter parecido feios, canalhas nojentos, ululantes.

Ao descobrir os skraelings debaixo de seus barcos, os escandinavos "dividiram suas forças e conseguiram capturar todos eles, exceto um que escapou em seu barco. Eles mataram os outros oito". Nenhum motivo é dado para esse massacre. Então "um vasto número de barcos cobertos de peles desceu pelo fiorde", prontos para a batalha. Os nórdicos repeliram o ataque, mas Thorvald foi atingido debaixo do braço por uma flecha. Percebendo que estava mortalmente ferido, pediu para ser enterrado no local da fazenda que havia escolhido.

O capítulo seguinte da história de Vinland começa com uma passagem do tipo que pode deixar envergonhados os leitores modernos. Os nomes nas sagas não apenas parecem iguais; por vezes eles *são* os mesmos. Outro irmão Eiriksson, Thorstein, decide fazer-se ao mar da Groenlândia para vir resgatar o corpo de Thorvald. Mas Thorstein fica doente e morre na casa de um fazendeiro chamado Thorstein. Sua viúva, Gudrid, tem um encontro com uma mulher fantasma, também chamada Gudrid. E assim por diante.

Passado algum tempo Gudrid torna a se casar, com um rico capitão chamado Thorfinn Karlsefni, e eles partem para Vinland com sessenta homens, seis mulheres, e "trazendo consigo toda sorte de animais de criação, pois se pudessem pretendiam residir naquela terra". Depois de chegar ao antigo acampamento de Leif, viveram bem "da abundância natural" de frutos da terra, de uvas, peixes, caça e baleias.

Então no verão, os skraelings apareceram de novo. Inicialmente, os nativos ficaram assustados pelo berrar e bufar de um touro, um animal que nunca tinham visto. Porém, retornaram trazendo "couros não curtidos de animais, zibelinas e outras peles de toda sorte", que ofereceram em troca de armas. Esse encontro prefigurou centenas de outros entre os nativos e os recém-chegados nos séculos por vir. Embora desconfiados e cautelosos de início, e incapazes de se entender entre si, os dois grupos rapidamente encontraram uma língua comum na troca de mercadorias. E finalmente demorou muito para que os nativos reconhecessem o artigo mais valioso dos estrangeiros: suas espadas de lâminas de aço e, mais tarde, suas armas de fogo.

Karlsefni proibiu seus homens de comerciar espadas, em vez disso, "fez as mulheres trazerem e oferecerem leite e produtos derivados do leite". Assim se iniciou outra tendência nas relações entre europeus e nativos: o negócio assimétrico, pelo menos aos olhos dos recém-chegados. "Os skraelings levavam suas compras em seus bojos, e deixavam para trás seus fardos, couros e peles."

Karlsefni retornou para a Groenlândia na primavera seguinte, com os navios carregados de parreiras de uvas e peles. Sua visita deixou outro legado. Enquanto estavam em Vinland, sua esposa Gudrid deu à luz. Quase seis séculos se passariam antes do nascimento da primeira criança inglesa na América do Norte: Virginia Dare, um bebê prodigamente celebrado em mármore, na poesia, em novelas e peças. O bebê de Gudrid, como tantos outros nórdicos, permanece desconhecido fora das sagas. Seu nome, para o registro, era Snorri.

Depois de me hospedar no Vinland Motel, saí para ver o pequeno parque nacional encerrando a aldeia viking em L'Anse aux Meadows. Primeiro fazendo uma parada no centro de visitantes, assisti a uma entrevista em filme com o descobridor do sítio, Helge Ingstad, que recentemente morrera aos 101 anos. O norueguês esguio e bem-apessoado falava de sua profunda admiração pelos vikings, cuja "avidez por aventura" os havia impelido a cruzar o oceano em barcos abertos para "descobrir um novo país".

Essa imagem romântica se destacava em contraste com os humildes artefatos vikings encontrados em L'Anse e agora em exibição no centro de visitantes: um prego enferrujado, um espeto de madeira "usado para fixar no lugar torrões de terra com grama e raízes nos telhados", um broche de bronze em forma de anel para prender mantos e um fuso de rosca usado pelas mulheres para tecer fios. Pequeno, redondo e cortado em pedra-sabão, o fuso parecia uma rosquinha doce achatada.

Uma exposição na sala vizinha, sobre a vida dos vikings em ambos os lados do Atlântico, também invalidou meu estereótipo dos vikings como frenéticos guerreiros saqueadores. Tecnicamente, o termo "viking" se refere apenas aos povos nórdicos que saíam para ataques e pilhagens. A maioria dos nórdicos ficava em casa, pacificamente, cultivando a terra na Escandinávia. Tampouco os colonizadores da Groenlândia e de Vinland navegavam em "navios dragões" de proas pontiagudas como as usadas pelos guerreiros nas incursões no norte da Europa. Em vez disso, eles navegavam em embarcações de boca larga, chamadas *knarr*, projetadas para o transporte de passageiros, carga e animais de criação através do oceano.

Um navio longo da Era dos Vikings, da Tapeçaria Bayeux, século XI.

Finalmente, a fim de que eu não imaginasse orgias pagãs em homenagem à deusa do sexo Freya, a exposição relatava que a maioria dos colonizadores de Vinland eram recém-convertidos ao cristianismo. A impressão geral era de um bando de pioneiros caseiros e devotos, que teciam lã, cortavam lenha e pescavam: uma versão primitiva e um bocado mais fria dos peregrinos de Plymouth.

Do lado de fora do centro de visitantes, um passeio de madeira descia pela encosta de inclinação suave entre uma jazida de turfa e uma jazida de musgo, para o sítio arqueológico. Eu me detive primeiro na fornalha e forja, onde os homens nórdicos usaram a turfa e o minério de ferro locais para fundir metal de baixa qualidade, o primeiro empreendimento industrial na América. Tudo que restava era uma ligeira perturbação na terra, nada mais conspícuo que um buraco de roedor.

Pouco mais adiante, cheguei a um platô pontilhado de crateras gramadas, o coração da aldeia viking. As depressões delineavam sete edifícios e residências. Ligeiras aberturas nas paredes que chegavam à altura das canelas revelavam onde tinham ficado as portas; minúsculas depressões indicavam os buracos de lareiras. Ao circum-navegar o platô várias vezes, tentei imaginar Leif e seus homens chegando à América. O sítio ocupava um promontório ao lado de uma baía rasa, com um córrego desembocando nela, exatamente como as sagas descreviam. E havia as "casas comunais" onde os vikings passavam o inverno. Tudo se encaixava perfeitamente, exceto a temperatura: 4 graus com chuva em rajadas de vento, não exatamente o paraíso temperado, abundante de videiras das sagas.

Dei uma olhada rápida em meu relógio. Eu tinha levado dez minutos para percorrer o que restava da América dos vikings. A história era maior do que o lugar.

Puristas poderiam ter reclamado, mas tendo viajado de tão longe até ali, fiquei satisfeito de que a administração do Parks Canada tivesse reconstruído vários prédios como teriam sido no ano 1000 d.C. Vistos de longe, afastados do sítio arqueológico, os prédios pareciam montes verdes erguendo-se da planície costeira. De perto, pareciam casas de *hobbits*, com paredes de turfa e tetos de torrões de grama que se inclinavam quase até o chão. Relva e flores silvestres vicejavam no topo. Inclinando-me para passar pelo vão de uma porta baixa, tive a impressão de estar mergulhando direto para dentro da terra.

A escuridão e o calor me envolveram tão logo entrei. Quando meus olhos se ajustaram à luz fraca, vi o piso de terra batida, vigamento de caibros e plataformas de madeira recobertas de peles. Um caldeirão pendia sobre um fogo aceso. Ao lado do caldeirão estava ajoelhada uma bela jovem, de longos cabelos louros, o manto marrom de tecido grosseiro amarrado com uma corda na cintura.

— *Gothen dyen* — disse ela. — Não vi seu *knarr* chegar.

— Como disse?

— Eu disse "Bom-dia" e perguntei por sua embarcação. Ela é grande?

— Tipo bem compacto — respondi. — E a sua? Quando chegou?

— Senhor, eu vivo aqui há mil anos e durante todo esse tempo fui uma escrava. — Ela remexeu na panela. — Posso lhe oferecer um pouco de gordura de baleia?

Uma voz rouca e áspera berrou da escuridão na outra extremidade da casa longa.

— Bera, sua escrava preguiçosa, trate de me trazer meu mulso!

Bera suspirou.

— Esse é Bjorn, meu senhor. Um homem cruel e estúpido. — Diante disso, apareceu um homem corpulento, de fartos cabelos desgrenhados na altura dos ombros e com quase a mesma quantidade de cabelo espetando-se de suas faces. Vestia uma túnica cinza por cima de calças de lã e botas de couro de cabra.

— O que é isto? — rosnou, espiando dentro do caldeirão. — Restos, *de novo*?

Bjorn se virou e me lançou um olhar furioso, gesticulando para meu bloco e caneta.

— Um verdadeiro *skald* não precisa dessas ferramentas — declarou. Então recitou trechos de um poema chamado o "Hávamál", ou "As palavras do Ser Supremo", que apresentavam homilias sobre o comportamento apropriado para vikings.

— O gado morre, os parentes e companheiros de tribo morrem, e você próprio da mesma forma deverá morrer — disse em voz ribombante. — Sei apenas de uma coisa que nunca morre: a reputação de cada homem morto.

Depois de 15 minutos de conversas desse tipo, ele e Bera deixaram de lado os personagens de época. Bjorn, na vida real, era um pescador chamado Mike que havia trabalhado no parque durante seis anos. Em certa época, se tornar um viking parecera uma profissão de futuro na economia em depressão do norte da Terra Nova, onde o encerramento das atividades de pesca industrial do já escasso bacalhau, nos anos 1990, deixara milhares de desempregados. O governo havia patrocinado um programa para treinar alguns dos desempregados como atores, a fim de participarem em recriações históricas dos vikings, na esperança de que o milésimo aniversário da viagem de Leif, em 2000, impulsionasse um crescimento no turismo. Mas poucos viajantes tinham vindo até ali, tão longe ao norte, e um bom número pescadores desempregados agora tinham, além disso, a distinção de ser vikings desempregados.

Bera era uma professora fascinada pela vida doméstica dos vikings. Ela passava seus dias na casa tricotando, tecendo e cozinhando, embora não a gordura de baleia que havia oferecido. O verdadeiro conteúdo do caldeirão era feijão, repolho, cenouras e cebola — safras de períodos de tempo frio, do tipo que os vikings plantavam no Atlântico Norte.

— Nós costumávamos comer o que cozinhamos — comentou Bjorn. — Mas é uma comida que dá gases, o que não é a melhor coisa quando se está fechado aqui o dia inteiro.

Ele me mostrou o resto da casa comunal, que tinha 3,65m de comprimento por 2,75m de largura, as dimensões exatas de um dos prédios encontrados no sítio lá fora. Os detalhes do interior reproduziam os de uma residência viking na Islândia que foram preservados sob cinza vulcânica. Pendurado na parede havia um elmo pontudo com proteção de nariz. Este, também, era baseado no modelo histórico — e não se assemelhava em nada aos capacetes com chifres usados por vikings das histórias em quadrinhos nem por fãs de vikings de Minnesota. Como tantas outras histórias tradicionais sobre vikings, o capacete de cornos era uma ficção romântica, criada no século XIX por figurinistas para óperas wagnerianas.

Embora os adereços e acessórios da casa fossem de qualidade de museu, outros aspectos da vida dos vikings tinham demonstrado ser mais difíceis de criar.

— Nós os imaginamos como primitivos, se comparados a nós — comentou Bjorn —, só que não conseguimos fazer as coisas básicas que eles faziam. — Ventilar a fumaça de um fogo, por exemplo. Quando a casa havia sido inaugurada, relatou Bjorn, a fumaça ficava colada no piso. Nós ficávamos tossindo sem parar e não podíamos passar muito tempo aqui dentro.

O parque havia instalado escotilhas no teto, mas elas faziam com que faíscas subissem ateando fogo ao telhado. Tentativas de criar a corrente de ar correta através das portas e do assoalho também falharam. Finalmente, a administração do parque desistiu de usar madeira e instalou bocas com jatos de gás propano e falsas achas de lenha. Contudo, depois que o fogo de verdade deixou de ser usado, a umidade se instalou e se apoderou da casa. Os sacos de dormir de pele de carneiro ficaram úmidos e infestados de insetos e começaram a feder.

Mesmo assim a vida na casa comunal tinha suas compensações. Sempre que os visitantes entravam, o frio e a escuridão os atraíam a se reunir amigavelmente ao redor do forno circular e lareira. Sem janelas e com a única porta oferecendo uma visão limitada do mundo inóspito lá fora, a casa parecia um útero de terra revestido de peles. Deitado numa pele, ouvindo Bjorn contar histórias da mitologia escandinava — anões artesões trabalhando em subterrâneos; valquírias recolhendo as almas de guerreiros mortos nos campos de batalha; o poderoso Thor combatendo gigantes com seu martelo —, não me pareceu nada espantoso que os escandinavos tivessem criado um dos maiores tesouros de história oral. Que ambiente é mais inspirador para contar histórias e fantásticas criações imaginárias do que um longo e escuro inverno passado ao redor de um círculo de rostos iluminados pelo fogo?

Também fazia sentido que os nórdicos tivessem resistido ao cristianismo por mais tempo que quaisquer outros europeus, apegando-se ao paganismo por mil anos depois de Cristo. O isolamento foi um motivo para isso. Mas, no mundo frio, escuro, aquoso e violento em que os nórdicos habitavam, com anões, demônios, deuses de trovão e banquetes de javali e mulso, servidos por donzelas no paradisíaco Palácio dos Guerreiros Mortos em Combate, o Valhala, tudo isso deve ter sido difícil de trocar por um sistema de crenças nascido do deserto do Oriente Médio.

Bjorn, por exemplo, era um que ainda não havia sucumbido.

— Eu não tenho tempo para cristãos — rugiu ele para uma família reunida junto ao fogo. — Eles passam desta vida para a próxima e não levam nada consigo. Nós, pagãos, vamos bem preparados.

Ele apresentou uma lança e um machado de guerra de lâmina larga.

— Se você acertar um bom e belo golpe com isto num cristão — disse brandindo o machado para um garoto de olhos arregalados —, ele não sofrerá muito. Não que nos importemos, senhor, quando chega a hora de matar. — Então ele mostrou como golpear enfiando a lança, que os vikings torciam antes de puxar fora. — Não há nada como o cheiro de intestinos voando pelos ares da manhã.

Quando os visitantes se foram, Bjorn e Bera se acomodaram e deram início a jogos de tabuleiro, outro passatempo doméstico em que os nórdicos eram excelentes. O favorito deles era *hneftafl*, uma versão de xadrez "de sítio ao rei", em que um jogador põe seu rei no centro do tabuleiro e o outro ataca. Bjorn era um mestre nisso, mas ainda um noviço em outro passatempo nórdico. Tinha passado semanas tentando entalhar uma cabeça de proa de navio com a forma de um dragão feroz.

— Parece um pato — disse Bera.

— Não, não parece, tem cara de bicho feroz. — Bjorn passou a ponta da faca ao longo da boca da criatura. Está vendo, um arreganhar de dentes.

Bera mais uma vez levantou os olhos do tricô.

— Vai ser um pato um bocado feroz.

Fiquei vadiando por ali até a hora de o parque fechar. Bjorn guardou as armas e enfiou seu pato-dragão debaixo de uma pele.

— Eu desligo o gás — disse Bera, enfiando a mão atrás de uma rocha ao lado da falsa fogueira para desligar a válvula de propano.

Nós saímos da casa comunal para a luz baixa do fim de tarde da Terra Nova. Mesmo assim, o mundo parecia espantosamente claro depois de horas no recinto fechado de terra. Eu me senti agradavelmente desorientado, como acontece depois de sair de uma sessão de cinema durante a tarde.

Bjorn sorriu para mim, reconhecendo a sensação.

— De volta para o futuro — disse ele. — Não é tão bom quanto dizem, hein? — Abotoando os casacos, fomos caminhando pela turfeira, de volta para nossos *knarrs* no estacionamento.

A SAGA DOS groenlandeses relata uma quarta e última viagem a Vinland. As primeiras viagens comandadas por Leif, Thorvald e Karlsefni foram, evidentemente, consideradas um sucesso, uma vez que "a viagem pareceu trazer aos homens tanto riqueza quanto renome". De modo que a filha ilegítima de Eirik, o Vermelho, a temperamental Freydis, decidiu tentar a sorte. Ela contratou dois irmãos da Islândia para navegarem em comboio e dividirem os lucros da viagem. Cada navio deveria transportar trinta "homens combatentes", mas Freydis "violou o acordo logo de início", escondendo cinco guerreiros a mais em seu navio.

Por ocasião da chegada ao acampamento de Leif, Freydis exigiu que apenas seus homens ocupassem as casas existentes. De modo que os irmãos construíram uma casa comunal separada. A sugestão deles de que os grupos se reunissem para "jogos e diversões" no inverno resultou apenas em mais má vontade, "e cada grupo acabou confinado em suas próprias casas".

Então, certa manhã bem cedinho, Freydis foi descalça em meio ao orvalho pedir que um dos irmãos trocasse de navio com ela, uma vez que o dele era maior e ela queria voltar para casa. De boa vontade ele concordou. Quando Freydis voltou para a cama, seus pés gelados acordaram seu marido, Thorvard, que perguntou por que ela estava molhada. Freydis afirmou que tinha ido perguntar sobre a possibilidade de comprar o navio dos irmãos e que não só sua proposta tinha sido recusada como ela havia sido fisicamente atacada. "Mas você é tão covarde que não é capaz de fazer com que nem a desonra que me foi feita nem a que você sofreu sejam pagas", disse ela. "A menos que se vingue disso, eu me divorciarei de você!"

Devidamente envergonhado, Thorvard despertou seus homens e foi capturar os irmãos e seus companheiros. Quando conduziu os prisioneiros amarrados para fora, Freydis ordenou que fossem executados. Mas os homens de Thorvard se recusaram a matar as cinco mulheres entre eles.

"Passem-me um machado", exigiu ela friamente. Então despachou as cinco mulheres e ameaçou matar qualquer integrante de seu grupo que revelasse o que tinha feito.

Freydis demonstrou ser também uma valquíria e tanto em combate. Durante uma incursão exploratória, os nórdicos foram atacados por um grande grupo armado de skraelings, a bordo de canoas, fazendo uso de uma estranha arma. De varas altas, eles catapultavam "um grande objeto redondo, com cerca do tamanho do estômago de uma ovelha e de cor negra", que "fazia um ruído ameaçador quando aterrissava". Esses mísseis aterrorizaram de tal maneira os nórdicos que "só conseguiam pensar em fugir".

Ao ver seus companheiros recuarem, Freydis declarou: "Tivesse eu uma arma tenho certeza de que combateria melhor do que qualquer de vocês." Embora pesada em estado de gravidez avançada, ela se juntou ao combate, empunhando a espada de um viking morto. "Quando os skraelings vieram correndo em sua direção, ela tirou um de seus seios do justilho e bateu nele com a espada. Os skraelings ficaram aterrorizados ao ver isso e fugiram correndo de volta para seus barcos e partiram apressadamente."

Embora Freydis tivesse evitado uma derrota, os colonos se deram conta de que não podiam permanecer em Vinland. "A despeito de tudo que a terra tinha a oferecer ali, estariam sob constante ameaça de ataque de seus habitantes anteriores. Prepararam-se para partir de volta para sua própria terra."

Os nórdicos, que haviam submetido tantos de seus inimigos europeus — anglo-saxões, francos, celtas, eslavos —, foram expulsos por skraelings em canoas de pele. Documentos isolados, de datas tão tardias quanto meados dos anos 1300, mencionam expedições para cortar madeira em Markland, que era provavelmente o Labrador dos dias atuais. Mas nunca mais os nórdicos retornariam para explorar e estabelecer colônias na Terra do Vinho de Leif.

Passei cinco dias em L'Anse aux Meadows, tentando conhecer seus habitantes dos dias atuais. A maioria descendia de pescadores que tinham se apoderado de pequenos lotes de terra à beira do mar no século XIX.

— Eu nasci no mesmo lugar onde vivo hoje — disse Clayton Colbourne, quando o conheci em seu quintal, pintando o casco de seu barco. — Minha mãe mora na casa ao lado, e meu irmão, ao lado dela.

Os Colbourne tinham ocupado Beak Point, vizinha à enseada rasa onde os vikings tinham chegado. A costa de Labrador era visível de maneira indistinta, a cerca de cinquenta quilômetros de distância. Clayton, um homem esguio, bem-apessoado, de traços fortes e brutos, de 55 anos e com uma barba ruiva ficando grisalha, era um de 11 filhos que tinham todos ajudado o pai a pescar desde bem pequenos. No princípio dos anos 1960, quando os Ingstad chegaram, não havia estrada que levasse a L'Anse, apenas uma trilha para pedestres até a vila vizinha e uma viagem de barco de meio dia até a cidadezinha mais próxima, uma viagem que só era possível durante os poucos meses quentes do ano.

— Você pode imaginar como foi quando aqueles estrangeiros chegaram vindos do mar, como vikings, e começaram a fazer escavações — comentou Clayton. — Nós achamos que eram loucos idiotas. — Apesar disso, ele havia se juntado à equipe de escavação, e mais tarde se tornou um guia no parque, onde trabalhou durante várias décadas. — Os vikings agora são uma grande parte de mim, uma paixão — disse ele. — Gosto da coragem e da tenacidade deles, da ousadia de acharem que podiam fazer-se ao mar em barcos abertos para cruzar o oceano e voltar.

Essas qualidades tinham repercussão numa comunidade de homens do mar nos derradeiros limites do continente. Do mesmo modo a criatividade dos vikings.

— Eles usavam tudo que estivesse disponível, como nós — observou Clayton. — Eu corto minha madeira para fazer barcos, faço tudo eu mesmo. É preciso ser duro e capaz de se virar sozinho. — Ele apontou para sua pilha de lenha: cem fardos, rebocados da floresta num trenó engatado num snowmobile. — Ninguém vive aqui por causa do clima — acrescentou secamente. — No inverno anterior, a temperatura tinha caído para trinta abaixo de zero e uma nevasca havia prendido as pessoas em casa durante três dias.

Clayton me acompanhou até a beira da baía, que tinha apenas 1,80m de profundidade, perfeita para alçar para terra embarcações de baixo calado, como as usadas pelos vikings e, mais tarde, pelos pescadores de bacalhau. A costa tinha pasto abundante para os animais de criação; até recentemente, famílias locais tinham pastoreado ovelhas, cabras e vacas nos mesmos lugares que os vikings, mil anos atrás. Quando Clayton era menino, os peixes eram tão abundantes no córrego junto ao sítio dos vikings que ele podia apanhá-los com as mãos.

— Tudo que os vikings conheciam e de que precisavam estava bem aqui — disse ele. — Meu pai gostava de dizer: "Dê ao cão aquilo a que ele está habituado." Leif e eles teriam ficado deslocados em algum outro lugar mais ao sul.

Apesar de tudo, de acordo com quaisquer padrões, aquele era um lugar inóspito. Quando os Ingstad chegaram, L'Anse tinha cerca de cem habitantes — apenas um pouquinho mais do que a população viking em 1000 d.C.

— Creio que era mais ou menos tudo que o meio ambiente aqui tinha condições de sustentar — observou Clayton.

Atualmente, sustentava ainda menos. Com a descoberta dos Ingstad, L'Anse ganhara uma estrada pavimentada e uma pequena indústria turística. Mas o acesso mais fácil ao mundo exterior, e a exposição a ele através da televisão, apressou um êxodo da população jovem. Restavam apenas 31 aldeões, muitos deles idosos. A saga de L'Anse aux Meadows estava chegando ao fim.

— Dentro de mais uns 20 anos o que nossas famílias construíram aqui desaparecerá aos poucos como a aldeia dos vikings — previu Clayton.

Com essas palavras, ele retomou a pintura de seu barco, e me indicou a casinha marrom de Lloyd Decker. Fora o pai de Lloyd, George, quem primeiro guiara Helge Ingstad ao sítio dos vikings. Eu encontrei Lloyd em seu pátio, mas ele me disse que estava sem tempo para conversar. No dia seguinte, o apanhei embarcando em sua picape.

— Estou ocupado demais — disse ele. — Preciso comprar pregos para o meu barco. — Perguntei se eu poderia acompanhá-lo em seu carro e apreciar um pouco a paisagem. Ele deu de ombros e abriu a porta do passageiro.

Lloyd era um homem grande de feições toscas, enrugadas, de 64 anos, suas mãos eram morenos-escuras abaixo dos punhos da camisa: a versão da Terra Nova do bronzeado de um motorista de caminhão. Ele dirigiu até a loja e voltou em silêncio absoluto. Quando afinal retornamos, eu tinha perdido as esperanças de ouvir a história de sua família. Então ele desligou o motor e disse:

— Não quer vir tomar o chá conosco?

Dentro da casa impecável dos Decker, a esposa de Lloyd, Madge, nos serviu chá com queijo e biscoitos crackers. A filha deles, Loretta, que trabalhava no parque nacional, estava sentada fazendo um apito de casca de vidoeiro para um programa sobre artesanato nórdico. Lloyd também tinha trabalhado no parque e, antes disso, ajudara os Ingstad na escavação do sítio.

— Eu me lembro das pessoas daqui dizendo: "Não sejam tolos de ir para lá com eles, podem ser espiões russos." — Lloyd deu uma gargalhada. — Eu respondi: "Se de fato forem, não vão encontrar grande coisa."

A experiência de Loretta era diferente; ela fora criada com a escavação dos vikings como parte integrante da paisagem. Agora, uma mulher corpulenta e de cabelos escuros, de 33 anos, lembrava-se de ter passado os verões da sua infância peneirando areia à procura de artefatos, ou de usar meias para encenar espetáculos de bonecos baseados nas sagas.

— Eu muitas vezes ficava querendo saber por que os vikings matavam aqueles nativos debaixo das canoas — comentou ela. — Talvez fosse um teste, como o de mergulhar a bruxa na água. Para ver se realmente eram humanos. As pessoas sempre têm medo do que não conhecem.

Seu próprio mundo tinha sido alargado pelos verões passados brincando com os filhos dos arqueólogos.

— Eu me lembro de uma criança me dizer: "Meus pais são divorciados". — Eu nunca tinha ouvido a palavra e pensei que fosse um lugar. "Onde é Divorciados?" Quando descobri o que significava, fiquei preocupada com a possibilidade de que todos os homens daqui fossem partir se soubessem que podiam. — Ela fez uma pausa. — Engraçado, não me ocorreu que as mulheres pudessem querer ir. Mas elas cuidavam das casas, de modo que pensei que elas vinham junto com a casa e que não podiam partir.

Madge serviu pão caseiro com geleia de groselha e Lloyd se reclinou na cadeira, relatando as histórias de fantasmas que seu pai costumava contar sentado, à noite, junto à lareira. Os colonos do século XIX, em L'Anse, vieram principalmente da Irlanda e da Alemanha, e as histórias dos velhos eram cheias de seres sobrenaturais. Uma história falava de um velho que tinha sido assassinado em sua choupana de turfa, mas que estava sempre reaparecendo no campo coberto de urze de L'Anse vestindo um terno marrom. Se alguém o cumprimentasse, ele desaparecia ou se transformava num lobo. Os aldeões o chamavam de Homem Marrom.

— Quando li as sagas pela primeira vez — disse Loretta —, todos aqueles seres que mudavam de forma e os que eram metade homens metade animais me pareceram um pouco conhecidos. — Ela sentia nostalgia de suas noites de criança, ouvindo contar histórias, mas não da pesca que ocupava os dias das pessoas. — Lembro-me de carregar baldes de tripas de peixe e jogá-los no jardim, com as moscas me cobrindo inteira. Os homens tinham tanto sal nas mangas que lhes causava furúnculos que tinham de ser lancetados. Chegava a um ponto em que você detestava até ouvir a palavra "peixe".

Mas à medida que o bacalhau havia começado a escassear, a comunidade também começara a minguar. Loretta agora era a mais jovem pessoa adulta de L'Anse; todas as outras na casa dos 20 e 30 anos tinham partido para procurar trabalho no continente.

— Os vikings são a única coisa que mantém este lugar vivo — declarou ela.

Pela primeira vez em duas horas, a conversa cessou. Reparei numa tevê ligada na sala íntima: o som ambiente da vida doméstica moderna. Agradecendo aos Decker, me despedi e saí para uma caminhada pelo campo de urze à luz do crepúsculo. Lloyd me acompanhou até a porta.

— Cuidado com o Homem Marrom — disse ele.

Ao fim de minha semana em L'Anse aux Meadows, eu havia conhecido a maioria dos moradores da aldeia e me sentia capaz de conjurar os nórdicos que haviam colonizado a península remota um milênio antes. Mas os skraelings das sagas continuavam sendo uma presença espectral, como o Homem Marrom se escondendo nas orlas de L'Anse.

Os arqueólogos no sítio viking tinham encontrado pontas de flechas e outros artefatos nativos. Contudo, nenhum desses materiais datava do período da povoação nórdica. No ano 1000 d.C., os arredores de L'Anse parecem ter sido desabitados, um dos motivos pelos quais Leif pode ter escolhido se estabelecer lá. Além disso, os europeus que retornaram à Terra Nova, séculos depois dos vikings, descreviam os nativos que encontraram como pequenos bandos reclusivos de caçadores-coletores.

Quem, então, eram as miríades de skraelings, que audaciosamente atacavam os vikings com catapultas e frotas de canoas de pele?

As sagas oferecem algumas pistas. Para começar, parece que todos os contatos dos nórdicos com nativos ocorreram durante expedições de verão fora da colônia de Leif. Embora as informações quanto à localização contidas nas sagas sejam vagas, as escavações em L'Anse encontraram pedaços de nogueira branca, uma madeira desconhecida na Terra Nova. Além disso, as uvas que deram a Vinland seu nome nunca existiram na ilha. Contudo, tanto nogueira branca quanto parreiras e uvas podem ser encontradas em New Brunswick, a várias centenas de quilômetros a sudoeste, no continente canadense.

Depois de peneirar essas e outras indicações, a maioria dos estudiosos agora acredita que a aldeia de L'Anse tenha sido um acampamento base ou ponto de passagem para uma área muito mais ampla. Vinland, por sua vez, pode ser compreendida como a região global que os nórdicos exploraram. Só então as histórias sobre os skraelings fazem sentido. Embora escassos ao redor de L'Anse, povos marítimos viveram em grande número ao redor das costas de clima mais ameno do golfo de St. Lawrence, que os vikings poderiam ter facilmente alcançado durante singraduras de verão.

Esses nativos da costa permanecem silenciosos nas sagas, exceto como "medonhos gritadores estridentes". Mas seus descendentes agora têm voz. Em meu último dia em L'Anse, fiquei sabendo que a administração de Parks Canada recentemente havia instruído seus empregados a deixar de usar a palavra "skraeling". Um grupo de nativos havia reclamado das conotações depreciativas do termo.

— De modo que agora dizemos que os vikings encontraram "o povo aborígine" ou "o primeiro povo da nação" — relatou-me Loretta Decker.

Intrigado, perguntei-lhe de onde tinha partido a queixa. Ela abriu meu mapa da Terra Nova que eu tinha dobrado como um origami quadrado para me orientar pela península do norte. O dedo dela finalmente se deteve no rio em Conne River, um pontinho remoto na costa sul da ilha, aproximadamente uma viagem de carro de oitocentos quilômetros de L'Anse, a maior parte em estradas de mão dupla com apenas duas pistas.

— Se eu fosse você me permitiria dois dias para chegar lá — aconselhou ela —, por causa dos alces.

Informando-me por telefone com antecedência, soube que a comunidade em Conne River iria realizar uma cerimônia de conjuração de espíritos ou *powwow* no final da semana, uma boa oportunidade para conhecer melhor a cultura da tribo. Aquilo também me deixava com vários dias para chegar lá sem ter que dirigir ao amanhecer e ao cair da tarde, quando os alces gostam de pastar e vêm comer as plantas nas margens das estradas ou lamber o sal deixado pelos resíduos de limpeza e controle de neve e gelo.

Mas tão logo parti da costa açoitada pelo vento, descobri um novo perigo. Ao parar para fazer xixi no bosque que ladeava a estrada, mal havia aberto o zíper de meus jeans, os insetos atacaram cada centímetro exposto de pele. Antonie Proulx, o autor de *The Shipping News*, certa vez dissera numa entrevista que os ferozes borrachudos da Terra Nova "são capazes de dessangrar um ser humano adulto em 23 minutos". Escapei com algumas dúzias de picadas e as mãos, pescoço, rosto e virilhas cobertos de pontinhos de sangue.

Os enxames de insetos eram um dos motivos pelos quais o interior úmido e abrigado da ilha nunca fora muito habitado. Outro motivo era a comida, ou a falta dela. Embora rica em peixes, a Terra Nova tinha pouca caça, exceto pelos caribus e castores (os alces tinham sido uma importação do século XIX). Essa escassez não só limitava o tamanho da população nativa, mas também a tornava vulnerável a mudanças súbitas, como a que ocorrera quando os europeus voltaram à ilha 500 anos depois dos nórdicos.

Os primeiros a vir foram pescadores — ingleses, franceses, bascos, portugueses —, depois vieram os caçadores que apanhavam animais com armadilhas e se aventuraram pelo interior em busca de peles. Eles tiveram contatos com nativos altos que enfeitavam com penas os cabelos trançados e usavam peles de caribu, com o lado do pelo contra a pele. Mas a característica mais distintiva dos nativos era a ocra vermelha com que cobriam as faces, o corpo, roupas e pertences. Os ingleses começaram a se referir a eles como "índios peles-vermelhas", os primeiros a serem assim chamados na América. Curiosamente, as sagas mencionam que os nativos que trocavam mercadorias com os nórdicos mostravam uma notável preferência por tecidos de uma determinada cor — vermelho — que amarravam ao redor da cabeça.

Os nativos chamavam a si mesmos de *Beothuk*, que significa "Seres Humanos" ou "o Povo". Tais nomes eram característicos de povos indígenas por toda a América, onde nações-estado ou fortes diferenças raciais estavam ausentes. O destino dos beothuks também foi típico. De início, os recém-chegados eram em sua maioria pescadores de temporada que deixavam para trás pregos, ganchos e outros artigos que os nativos passavam a utilizar à sua própria maneira — por exemplo, recobrir suas tendas cônicas de casca de vidoeiro com velas descartadas. Mas, gradualmente, mercadores ingleses e colonos se espalharam pela Terra Nova, competindo por pescado, caça e peles com os quais os beothuks contavam para viver. Pequenos furtos por parte dos nativos se tornaram uma desculpa para os colonos matá-los a tiros e incendiar suas tendas. No princípio dos anos 1800, os beothuks tinham se reduzido a alguns bandos isolados e separados, que vagueavam principalmente pelo interior árido.

Em 1823, caçadores de peles capturaram três beothuks famintos e os trouxeram para a capital da Terra Nova, St. John's. A única a sobreviver foi uma mulher de 1,82m de altura, na casa dos 20 anos, chamada Shanawdithit. Ela aprendeu um pouco de inglês e acabou por ficar aos cuidados de um escocês, W. E. Cormack, que fundou um instituto para proteger e estudar os "maltratados primeiros ocupantes" da Terra Nova. Ele coletou mais de cem palavras e expressões beothuks, inclusive as que designavam "castor", "mosquito", "filhote", "soluço", "beijo" e "chorar".

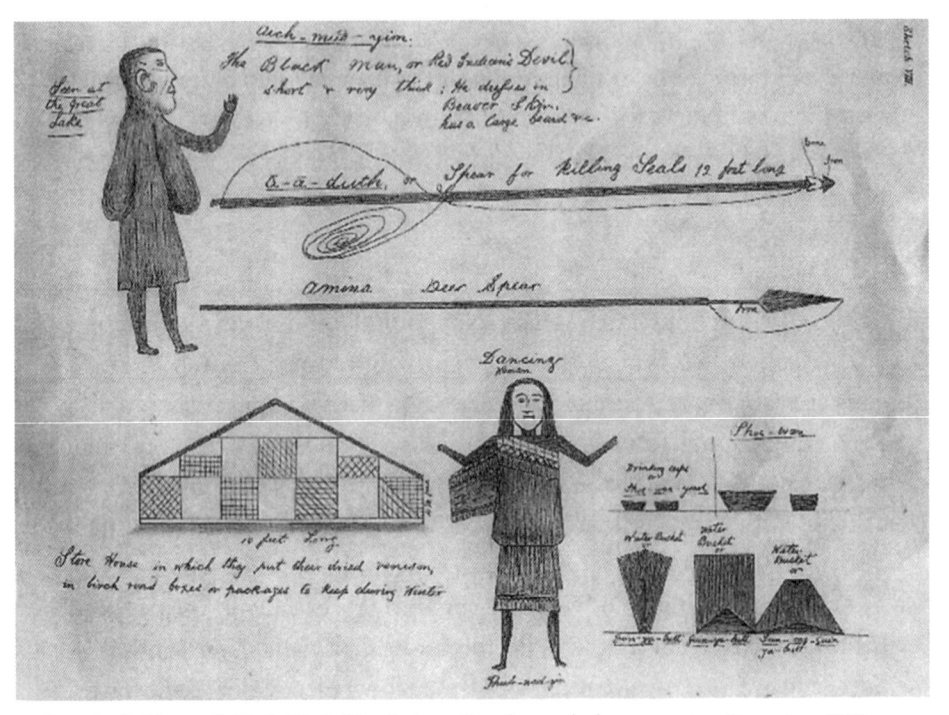

Desenho de Shanawdithit do "diabo" beothuk, mulher dançando, lanças e outros itens, circa 1829.

Shanawdithit também fazia desenhos, sempre retratando as imagens dos beothuks em vermelho. Ela nunca explicou — ou Cormack não compreendeu — por que seu povo tinha especial apreço por essa cor. A ocra, misturada com gordura, tinha um valor prático, como repelente de insetos, e possivelmente como camuflagem durante as caçadas no outono. Mas o fato de os beothuks também revestirem seus pertences de vermelho, e colocarem pacotes de ocra em sepulturas, sugere que a cor também tinha poder espiritual, talvez um símbolo de sangue e vida.

Shanawdithit usava grafita para desenhar imagens não beothuks, inclusive um robusto homem barbado identificado como Aich-mud-yim, ou o Diabo. Shanawdithit dizia que os beothuks "temiam um poderoso monstro, que deveria aparecer do mar e punir os malvados". Os beothuks também acreditavam que eles iam para uma "ilha feliz" depois da morte, mas não se mantivessem relações com homens brancos.

Depois de seis anos de cativeiro, Shanawdithit morreu de tuberculose, legando a Cormack pedaços de quartzo e uma mecha de seu cabelo. "Aqui se encerra todo o conhecimento positivo de sua tribo, que ela nunca narrou sem lágrimas", escreveu ele. Nenhum beothuk voltou a ser visto depois disso.

Os poucos artefatos dos beothuks que sobrevivem incluem objetos enterrados com um menino: miniaturas de canoas feitas de casca de árvore, arcos e flechas de brinquedo, ocra vermelha e outras peças de equipamento para sua jornada rumo à ilha feliz. "Restam-nos apenas vestígios suficientes para nos causar tristeza pelo fato de que um povo tão singular e superior tenha desaparecido da terra como uma sombra", escreveu Cormack. "Eles estão irrevogavelmente perdidos para o mundo."

Perto do centro da Terra Nova, eu saí da autoestrada Transcanadá e enveredei por uma estrada mal pavimentada com uma placa de advertência logo no início: "Verifique o Combustível: Próximo Posto de Serviço a 127 km." Depois de uma hora e meia, cheguei a outra placa, adornada com uma cabana índia e dando-me as boas-vindas ao território micmac: uma reserva indígena de pouco mais de 36 quilômetros quadrados na costa montanhosa e coberta de florestas de Bay D'Espoir.

Ao contrário dos beothuks, acredita-se que os micmacs teriam migrado para a Terra Nova depois da chegada dos europeus, vindos da Nova Escócia e de New Brunswick, onde a maioria da tribo ainda vive. Ao longo de séculos antes disso, os ancestrais dos micmacs habitavam as costas do golfo de St. Lawrence. Isso os punha direto no caminho dos vikings que partiam em viagens no verão em busca de uvas e madeira. Se algum grupo hoje em dia pode afirmar descender dos skraelings das sagas, é o dos micmacs.

Em contraste com os arredios e reclusos beothuks, os micmacs se dedicaram a um ativo comércio com os franceses que começaram a colonizar o leste do Canadá no princípio dos anos 1600 e se tornaram os primeiros convertidos ao cristianismo, liderados por um chefe que entrou para a "Wigwam de Jesus" em 1610. "Eles com frequência me disseram que inicialmente nós lhes parecíamos muito feios, com cabelos sobre a boca e a cabeça", escreveu um padre sobre os micmacs em 1611. "Mas gradualmente se acostumaram com isso, e agora estamos começando a lhes parecer menos deformados." Outro padre observou que os micmacs "acham ridículo o uso que fazemos do lenço; eles zombam de nós e dizem que é o mesmo que colocar excrementos nos bolsos".

Os franceses, por sua parte, ficaram impressionados com o respeito manifestado pelos micmacs para com os animais que matavam. Era costumeiro devolverem os ossos de castores — "aqueles animais quase homens", como os micmacs os chamavam — aos rios de onde os animais tinham vindo, "de modo que os abrigos sempre continuassem lá". Os micmacs imaginavam o céu como um lugar onde "os animais se permitiam ser caçados", e onde as pessoas sempre tinham "muita carne e gordura e tutano. O queixo estava sempre gotejando de gordura".

Embora o contato entre franceses e micmacs fosse de maneira geral pacífico, trouxe um flagelo que por fim viria a afligir os povos nativos por toda a América: as doenças endêmicas europeias, para as quais os índios não tinham imunidade. "Eles se mostram assombrados e com frequência reclamam que desde que os franceses mantêm contato e comerciam com eles", escreveu um padre em 1612, "estão morrendo muito rápido." Um acampamento particularmente mortal se tornou conhecido pelos micmacs como "o lugar do sarampo".

Como muitas outras tribos, os micmacs acabaram por se verem envolvidos na longa luta entre os europeus pelo controle do continente. Os franceses pagaram e armaram os micmacs para atacar os ingleses, que por sua vez estimularam pioneiros e colonos a "perturbar, maltratar, escravizar ou destruir os selvagens", oferecendo dez guinéus por cada escalpo. "Nossa nação é como uma folha murchando sob um sol de verão", declarava um grupo de chefes que fez um pedido de socorro ao governo da Terra Nova em 1849.

Eu fiquei surpreso, portanto, ao chegar a Conne River e encontrar uma comunidade relativamente vicejante, com muitas casas novas e barcos a motor e jet skis empoleirados em entradas para carros e quintais. No local do *powwow*, num parque com vista para a baía, me juntei a uma multidão de várias centenas de pessoas circulando ao redor das três tendas e barracas de artesanato, vendendo apanhadores de sonhos, mocassins, bonecas índias e trabalhos de contas feitos na China. A maioria das pessoas tinha pele moreno-escura, cabelos negros e era corpulenta, não mais os tipos de corpos esguios e porte atlético descritos pelos primeiros europeus.

— Nós agora somos um povo de gente *grande* — disse um velho chamado Michael Joe, enquanto esperávamos na fila de uma barraquinha oferecendo línguas de bacalhau fritas, galinha frita, vieiras fritas e batatas fritas, uma versão moderna do céu micmac das gorduras. O único petisco que não era frito era búrguer de alce. Perguntei a Michael como era o gosto daquilo.

— Tem gosto de aaal-ce — respondeu ele.

Michael Joe me apresentou a várias outras pessoas, todas de sobrenome Joe. Isso era um legado do século XVII, quando os micmacs haviam se convertido ao cristianismo e trocado nomes como Nascido no Caminho e Certifique-se de Sonhar Primeiro Comigo, por nomes franceses. Então os micmacs tinham passado a usar os prenomes de seus pais como sobrenomes. Anglicizados com o passar do tempo, os nomes de família se tornaram John, Joe, Paul e Louis.

O sobrinho de Michael Joe, Missel Joe, era *saqamaw*, ou chefe do grupo de Conne River, que contava cerca de duas mil pessoas. Homem de tronco corpulento como um barril, usando óculos escuros ovais e uma jaqueta de caribu bordada com contas, Missel Joe havia iniciado a campanha contra o uso do termo "skraeling" pelo Parks Canada.

— *Squaw* [mulher índia] é uma palavra depreciativa — explicou ele. — *Nigger* [negro] é depreciativo. "Skraeling" também é. — Ele levantou a questão com as autoridades administrativas e o termo foi abandonado. — Uma rara vitória sobre os homens brancos — disse com um ligeiro sorriso.

Missel Joe também me contou sobre uma lenda micmac que recordava os primeiros contatos com os europeus.

— Nosso povo achava que o homem branco parecia sal marinho seco sobre rochas, de uma cor meio branca suja. E que eles tinham algas do mar coladas nas faces... nosso povo não tinha barba. — Ele sorriu de novo. — É uma pena que não conheçamos a palavra que nosso povo usou para descrever os vikings. Provavelmente era pior que "skraeling".

A nós veio se juntar Calvin White, um ativista índio de longa data. Ele disse que o auxílio do governo e os programas tribais tinham melhorado as condições para os micmacs, mas que o preconceito contra eles ainda se mantinha.

— Os brancos adoram os beothuks, eles são muito românticos — declarou ele. — Sabe por quê? Os beothuks são uma tribo perdida, como os vikings, e fácil de lidar porque todos já se foram. Não podem entrar com ações judiciais nem levantar questões constrangedoras.

Ao pôr do sol, uma banda começou a tocar — a deixa para começar o *powwow*. A primeira canção foi "Heave Away", uma cantiga de trabalho de homens do mar da Terra Nova sobre um pretendente rejeitado. Ela foi seguida por uma garota tocando um tambor.

— Obrigada, Grande Espírito — entoou ela, antes de começar a cantar uma cantiga tradicional micmac em homenagem à águia. Depois ela cantou uma canção pop, "Can't Fight the Moonlight". À medida que a escuridão da noite caía, um mestre de cerimônias anunciou:

— Agora teremos karaokê... karaokê tradicional é claro. E temos uma tenda do suor lá atrás perto da fogueira sagrada.

Eu fui andando pelo gramado para olhar a fogueira: uma pilha de toras aos cuidados de homens sentados, esparramados, em cadeiras de jardim. Curioso sobre o que a tornava sagrada, perguntei a um dos homens:

— Vocês usam uma madeira especial?

— Não — respondeu ele. — Apenas as toras de que dispomos. — Ele soltou um grunhido, se levantando da cadeira para arremessar outra tora na fogueira.

— Vocês dizem alguma prece especial?

O homem deixou escapar uma risada.

— Rezamos para que não chova. — Os outros riram e depois ficaram de novo em silêncio.

Nas proximidades ergueu-se uma chama muito maior, da qual cuidava uma figura solitária chamada Don. Ele tinha o rosto comprido, as maçãs do rosto proeminentes, um nariz grande e largo, e cabelos negros lisos caídos para a frente cobrindo ambos os lados de seu peito. Don parecia um índio saído da central de elenco de figurantes de cinema, algo que ele era, tendo desempenhado o papel de guerreiro em filmes conhecidos, como *O último dos moicanos*. Depois de me contar isso, Don me fitou com um olhar tão solene e intenso que não consegui sustentar o contato visual.

— É assim que Hollywood nos adora — disse ele, abrindo um sorriso. — Seria de se pensar que os índios nunca riam. — Ele arrastou mais um pedaço de pau para a fogueira, agora uma pira de mais de 1,5m de altura com faíscas chispando e voando alto no céu. Quando perguntei para que era a grande fogueira, ele apontou para uma estrutura em forma de iglu bastante próxima. Era feita de ramagens curvadas entrelaçadas, com cobertores e uma lona impermeável atirada no topo. Pedregulhos prendiam as pontas da lona de modo que nenhum ar pudesse entrar, exceto através de uma borda de aba pesada cobrindo a entrada.

— Você vai querer suar? — perguntou Don.

— Hum, claro. Quero dizer, se não tiver problema.

— Não tem problema se você não consumiu drogas nem álcool durante os últimos quatro dias. E se quiser dar ao seu espírito uma limpeza.

Há dias que eu não tomava uma cerveja, de modo que quanto a isso estava mais ou menos limpo. Quanto a meu espírito, já não tinha tanta certeza. Mas a noite tinha ficado fria e garoenta, igual a todas as outras durante a maior parte de minha estada na Terra Nova. Uma boa sauna, bem quentinha, me parecia atraente, do mesmo modo que a oportunidade de vivenciar um aspecto mais tradicional da cultura micmac do que o karaokê.

— Quando vai começar? — perguntei.

— O fogo já está bem quente. Tudo de que precisamos são corpos.

O primeiro a aparecer foi Joey Paul, o líder da cerimônia ou "guardião do suor". Ele era alto e de ombros largos, com olhos azuis, um rosto muito enrugado, e um boné dos New York Yankees sobre um rabo de cavalo que lhe descia quase até a cintura.

— Meu nome índio é Filho do Arco-íris, Aquele que Fala como o Búfalo Branco — disse-me Joey. — É um nome que o espírito me trouxe numa visão.

Joey tinha sido criado numa reserva em New Brunswick e mandado para uma escola residencial aos 6 anos, como integrante de um programa do governo para incorporar os índios.

— Quando voltei para a reserva, aos 12 anos, não sabia mais falar a minha língua e as outras crianças me tratavam como se fosse um branco — relatou. — Eles me excluíam ou batiam em mim. De modo que me voltei para os animais. Passarinhos e insetos se tornaram meus amigos. — Ele fez uma pausa. — Eu consigo aprender com um animal. As pessoas enganam você.

Joey também tinha sido aprendiz de um curandeiro cree em Alberta. Os micmacs, como todas as outras tribos do leste do Canadá e dos Estados Unidos, adotavam livremente as tradições dos índios das planícies.

— Grande parte de nossas canções, histórias e rituais se perderam — disse Joey. — De modo que pegamos emprestadas as do oeste, onde os índios estavam mais próximos de suas tradições. Eu vou catando as pedrinhas onde quer que as encontre, qualquer ensinamento ou saber que possa conseguir.

Enquanto conversávamos, cerca de 15 pessoas foram se reunindo, mais do que o suficiente para encher a tenda do suor. Pareciam inquietas e compenetradas, andando de um lado para o outro ao redor do fogo e bebendo água de garrafas plásticas, como jogadores de tênis antes de uma grande partida. A fogueira havia se consumido até se reduzir a uma pirâmide de carvões em brasa. Abaixo do carvão, agora eu via, havia uma pilha de grandes pedras.

Joey se afastou por um momento e reapareceu de peito nu, usando apenas uma saia rústica. Os outros começaram a tirar as camisas.

— Você também deve tirar as calças e os sapatos — disse-me Joey —, e também os óculos, a menos que queira derretê-los no rosto.

Aquela foi a primeira pista de que o que me esperava era algo mais intenso do que uma sauna comum. Igualmente desconcertante foi o êxodo de candidatos em perspectiva à tenda do suor: a maioria havia se afastado em meio à escuridão, inclusive Don, que fora quem me havia sugerido a experiência. Aquilo deixava Joey, e sua namorada, uma francesa esbelta e graciosa de camiseta e saia de algodão, três homens micmacs de cueca samba-canção e eu, com minhas cuecas da Gap.

Joey se ajoelhou junto da fogueira, queimando ramos de ervas aromáticas e folhas de tabaco e pondo as mãos em concha para canalizar a fumaça para o seu corpo. Ele chamava isso de "fumigação", ou fazer uma limpeza como preparativo para o suor. Então ele nos conduziu para a tenda.

Nós nos agachamos e engatinhamos para dentro, passando pela aba pesada que cobria a entrada baixa. De um lado, havia apenas cerca de 1,20m entre o assoalho de relva e o teto de ramagens, e apenas o espaço suficiente para que nos sentássemos agachados num círculo, ombro a ombro. Então a aba se abriu e um forcado apareceu, com várias rochas incandescentes empilhadas nos dentes. Um "porteiro" escolhido com antecedência estava enchendo uma cova rasa no centro da tenda. A aba se fechou e o espaço apertado imediatamente começou a se encher de densa fumaça. Todo mundo começou a tossir e a desobstruir o nariz.

Joey, que estava sentado bem à minha direita, fez uma longa oração em micmac, uma língua ritmada meio cantada que me pareceu vagamente asiática. Então passou para o inglês, apresentando os acessórios do ritual: cachimbos, um chocalho, um pequeno tambor, uma pena de águia e uma tigela de casca de vidoeiro cheia de mirtilos. Cada um tinha um significado, que ele nos revelaria à medida que a cerimônia prosseguisse.

Em seguida ele gritou:

— Mais avôs! — A aba se abriu de novo e outro forcado cheio de pedras quentes foi lançado na cova. Joey disse que as pedras eram chamadas de avôs porque eram antiquíssimas e sábias, e "ajudariam a nos abrir". Ele mergulhou a pena de águia num balde de água e respingou sobre as pedras. A tenda mais uma vez se encheu do som de tosse. Depois mais água, mais fumaça e ainda mais tosse, até que a tenda mais parecia um sanatório.

Joey entoou, com a voz se elevando acima dos sons de tosse.

— A porta de nossa tenda está voltada para o leste — disse ele —, de modo que começamos nossas orações nessa direção, com a águia, com a primavera, com visão. Oramos para que a águia nos traga a dádiva de ver o além, de buscar a iluminação.

Os outros responderam dizendo "*Te-ho*", uma palavra micmac de assentimento ou amém. Eu estava tossindo com tanta violência que levou um momento para que me desse conta de que minha pele estava pegando fogo. O calor não apenas me queimava o rosto, mas também me fazia arder a garganta e o nariz a cada vez que eu respirava. Justo no instante em que achei que não suportaria mais, ouvi o chiado de mais água sendo salpicada nas pedras. Aquilo tornava mais fácil respirar, mas também tornava o ar muitíssimo mais quente.

— Rezamos por nossos parentes — prosseguiu Joey. — Em micmac dizemos *umsed nogamuch*. Isso significa toda a criação de Deus. O fogo é a mais antiga força de vida na Mãe Terra. É coisa viva e precisa de ar para viver, como nós.

Te-ho, pensei, uma vez que não tinha mais condições de falar. Joey salpicou mais água nas pedras. Os sons de tosse na tenda agora se mesclavam com gemidos, inclusive os meus. O calor e a fumaça fizeram minha cabeça se anuviar, e os dois búrgueres de alce que eu havia comido não estavam me fazendo muito bem. Pareciam estar recozinhando dentro de meu estômago.

Joey levantou um cachimbo e disse:

— O cachimbo representa conexão. O espírito passa através da cabeça do cachimbo que representa o povo, e então entra em nós como fumaça. O tabaco é uma oferenda para que os antigos venham estar conosco.

Ele entoou uma prece, deu profundas tragadas no cachimbo e o passou para mim. Exatamente do que eu precisava: mais calor e fumaça em meus pulmões. O tabaco era forte e doce, e pareceu oferecer um alívio momentâneo, ou talvez apenas distração. Dei várias longas pitadas e passei o cachimbo para a minha esquerda. Quando afinal ele voltou para mim, uma segunda e depois uma terceira vez, a fumaça na tenda estava tão densa que eu não conseguia mais manter os olhos abertos. Joey salpicou mais água nas pedras. Os pelos dentro de meu nariz pareciam estar em chamas. Eu estava à beira de entrar em combustão espontânea.

Então, justo quando eu tinha decidido me arrastar por cima dos outros e fugir da tenda, Joey berrou: "*Bantadegawi!*" Abra! O homem cuidando da porta abriu a aba e uma rajada de oxigênio fluiu para o interior. Engoli avidamente o ar fresco, aliviado e jubilante, até que me dei conta de que a cerimônia tinha apenas começado. A aba aberta da entrada emoldurava a fogueira do lado de fora: uma visão do inferno que ainda estava por vir.

Joey fez circular entre nós um jarro de água para que bebêssemos um pouco e disse que poderíamos sair por alguns minutos, primeiro as mulheres. A namorada dele estoicamente fez que não com a cabeça.

— Então as outras damas podem sair se quiserem — disse Joey. Houve um momento de pausa antes que o homem mais perto da porta se arrastasse para fora, rapidamente seguido por dois outros homens e por mim. Nós tínhamos passado cerca de 45 minutos dentro da tenda.

Estava frio do lado de fora e garoava. Eu rolei na grama molhada como um cachorrinho.

— Este é um suor poderoso — disse um dos outros homens, que se apresentou como Gary. Assenti e confessei que Joey me parecia ter mão pesada com a água. — Não lute contra o calor — aconselhou Gary. — Deixe-se levar por ele, se entregue.

Eu o segui de volta para dentro da tenda.

— Mais avôs! — gritou Joey. A aba se abriu e mais pedras incandescentes se empilharam no interior, como carvões num forno de coque.

— Nossas orações seguem o sentido dos ponteiros do relógio, de modo que esta porta é o sul, a direção do Pássaro do Trovão — começou Joey. — A estação é o verão. As pessoas ficam irritadas e frustradas e desesperadas quando está calor. Rezem por elas.

Eu tentei, mas só consegui encontrar uma oração por mim mesmo. Eu amava meus avós, eles tinham sido gentis comigo. Mas dois deles tinham sido bastante. Por favor, Senhor, faça com que isso pare...

Minha súplica foi interrompida por mais água e uma nuvem de vapor tão tórrida que pareceu explodir minha cabeça. Tentei suplicar em outras línguas. *No más. Ça suffit. Chalas!*

O cachimbo circulou de novo. Tragando fundo, fiquei ainda mais zonzo. Pensei no que Gary tinha dito. Deixe-se levar pelo calor. Entregue-se. Tive uma sensação momentânea de ter deixado meu corpo. Ou fantasiei que tivera. Meus poros não estavam apenas abertos; eram verdadeiras torneiras. O suor cascateava descendo pela testa, pelo pescoço e pelos flancos, empoçando em meu colo. Minha cabeça começou a girar. Eu ia desmaiar.

— *Bantadegawi!* — gritou Joey.

Dessa vez todo mundo se arrastou para fora da tenda. Joey veio até junto de mim e disse:

— Você está indo bem. Muita gente não consegue resistir a uma oração na primeira vez. — Ele explicou que ajudava respirar em pequenas inalações rápidas, que não ardiam tanto. — Ou você pode se deitar e se agarrar à Mãe Terra.

Perguntei se as pessoas às vezes não desmaiavam, como eu sentira que estivera à beira de fazer.

— Ah, sim — respondeu ele. — Isso acontece quando o espírito realmente está com alguém, de modo que você não quer acordá-lo.

Voltamos para a tenda para o terceiro round, que era o oeste, o outono, o espírito do urso e as preces pela cura. Era o round mais quente, disse Joey. Ele fez circular a tigela de mirtilos: uma oferenda ao urso, que representa a medicina. Enquanto Joey sacudia o chocalho, Gary soprava baixinho um apito de osso e usava uma pena para abanar e lançar ainda mais calor sobre nós.

Experimentei fazer a respiração rápida e curta que Joey havia sugerido. Isso me fez hiperventilar. Finalmente, parei de resistir e me entreguei ao tormento, entrando num estado semelhante a um transe, menos devido à expansão de consciência do que devido à função corporal deficiente. Qualquer que fosse o espírito que eu tivesse não fora despertado; estava esmagado.

Ao final do terceiro round, eu me sentia fraco demais para sair. De toda maneira, os intervalos anteriores tinham apenas feito com que me sentisse pior, aumentando meu pavor do que ainda estava por vir. De olhos fechados, percebi pela primeira vez o som do karaokê vindo lá de fora do outro lado do campo. Alguém estava cantando.

— *Knock, knock, knockin' on heaven's door*.

O quarto round era para o norte, o inverno, e para o búfalo branco — todos imagens frias que pareciam impossíveis de conjurar enquanto sentado a alguns centímetros de uma montanha de avôs incandescentes. A intensidade de um suor é medida pelo número de pedras quentes na tenda. Nós tínhamos chegado a 42, não exatamente um "suor de urso", o pináculo do sofrimento, com 56 pedras e apenas um intervalo. Contudo, como Gary dissera, era um suor poderoso.

Joey falou sobre a sabedoria espiritual do búfalo. Tentei evocar a imagem mental de um bisão coberto de neve, correndo por uma planície de inverno. Mas imagens inapropriadas a todo instante se intrometiam: piras fúnebres, lava fundida, Joana d'Arc. Então Joey nos disse que pensássemos em nossos ancestrais e no sofrimento deles. Gary começou a balbuciar em micmac. O homem à sua esquerda começou a chorar baixinho. Eles estavam vivenciando uma comunhão poderosa com seus ancestrais, do mesmo modo que eu com os meus — a parte deles que perecera nos fornos de Auschwitz.

Quando a luminosidade das pedras se tornou tão fraca que não conseguíamos mais ver uns aos outros, aceitei o segundo conselho de Joey. Havia apenas o espaço suficiente na tenda para me deitar encolhido de modo desajeitado. Mais perto do chão, o ar não era tão escaldante, e quando um de meus lados parecia estar cozido, eu me contorcia para cozinhar o outro. Eu não estava exatamente me agarrando à Mãe Terra e sim me retorcendo sobre ela.

— A última oração é para nós mesmos, mas não para pedir mais dinheiro ou ganhos materiais — disse Joey. Minha prece não foi atendida; a cerimônia ainda demoraria mais algum tempo. Havia mais um cachimbo a fumar e mais orações. Joey pediu que cada um de nós falasse. Um homem relatou sua longa luta com a diabetes e disse:

— Eu acordo todos os dias e agradeço ao Criador por ainda estar vivo. — Gary agradeceu aos seus ancestrais por terem sobrevivido de modo que lhe permitisse estar ali. Joey contou de um jejum de cinco dias seguido por um "suor de urso" feitos por um homem de 100 anos que disse de sua busca espiritual: "Estou apenas no começo."

Em comparação, minhas quatro horas de sofrimento autocentrado pareciam banais. Eu disse que me sentia envergonhado por ter pensado muito pouco durante o suor, exceto em como suportá-lo. E então havíamos acabado. Seguindo o exemplo de Joey batemos no peito e nos abençoamos antes de nos arrastar para fora da tenda, para a luz da fogueira que se apagava. Os rostos reluziam como avôs. Lambuzado de suor e terra, o cabelo empastado, minhas cuecas ensopadas e imundas grudadas em meu corpo, eu me sentia como um dos eremitas irlandeses encontrados por vikings nas ilhas do Atlântico Norte. Um monge louco, porém sem o insight espiritual.

Joey me levou para um canto na escuridão. Ele queria falar sobre a confissão que eu fizera no final.

— Quando seu espírito está aberto — disse ele —, você tem menos de que se purificar e não sofre tanto. — Então, pondo a mão em meu ombro escorregadio de suor, acrescentou em tom consolador. — Vai ser muito mais fácil da próxima vez.

Acordei na manhã seguinte em um hotel sem nenhuma estrela próximo do local do *powwow*. Ainda havia grama e terra coladas em minhas pernas. Uma violenta erupção de pele cobria meu torso — do calor ou de rolar no chão coberto de folhas de sumagre. Minha garganta dava a impressão de que eu tinha passado a noite cheirando cinzas. Cambaleando até o espelho do banheiro, vi um vulto que se parecia vagamente com um beothuk: de rosto vermelho, olhos vermelhos, peito riscado de vermelho, para combinar com as picadas de inseto inchadas.

— Teve uma noite pesada? — perguntou um homem, observando-me esvaziar rapidamente uma jarra de suco de laranja da mesa do desjejum do hotel.

— Minha primeira vez numa tenda de suor — balbuciei.

Ele assentiu com simpatia.

— Uma vez vi um homem entrar numa tenda de suor de muletas e sair correndo. Tamanha era a pressa que ele tinha de dar o fora dali.

Aquilo me animou um pouco, do mesmo modo que o suco de laranja. Em um momento de desatino na noite anterior, eu havia me sentido tão carente de fluidos vitais que quase esperei que meu sangue começasse a jorrar pelos poros.

O *powwow* ainda duraria mais vários dias. Mas eu só consegui ficar até o começo daquele anoitecer, quando a carne de alce reapareceu e o mestre de cerimônias anunciou mais uma noite de karaokê e tendas de suor junto ao fogo sagrado. Como os vikings, eu me preparei para partir para a minha própria terra.

Durante a longa viagem de volta para casa, e a semana incômoda de muita coceira que se seguiu, li o último capítulo da saga dos vikings no Atlântico Norte.

Embora expulsos de Vinland, os nórdicos ficaram na Groenlândia durante vários séculos, tornando-se gradualmente cada vez mais isolados dos assuntos europeus. As últimas notícias a sair da colônia, no princípio dos anos 1400, falavam de um homem queimado na fogueira por bruxaria, e do casamento de Sigrid com Thorstein. E depois silêncio.

Em 1721, um missionário luterano partiu da Noruega para a Groenlândia em busca de convertidos (entre outros acontecimentos, os groenlandeses não tinham tomado conhecimento da Reforma). Mas ele encontrou apenas ruínas e alguns relatos entre os inuítes sobre homens brancos que tinham desaparecido muito tempo atrás. Três séculos depois, arqueólogos na Groenlândia descobriram centenas de túmulos nórdicos, ossos de cachorros massacrados e outros indícios de um período de escassez e fome. Um anatomista dinamarquês concluiu que a "raça dos nórdicos altos" havia degenerado na Groenlândia, tornando-se fraca e imbecilizada de espírito. Desde então, teóricos mais sóbrios atribuíram a morte misteriosa da colônia a uma mini-Idade do Gelo, pragas, incursões de piratas ou ataques de inuítes.

Mas a tendência mais recente é responsabilizar os colonizadores por seu próprio fim. O cientista Jared Diamond usou a Groenlândia dos nórdicos como prova principal em seu bestseller de 2005, *Collapse: How Societies Choose to Fail or Succeed* (Colapso: Como Sociedades Escolhem Fracassar ou Ser Bem-sucedidas). Na opinião de Diamond, os nórdicos causaram sua própria extinção ao se apegarem a costumes eurocêntricos que extinguiram os parcos recursos e deixaram os colonos impossibilitados de se adaptarem à medida que o clima e as condições mudaram.

Do mesmo modo, a aventura nórdica a Vinland é recordada como um fracasso. Daniel Boorstin, um dos mais conhecidos historiadores da América, oferece uma opinião típica em *The Discoverers*. "Houve, alguma vez antes, uma viagem tão longa", escreveu ele, "que tenha feito tão pouca diferença?" Seu breve capítulo sobre os vikings na América é intitulado: "Beco sem Saída em Vinland."

Se julgada apenas por seu legado, a aventura viking em Vinland foi de fato um malogro. Os nórdicos concretizaram muito pouco e qualquer conhecimento que porventura tenham adquirido da América morreu com eles. Não existem quaisquer indicações de que os europeus que se fizeram ao mar para a travessia do Atlântico em séculos posteriores tivessem conhecimento das viagens vikings que os precederam.

Mas, depois de visitar a Terra Nova e conhecer mais sobre a vida no ano 1000 d.C., achei estranho me reportar aos nórdicos e ver apenas fracasso. Na época em que Eirik, o Vermelho, descobriu a Groenlândia, os europeus raramente faziam viagens em que perdessem de vista seu próprio continente. Quando afinal começaram a fazê-lo, no século XV, os navegadores viajavam em rápidas e ágeis caravelas, governadas por leme e guiadas por sextante e bússola. Os vikings não dispunham de nenhuma dessas ferramentas e instrumentos, mas mesmo assim viajaram incontáveis vezes pelo tempestuoso Atlântico Norte.

A breve centelha de Vinland foi ainda mais extraordinária. Quando Leif e seus irmãos partiram, a Groenlândia nórdica tinha apenas 15 anos, com uma população de cerca de quinhentas pessoas. Vinland foi um satélite de um satélite. Seus viajantes, no equivalente medieval de uma caminhada pelo espaço, presos a uma nave-mãe já nas fronteiras mais distantes da sociedade e do conhecimento europeus. Quase cinco séculos se passariam entre a viagem de Leif e a tentativa seguinte de cruzar o Atlântico. O que parece mais surpreendente não é que a Vinland nórdica tenha fracassado, mas que tenha de fato acontecido.

Tampouco foi anômalo o destino dos vikings. Os europeus que vieram colonizar a América, depois de 1492, trouxeram cavalos, armas e outras vantagens desconhecidas pelos nórdicos. Contudo, eles também acharam difícil manter pé no terreno, mesmo em regiões muito mais amenas que o Canadá subártico. Dúzias das primeiras colônias soçobraram em meio à morte em massa ou abandono. O fracasso era a norma, não a exceção.

De acordo com a saga nacional da América, os colonos ingleses finalmente triunfaram devido à sua coragem, ao idealismo e espírito empreendedor superiores. Mas Thomas McGovern, um dos principais estudiosos da colônia nórdica, se apoia no campo da biogeografia para defender uma hipótese menos enobrecedora. Não só os seres humanos, mas todas as espécies invasoras lutam para sobreviver quando estão colonizando novos ambientes. Pequenas populações de recém-chegadas raramente criam raízes. A diferença entre o sucesso e o fracasso depende, tipicamente, do número de vezes que um novo grupo chega e com que força.

O índice de mortalidade entre os primeiros colonos de Jamestown era perto de 80%. Em Plymouth, metade dos passageiros do *Mayflower* morreu menos de seis meses depois do desembarque. Mas ondas de novos colonos continuaram reabastecendo a Virginia e Massachusetts. "O simples peso dos números e o apoio de estados mercantis cada vez mais poderosos", conclui McGovern, "demonstraram ser críticos para o sucesso".

O mesmo se aplica, também, à capacidade dos colonos ingleses de dominar, destruir ou deslocar a população anfitriã. Os nórdicos não dispunham desse poder, pelo menos na América. Suas espadas, machados e bravata vikings os tornavam mortíferos em combate corpo a corpo, mas não contra uma força móvel em canoas, armada de arcos e catapultas. Superados em número, em terreno desconhecido e ao final de uma linha de suprimento de quase 2.500 quilômetros de extensão, os invasores desistiram. Na primeira disputa registrada entre europeus e nativos da América, o time da casa havia vencido.

O encontro seguinte teria lugar cinco séculos depois, em terreno muito diferente, entre jogadores muito diferentes: os povos do sul, que se encontravam em praias quentes, arenosas, próximas do Trópico de Câncer. Mas em um aspecto a saga do primeiro contato se repetiria. A América, descoberta acidentalmente por Bjarni Herjólfsson, seria redescoberta por um homem que não sabia onde estava nem o que tinha feito.

Capítulo 2

1492
A metade oculta do globo

> E virá uma era depois de muitos anos em que o oceano deixará de ter as correntes das coisas, e uma terra imensa surgirá revelada.
> — Seneca, *Medeia*

Cristóvão Colombo, almirante do Mar Oceano, domina mais matéria impressa do que quase qualquer homem na história. Há mais livros dedicados à sua memória do que a Alexandre, o Grande, Leonardo da Vinci ou Adolf Hitler. Ele figura em *Paraíso perdido*, de Milton, em *A riqueza das nações*, de Adam Smith, e no verso beat de Lawrence Ferlinghetti. Antonín Dvovák compôs uma sinfonia em sua homenagem. Friedrich Nietzsche escreveu até um poema juvenil, "Colombo", apresentando o navegador como um homem engajado numa busca existencial que grita: "Minha mente está lutando com dúvidas!"

Contudo, a despeito dessa atenção — e, com frequência, por causa dela —, o verdadeiro Colombo permanece fugidio. Não existe nenhum retrato contemporâneo dele. Os historiadores discordam sobre os fatos básicos de sua vida: onde e quando nasceu, se casou e foi enterrado. Uma busca de títulos relacionados com Colombo (mais de 1.500 no total em várias línguas) inclui *The Mysterious History of Colombo*, *The Master Puzzle of History*, *El Enigma de Colón* e dois livros chamados *In Search of Columbus*.

Um dos motivos para esse mistério é que Colombo deliberadamente o propiciou. Ele mascarou sua própria história, até mesmo assinando seu nome numa pirâmide de símbolos que até hoje ainda não foi decifrada de maneira conclusiva. "Como a lula", escreve o historiador Salvador de Madariaga, "ele lança uma nuvem de tinta ao redor de cada fato concreto e preciso de sua vida."

O mistério, por sua vez, dá origem a mitos. Vários séculos depois de sua morte, Colombo foi desenterrado por nacionalistas nos recém-criados Estados

Unidos. Ansiosos para estabelecer uma identidade separada da Inglaterra, eles puseram num relicário o navegador genovês como um herói protoamericano: o injustiçado, o individualista, o explorador de rotas, e o agente da cristandade semelhante ao peregrino. Mais tarde, italianos e outros imigrantes católicos fizeram de Colombo uma fonte de orgulho étnico. Ele até foi apresentado como candidato à santidade.

A deificação do navegador atingiu o auge por ocasião do aniversário do quarto centenário de sua viagem de 1492, uma celebração de gala marcada pela Exposição Mundial de Colombo em Chicago, a inauguração de uma estátua no Columbus Circle da cidade de Nova York e desfiles por todo o país.

— Colombo se destacou em sua época como um pioneiro do progresso e do conhecimento — declarou o presidente Benjamin Harrison.

Por ocasião do quinto centenário de sua viagem, em 1992, prevalecia um estado de espírito muito diferente; o progresso estava fora de moda, e a moda era o pós-colonialismo. Colombo foi desenterrado de novo, dessa vez para ser condenado como o primeiro numa longa lista de europeus que exploraram e exterminaram os nativos americanos. O ativista indígena Russell Means deu o tom do memorial de 1992 ao derramar sangue sobre uma estátua de Colombo e declarar que o descobridor "faz com que Hitler pareça um delinquente juvenil".

O poço de mitos e contramitos de Colombo hoje é tão profundo que podemos extrair dele um incontável número de personagens contraditórios: cristão devoto e judeu em segredo, espiritualista medieval e empiricista moderno, herói italiano e vilão imperialista. Praticamente a única coisa a respeito da qual a maioria das fontes concorda é que Colombo transformou o mundo com sua viagem de 1942.

Depois de meu retorno da Terra Nova, passei semanas que acabaram por se estender por meses procurando me orientar em meio à literatura sobre Colombo. Sua primeira biografia, escrita por seu filho Ferdinand, parecia um bom lugar para começar — exceto que até Ferdinand foi mantido na ignorância. Na página de abertura da biografia, ele confidencia que seu pai "preferiu deixar na obscuridade" todos os detalhes sobre o princípio de sua vida.

Depois de passar por mais meia dúzia de tomos, retornei aos escritos do próprio Colombo. Isso também não era nenhuma tarefa simples. Não havia duas edições e traduções que concordassem entre si, e parte do que Colombo escreveu era intraduzível, pelo menos para o leitor leigo. "O reino de Tarshis fica no fim do Oriente", ele havia anotado na margem de um livro de geografia. "A ser notado que Tarshis foi ao Senhor em Jerusalém e passou 1 ano e 13 dias a caminho." Ou isto: "Eu vi três sereias que se elevaram muito alto saídas do mar. Elas não são tão bonitas quanto são retratadas em pinturas, uma vez que em alguns aspectos têm um rosto como o de um homem." Não demorou muito e eu me dei conta de que precisava de uma Bíblia, de um bestiário e de um *mappa mundi* medieval para começar a conseguir entender o homem.

Pouco a pouco, contudo, um esboço de seu modo de pensar passou a tomar forma. E o que me impressionou, quando afinal impus uma parada arbitrária à minha pesquisa biográfica, foi quanto radicalmente o Colombo histórico divergia de minha imagem do "descobridor" da América. O navegador de carne e osso não era apenas mais matizado do que o ícone dos livros de história; ele era seu virtual oposto.

A maioria dos estudiosos acredita que Colombo nasceu em 1451, filho de uma família de tecelões de lã em Gênova. Depois de trabalhar no comércio de lãs, ele fez-se ao mar e, literalmente, foi trazido pelas ondas à costa de Portugal depois de um ataque ao seu navio pelos franceses. Ele se casou, apenas para logo ficar viúvo e com um filho pequeno para cuidar. Primeiro em Portugal e depois na Espanha, Colombo incansavelmente promoveu sua visão de um caminho à Ásia pelo Atlântico. Quando afinal conseguiu o apoio da rainha Isabel e do rei Fernando, o genovês alto e corado estava com 40 anos e seus cabelos ruivos tinham ficado brancos.

Essa sinopse da vida de Colombo até 1492 se enquadra num sedutor tropo americano: o do lutador saído do nada, como o Abe da cabana de toras de madeira ou os milhões de imigrantes que cruzaram o Atlântico. Mas Colombo teria ficado horrorizado de se ver encaixado nesse molde. Ele não apenas escondia suas origens modestas; também tivera um filho com a filha de um camponês, mas nunca se casara com ela, aparentemente por causa de seu status inferior. E um dos motivos pelos quais Colombo teve dificuldade para encontrar um patrono para sua viagem era sua exigência excessiva de títulos de nobreza e privilégios, inclusive "almirante do Mar Oceano" e "vice-rei" de todas as terras a serem descobertas. Dom Cristóbal de Colón, como se tornou conhecido na Espanha, era um homem bem típico de sua época feudal: honra e status significavam tudo. Se havia algo que ele não era realmente, era um defensor do homem comum.

Colombo tampouco era um individualista solitário lutando para superar desvantagens impossíveis. Sua Gênova natal era um movimentado e próspero porto internacional, célebre por seus mercadores e financistas. Ele se aliou aos principais mercadores da cidade, a genoveses influentes no exterior e a poderosos membros do clero e da corte na Espanha. Por meio do casamento, entrou para uma família de descendência nobre e com privilégios hereditários, inclusive um cargo de governador nos Açores. Colombo sabia fazer bons contatos.

Mas o mito mais persistente e enganador sobre Colombo é o de que ele era um homem previdente e moderno, combatendo o obscurantismo medieval. Diz a história que homens de saber da época se opunham ao navegante porque acreditavam que a Terra fosse plana. Qualquer um que navegasse longe demais rumo ao oeste cairia pela borda do fim do mundo, como água se derramando de uma mesa. Conforme o relato de Washington Irving em sua biografia de 1828 (uma fonte de muitas duradouras ficções sobre Colombo), o "simples homem do mar" se apresentou "para defender a causa do novo mundo" diante de um establishment ignorante do Velho Mundo. No final, Colombo partiu corajosamente e provou que seus críticos estavam errados.

É verdade que os concílios de especialistas na Espanha e em Portugal rejeitaram o plano de Colombo. Mas os motivos deles para fazê-lo não tinham nada a ver com a superstição de que a Terra fosse plana. Os gregos tinham sido os primeiros a formular a hipótese de que o planeta fosse redondo, cerca de 2 mil anos atrás, e seus escritos eram amplamente aceitos no século XV. Mesmo a Igreja medieval, uma instituição sem nenhuma fama de ter opiniões avançadas, havia admitido que a Terra era redonda — 700 anos antes do nascimento de Colombo, nas profundezas da dita Idade Média. Estudiosos islâmicos concordavam com essa opinião.

A questão confrontando os cosmógrafos no final dos anos 1400 não era o formato da Terra, e sim seu tamanho. Ignorantes da existência da América, os europeus imaginavam um vasto "Mar Oceano" a oeste, estendendo-se até as costas da Ásia. Mas que amplitude e largura tinha esse oceano, e ele poderia ser cruzado? Para responder a isso, os europeus estudaram os antigos como Ptolomeu, bem como Marco Polo e outros viajantes cujos escritos tinham indicações sobre a extensão da Ásia. O resultado foi um emaranhado de cálculos e conjeturas baseados em dados incorretos. Com relação a isso Colombo foi realmente um intrépido rebelde. Sua imagem do globo terrestre era a mais extrema e equivocada de todas.

Todo mundo sabe que Colombo desembarcou na América acreditando ter chegado "às Índias" (que em 1492 se referia a toda a Ásia a leste do rio Indus). Mas esse famoso erro decorria de um erro muito mais fundamental. Para estimar que distância teria que navegar, Colombo lançou mão das coordenadas imperfeitas de teoristas anteriores e ampliou seus erros. "O fim da Espanha e o começo da Índia não ficam tão distantes", anotou na margem de um livro. "Esse mar pode ser cruzado em alguns dias com um bom vento favorável."

Colombo sustentou essa visão com passagens das escrituras, tais como a que afirma que seis sétimos do mundo são terra. Mais tarde em sua vida, o navegador escreveu um manuscrito chamado *O livro das profecias*, em que se apresentava como o agente de Deus e sua viagem rumo ao oeste como a realização de uma missão divina. "Todas as ciências", escreveu, "não me foram de nenhuma utilidade." Em vez disso, foi propelido a fazer a travessia do oceano pelo fato de o "Senhor ter aberto minha mente para o fato de que seria possível navegar daqui até as Índias". Ele também acreditava que sua viagem teria como consequência a conversão do mundo inteiro ao cristianismo e a retomada de Jerusalém dos infiéis muçulmanos.

Em suma, o homem com tanta frequência celebrado como uma ponte para a era moderna estava mais próximo de ser um místico cavaleiro errante, tendendo a se deixar atrair por um mundo de sua própria imaginação. Colombo se fez ao mar acreditando que a Ásia ficava a cerca de três mil milhas a oeste. A verdadeira distância era de mais de 11 mil milhas — sem mencionar que um imenso continente bloqueava seu caminho. Os especialistas tão criticados na Espanha e em Portugal, portanto, estavam certos em duvidar do navegador. Mas ele não lhes deu ouvidos e o resto é história americana. Colombo mudou o mundo não porque estava correto, mas por estar tão teimosamente equivocado. Convencido de que o globo fosse pequenino, ele deu início ao processo de fazer com que o fosse, ao trazer um novo mundo para a órbita do velho.

MAS ISSO ERA, na melhor das hipóteses, apenas parte da história. Com Colombo, ainda mais do que com a maioria das grandes figuras, descobri que era fácil tornar-me vítima da história do "Grande Homem". Essa abordagem da velha escola vê o passado como a biografia de indivíduos extraordinários: os homens fazem os tempos e não o contrário. Os críticos de Colombo são tão dados a essa tendência quanto seus admiradores, culpando-o pela espoliação das terras e dos povos que ele descobriu. Contudo, herói ou vilão, Colombo só teve a possibilidade de pôr sua visão idiossincrática em prática porque chegou em um momento propício na história ocidental.

Em 1453, dois anos depois de seu nascimento, Constantinopla caiu nas mãos dos turcos otomanos, fechando a rota tradicional da Europa para as especiarias e outras mercadorias do Oriente. Isso acelerou a busca por rotas e riquezas alternativas, liderada por Portugal, que já havia começado a sondar a África sob o comando do príncipe Henrique, "o Navegador". A alcunha é enganadora; Henrique raramente ia muito longe da costa e quando o fazia sofria de enjoos. Mas seus impulsos expansionistas e apoio à navegação transoceânica ajudaram a minúscula Portugal a se tornar uma potência marítima.

Entre outras inovações, os portugueses criaram uma embarcação versátil, rasa à vante, a caravela, que Colombo usaria em sua viagem de 1492. Também transformaram a navegação oceânica de longa distância numa proveitosa empreitada comercial, ao fundar postos de comércio fortificados na costa oeste africana e ao promover a troca de produtos acabados por ouro, especiarias e escravos. Quando Colombo deu a terra na costa de Portugal, com seus 20 anos, chegou ao lugar perfeito para se formar como navegador e colonizador.

Uma gravura do século XVI de Colombo se despedindo de Fernando e Isabel.

Mas era o lugar errado para apregoar sua visão de uma viagem para oeste para a Ásia. Portugal já estava mapeando uma rota marítima para as Índias via África, à qual Bartolomeu Dias havia imprimido um grande avanço ao contornar o cabo da Boa Esperança em 1488. Àquela altura, Colombo havia partido para a Espanha — mais uma chegada muito oportuna. O país estava começando a emergir como potência unificada, ansioso para competir com Portugal e a abrir suas próprias rotas comerciais. A Espanha também estava completando sua triunfante *Reconquista* de terras antes sob domínio muçulmano desde o século VIII. A decisão final da rainha Isabel e do rei Fernando de apoiar Colombo, em abril de 1492, ocorreu apenas dois meses depois da queda de Granada, o último posto avançado dos muçulmanos na Europa, e semanas depois de seu decreto (redigido pelo grande inquisidor Tomás de Torquemada), ordenando que todos os judeus se convertessem ou abandonassem a Espanha. Colombo tinha a mesma idade que Isabel e despertava grande simpatia à sua profunda piedade cristã. Ele prometia não só encher os cofres espanhóis esgotados pela guerra, mas usar os lucros para financiar uma cruzada para a Terra Santa.

Outro motivo pelo qual os monarcas concordaram em despachar Colombo era que arriscavam muito pouco em fazê-lo. A lenda retrata Isabel vendendo suas joias para pagar a viagem do navegador. Ela não precisou fazê-lo. O custo da missão, cerca de dois milhões de maravedis, é difícil de converter em moeda moderna, mas foi apenas um 13 avos da quantia que Fernando e Isabel gastaram no casamento da filha deles. A Coroa também tinha uma dívida conveniente a receber: o uso de duas caravelas equipadas no porto sulista de Palos, como punição por crimes não especificados cometidos pela cidade. Os navios foram chamados *Niña* e *Pinta* ou "Menina" e "Dama Pintada". Colombo tomou dinheiro emprestado para fretar uma terceira embarcação, sua capitânia, a *Santa María*.

Não sobrevivem desenhos dos navios e pouco se sabe a respeito deles. O mais eminente biógrafo de Colombo, Samuel Eliot Morison, acredita que o *Pinta* tivesse 21 metros de comprimento, com o *Niña* um pouco menor e o *Santa María* um navio maior e menos ágil. Os capitães do *Niña* e *Pinta* eram irmãos de Palos, e a maioria dos marinheiros vinha da mesma região. A tripulação incluía quatro homens condenados à morte, um por assassinato e três por tentar tirá-lo da prisão. Eles conquistaram o perdão em troca de fazer a viagem com Colombo.

Entre os cerca de 86 outros que embarcaram de Palos, as credenciais de dois revelam a novidade de toda a empreitada. Luis de Torres era um converso, ou judeu convertido, que falava hebraico, árabe e aramaico. Rodrigo de Xeres, também provavelmente um convertido, havia viajado à Guiné e conhecido um rei africano. Acreditava-se que esses dois cosmopolitas atuariam como embaixadores diante de potentados orientais do outro lado do Mar Oceano. A Coroa também enviou um passaporte e uma carta de apresentação para o Grão-Khan, escritos em latim.

Os navios de Colombo içaram âncora em agosto de 1492, um dia depois que as últimas embarcações levando judeus da Espanha tinham recebido ordens de partir. Colombo levou uma semana para chegar às Canárias, um posto avançado do Atlântico, recém-colonizado pelos espanhóis, e passou um mês nas ilhas fazendo o aprovisionamento para a viagem que se seguiria. Colombo acreditava que a travessia oceânica para a Ásia levaria 21 dias. Mas, para não correr riscos, levou suprimentos para quatro semanas, inclusive azeite de oliva, vinho, carne e peixe seco, e biscoitos duros. Então partiu pelo Atlântico.

Em mar aberto, emerge um Colombo diferente. Embora com frequência delirante em terra, ele era inteiramente lúcido no mar. "Só de olhar para uma nuvem ou para uma estrela à noite, ele sabia o que ia acontecer e se haveria mau tempo", observou um companheiro de navegação. Usando os instrumentos simples da época — quadrante, bússola e ampulheta de areia de meia hora —, Colombo determinou uma rota em direção ao oeste. Ele pode não ter sabido para onde estava indo, mas sabia a melhor maneira de chegar lá: por cálculo estimado da rota percorrida ao longo de uma latitude que punha os ventos dominantes às suas costas, propelindo-o através do oceano. Essas brisas, conhecidas como os ventos alísios, se movem no sentido dos ponteiros do relógio num gigantesco círculo no meio do Atlântico; mais tarde elas ajudariam a levar Colombo de volta para a Europa.

A partir do momento de sua partida da Espanha, também temos suas impressões pessoais registradas todos os dias num diário. O original se perdeu; o que sobrevive é um resumo — em parte transcrito, em parte sumarizado — feito por outros depois da viagem. É difícil determinar quanto dessas versões corromperam as palavras de Colombo, ou o que foi omitido. Mas a voz e o conteúdo estão de acordo com outros escritos de Colombo. Em sua maior parte, transmite a impressão de um registro contemporâneo de seus pensamentos e ações — inclusive alguns que não são lisonjeiros para com o navegador. A primeira passagem desse tipo aparece em 9 de setembro, pouco depois de Colombo partir das Canárias. "Neste dia perdemos a terra de vista por completo, e muitos homens suspiraram e choraram por temor de que não voltariam mais a vê-la", escreveu ele. "Decidi estimar nossa posição em menos léguas do que realmente navegamos. Fiz isso de modo a que eles não pensassem estar a uma distância tão grande da Espanha quanto na realidade estavam." No dia seguinte, os navios navegaram 180 milhas, mas "registrei 144 milhas, de maneira a não alarmar os marinheiros se a viagem for prolongada".

Durante as primeiras semanas a viagem seguiu sem percalços, exceto pelo mar dos Sargaços, uma vasta área do oceano densamente coberta por algas: uma visão estranha para a tripulação, mas nenhum impedimento para a navegação. Colombo, um observador atento e sensível, notou a lisura da superfície do mar, sua cor e o toque característico, suave e cálido do ar, "tão fragrante que é um prazer respirá-lo". À medida que a viagem progredia, ele observou sinais por toda parte de que havia terra próxima. Baleias, algas, bandos de aves — todos se tornaram para o navegador "um sinal seguro de terra", o refrão constante de sua viagem.

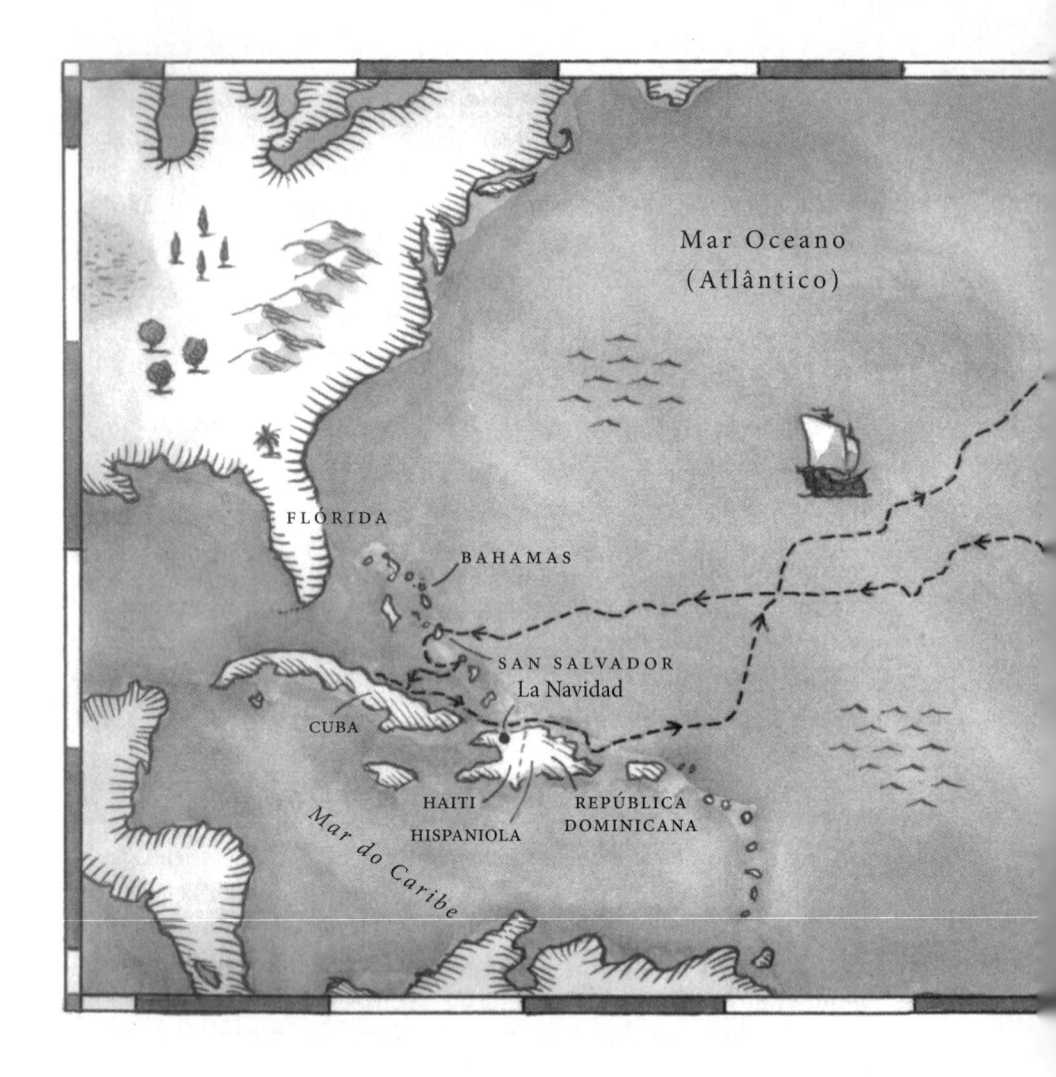

Sua tripulação não se mostrava tão animada e otimista. Ao alcançar o limite norte dos ventos alísios, os navios perderam velocidade, baixando de 165 milhas em um dia para 75 no dia seguinte e então apenas 24. À medida que o vento enfraquecia e rondava, o mesmo acontecia com o moral dos marinheiros. "A tripulação está agitada, pensando que aqui nestas paragens não sopram ventos que possam levá-los de volta para a Espanha", escreveu Colombo em 22 de setembro. "Estou tendo sérios problemas com a tripulação", acrescentou dois dias depois. "Eles disseram que é insanidade e suicida por parte deles arriscar a vida seguindo a loucura de um estrangeiro."

Colombo também percebeu que o capitão do *Pinta*, Martín Alonso Pinzón, "não é digno de confiança". Pinzón seguia navegando à frente, e Colombo

A PRIMEIRA VIAGEM DE COLOMBO

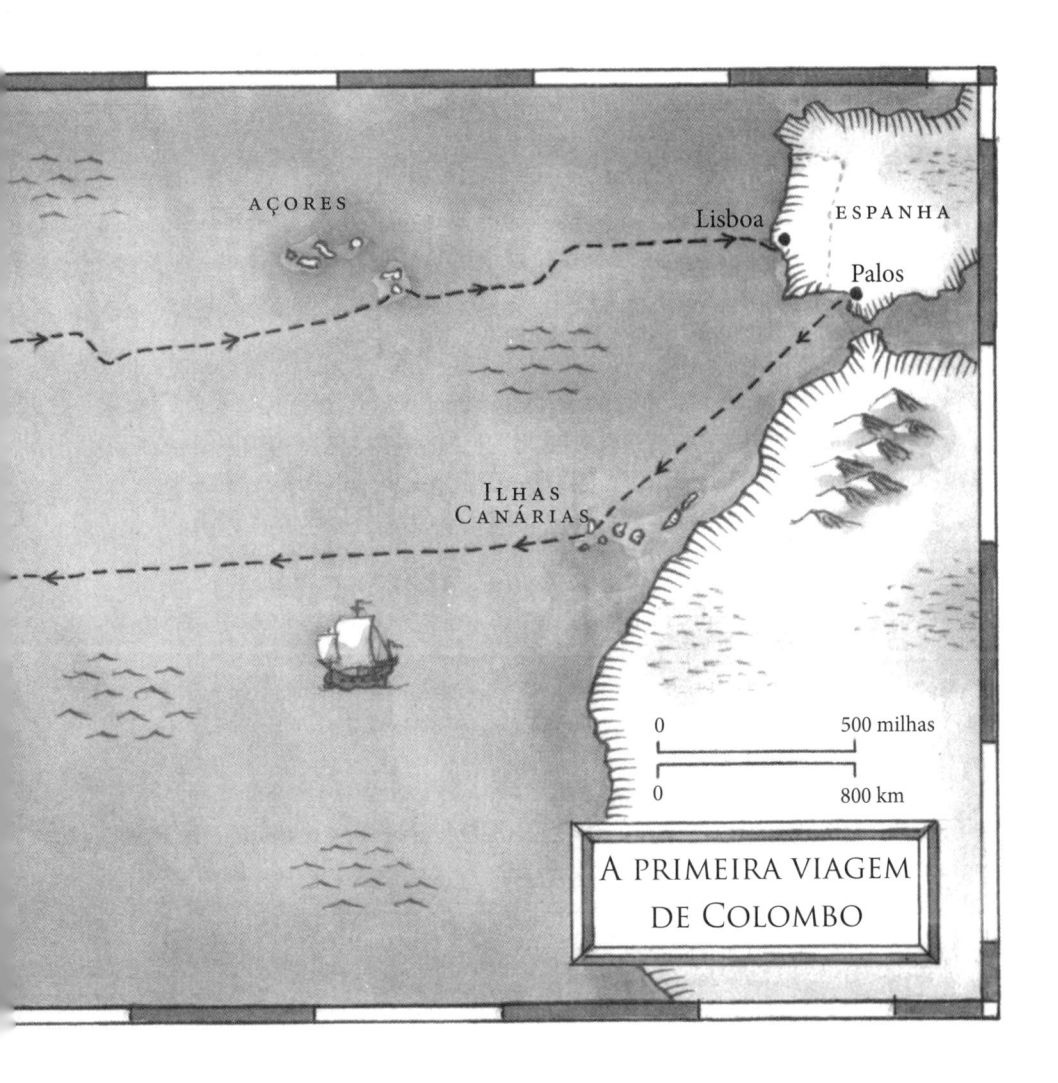

suspeitava de que o fizesse para ser o primeiro a avistar terra e tomar para si "as recompensas e honrarias daquela empreitada".

Ao pôr do sol de 25 de setembro, Pinzón gritou do *Pinta* que tinha avistado terra. Marinheiros a bordo do *Niña* subiram pelo estaiamento e confirmaram a informação. Pela manhã, contudo, Colombo viu que "nada mais eram que nuvens de tempestade". Onze dias mais tarde, o *Niña* disparou seu canhão e içou uma bandeira para assinalar que terra havia aparecido. Isso também "foi apenas uma ilusão". Colombo ajustou o curso para sudoeste, seguindo um bando de pássaros na esperança de que eles voassem em direção a terra.

A essa altura, os navios tinham navegado quatro semanas desde a última vez em que terra fora avistada. Aquilo era o dobro de "todos os recordes anteriores em navegação oceânica", escreve Samuel Eliot Morison. Os navios também estavam muito além do ponto em que Colombo havia esperado alcançar a Ásia. A ampulheta da paciência de seus homens havia se acabado.

"Eles não conseguiam suportar mais", escreveu Colombo em 10 de outubro. Ele censurou os marinheiros por sua falta de ânimo e deixou claro para eles que suas reclamações eram inúteis. "Eu parti para encontrar as Índias", disse-lhes, "e prosseguirei até ter cumprido essa missão, com a ajuda de Nosso Senhor."

No dia seguinte, ele viu juncos verdes e uma vara na água "que parecia feito pelo homem". Colombo dobrou o número de vigias e os recordou de que o primeiro a avistar de fato terra receberia um grande prêmio em dinheiro da Coroa e um gibão de seda dele. Bem tarde naquela noite, Colombo pensou ter visto luz a oeste, "como o pequenino clarão do pavio de uma vela de cera balançando para cima e para baixo". Chamou outros dois homens; um viu a luz e o outro não. "Era uma coisa de tal modo incerta que não senti que fosse prova adequada de terra."

Quatro horas mais tarde, o *Pinta* disparou um de seus canhões. Um vigia chamado Rodrigo de Triana tinha avistado terra, a cerca de seis milhas a oeste. Colombo reconsiderou suas dúvidas da noite anterior. "Eu agora acredito que a luz que vi anteriormente foi um sinal de Deus e que era verdadeiramente a primeira indicação positiva de terra."

Estudiosos e oficiais de marinha concluíram que Colombo não poderia ter visto uma fogueira ou qualquer outra luz na noite anterior, quando seu navio se encontrava a cerca de 36 milhas ao largo da costa. Superexcitado e exausto, ele pode ter imaginado uma luz onde não havia nenhuma. Mas Colombo reivindicou a honra da descoberta e o prêmio. Não ouvimos mais falar de Rodrigo de Triana no diário do navegador.

Na manhã de 12 de outubro, Colombo teve sua primeira visão clara da costa. "Ao amanhecer vimos pessoas nuas, e eu fui a terra no barco do navio", escreveu. Ele ergueu estandartes blasonados com uma cruz vermelha e as iniciais dos monarcas espanhóis, tomando posse da terra em nome deles. Colombo a chamou de San Salvador. De acordo com um relato, ele e seus homens se ajoelharam para beijar a areia, "agradecendo a Deus que os recompensara depois de uma viagem tão longa e estranha".

Eu li pela primeira vez o relato de Colombo de seu desembarque em um estúdio para escritores a 64 quilômetros de minha cidade natal, Washington, D.C., abreviatura de "District of Columbia", distrito de Columbia — versão feminizada de "Columbus". Duas capitais estaduais e cerca de quarenta outras cidades, vilas e condados dos Estados Unidos também têm o seu nome. Do mesmo modo, incontáveis instituições, inclusive a Columbia University, que eu havia cursado. A data de seu desembarque, é claro, é um feriado nacional.

Como a maioria dos americanos, eu nunca havia parado para refletir a respeito de nada disso — até o dia em que localizei a rota de Colombo numa carta náutica pregada na parede de meu escritório. Só então me ocorreu que a capital da nação e uma porção de outros lugares no país têm o nome de um homem que nunca pôs os pés neste continente.

Só para ter certeza, pulei à frente, traçando o resto da viagem e as três expedições posteriores feitas por ele da travessia do Atlântico. Como se pulando amarelinha, Colombo perambulara por toda parte pelas Américas entre 1492 e 1504, e foi o primeiro europeu a desembarcar numa variedade de nações modernas. Porém nem uma única vez ele viu ou tocou nada que mais tarde se tornasse território americano.

Retornei ao primeiro desembarque, na ilha chamada San Salvador. Apenas a literatura a respeito disso seria capaz de encher uma prateleira de livros. Uma pintura da cena adorna a Rotunda do Capitólio dos Estados Unidos. Contudo, com tanto material sobre Colombo, um detalhe essencial permanece misterioso. Onde, exatamente, se encontrava ele?

Na medida em que capitães mercantes e estudiosos podem determinar, Colombo fez uma aterragem na extremidade oriental das Bahamas, a cerca de quatrocentas milhas a sudeste da Flórida. Mas as Bahamas são um arquipélago de setecentas ilhas, mais três vezes esse número de ilhotas de areia e coral chamadas *cays*. Complexas defesas de casos reivindicando a honra foram apresentadas por pelo menos nove ilhas e *cays* diferentes, inclusive uma chamada Watlings que proveitosamente se rebatizou de San Salvador em 1926. Mas nenhum vestígio conclusivo da visita de Colombo às Bahamas foi encontrado até a presente data.

O mistério de seu local de desembarque torna-se ainda mais tantalizante por causa do que ele escreveu a seu respeito. As entradas no diário relativas à semana que ele passou excursionando por San Salvador e pelas ilhas próximas mais parecem o texto de cartões-postais do paraíso. "A água é muito límpida e se pode ver o fundo do mar durante as horas do dia... Aqui os peixes são tão diferentes dos nossos que é espantoso... coloridos de um milhão de maneiras; e de cores tão vívidas que qualquer um ficaria maravilhado." Ele havia observado plantas estranhas com igual deleite. "Pode-se até sentir o perfume das flores à medida que nos aproximamos da costa; é a coisa mais fragrante da Terra." Embora a vida animal fosse esparsa, Colombo e seus homens degustaram uma iguaria local, uma "serpente" de 1,80m que provavelmente era uma iguana. "Tem gosto parecido com o de galinha", observou Colombo.

Ele também ficou maravilhado com os ilhéus nus que o receberam na praia, descrevendo-os como altos, "bem proporcionados" e "da cor de camponeses queimados pelo sol", com olhos "muito bonitos" e cabelos lisos usados curtos na frente e compridos nas costas. Colombo, acreditando que havia alcançado ilhas ao largo da costa do Oriente, chamou os nativos de los indios, ou indianos. De maneira indireta, estava certo; Colombo não havia alcançado a Ásia, mas havia encontrado um povo de descendência asiática. Os ilhéus, como os nativos encontrados pelos vikings, eram descendentes distantes dos migrantes que haviam feito a travessia vindos da Ásia para a América, milhares de anos antes.

A perspectiva de Colombo também foi influenciada por suas viagens anteriores no Velho Mundo. Os ilhéus viviam em estruturas altas e arejadas que se assemelhavam a "tendas mouras", e se deslocavam em "barcos entalhados e feitos de um único pedaço de tronco de árvore", que ele chamou de *almadias*, o termo português para os batelões africanos. Só mais tarde ele descobriria o termo nativo: *canoa*. Também observou as camas de balanço, feitas de "redes de algodão", que os ilhéus chamavam de *hamaca*. Do mesmo modo que as canoas, as redes logo se tornariam parte dos dicionários europeus e um acessório adotado por marinheiros.

A comunicação, nesse ponto, se limitava a gestos. De modo que é difícil saber como Colombo descobriu que o nome nativo para San Salvador era Guanahani (que pode ter sido uma palavra para designar iguana). Ainda mais dúbias foram suas tentativas para adivinhar as crenças nativas. "Pelos sinais que fizeram, creio que estavam perguntando se nós vínhamos do céu", escreveu ele, acrescentando que gritavam uns para os outros: "Venham ver os homens do céu." Ele repetiria essa afirmativa em outras ilhas, e visitantes posteriores da América empregariam a crença interesseira e mentirosa de que os nativos reverentes pensavam que os europeus tivessem caído do céu.

Colombo também ajudou a implantar a imagem de índios como sendo crianças inocentes. "Não consigo deixar de me espantar com o fato de como essas pessoas são inocentes", escreveu ele. Mais tarde, as qualificou de "tratáveis". A primeira evidência disso ocorreu na praia de San Salvador, onde Colombo distribuiu bugigangas que tinham sido testadas em mercados na África: gorros vermelhos, contas de vidro e pequeninos sinos ressonantes. Os nativos "demonstraram grande prazer com isso", e ofereceram tudo o que possuíam em troca, inclusive papagaios e bolas de algodão. Os homens de Colombo, como os vikings antes deles, não conseguiam acreditar em sua sorte, e começaram a trocar cacos de vidro e louça quebrados por lanças com pontas de dentes de peixe.

Os ilhéus eram prestativos de outras formas também. "Alguns nos trouxeram água; outros, coisas para comer", escreveu Colombo. "Outros, vendo que eu não queria ir até a praia, mergulharam no mar e nadaram até onde estávamos." Em outra ilha, os nativos mostraram aos tripulantes onde encontrar água doce e carregaram barris cheios até os barcos.

Um índio remando uma canoa, de uma história espanhola das Índias de 1535.

É impossível saber se os nativos se comportaram dessa maneira por hospitalidade instintiva, por temor das espadas espanholas ou na esperança de ganhar mais sinos e contas. Mas a resposta de Colombo revela muito sobre sua disposição mental e o legado dessa viagem. Depois de apenas algumas horas em terra, escreveu sobre os ilhéus: "Eles devem dar bons e hábeis criados." Dois dias depois, tendo partido de San Salvador com sete cativos para levar para o rei e a rainha, ele acrescentou: "Assim que aprenderem a nossa língua eu os trarei de volta, a menos que Sua Alteza ordene que a população inteira seja levada para Castela ou mantida cativa aqui. Com cinquenta homens se poderia submeter todo mundo e fazer com eles o que se quisesse."

Por mais insensível que pareça esse sentimento, Colombo não o fez surgir do nada. Ele havia viajado para os portos de escravos na África; à ilha do Atlântico de Madeira, para onde os portugueses importavam escravos para trabalhar nas plantações de açúcar; e para as Canárias, onde os espanhóis estavam completando a conquista e a escravização dos nativos guanches. Os europeus também escravizavam os muçulmanos capturados em combate e, em tempos anteriores, tinham feito o mesmo com os eslavos: origem da palavra "escravo". A trágica contribuição de Colombo foi ser o primeiro europeu a ver o potencial para trabalhos forçados no Novo Mundo.

Outra desgraça duradoura também remonta àquele primeiro e aparentemente inocente encontro em San Salvador. Entre os produtos que os nativos ofereceram aos marinheiros estava "uma espécie de folha seca que eles têm em alta estima". Essa planta misteriosa reapareceu em outra ilhas, onde Colombo finalmente reconheceu seu uso. Homens e mulheres levavam nas mãos "uma erva queimada pela metade, sendo as ervas que estão acostumados a fumar". As ervas eram enroladas dentro de uma folha em forma de tubos que os nativos chamavam de *tabacos*. Não demoraria muito e o tabaco conquistaria os europeus e se tornaria um dos mais lucrativos produtos de exportação da América.

Em 1492, contudo, Colombo estava obcecado por uma mercadoria mais conhecida. Ele observou um adorno de ouro pendurado no nariz de um ilhéu e descobriu "por meio de sinais" que uma viagem para o sul o levaria a um rei que "tem grandes depósitos de ouro". Depois de se fazer de volta ao mar, os nativos que havia capturado o conduziram a uma ilha onde diziam que as pessoas usavam braceletes de ouro. Colombo desconfiava que "tivessem inventado a história de modo a induzir-me a levá-los para terra para que pudessem fugir". Mas desembarcou mesmo assim, ficando em terra apenas tempo suficiente para determinar que não havia ouro nenhum. Então rumaram para outra ilha, que se dizia ser ainda mais rica. Desse modo começou a frenética caçada ao metal precioso que impulsionaria a investida dos espanhóis por toda parte nas Américas.

Depois de não encontrar ouro nas Bahamas, Colombo embarcou para uma ilha que seus cativos chamavam de Cuba, um dos raros nomes nativos de lugar que sobrevive até hoje. Os índios disseram-lhe que a ilha "tem muito comércio; ouro, especiarias, navios e mercadores". Esse relato e os "globos e mapas-múndi" de Colombo, conforme escreveu, convenceram o navegador de que Cuba e o Japão "eram um único e mesmo lugar".

Ao chegar à costa norte de Cuba, ele declarou que a ilha era "a mais bela que eu jamais vi", montanhosa, fecunda e de clima ameno. Mas as riquezas prometidas não estavam em lugar nenhum que se pudesse ver. Tampouco a ilha combinava com as descrições de Marco Polo de "Cipango", como ele chamava o Japão. O veneziano havia descrito palácios folheados a ouro e maravilhosas pérolas cor-de-rosa. Colombo só encontrou choupanas de folhas de palmeiras e "caramujos sem graça".

Em vez de se deixar desencorajar por isso, Colombo demonstrou seu excepcional talento para o autoengano. Se Cuba não era o Japão, então devia ser o continente asiático. O Grão-Khan da China não deveria estar muito longe!

Para encontrá-lo, Colombo enviou seus emissários convertidos, Rodrigo de Xerez e Luis de Torres, levando consigo contas para fazer trocas, a carta em latim da Coroa, e amostras de canela e pimenta, "de modo que as reconhecessem se porventura as encontrassem". Colombo permaneceu com seu navio; ao longo da viagem, ele raramente se aventurou em terra por muito tempo.

Os diplomatas e seus guias índios retornaram vários dias depois tendo viajado 58 quilômetros para o interior até um grande povoado. Os emissários foram alojados, alimentados, carregados nos ombros dos aldeões e entronados em

Índios fumando rolos de tabaco semelhantes a charutos, de um relato francês do século XVI sobre o Novo Mundo.

cadeiras em forma de "um animal de pernas curtas", com o rabo erguido para formar o encosto do assento. Mulheres os rodearam, "beijando-lhes as mãos e os pés, tentando ver se eram de carne e osso como elas".

A descrição da cena perece um clássico primeiro contato. Mas, além disso, Colombo nos relata muito pouco, exceto que os índios examinaram a canela e a pimenta, as quais não possuíam. Evidentemente ansiosos para agradar, "disseram por meio de sinais que havia muitas especiarias daquele tipo nas proximidades rumo ao SE" — ou pelo menos assim entenderam os diplomatas. O hebraico, árabe e aramaico de Torres não lhe foram de muita utilidade. "Tendo visto que não havia cidades ricas", conclui Colombo sucintamente, "meus homens voltaram."

Mesmo assim, o navegador não se deixou desanimar. Enquanto os enviados estavam fora, ele, também, ouviu falar sobre especiarias a sudeste, bem como ouro. De modo que costeou Cuba até chegar à sua extremidade leste, de onde se avistava uma ilha chamada Bohio. Os índios a bordo demonstravam terror do povo de Bohio, que, diziam, tinham caras de cachorro e um olho no meio da testa. Na verdade, tais monstros tinham sido imaginados pelo escritor medieval John Mandeville, cujos fantasiosos relatos de viagem eram muito conhecidos e apreciados na época de Colombo. Os índios evidentemente tinham se apropriado das crenças dos marinheiros em tais criaturas, e também advertiram que os guerreiros em Bohio comiam outros seres humanos (Mandeville também havia escrito a respeito disso). Os nativos chamavam esses comedores de homens de *canibales*, desse modo introduzindo mais uma palavra no léxico ocidental.

Colombo, como de hábito, deu uma interpretação positiva a esse relato. Calculou que os canibais haviam levado como cativos homens de Cuba e que, portanto, eram "mais astutos e inteligentes" que os índios que encontrara até então. Para Colombo, isso só podia significar uma coisa: os canibais pertenciam "ao domínio do Grão-Khan". E assim fez-se de novo ao mar, rumando para Bohio.

Canibais com cabeça de cachorro retalham e preparam homens para comer, de um livro alemão sobre as descobertas de Colombo, 1525.

A nova ilha era ainda mais bonita do que Cuba, com vastas planícies que lembravam Castela, pensou Colombo. Ele a chamou de La Isla Española, "a Ilha Espanhola". E, em vez de canibais — ou caribes, como também eram chamados os comedores de homens —, encontrou os nativos da costa "tão liberais ao dar e tão tímidos, que se despem de tudo para dar tudo o que têm para nós". A certo ponto, afirmou ele, mil pessoas vieram remando canoas para receber os espanhois, erguendo ao alto seus bens e exclamando: "Levem. Levem."

Melhor ainda, eles falaram sobre vastos depósitos de ouro no interior da ilha, em um lugar chamado Cibao. Para Colombo, o nome "Cibao" soava parecido o suficiente com "Cipango" para convencê-lo de que finalmente havia chegado ao Japão. E que o ouro estava lá para ser levado por quem o quisesse, ou pelos menos assim presumiu. Depois de um encontro com um cacique ou chefe hereditário, Colombo confessou que ambos não haviam compreendido nada do que o outro dissera. "Não obstante, entendi que ele me disse que se qualquer coisa ali me agradasse, a ilha estava às minhas ordens."

Mas as ondas e os recifes não estavam. Na véspera de Natal, um jovem grumete descuidadamente foi deixado no leme do *Santa María*, talvez porque o resto da tripulação estivesse dormindo para se recuperar da bebedeira das festividades. As correntes levaram o navio para um recife, onde ele encalhou e começou a fazer água. Colombo e sua tripulação tiveram que abandonar o navio e embarcar no *Niña*. Os índios vieram em canoas para descarregar o *Santa María*, de modo que suas provisões foram salvas.

Colombo tinha perdido sua nau capitânia, entretanto mesmo esse infortúnio lhe pareceu providencial. "Nosso Senhor miraculosamente ordenou que o *Santa María* permanecesse ali porque é o melhor lugar nas ilhas para fundar um povoado e fica próximo das minas de ouro." Ele usou a madeira do *Santa María* para construir um pequeno forte e deixou 39 homens com pão e vinho suficiente para um ano, bem como sementes. Colombo batizou o posto avançado de Villa de la Navidad, vila da Nativividade, uma vez que foi fundado no Natal.

O navegador recomendou aos colonos espanhóis que respeitassem os chefes da ilha, que não cometessem injúrias ou insultos (especialmente contra mulheres) e que ficassem juntos em La Navidad, a menos que fossem guiados pelos índios até as minas de ouro. Por ocasião de sua partida, ele se sentia seguro de que voltaria da Espanha para descobrir que seus homens haviam encontrado riquezas "em tais quantidades que em três anos os soberanos farão os preparativos e empreenderão a conquista da Terra Santa".

A VERSÃO HEROICA da história de Colombo, ensinada a gerações de crianças nas escolas na América, é radicalmente resumida. Ela trata dos preparativos para sua viagem e chega ao auge com sua dramática "descoberta" em 1492. Completamente esquecidas ficam as três viagens posteriores de Colombo para a América, e sua carreira irregular como administrador colonial. Os críticos modernos invertem a narrativa tradicional. Eles se concentram nas viagens posteriores e nos horrores que se seguiram em sua esteira, de modo a retratar o genovês como um personagem genocida. Colombo não descobriu a América; ele a destruiu.

Mas quanto mais eu lia sobre a história do navegador, menos ele me parecia se encaixar em qualquer dos dois paradigmas. Depois de deixar 39 colonos em La Navidad, Colombo seguiu a costa de La Isla Española até sua extremidade leste, onde encontrou nativos muito diferentes daqueles que havia visto até então. De rostos escurecidos com carvão, usavam adornos de cabeça com penas de papagaio, e empunhavam arcos e pesados cassetes. Marinheiros que tentaram negociar com eles rapidamente ficaram temerosos e iniciaram um ataque, cortando um homem nas nádegas e ferindo outro no peito antes que os nativos fugissem.

Colombo, de maneira característica, permaneceu a bordo de seu navio durante a luta. Mas depois de ouvir o relato de seus homens, escreveu: "As pessoas aqui são más e creio que sejam da ilha do Caribe, e que comam homens." Sobre a violência, acrescentou: "Sob um aspecto me incomodou e sob outro não, no sentido de que é possível que eles agora tenham medo de nós."

O entrevero, no que Colombo chamou de Golfo das Flechas, marcou o único derramamento de sangue registrado durante a primeira viagem. Isso pode ter sido devido ao temperamento pacífico da maioria dos ilhéus que encontrou e à fraqueza de suas armas. Mas a ausência de carnificina é, não obstante, impressionante. Os vikings tinham massacrado os primeiros nativos que haviam encontrado, sem provocação, e muitos dos europeus que seguiram Colombo para a América começaram a matar quase que a partir do momento em que chegaram à praia.

Em sua primeira viagem, pelo menos, Colombo não recorreu instintivamente à violência. Tampouco considerou os nativos como skraelings subumanos. Mais que isso, os viu como crianças e potenciais convertidos, embora na qualidade de servos dos europeus. Só os caribes, ditos canibais, estavam além da redenção. Que Colombo tenha se sentido sequer incomodado pela violência contra eles era incomum numa era que os cruzados eram considerados heroicos e o derramamento de sangue "infiel".

Ele também estava decidido a encontrar a ilha de onde acreditava que vinham os canibais. Mas, quando afinal partiu do Golfo das Flechas, sua caravela estava fazendo água e seus marinheiros estavam inquietos, e ele temia que o capitão do *Pinta*, o incômodo Martín Alonso Pinzón, tomasse a dianteira e navegasse de volta para a Europa e reivindicasse a glória do descobrimento. De modo que, quando um vento forte "soprou muito favoravelmente para voltar para a

Espanha", Colombo abandonou seus planos de prosseguir com a exploração e rumou para casa.

Ele quase não conseguiu. Perto dos Açores, os navios encontraram uma tempestade de inverno tão violenta que ondas enormes se chocavam vindas de direções opostas, rebentando sobre o *Niña*, enquanto o *Pinta* "desapareceu de vista". Mesmo a confiança habitual de Colombo ficou abalada. "Estávamos todos resignados a nos perder", escreveu ele. Temendo que a notícia de sua descoberta nunca chegasse à Espanha, pôs um manuscrito selado com cera relatando sua viagem num barril e o lançou ao mar. Ele e seus homens também fizeram um sorteio de nomes — na verdade, grãos-de-bico tirados de um gorro — para determinar quem faria a peregrinação religiosa se a tripulação sobrevivesse.

No dia seguinte o céu clareou, e pouco depois o *Niña* encontrou refúgio nos Açores. Mas, quando Colombo retomou a viagem, foi apanhado por outra tempestade que rasgou em trapos as velas do navio e fez com que de novo os grãos-de-bico fossem apresentados. Quando a tempestade amainou, Colombo descobriu que estava ao largo de Lisboa e levou seu navio avariado para a costa. Durante essa sua breve estada, foi recebido "com grandes honras" pelo rei de Portugal, que havia recusado a oportunidade de financiar a viagem: para o navegador rejeitado, uma deliciosa vingança.

Finalmente, no dia 15 de março de 1493, Colombo ancorou perto de Palos, na Espanha, 32 semanas depois de sua partida da cidade. Seu diário se encerra naquele dia, com um tom de "eu bem que lhes disse". "Os notáveis milagres que ocorreram durante essa viagem e para mim", escreveu Colombo ao rei e à rainha, vieram a despeito da oposição "de tantas das principais personagens em vossa casa, que eram todas contra mim e que trataram essa empreitada como uma loucura". Quanto ao seu outro arqui-inimigo, o capitão do *Pinta*, Colombo havia chegado a Palos pouco antes dele. Pinzón fez-lhe outro favor ao cair morto pouco depois de desembarcar.

Agora, ao que parecia, não havia mais nada entre Colombo e a glória e as honras a que tão avidamente aspirava. O navegador deu início a uma triunfante procissão até a corte real em Barcelona, levando índios, papagaios, batatas e outras novidades como presentes para a rainha. "O Eterno Deus Nosso Senhor", escreveu Colombo, numa carta que rapidamente circulou pela Europa, "dá a todos que seguem Seu Caminho a vitória sobre coisas que parecem impossíveis."

DE OLHOS VIDRADOS DEPOIS DE ESTUDAR diários de bordo, cartas e cartas náuticas, subitamente me ocorreu certa tarde que o dia de Colombo se avizinhava, dali a poucas semanas. Aquele me parecia um momento apropriado para revisitar uma das descobertas do navegador. A questão era: Qual delas?

O local de seu primeiro desembarque, no dia de Colombo em 1492, parecia a escolha lógica. Mas, conforme eu havia descoberto, ninguém sabia com certeza, onde, nas Bahamas, ele havia chegado. Nem coisa alguma na antiga colônia britânica recordava sua visita, exceto uma cruz de pedra em San Salvador e o resort do Club Med, Columbus Isle.

A escala seguinte do navegador, Cuba, me parecia difícil para uma excursão decidida com pouca antecedência. E eu duvidava que a *república* de Castro comemorasse o dia de Colombo, exceto como uma oportunidade para denunciar o imperialismo. Em todo caso, Colombo não penetrara além da costa de Cuba.

Isso deixava a ilha nas vizinhanças que ele chamara de La Isla Española, que hoje em dia é conhecida como Hispaniola e que está dividida entre o Haiti e a República Dominicana. Fora em Hispaniola que Colombo havia estabelecido o primeiro posto avançado europeu na América, depois de Vinland. Os espanhóis mais tarde fundaram a primeira colônia europeia permanente na América, em Santo Domingo, hoje a capital da República Dominicana. Segundo se afirmava, supostamente, os ossos de Colombo também repousavam lá.

Isso era tudo que eu sabia a respeito da República Dominicana, do passado e do presente, exceto por seu plantel de astros de beisebol. Na verdade, eu nunca havia visitado nenhum país da América Latina. Mas a ignorância, neste caso, parecia apropriada, Colombo fizera o cálculo aproximado de sua rota para as Índias, e havia improvisado quando lá chegara. Comprando uma passagem para Santo Domingo, calculei que poderia fazer o mesmo.

DURANTE AS SEMANAS ANTES de minha partida, me dediquei a aprofundar meus conhecimentos sobre o retorno de Colombo a Hispaniola, em 1493. Esse tinha sido algo muito diferente da modesta expedição de três navios e noventa homens que o navegador conduzira na travessia do Mar Oceano um ano antes. Colombo agora era um nobre espanhol e um Capitán General de la Armada, comandando uma frota de 17 embarcações e 1.200 passageiros, inclusive vários cavalheiros em busca de fortuna e de aventura nas Índias. Cavalos, ovelhas, vacas e porcos também se apertavam a bordo. "Nenhuma nação europeia", observa Samuel Eliot Morison, "jamais havia empreendido uma expedição de colonização em ultramar de forma que se aproximasse a essa escala."

A nova expedição de grande orçamento que Colombo havia negociado com a Coroa tinha duas ambiciosas linhas mestras: extrair as riquezas de Hispaniola (um oitavo das quais iria para o Capitán) e cristianizar seus habitantes. Ouro e

Deus, conquista e conversão — os gêmeos incompatíveis do plano de ação da política espanhola para a América ao longo de décadas por vir.

Depois de uma travessia tranquila do Atlântico, Colombo foi saltando de ilha em ilha pelo Caribe, distribuindo nomes que ainda são familiares aos viajantes de férias pelos trópicos: Dominica, Guadalupe, as ilhas Virgens. Em St. Croix os espanhóis tiveram escaramuças com os nativos, matando vários e fazendo muitos prisioneiros. Colombo deu uma prisioneira, "uma caraíba muito bonita", a um nobre e amigo italiano, Michele de Cuneo, que a levou para sua cabine.

"Ela estando nua de acordo com o costume deles, concebi o desejo de ter o meu prazer", escreveu Cuneo. "Eu queria dar execução a meu desejo, mas ela não quis e me atacou com as unhas de tal maneira que desejei nunca ter começado." Mas Cuneo persistiu. "Passei a mão numa corda e dei-lhe uma boa surra, pelo que ela deu de berrar tanto, com gritos inimagináveis que não se teria acreditado nos próprios ouvidos." Por fim, sua vítima sucumbiu. A primeira relação sexual entre um europeu e uma americana de que se tem registro foi estupro.

Tal comportamento já tinha causado problemas em Hispaniola, onde Colombo chegou para descobrir que o forte que havia fundado em La Navidad estava em ruínas. Corpos em decomposição espalhavam-se pela costa. Por meio dos índios que haviam sobrevivido à viagem de ida e volta à Espanha e que agora serviam de intérpretes, Colombo ficou sabendo que os colonos de La Navidad tinham enfurecido os ilhéus quando cada um havia se apoderado de "cinco mulheres para satisfazer seus prazeres". Depois, seguindo para o interior em busca de butim fresco, os colonos encontraram um cacique feroz, chamado Caonabo. Ele e os índios da costa tinham matado os espanhóis e destruído La Navidad — e também a noção de que *los indios* fossem, de acordo com as palavras anteriores de Colombo, "covardes, medrosos irrecuperáveis".

Navegando para leste ao longo da costa de Hispaniola, do Haiti à República Dominicana dos dias de hoje, Colombo escolheu um novo local para um povoado que denominou La Isabela em homenagem à rainha. A costa era baixa, potencialmente pestilenta e mal servida de água. Mas Colombo escolheu o lugar porque ficava próximo das minas de ouro que se dizia existir na região interior chamada Cibao, que ele estava impaciente para encontrar. Apenas quatro dias depois de fundar La Isabela, despachou grupos de reconhecimento para o interior.

Os batedores retornaram com pepitas de ouro e outras amostras de leitos de riachos. "Todos nós festejamos muito", escreveu Cuneo, cuja ambição era tão grande quanto sua luxúria carnal, "não nos importando mais com qualquer tipo de especiaria, mas apenas com aquele bendito ouro." Colombo originalmente havia planejado modelar La Isabela nos entrepostos comerciais portugueses ao longo da costa africana. Agora estimulado pelo ouro, marchou para o interior encabeçando uma grande tropa para construir fortes e defender as montanhas e vales de Cibao.

Contudo, Colombo não tinha nenhum talento para o papel de conquistador e colonizador. Entre seus muitos defeitos estava sua falta de bom-senso crítico com relação àqueles a quem delegava autoridade. Como lugar-tenente e batedor, escolheu Alonso de Hojeda, um homem descrito por um contemporâneo como "sempre o primeiro a fazer correr sangue onde quer que houvesse uma guerra ou uma disputa". Quando Hojeda capturou vários índios acusados de pequenos furtos, cortou as orelhas de um e enviou o resto acorrentado para La Isabela. Colombo ordenou que fossem decapitados na praça do povoado. Embora os outros interferissem e o convencessem a comutar a sentença, as relações relativamente pacíficas que havia mantido com os índios até então tinham acabado. No futuro haveria apenas desconfiança e violência.

Colombo também fracassou como administrador colonial porque na verdade nunca quis ter o cargo. Ele era um navegador, não um homem de terra: um peixe fora d'água onde quer que desembarcasse. Em vez de procurar resolver os problemas que estavam se intensificando em Hispaniola, decidiu fazer-se ao mar e sair em busca de novas descobertas, deixando no comando um conselho chefiado por seu desafortunado irmão Diego. Quando Colombo voltou de Cuba e da Jamaica, cinco meses depois, a colônia recém-criada em Hispaniola estava perto do colapso. As safras plantadas em La Isabela foram abandonadas e murcharam, ninguém queria cuidar de grão-de-bico quando podiam sair em busca de ouro. Expedições enviadas ao interior tinham perdido todo o controle, matando e estuprando e roubando alimentos dos nativos. Uma facção espanhola amotinada havia se apoderado de três navios e partido de volta para a Espanha.

Pior que tudo para Colombo, as vastas minas de Cibao não haviam sido encontradas. As joias e outros objetos de ouro dos ilhéus haviam induzido os espanhóis ao engano; aquelas riquezas não eram apenas a ponta de um vasto tesouro enterrado e sim uma modesta coleção amealhada e criada ao longo de gerações. A maior parte do ouro bruto que existia em Hispaniola tinha que ser demorada e meticulosamente peneirado em leitos de rio.

Para obtê-lo, Colombo pôs em vigor um cruel sistema de tributo, exigindo que cada índio adulto produzisse uma quantidade determinada de ouro em pó. Se não houvesse ouro a ser encontrado, os nativos tinham que entregar outros produtos, tais como redes, machados, saias de algodão. Colombo também tornou os próprios nativos uma mercadoria. Anteriormente ele havia escravizado um número reduzido de índios e somente aqueles conhecidos como canibais ou caribes. Como supostos comedores de homens, e como prisioneiros capturados numa guerra "justa", podiam ser vendidos como mercadorias. Ou pelo menos essa era a lógica da época.

Naquela ocasião, contudo, Colombo reuniu vários milhares de nativos de Hispaniola, embarcando cerca de 550 dos melhores "machos e fêmeas" para serem despachados para a Espanha. Cerca de duzentos morreram durante a travessia do oceano e foram lançados ao mar. Muitos mais pereceram pouco depois de serem postos à venda na Espanha. "Eles não dão muito lucro", observou um clérigo que assistiu ao leilão, "uma vez que quase todos morreram, pois o país não lhes fez bem."

A terra deles também não fazia bem aos espanhois. No final de 1495, um visitante a La Isabela relatou, os colonizadores doentes e famintos estavam tão descontentes que faziam um único pedido: "Que Deus me leve para Castela." Em vez disso, pouco depois que Colombo partiu de voltou para a Espanha em 1496, os colonos se transferiram para um porto na costa sul de Hispaniola. De início, foi conhecido pelo nome de Isabela Nueva. Mas à medida que o povoado cresceu adquiriu seu próprio nome, Santo Domingo, a primeira cidade europeia no Novo Mundo.

Capítulo 3

SANTO DOMINGO
A MALDIÇÃO DE COLOMBO

> Em um museu em Havana existem dois crânios de
> Cristóvão Colombo, um de quando ele era
> menino e um de quando era um homem.
> — Mark Twain, *As aventuras de Thomas
> Jefferson Snodgrass*

No Aeroporto Internacional de Las Américas, fui recebido com um copinho de papel de rum e um blecaute por falta de eletricidade. Do lado de fora do terminal às escuras, fui cercado por homens gritando: "Táxi!" Um avançou para fora do bando, me agarrou pelo punho e me conduziu a um veículo. Ele não era o motorista, apenas um intermediário.

— Bem-vindo à República Dominicana — disse, estendendo a mão. — Eu trabalho pelas gorjetas.

A alguns minutos do aeroporto, o táxi se aproximou de uma cabine de pedágio, sem pistas claramente delineadas, apenas motoristas embicando em meio a outros carros numa confusão de buzinas. Depois do posto de pedágio, seguimos devagar atrás de um caminhão de bananas, com o azul-celeste do Caribe de um lado e uma favela de blocos pré-moldados de cimento do outro. Então a estrada se elevou num arco sobre o rio Ozama e entrou na Zona Colonial de Santo Domingo, o coração da cidade espanhola original.

Em contraste com a amaldiçoada La Isabela, Santo Domingo tinha sido bem situada, numa bela enseada cercada por terras férteis. Enriquecido por plantações de açúcar, o posto avançado se tornou também o centro comercial para a conquista da Espanha das Américas do Sul e Central. Poucas décadas depois de sua fundação, em 1496, Santo Domingo cresceu tornando-se uma cidadezinha de quatrocentas casas e dois mil habitantes, com um pregoeiro público, um aqueduto e uma universidade.

Cinco séculos depois, a Zona Colonial ainda tinha uma agradável atmosfera de Velho Mundo. Estendia-se por aproximadamente 10 quarteirões quadrados, uma grade cuidadosamente projetada de ruas e praças que refletia a paixão espanhola do século XVI pela simetria. Bonitos prédios de fachadas de pedras se abriam para pátios com fontes e arcos mouriscos. Todas as avenidas pareciam se gabar de pelo menos uma "*primada de América*": a primeira catedral, o primeiro convento, o primeiro hospital, o primeiro tribunal. Embora muitas dessas estruturas agora fossem ruínas pitorescas, a Zona era um lembrete de em que medida a presença da Espanha fora substancial na América, um século inteiro antes que os primeiros colonos construíssem choupanas na Virginia e em Massachusetts.

A elegância requintada da Zona também era um lembrete de quanto a América espanhola havia decaído desde então. Fora do pequeno casulo do distrito colonial e em muitos pontos dentro dele, Santo Domingo se parecia com capitais por toda parte no mundo em desenvolvimento: uma desordem desesperada e caótica. Cerca de um quarto dos nove milhões de habitantes da República Dominicana se acotovelava dentro e ao redor da cidade, muitos deles ocupando favelas como as por onde eu passara no trajeto do aeroporto. Guardas com metralhadoras postavam-se diante de todos os bancos. A raiva provocada pelas interrupções no fornecimento de eletricidade e preços cada vez mais altos periodicamente irrompia em greves gerais, protestos de rua e barricadas de pneus ardendo em chamas.

Esse estado de quase colapso fazia de Santo Domingo um lugar difícil para operar. Do mesmo modo as condições climáticas. Embora a temperatura não oscilasse muito em torno dos 32 graus, a umidade era mais opressiva do que na estação de chuvas no Taiti ou em uma onda de calor nos pântanos da Louisiana. O ar carregado como o de um caldo em fervura baixa parecia que iria desabar numa grande chuvarada a qualquer momento, mas a chuva nunca vinha. As canetas se dissolviam em minha mão e meus bolsos. Até meu relógio de pulso e meus óculos se tornaram insuportáveis. Minutos depois de sair para o ar livre, fiquei uma ruína molhada e manchada de tinta.

Em outras cidades tropicais, a solução era tirar a roupa e reduzi-la a camiseta e shorts. Mas em Santo Domingo isso era impensável. Quase ninguém usava shorts; e até camisas de mangas curtas pareciam ser tabu. Em vez disso, os homens passavam caminhando vestindo camisas sociais e calças, e as mulheres de blusas colantes, e de saias e jeans mais justos que eu jamais havia visto. Contudo, de alguma forma se mantinham perfeitamente bem arrumados e secos. Aquilo me pareceu uma espécie de espantosa arte performática, e uma maneira de manter a dignidade privada em meio à miséria pública. Sacolas despejavam lixo em todas as calçadas, e veículos buzinando engarrafavam todas as ruas. Mas individualmente os dominicanos tinham uma aparência *fantástica*.

Algo que fazia com que eu me sentisse ainda mais patético — um estrangeiro que andava depressa demais, que transpirava demais e que tinha a pele rosada demais para o sol tropical. Pior ainda, se os dominicanos davam tanta importância à sua própria aparência, o que pensariam da minha? Com o cabelo colado no crânio, camisa barata grudada no peito, calças cáqui manchadas de tinta e suor, óculos embaçados escorregando pelo meu nariz. Só os cachorros, deitados desabados na calçada como se abatidos pelo calor, pareciam companhia apropriada para um americano infeliz e bufando.

Não que eu tivesse ninguém com quem falar. Meu plano original tinha sido contatar jornalistas, professores e curadores de museus que pudessem me indicar onde começar a trilhar o caminho de Colombo. Mas a simples tarefa de consumar uma chamada telefônica em Santo Domingo demonstrou ser um trabalho desagradável. Meu espanhol do curso Berlitz e o parco inglês da maioria das telefonistas e recepcionistas tornavam a comunicação difícil. De qualquer maneira, quase ninguém atendia os telefones dos escritórios, provavelmente porque as pessoas raramente estavam nos escritórios. A maioria dos dominicanos, fiquei sabendo, devotava seu tempo a segundos empregos que pagavam melhor que seus cargos oficiais. Também não se podia contar com telefones celulares: as frequentes interrupções no fornecimento de energia os tornava difíceis de manter carregados.

Os poucos encontros que consegui marcar também se revelaram ser muitíssimo provisórios. Uma das primeiras palavras dominicanas que aprendi era *ahorita*, da mesma família que *mañana* ou a expressão árabe *insha'allah*. *Ahora* é o termo espanhol para "agora". *Ahorita*, quando usada na República Dominicana, significa, *grosso modo*, "entre agora e nunca".

De modo que meus primeiros dias seguiram uma rotina desalentadora. Meu quarto de hotel na Zona ficava de frente para uma rua estreita onde ônibus com buzinas pneumáticas faziam disparar alarmes de carros, acordando-me sobressaltado ao amanhecer. Eu tomava uma ducha fria, deixava-me secar diante de um ar-condicionado barulhento, pintava com spray meu torso inteiro com Arrid Extra Dry e descia para suar sobre uma xícara reforçada de *café con leche*. Então começava a trabalhar na linha crepitante do telefone do hotel. Se eu tivesse sorte suficiente para conseguir falar com alguém, entrava correndo num táxi e seguia sentado em meio ao tráfego pesado, negociando o preço da corrida até chegar a um escritório onde a pessoa que eu viera ver não estava. Então tomava um táxi de volta para a Zona, tomava mais *café con leche*, saía andando até que a cafeína ou minhas glândulas sudoríferas se exaurissem. Por volta das 11, eu havia perdido qualquer esperança de entrevistar quem quer que fosse. Ao meio-dia não me importava mais. E, quando cheguei ao meu terceiro dia, me dei conta de que sem um gasto sobre-humano de força de vontade e de pesos, não conseguiria absolutamente nada durante minha estada.

A única fonte de consolo era um café ao ar livre, El Conde, onde eu passava minhas noites tomando cerveja Presidente e comendo pratos como *mangoo* (bananas amassadas com ovos e cebolas) e *chivo guisado* (traduzido como "fricasse kid"). O café era razoavelmente pacífico, à parte os mendigos, os engraxates, os cambistas, a música merengue aos berros e um guia turístico chamado Hector que vivia me importunando numa voz roufenha de fumante para pagar $10 por uma excursão que eu já havia feito com outro guia. Para me livrar dele, certa noite puxei conversa com um escocês sentado na mesa ao lado.

— Três dias ruins e você já está resmungando? — comentou ele, quando relatei meus infortúnios de reportagem. — Eu estou aqui há cinco meses e ainda não tive um dia bom.

George Houston era um engenheiro que tinha vindo para a República Dominicana por conta de um contrato do governo, para consertar uma ponte de tráfego sobre o rio Ozama. Embora a ponte estivesse à beira do colapso, sua companhia ainda não havia sido paga nem recebido a ordem para dar início ao trabalho.

George não levava isso pessoalmente. O governo também não estava pagando seus credores estrangeiros, nem muitos de seus empregados, nem os geradores de energia (daí os blecautes). A inflação estava na casa de 50% ao ano e o valor do peso frente ao dólar despencara 120% apenas nos últimos nove meses. Além de *ahorita*, eu também havia aprendido uma importante expressão típica dominicana: *Estamos jodidos*, que significa "estamos fodidos". Como vai a economia? *Estamos jodidos*. O que você acha do governo? *Estamos jodidos*.

George estava apenas na esperança de que sua firma em Glasgow o chamasse de volta para casa antes que a ponte e o país inteiro desmoronassem ao seu redor.

— Enquanto isso, consigo fazer um bocado de leituras — disse ele, mostrando-me um romance grosso como um tijolo — quando tem luz.

Em 1496, à medida que Santo Domingo se erguia nas margens do Ozama, Colombo estava de volta na Espanha, esforçando-se para conseguir financiamento para um retorno às Índias. Os fracassos de sua segunda viagem haviam lhe causado sérios estragos à reputação e sua terceira viagem, em 1498, não faria nada para restaurá-la. Embora Colombo se aventurasse muito mais longe do que o fizera antes, começava a mostrar sinais de estar perdendo seu controle do mar e do céu — e possivelmente de sua própria mente.

A certo ponto, um erro de observação das estrelas levou Colombo a concluir que havia navegado para cima. Isso fez com que ele reconsiderasse a forma da Terra. Ele a comparou com uma pera redonda com um talo, "como o mamilo de um seio de mulher". Na ponta desse mamilo residia "o Paraíso terreno". Em outras palavras, Colombo acreditava que estava navegando pelo seio do mundo acima em direção ao Jardim do Éden. Sua verdadeira localização era a Venezuela dos dias de hoje, tornando o continente sul-americano mais uma de suas descobertas involuntárias.

Colombo e seus irmãos também continuavam a fazer trapalhadas e a errar na administração de Hispaniola, que era assolada por motins e rebeliões indígenas. Quando a notícia do caos chegou à Espanha, a Coroa enviou um juiz para investigar. Ele prontamente prendeu Colombo e o embarcou de volta para casa, a ferros, sob acusações forjadas de cometer abusos contra os colonizadores.

O almirante logo foi libertado, mas não dispunha mais de muita confiança nem de apoio financeiro na Espanha. Tinha demonstrado ser um administrador incompetente, e fracassara em cumprir sua promessa de encontrar grandes riquezas em Hispaniola. Sua defesa do comércio de escravos — a certo ponto ele propôs o tráfego de quatro mil nativos por ano — também desagradava os monarcas da Espanha. A política contraditória da Coroa em relação aos índios exigia conversão e "sujeição benigna". Embora sancionando a escravização dos supostos canibais, a Coroa libertou e mandou de volta para casa alguns dos nativos de Hispaniola que Colombo enviara para serem vendidos na Espanha.

Os monarcas também começaram a suprimir os muitos privilégios do almirante. Retiraram-lhe o título de vice-rei e governador de Hispaniola e permitiram que outros embarcassem em suas próprias viagens, quebrando o monopólio de Colombo no comércio e descobrimentos. Quando, depois de muita hesitação, autorizaram Colombo a fazer mais uma viagem, foi apenas uma expedição de exploração; o almirante estava proibido de retornar a Hispaniola.

A quarta e última viagem de Colombo, em 1500, acabou em calamidade. Depois de chegar à América Central — que ele acreditava ser o local das minas do rei Salomão —, seus navios carcomidos fizeram tanta água que ele teve de encalhá-los na Jamaica. Ficou abandonado sem ter como sair dali durante um ano, até ser resgatado por vários homens que tinham conseguido ir de canoa até Hispaniola e trazer outro navio. Àquela altura, o almirante do Mar Oceano havia perdido todos os seus quatro navios, um quarto de seus marinheiros e o pouco que ainda lhe restava de sua reputação.

Colombo conseguiu voltar à Espanha em 1504, apenas poucas semanas antes da morte de sua patrona de longa data, a rainha Isabel. Ele agora tinha mais de 50 anos e estava aleijado pela artrite, porém arrastou-se pela peripatética trilha da corte real no lombo de uma mula, suplicando em vão pelos privilégios e riquezas que achava que ainda lhe eram devidos. Uma de suas últimas cartas sobreviventes, que rogava aos monarcas a "restituição de minha honra e minhas perdas", captura o desespero de autopiedade de seus derradeiros anos. "Estou arruinado", escreveu, "sozinho, desolado, enfermo, esperando a morte a cada dia... Chorai por mim, quem quer que tenha caridade, verdade e justiça!"

Em maio de 1506, ainda na trilha da Coroa, Colombo morreu, "muito afligido", escreveu seu filho Ferdinando, "pela dor de se ver destituído de sua alta posição, bem como por outras moléstias". Os descendentes de Colombo, por fim, perderam tudo, exceto alguns de seus títulos hereditários.

Em um insulto final, a mais duradoura de todas as honras coube a um compatriota italiano que fizera amizade com Colombo em seus derradeiros anos. "Ele é um homem muito honrado e sempre desejoso de me agradar", escreveu Colombo, como sempre um péssimo juiz do caráter humano, "e está determinado a fazer tudo o que for possível por mim." O nome do homem era Américo Vespúcio.

Mercador florentino bem relacionado e descendente dos Médicis, Vespúcio se mudou para Sevilha e aprovisionava frotas fazendo a travessia do Atlântico. Viajou para as Índias várias vezes entre 1499 e 1502, sob auspícios tanto de portugueses quanto de espanhóis, e afirmava ser um grande navegador. Mas seu verdadeiro talento era para o exagero e a autopromoção.

"Espero ser famoso ao longo de muitas eras", escreveu em um dos relatos engrandecidos que fez de suas viagens. Vespúcio inventou alguns episódios e se apropriou de outros dos escritos de Colombo. Ao contrário do almirante, contudo, demonstrou grande talento para criar relatos lúbricos projetados para titilar sua plateia europeia.

As mulheres nativas, afirmava ele, eram gigantes — "mais altas ajoelhadas do que eu de pé" — e intocáveis pela idade e pelos filhos que tinham, com ventres tesos e seios que não perdiam a firmeza. "Sendo muito lascivas", escreveu Vespúcio, as mulheres usavam apetrechos exóticos e veneno de insetos para "fazer o membro de seus maridos intumescer" a um tamanho fantástico. Melhor que tudo, elas eram "muito desejosas de copular com cristãos", e os homens nativos consideravam uma "grande demonstração de amizade" dar aos cristãos uma de suas filhas, "mesmo quando ela é uma virgem". De maneira nada surpreendente o relato de Vespúcio se tornou um bestseller instantâneo.

Vespúcio também afirmava ter chegado à América do Sul em 1497, um ano antes de Colombo ter chegado lá em sua terceira viagem. Vespúcio se referia à região como "um novo mundo", desconhecido de "nossos ancestrais". Embora pouco se saiba a respeito de suas viagens, estudiosos determinaram que ele não poderia ter alcançado a América do Sul antes de 1499, depois de Colombo. Tampouco é claro que Vespúcio considerasse o "novo mundo" como sendo separado da Ásia. Colombo também chamou a América do Sul de "outro mundo", e um "continente muito grande que até agora permanece desconhecido" — embora ainda acreditasse que estava em algum lugar no Extremo Oriente.

Amazonas, ou mulheres guerreiras, de uma edição holandesa (c.1507) do relato de Vespúcio de sua viagem à América do Sul.

Mas alguns estudiosos na Europa tinham começado a duvidar que aquelas terras fizessem parte da Ásia e encontraram bases de apoio para essa crença no relato de Vespúcio. Em 1507, um ano depois da morte de Colombo, o geógrafo alemão Martin Waldseemüller publicou um texto e um mapa acrescentando uma "quarta parte" ao mundo conhecido da Europa, Ásia e África. "Não vejo nenhum motivo por que alguém poderia objetar com justiça chamar a essa parte de Amerige", escreveu Waldseemüller "ou América, em homenagem a Amerigo Vespúcci, seu descobridor, um homem de grande talento." Seu mapa-múndi revisado tinha "América" gravada ao lado de uma massa de terras bastante assemelhada ao Brasil.

Waldseemüller mais tarde mudou de opinião e abandonou o nome numa edição subsequente. Mas "América" foi reprisada em 1538 pelo grande cartógrafo Gerard Mercator, que o aplicou a continentes tanto no norte como no sul.

"Estranho", lamentou Ralph Waldo Emerson, "que a ampla América tenha que usar o nome de um ladrão. Américo Vespúcio, o mercador pilantra de Sevilha que... conseguiu em suas mentiras para o mundo suplantar Colombo e batizar metade da terra com seu nome desonesto."

Depois de vários dias em Santo Domingo, conheci um guia de museu chamado Carlos que lecionava inglês como segundo emprego e concordou em aceitar um terceiro, como meu tradutor. Magro e bem-apessoado, de cabelos pretos cortados bem curtos, Carlos tinha um maxilar firme, sempre cerrado que realçava sua expressão sombria. A única vez que ele sorriu foi quando lhe contei sobre meus telefonemas infrutíferos e encontros que deram em nada.

— *El fucu de Colón* — disse ele.

— *El* o quê?

— *Fucu*. Quer dizer praga, maldição, azar. — A maioria dos dominicanos, explicou ele, acreditava que Colombo dava azar. Até mencionar seu nome era o infortúnio. Poucos negócios tinham o nome do navegador e os que tinham haviam falido. — É claro que nossa sorte na República Dominicana já é má para começar — observou Carlos. — Mas com Colombo é pior.

— Então é por isso que ninguém quer se encontrar comigo?

— Provavelmente não. Para se encontrar com uma pessoa, você precisa conhecer alguém que conhece alguém. Ou você tem que pagar.

Carlos não conhecia ninguém, exceto outros guias mal remunerados na Zona Colonial. Mas estava disposto, por um pagamento modesto, a se arriscar a me dar assistência em minha amaldiçoada busca a Colombo.

Nós começamos onde a história do navegador acaba, no suposto local do último descanso dos despojos do navegador: El Faro a Colón, ou o Farol de Colombo. O Faro ocupava um vasto parque na margem oposta do distrito colonial do rio Ozama. A escala e o layout maciços do local — uma extensão retilínea enfeitada com bandeiras, pavilhões e lagos artificiais, inicialmente me recordou o Mall em Washington, D.C. Exceto que o Faro era um espaço memorial dedicado a um único relicário: uma enorme cruz de concreto deitada no chão.

"Monumental" parecia ser uma palavra minimalista demais para descrevê-lo. O Faro tinha cerca de duzentos metros de comprimento e se inclinava na parte de cima, com o topo da cruz alcançando uma altura de dez andares. O Faro era equipado com 150 poderosos holofotes e um facho de luz destinado a projetar um crucifixo no céu noturno que era visível em Porto Rico, a mais de trezentos quilômetros de distância. Eu nunca tinha visto um monumento tão grandioso e tão contrastante com seu ambiente, desde que visitara o Iraque de Saddam Hussein.

Mas mesmo o monumental Faro estava sujeito à maldição de Colombo. Concebido durante uma conferência pan-americana, em 1923, o projeto ficara engavetado por falta de fundos até o fim dos anos 1980, quando o homem forte da República Dominicana, o presidente Joaquín Balaguer, se apressou em construir o monumento a tempo dos 500 anos do aniversário da viagem de Colombo. Ele havia ordenado a derrubada de uma favela no local, realocando à força os milhares de residentes, e destinado quase todo o cimento da pobre nação e cerca de 100 milhões de dólares de seus parcos recursos para erigir o farol.

Então o *fucu* atacou. Testes com o foco luminoso causaram apagões na cidade inteira e protestos dos dominicanos. A irmã de Balaguer caiu morta horas depois de visitar o Faro. O papa, que de acordo com o previsto deveria inaugurar o monumento, teve diagnosticado um câncer. Ele também apresentou dúvidas sobre se aliar a essa estrutura, que havia se tornado um símbolo do governo corrupto, ditatorial e oligárquico da nação. Não demorou muito, e os holofotes e o foco do farol tiveram de ser desligados; o espetáculo de luz de trezentos mil watts era um insulto aos milhares de residentes da cidade que não tinham eletricidade.

De modo que lá estava ele: um farol sem luz. De fato, nada com relação ao Faro combinava com seu nome. Não se elevava nas alturas. Ele se agachava, pesadão, cinza, e riscado de fuligem e sujeira, como um projeto habitacional negligenciado. Carlos me acompanhou até a margem do parque cercando a cruz supina e apontou para uma barreira de cerca de 1,80m de coral e concreto encimada por rolos de arame farpado.

— Nós chamamos isso de *el muro de la verguenza* — disse ele —, o muro da vergonha. — A barreira havia sido erigida para proteger e impedir os visitantes do Faro de ver o bairro pobre logo ao lado.

Retornando ao farol, entramos por uma fenda em uma de suas paredes maciças. O Faro era tão triste por dentro quanto ameaçador por fora. Os braços da cruz formavam corredores estreitos entre paredes gigantescas de concreto. O arquiteto havia projetado esses claustrofóbicos "canyons", escreveu ele, para transmitir o caráter "sombrio, o confinamento e a superstição da época de Colombo". O foco de luz ao alto do Faro deveria contrastar com o interior e simbolizar o progresso moderno.

Isso pode ter parecido inspirado no papel. Na prática, com o foco de luz apagado, havia apenas escuridão e confinamento. O desenho também diminuía o mausoléu de Colombo, que ficava no espaço onde os dois braços da cruz se encontravam. Ricamente esculpido em mármore de Carrara, com degraus que conduziam a uma porta em arco, a cripta parecia uma catedral de brinquedo depositada no piso de um bloco de prisão. Um guarda se apoiava num rifle diante da tumba. Era a única pessoa à vista.

Atrás dele, dentro da cripta, jaziam os ossos do Grande Descobridor. Ou possivelmente não, Colombo era enlouquecedoramente fugidio, mesmo na morte. Em 1506, ele havia sido enterrado sem fanfarra na cidade espanhola de Valladolid, e três anos depois removido para um monastério em Sevilha. O corpo de seu filho Diego havia se juntado a ele no mesmo local em 1526. Então, por volta de 1541, a viúva de Diego havia tomado providências para que pai e filho fossem embarcados para Hispaniola, onde Colombo declarara que queria ser enterrado. Cristóvão e Diego foram enterrados ao lado do altar da catedral de Santo Domingo. Mas a lápide ou inscrição marcando o local tinha sido coberta, para proteger os despojos dos piratas que com frequência saqueavam a cidade.

Em 1795, a Espanha cedera sua colônia em Hispaniola a Napoleão. Para que os despojos do navegador não caíssem nas mãos dos pérfidos franceses, uma caixa que se acreditava conter os ossos de Colombo foi removida para Havana, que continuava sob controle espanhol. Ao fim do século XIX, a Espanha também perdeu Cuba, e os itinerantes despojos mais uma vez foram embarcados para fazer de novo a travessia do Atlântico rumo à altaneira catedral gótica de Sevilha.

Em 1877, contudo, trabalhadores na catedral de Santo Domingo tinham desenterrado uma caixa de chumbo contendo ossos e uma inscrição em que se lia: "Ilustre e estimado cavalheiro, Dom Cristóbal Colón." Isso levantou a possibilidade de que os despojos errados — os de Diego — tivessem sido enviados para Cuba e depois para a Espanha. Os dominicanos com certeza acreditavam que sim, e tinham construído o imponente mausoléu diante de mim para guardar o que restava do navegador.

Pesquisadores espanhóis, contudo, há muito discutiam a reivindicação dominicana, pondo em dúvida a inscrição na urna e outras evidências. Pouco antes de minha visita, geneticistas forenses na Espanha haviam reacendido a controvérsia ao anunciar planos de submeter a teste de DNA os ossos da cripta de Sevilha. A despeito de repetidos pedidos ao longo dos anos, a República Dominicana se recusava a permitir qualquer estudo dos ossos no Faro. Isso levantava suspeitas de que os dominicanos preferiam que sua reivindicação quanto à posse dos ossos de Colombo não fosse submetida à análise científica. O Faro já era um abacaxi e tanto sem que seu conteúdo se revelasse ser os ossos do homem errado.

— É Colombo com certeza absoluta — disse um guia chamado Leopoldo, que se materializou em meio à escuridão do Faro e se juntou a nós ao lado da cripta. — A Espanha quer levar nossos turistas.

Se fosse verdade, não havia muitos para roubar. Naquele momento Carlos e eu éramos os únicos visitantes.

— Mas venham — disse Leopoldo. — Deixem-me lhes mostrar o museu.

Ele nos conduziu por um dos longos corredores, o som de nossos passos ecoando no cânion vazio de concreto. Então passamos por um vão de porta e entramos numa grande sala com uma pintura de Colombo, cópias de livros que ele havia lido, a certidão de casamento de Fernando e Isabel e outras peças em exibição. Eu mal tive tempo de examinar aquela exposição antes que Leopoldo me pegasse pelo braço.

— Venha, vamos. Temos mais 64 salas para visitar.

"Museu" não capturava o interior do Faro, do mesmo modo que "farol" descrevia equivocadamente seu exterior. Abrigada dentro das paredes do monumento, havia uma coleção que cobria um quarteirão de cidade. O Faro tivera a intenção não só de homenagear Colombo, mas também a rede global que ele havia ajudado a criar: era um monumento, proclamavam seus construtores, à paz mundial. De modo que os dominicanos tinham reservado espaço — imensidões de espaço — para que países ao redor do mundo montassem exposições nacionais, de maneira bastante semelhante à de uma exposição mundial dos velhos tempos.

A primeira sala que visitamos era da Espanha. Em seguida, vinha a do Japão, que exibia uma armadura de samurai e um retrato de um pagode de ouro. A maioria das nações seguia esse modelo, exibindo emblemas simbólicos do orgulho de sua história e cultura. China: caligrafia e vasos Ming. Rússia: um samovar e um conjunto de bonecas *matryoshka*. E assim por diante pelos continentes até que chegamos às Américas. A Guatemala exibia um vaso maia, o Equador, um conjunto de tigelas de 2.500 anos que Leopoldo dizia que valia milhões de dólares. Enquanto circulávamos de sala em sala, comecei a querer saber como meu país se apresentaria naquela falsificação grosseira das Nações Unidas.

Passamos por outra porta e lá estava ele, compreendendo duas paredes. Numa estavam penduradas algumas pequenas fotografias de comemorações do 4 de Julho: queimas de fogos e bandeiras sendo acenadas. A outra parede, muito mais proeminente, estava coberta por ampliações da primeira página de jornais. Todas eram datadas de 12 de setembro de 2001, e ostentavam imagens do ataque ocorrido no dia anterior às Torres Gêmeas de Nova York.

"DIA DE TERROR", lia-se no cabeçalho imensamente ampliado do *Concord Monitor* de New Hampshire.

"QUANTOS MORTOS?" (*Arkansas Democrat-Gazette*).

"NOSSA NAÇÃO VIU O MAL" (*Raleigh News and Observer*).

"GUERRA EM CASA" (*Dallas Morning News*).

Não havia outras peças em exibição. Percebendo o choque em meu rosto, Leopoldo sacudiu a cabeça com simpatia.

— Eu sinto muito — disse. — Vocês devem pensar naquilo todos os dias.

O que eu sentia naquele momento não era pesar pelas vítimas do 11/9, mas sim profunda vergonha. O minúsculo Equador dera preciosas peças de suas cerâmicas como um símbolo de sua herança. A minha nação, a mais rica do hemisfério, oferecera apenas o seguinte: dividam conosco nosso medo e sintam nossa dor. Numa arena projetada para promover a amizade e o entendimento globais, os Estados Unidos preferiram enfatizar em que medida o mundo continuava dividido e problemático. Era uma coisa sem importância, na verdade, uma exposição num museu dominicano pouco visitado. Mas mesmo assim a mostra era de amargar: meu muro da vergonha pessoal.

— Deixarei que visitem o resto sozinhos — disse Leopoldo, aceitando uma gorjeta antes de tornar a desaparecer nas sombras. "O resto" eram mais vários andares, com estranhas exposições sobre a história dominicana: canhões enferrujados, moedas antigas, o esqueleto de um soldado com uma bala nas costas. Quanto mais alto íamos, Carlos e eu, mais obscuras e mais vazias ficavam as vitrines de peças em exibição, até que não havia mais nada a observar exceto guardas cochilando. O Faro era o maior e mais estranho museu que eu jamais havia visitado.

Enquanto descíamos para o andar térreo, nos perdemos em meio a uma infinidade de escritórios escuros. Entrando aos tropeços em um, encontramos um homem de terno com um modelo em escala reduzida do Faro sobre a escrivaninha. Ele se revelou ser o administrador do Faro, Teódulo Mercedes, uma das muitas pessoas para quem eu havia telefonado repetidas vezes sem sucesso. Ele pareceu tão espantado ao nos ver quanto nós de encontrá-lo: um funcionário apanhado em flagrante cumprindo sua função oficial.

Temeroso de que ele pudesse de alguma forma se desmaterializar, eu fui direto ao assunto que era o objeto de minha missão. Quem, perguntei, estava enterrado na tumba de Colombo?

Teódulo riu baixinho.

— É Colombo, com certeza — respondeu ele, sem especificar se Cristóvão ou Diego. — Mas vamos conversar a respeito de outras coisas.

Os 35 mil metros cúbicos de concreto do Faro, por exemplo, e 125 banheiros. Inacreditavelmente, o projeto original exigira que o prédio fosse um terço maior. Engenheiro por formação, Teódulo falou durante uma hora, catalogando a imensidão do Faro.

— É como a Torre Eiffel na França — concluiu ele —, um símbolo de nosso país.

Aquilo era verdade: a República Dominicana estava em dificuldade, e do mesmo modo estava o monumento. Exceto por grupos de alunos organizados por escolas, admitiu Teódulo, o Faro atraía poucos visitantes. E havia o problema embaraçoso dos holofotes apagados, que a R.D. não dispunha de recursos para acender.

Encorajado por sua franqueza, conduzi a conversa de volta para os despojos de Colombo. Teódulo suspirou.

— Os espanhóis cometeram um erro, levaram os ossos errados. Agora têm que defender sua reivindicação. Isso é compreensível.

Se os espanhóis estavam errados, por que não deixá-los submeter a teste os despojos que estavam aqui?

— O método que eles usam não é preciso — respondeu ele. — Por que perturbar os ossos por nada? Nós sabemos que estamos certos. Tudo isso será revelado no domingo.

Domingo era dia 12 de outubro, data do desembarque de Colombo, comemorado a cada ano no Faro com uma cerimônia formal com a presença de dignitários dominicanos. Teódulo disse que um representante da Igreja abriria o caixão trancado, de modo que os presentes pudessem ver os despojos do grande homem. Senti um pequeno solavanco no peito, como Colombo deve ter sentido quando ouvia novas notícias sobre ouro. Muito poucos forasteiros jamais tinham vislumbrado os ossos. O escorregadio almirante, ou o que restava dele, estava quase ao alcance de meus olhos.

Perguntei a Teódulo se havia alguma possibilidade de que um escritor americano, um grande admirador de Colombo e da República Dominicana, pudesse estar presente para documentar aquele glorioso evento. O engenheiro sorriu.

— Sim, você pode vir — disse ele —, e se eu estiver correto, terei para você uma enorme surpresa.

Passei os poucos dias que faltavam até o dia 12 me informando sobre as pessoas que Colombo chamava de *los indios*. Na República Dominicana, são conhecidos como tainos, uma palavra nativa que aparentemente significava "bom" e era usada pelos ilhéus para se diferenciar dos perversos caribes. Os tainos descendiam de nativos que tinham migrado do continente sul-americano mais de dois milênios antes. Embora houvesse variações de dialeto e de costumes, os ilhéus que Colombo encontrou ao redor do Caribe pertenciam à mesma família linguística e cultural.

Estimativas da população de Hispaniola em 1492 chegam a contar vários milhões, embora os estudiosos calculem o número em torno de quinhentos mil.

Índios peneirando ouro num regato, de um livro de espanhol de história das Índias de 1535.

Um terço pereceu no decorrer de uma década da colonização espanhola, em resultado de guerras, doenças, excesso de trabalho e a devastação da agricultura nativa, devida em parte à chegada dos animais de criação europeus. "As pessoas continuam a morrer diariamente como o faz o gado em época de peste", escreveu um cronista espanhol sobre um período de escassez de alimentos nos anos 1490. Alguns tainos cometeram suicídio em massa, preferindo envenenar-se a se submeter ao domínio espanhol.

No curiosamente denominado Museu do Homem Dominicano em Santo Domingo, contemplei dioramas dos tainos deitados em redes, e vitrines com *zemis* em exposição, pequenos ídolos de madeira ou de pedra representando deidades e espíritos ancestrais. Entalhados com órbitas de olhos imensos, bocas escancaradas e órgãos genitais enormes, os *zemis* tinham pratos encarrapitados no alto da cabeça. Esses pratos eram destinados a conter *cohoba*, um pó alucinógeno feito de sementes trituradas. Os tainos se comunicavam com os *zemis* ao enfiar espátulas de madeira pela garganta abaixo, para induzir o vômito, e depois inalar *cohoba* através de bambus ocos bifurcados, um para cada narina.

A maior parte do que se conhece sobre a cultura dos tainos vem dos escritos de seus subjugadores espanhóis. Um clérigo na segunda viagem de Colombo, padre Ramón Pane, viveu entre os tainos por vários anos e aprendeu um pouco da língua deles. Seu breve relato representa a primeira tentativa no Novo Mundo no campo do que hoje seria chamado de antropologia.

De acordo com Pane, os tainos acreditavam que os mortos saíam à noite e podiam ser distinguidos dos vivos pela falta de umbigo. Ele falava sobre uma profecia comunicada por um *zemi* a um cacique proeminente. Quem quer que sucedesse o chefe, escreveu Pane, governaria apenas por um breve período de tempo "porque viria àquela nação um povo vestindo roupas que conquistaria e mataria os índios". De início, acrescentava Pane, os tainos tinham pensado que aquela profecia se referisse aos temidos caribes. "Eles agora acreditam que o ídolo tenha profetizado a vinda do almirante e das pessoas que vieram com ele."

Embora Pane esteja esquecido, outro frade espanhol em Hispaniola é célebre até os dias de hoje como "Defensor dos Índios". Bartolomé de Las Casas chegou a Santo Domingo em 1502, aos 18 anos de idade, e prosperou graças ao suor dos tainos que lhes foram concedidos através do sistema de *encomienda*, que fazia dos colonos capatazes dos nativos que viviam por concessão em terras da Coroa. Em teoria, essa instituição feudal significava que os nativos se tornavam vassalos trabalhando em troca de proteção e instrução cristã de seus senhores. Na prática, o sistema resultava em escravidão.

Em 1511, um padre chocou sua plateia numa igreja em Santo Domingo ao condenar "tão cruel e horrenda" servidão. "Não são eles homens?", perguntou se referindo aos índios. "Não devem os senhores amá-los como amam a si próprios?" O sermão calou fundo em Las Casas, que mais tarde renunciou à sua *encomienda* e se tornou um frade dominicano. Ele passou o resto da vida escrevendo sobre os índios, fazendo petições à monarquia para tratá-los de maneira humana e tentando fundar colônias pacíficas na América que estivessem de acordo com os princípios da fé cristã.

Em um livro duramente crítico, intitulado *A Short Account of the Destruction of the Indies* (Um breve relato da destruição das Índias), Las Casas procurou romper o que chamava de "a conspiração do silêncio" que cercava a brutalidade da conquista espanhola. O *Relato* é um levantamento de país por país de tortura e genocídio; lê-lo é como ler um relatório da Anistia Internacional sobre as primeiras décadas da Espanha no Novo Mundo. Em Hispaniola, Las Casas descrevia os espanhóis cozinhando tainos lentamente em grelhas, e fazendo apostas para ver "se conseguiam cortar um homem em dois com um único golpe". Os tainos que não foram massacrados imediatamente foram levados à morte pela fome e pelo excesso de trabalho: escavando minas em busca de ouro, cortando cana-de-açúcar, carregando cargas por centenas de quilômetros.

Las Casas também editou o diário de Colombo. Ele tendia a absolver o almirante, culpando em seu lugar os "cruéis, gananciosos e perversos", colonos que acreditava terem traído a missão de evangelização do navegador. Las Casas, ainda mais que Colombo, também idealizava e infantilizava os nativos, descrevendo-os como "inocentes e puros de mentalidade", "como mansos cordeiros", "sem malícia nem astúcia" — em suma, o Homem num abençoado estado de natureza, antes da Queda. Essa imagem de antes da Queda ajudou a dar origem ao mito do Nobre Selvagem, que perduraria na imaginação ocidental ao longo de séculos.

A adoração de Las Casas pelos índios contribuiu para outro legado muito mais cruel. Uma maneira de proteger os nativos, acreditava ele, era substituir seu trabalho pelo de escravos africanos. Já na segunda década do século XVI, um grande número de africanos estava sendo embarcado para Hispaniola, a fim de substituir os tainos e ilhéus importados de outras partes do Caribe em vias de desaparecimento.

Isso criou um padrão que iria se repetir pelas Américas. À medida que os trabalhadores índios iam morrendo ou escapavam para áreas fora do controle colonial, escravos africanos preenchiam a lacuna. Nos três séculos depois do embarque do primeiro carregamento de escravos para Hispaniola, em 1518, cerca de 12 milhões de africanos seriam levados à força a fazer a travessia do Atlântico — cinco vezes o número de europeus brancos que migraram durante o mesmo período.

Contrariando as esperanças de Las Casas, a importação de africanos não fez nada para salvar os tainos. Em 1514, quando a Coroa ordenou que fosse feito um cuidadoso censo dos nativos de Hispaniola, para determinar a força de trabalho sobrevivente, encontrou apenas 22.726 ilhéus em idade de trabalho. Em muitas aldeias, "não foram encontradas crianças entre as pessoas". Poucas décadas depois os tainos de Hispaniola haviam deixado de existir como povo distinto. Nativos de ilhas vizinhas sofreram um destino semelhante.

EMBORA OS TAINOS fossem os primeiros nativos da América levados à extinção pelos europeus, também foram os primeiros a ter contato prolongado com o Ocidente. Como tal, deixaram uma marca duradoura no pensamento, língua e estilo de vida europeus. A longa lista de palavras do povo taino adotadas e adaptadas pelos europeus inclui não apenas *hamaca* (rede) e *canoa*, mas também *huracán* (furacão), *barbacoa* (churrasco) e *savanna*. Junto com o tabaco, dezenas de gêneros de cultivo agrícola dos tainos se tornaram produtos principais de produção europeus e africanos: *maíze* ("milho dos índios ou graúdo"), *casabe* (mandioca), *batata* (batata-doce), pimentões, amendoins e abacaxis. À medida que os exploradores avançavam em leque pela América, com frequência viam os nativos sob o prisma dos primeiros encontros de Colombo com *los indios*.

Os tainos também obtiveram uma duradoura vingança, ainda que não intencional, de seus conquistadores. De maneira geral, acredita-se que marinheiros retornando de Hispaniola depois da segunda viagem de Colombo, ou índios cativos a bordo de seus navios, levaram consigo uma terrível doença. A moléstia apareceu pela primeira vez sob forma epidêmica na Europa logo em seguida a uma marcha do exército francês para Nápoles em 1495. Causava febre alta, lesões de pele e com frequência a morte. Os italianos denominaram a moléstia desconhecida de "mal gálico", Enquanto os franceses a chamavam de "mal de nápoles". Também houve registros de casos na Espanha, inclusive alguns entre homens que tinham estado em Hispaniola. Um historiador espanhol declarou que a doença deveria ter sido chamada de "mal das Índias".

Outro nome ainda foi cunhado por um médico italiano, Girolamo Fracastoro. Ele escreveu um poema em 1530 sobre um "herói" sem nome que navegou para oeste da Espanha e descobriu uma terra de nativos com a pele coberta de crostas. Eles disseram que a moléstia lhes tinha sido infligida pelo Deus Sol, como punição por blasfêmia por parte de um pastor chamado Syphilus. E, desde então, a doença passou a ser conhecida como sífilis.

O DIA 12 DE OUTUBRO AMANHECEU insuportável, pior que qualquer outro dia desde a minha chegada a Santo Domingo. Eu havia revisitado o Farol de Colombo duas vezes para confirmar que a cerimônia começaria às 11 da manhã, e também para fazer uma modesta contribuição para a manutenção do Faro. Em cada uma dessas ocasiões, o administrador Teódulo havia reiterado sua promessa de "uma grande surpresa" a ser revelada naquele domingo. Eu tinha combinado para que tanto Carlos quanto Leopoldo se encontrassem comigo no Faro para traduzir, caso um deles não aparecesse, e comprado um gravador se nenhum deles aparecer. Também levei minha câmera e a carteira repleta de pesos, caso uma "gratificação" de última hora fosse necessária. Só uma insolação poderia me impedir de documentar cuidadosamente a surpresa, qualquer que ela fosse.

Vestindo paletó e gravata, cheguei ao Faro já banhado de suor e encontrei o monumento, normalmente silencioso, zumbindo de atividade. Mulheres de vestidos brancos arrumavam copos de cristal para a recepção que se seguiria à cerimônia. Cadetes navais marchavam em uniformes brancos engomados. Garotas em trajes típicos muito coloridos desfilavam ao redor do monumento.

— Hoje você verá tudo — exclamou Teódulo, dando-me palmadinhas nas costas.

Uma hora se passou sem nenhum sinal de Carlos, nem de Leopoldo, nem do início da cerimônia. Mas uma pequena aglomeração de gente se formou: principalmente mulheres elegantes vestidas de branco e homens de aspecto distinto em ternos escuros e uniformes militares. Fiz várias viagens a um dos 125 *baños* do Faro, para passar água no rosto e secar meu torso com toalhas de papel. Para esconder minha camisa ensopada, abotoei o paletó, o que só me fez sentir mais calor. A cerimônia ainda não havia começado e eu estava começando a me sentir zonzo.

Circulando em meio aos convidados, conheci um homem engalanado de condecorações, César Lavandier, que era presidente de um grupo chamado Liga Naval e um veterano de várias batalhas navais na Segunda Guerra Mundial.

— O que Colombo fez sem quaisquer instrumentos modernos é inimaginável hoje, uma inspiração — disse ele. — É claro que muita gente agora o odeia. Precisam de alguém para culpar por seus problemas. — Ele consultou o relógio. Já se passavam quase duas horas da hora prevista para a cerimônia começar, 11 da manhã. César sorriu e disse: — Talvez eles tenham querido dizer hora média de Greenwich.

Fui ao *baño* de novo, mas me apressei em sair ao ouvir o som de rufar de tambores. Uma guarda de honra cercava o mausoléu, com rifles no ombro e em posição de sentido. Finalmente avistei Carlos e Leopoldo, que tinham aparecido duas horas depois do horário combinado: na hora certa. Eles se revezaram na tradução, enquanto um mestre de cerimônias apresentava generais, ministros do governo, a embaixadora da Espanha e outros notáveis. Então um assistente do cardeal da República Dominicana subiu a escada do mausoléu e enfiou uma chave enorme na fechadura da cripta.

A fechadura não abria. O padre mexeu, virou, torceu e bateu na fechadura com a palma da mão.

— Colombo, não faça isso comigo — resmungou ele, provocando risos na multidão. *El fucu de Colón* tinha atacado de novo.

Depois de mais cinco minutos de esforços, o padre recebeu a ajuda de um homem, que girou a chave com força e deu um puxão. Finalmente a tranca se abriu e a multidão irrompeu em aplausos aliviados. Então a banda começou a tocar e os dignitários reunidos se aproximaram do mausoléu com buquês. Eu me esgueirei atrás deles tentando um vislumbre do interior da tumba. Tudo que consegui ver foi uma chapa de vidro de segurança sobre a urna de chumbo contendo os despojos. Levantei minha câmera de trás das coroas de flores e apertei o botão. Nada aconteceu. A câmera tinha travado ou a bateria tinha arriado, provavelmente por causa do calor e da umidade.

— Você verá os ossos com seus próprios olhos — assegurou-me Leopoldo —, assim que os discursos tiverem acabado. — Naquele exato momento, o ministro da Herança Cultural deu início a um discurso cheio de floreios.

— O que comemoramos hoje, senhoras e senhores, é uma viagem tão imprevisível quanto o mar diante das terras desconhecidas do Novo Mundo... uma viagem sem fim que o almirante iniciou e que ainda prossegue... uma viagem de descobrimentos...

Eu mal estava ouvindo quando ele concluiu ao som de aplausos cansados. Garotas em trajes típicos, representando as muitas nações da América, desfilaram ao redor do mausoléu, e então os dignitários se enfileiraram para ver os despojos do almirante. Eu me posicionei tão perto da frente da fila quanto me pareceu decente. Avançamos devagar até a base da escada do mausoléu.

— Sr. Tony! — exclamou o diretor do Faro, Teódulo, agarrando minha manga. — O ministro da Herança Cultural gostaria de falar com o senhor.

— E eu também gostaria de falar com ele. Depois da recepção?

— Não, agora. Ele vai ter de sair. Por favor, em meu escritório. Tem ar-condicionado.

Falar com o ministro parecia ser a atitude educada, e eu nunca mais poderia ter outra oportunidade de entrevistar uma alta autoridade dominicana. Além disso, Teódulo me dissera na véspera que a cripta ficaria aberta a tarde inteira. De modo que permiti que ele delicadamente me puxasse da fila.

O ministro foi muito gentil. Fiz a ele uma única pergunta, sobre a significância de Colombo, e ele embarcou numa resposta tão prolixa quanto o discurso que acabara de proferir.

— Colombo é a aventura, a jornada de nossa viagem cultural e nacional...

Quando finalmente acabou, agradeci-lhe por seu tempo e me levantei. Eu estava ansioso para ver os despojos — e chegar às jarras de limonada que tinha visto preparadas para a recepção. Mas a porta estava bloqueada por Teódulo e um homem de terno cinza, seguido por uma equipe de câmeras.

— Permita-me lhe apresentar o atual governador da cidade e proprietário da estação de televisão aqui hoje — disse Teódulo.

Com um gesto ele nos convidou a voltar para o seu escritório. Eu me esforcei para encontrar uma nova pergunta. O que Colombo significava para a Santo Domingo moderna?

— Por causa dele, o mundo inteiro aprecia a importância desta cidade — começou o governador, antes de falar por vinte minutos sobre a contribuição do turismo para a economia. Mais uma vez resisti a mais uma pergunta. Tão logo o governador se foi, tentei fazer o mesmo.

— Sente-se, sente-se — insistiu Teódulo. — Está na hora de revelar a surpresa.

Melodramaticamente, Teódulo vasculhou a gaveta de sua escrivaninha, deixando-me tentando adivinhar o que seria. Resultados de teste de DNA provando que os ossos de Colombo residiam no Faro? Um documento há muito perdido?

Finalmente, ele apresentou uma folha de papel e fez um sumário de seu conteúdo. O monumento foi inaugurado em 1992. Desde então o embaixador da Espanha só tinha comparecido uma vez à cerimônia de 12 de outubro, há uma década. Ele olhou para mim triunfantemente.

— Então qual é a surpresa? — perguntei.

— Que a embaixadora da Espanha veio este ano! Ela não faria isso sem a aprovação de seus superiores. Os espanhóis estão dizendo: "Nós vimos a verdade." É uma maneira diplomática de reconhecer que os despojos de Colombo estão aqui.

— Isso é tudo?

— Isso é tudo.

Consultei meu relógio. Já fazia quase uma hora desde que a cerimônia havia acabado. Talvez ainda houvesse uma gota de limonada. Saí apressado para o corredor. Alguns homens estavam desmontando mesas. Todos os dignitários e garotas em trajes típicos coloridos e soldados de uniforme tinham fugido do sufocante Faro. Os cânions estavam vazios de novo. Corri para o mausoléu e subi voando os degraus. A cripta estava fechada.

Corri de volta para o escritório de Teódulo e exclamei:

— Você disse que ficaria aberta o dia inteiro!

— Deve haver algum engano — respondeu ele. Saímos em busca do zelador do Faro, passando por uma dúzia de escritórios vazios antes de encontrá-lo. O zelador olhou para Teódulo e deu de ombros. A cripta estava trancada. O gabinete do cardeal tinha a única chave. Não havia nada a fazer.

— Isso é impossível! — berrei, sem conseguir me conter mais. — Eu vim lá da Virginia só para ver aqueles ossos!

Meu rosto estava enrubescido e senti minhas glândulas sudoríferas despejarem as últimas reservas que lhes restavam em minha camisa empapada. Os dominicanos também não conseguiam mais se conter. Eles se dobravam rindo a mais não poder. *El americano patético* perdeu a cabeça!

— Desculpe-me — disse Teódulo. — Você pode vir de novo no ano que vem?

Eu lhe dei as costas e saí do Faro, com o máximo de dignidade que consegui reunir ensopado dos pés à cabeça num terno completo. Eu me sentia como Colombo, em sua busca ensandecida por ouro sendo levado na conversa por ilhéus. Se houvesse alguma coisa a ser descoberta aqui, uma pequena pepita de informação séria sobre Colombo, os nativos não estavam dispostos a dividi-la. A comédia de incompetência da República Dominicana fizera uma piada de mim, o ianque turrão teimoso, cheio dos dólares.

Naquela noite, reidratando-me com cerveja Presidente no café El Conde, relatei a história de meu dia a um holandês desconsolado que vivia na República Dominicana há décadas. Ele se mostrou simpático, mas não surpreso.

— Esse é o jeito dos dominicanos — comentou. — Nós, estrangeiros, metemos o pé no rabo deles ao longo de séculos. De modo que se puderem meter o pé no nosso rabo, nunca perdem uma oportunidade.

No dia seguinte, acordei cedo para assistir ao noticiário de TV das sete da manhã, que, tinham me dito, mostraria a cerimônia no Faro. Talvez depois de todo o meu esforço, ainda pudesse ter um vislumbre dos ossos. Mas alguns minutos antes das sete, a luz acabou no hotel. Ainda não querendo entregar os pontos, tomei um táxi para a estação de TV. Apresentando o cartão de visitas que me fora dado pelo dono, o governador de Santo Domingo, a quem eu havia entrevistado no Faro, fui levado para ver um produtor. Ele me disse que a estação não havia exibido a cerimônia, mas se ofereceu para me mostrar o material bruto que sua equipe de câmeras havia gravado.

De modo que me sentei num estúdio e assisti a uma hora de fita, reproduzindo a dificuldade para abrir a tumba, o longo discurso do ministro, os altos funcionários se enfileirando para prestar sua homenagem ao almirante. Esperei cheio de expectativa pela cena que valia o dinheiro: uma bela e clara imagem dos ossos expostos de Colón. Em vez disso, a imagem foi cortada abruptamente para a escuridão familiar do escritório de Teódulo, onde o governador estava sentado falando para um personagem suarento e aflito que reconheci como minha própria pessoa. A câmera ficou cravada em nós durante vinte dolorosos minutos, antes que a fita acabasse.

Por mais decepcionante que isso fosse, um momento na fita oferecia uma ligeira pista. Ele mostrava a embaixadora espanhola dizendo alguma coisa para a câmera sobre Colombo, o que exatamente eu não conseguia entender. Seria possível que Teódulo tivesse me contado a verdade? Será que a presença da embaixadora significava que a Espanha reconhecia a reivindicação dominicana? Será que eu tinha alguma outra coisa a fazer com o longo dia que tinha pela frente?

Tomando um táxi até a embaixada espanhola, supliquei com uma secretária e depois de uma longa espera me foi concedida uma audiência com a embaixadora, María Jesús Figa López-Palop, uma mulher elegante de olhos castanhos com cabelos louros com mechas. Não querendo desperdiçar seu tempo, fui direto à questão, perguntando o que ela dissera à equipe de TV na véspera.

— Eles queriam saber, é claro, se o fato de eu estar presente significava que a Espanha admitia que aqueles são os despojos de Colombo — disse ela. — Eu respondi a verdade. Normalmente, celebramos o Dia Nacional da Espanha em 12 de outubro e oferecemos uma grande festa, por isso não posso ir ao Faro. Mas neste ano o dia 12 caiu num domingo, que não é um dia bom para uma festa. De modo que a realizamos no sábado. Eu estava livre no domingo, então fui até lá, como uma cortesia. Foi só isso.

Ela riu.

— Quem se importa com aqueles ossos? Há certas coisas que é melhor deixar que continuem sendo mitos ou curiosidades. Meu Deus, se começássemos a abrir as tumbas de todos aqueles reis e rainhas na Espanha, quem sabe o que encontraríamos.

Eu disse a ela que alguns dominicanos temiam que testar os ossos pudesse prejudicar o turismo. Aquilo a fez rir de novo.

— Quantos turistas vão ao Faro? Não tem absolutamente nenhum interesse arquitetônico, nenhuma história. Imagino que os números sejam ridículos. Ninguém que tenha me visitado aqui pediu para ir ao Faro. Ninguém vai a Sevilha ver os despojos de Colón por lá, tampouco.

Se o debate sobre os ossos do almirante parecia tolice para a embaixadora, homenagear Colombo no dia 12 de outubro não parecia.

— É uma lembrança da ligação entre a Espanha e a América, e nos orgulhamos muito dessa parte de nossa história. — Ela reconhecia que crimes tinham sido cometidos contra os nativos, mas achava que a Espanha recebia uma parcela maior de culpa do que merecia. — Eu defendo a nossa colonização. Não fomos os piores. Normalmente nos mesclávamos com as culturas na América, permanecemos aqui, disseminamos nossa língua, nossa cultura e religião.

Isso era verdade, até certo ponto. Outros colonizadores europeus também tinham sido brutais, e os ingleses foram muito menos inclinados que os espanhois a viver entre os índios, ou fazer parte de uma sociedade colonial. Contudo, enquanto eu ouvia aquela régia representante ibérica, com seu cartão de visitas gravado em relevo, com o escudo de armas da Espanha encimado por uma coroa e as palavras *"plus ultra"* ("mais além", uma referência ao outrora vasto império da Espanha), me senti subitamente impressionado pelo eco orgulhoso do imperialismo de outrora.

— Colombo é um símbolo do que a Espanha foi e ainda é — disse ela. — Um símbolo de nossa influência no mundo.

Obcecado ao longo de dias com os ossos de Colombo, eu havia perdido de vista o legado maior do navegador em Santo Domingo. Suas viagens haviam iniciado um império que irrompera a partir exatamente daquela cidade e se estendera pelas Américas, até que o domínio da Espanha alcançasse do Canadá ao sul do Chile. Eu estava próximo ao marco zero de uma das maiores explosões coloniais da história, com repercussões que ainda ressoavam até hoje.

— O senhor sabe, hoje, nos Estados Unidos existem mais pessoas que falam espanhol do que na Espanha — observou a embaixadora, enquanto me acompanhava até a porta. — O futuro de todas as Américas é a Espanha e a história começa em 1492. E essa também é a sua história.

Capítulo 4

REPÚBLICA DOMINICANA
Você acha que ainda existem índios?

> Aborígine, s.: Pessoas de pequeno valor encontradas ocupando e obstruindo o solo de uma terra recém-descoberta. Elas logo deixam de obstruir; elas o fertilizam.
> — Ambrose Bierce, *The Devil's Dictionary*

O *fucu* finalmente se dissipou na tarde depois de meu fiasco no farol. Caminhando de volta da embaixada, parei para comprar um jornal e ver se a imprensa local havia coberto a cerimônia de Colombo. Se não tivesse, eu iria passar o tempo decifrando as notícias com meu dicionário de espanhol de bolso enquanto esperava o auge do calor passar. Quando perguntei ao dono da loja:

— ?*Cuanto es esto?* — ele gesticulou para o jornal e disse:

— Irmão, nem se dê ao trabalho com isso. É tudo embromação.

A gíria e o inglês de sotaque americano do comerciante me surpreenderam. A aparência dele também. Um homem esguio e musculoso, de pele cor de chocolate, de cerca de 40 anos, com cabelos curtos crespos, ele usava bermudas largas jeans e uma camiseta folgada — um figurino mais comum nas ruas americanas do que o dominicano chique. Estendi minha mão e perguntei seu nome.

— Caonabo — disse ele, proferindo o nome do grande cacique taino que havia massacrado os primeiros colonos espanhóis em La Navidad. Calculei que ele estava de gozação comigo.

— E eu sou Cristóvão Colombo — retruquei.

O comerciante sorriu e me deu uma palmadinha no ombro.

— Irmão, já estava mais do que na hora. Fazem uns 500 anos que tenho esperado para matar você.

Caonabo explicou que seu pai tinha sido um *bohemio*, um rebelde e um músico de jazz que havia batizado todos os filhos com nomes de chefes tainos. Caonabo assumira seu nome a sério e de coração.

— Eu me sinto um taino em meu íntimo — disse ele. — É uma maneira de negar a parte espanhola em mim.

Arquiteto de formação, ele havia trabalhado durante vários anos em Nova York e em Miami; por isso seu inglês fluente. Agora, além de vender jornais, criava as bolsas adornadas com os desenhos tradicionais de espirais dos tainos que eu tinha visto nos museus de Santo Domingo. Mulheres faziam as bolsas numa sala atrás de sua loja abafada.

O sótão no andar de cima servia de estúdio de pintura de Caonabo. Subindo atrás dele por uma escada de madeira meio bamba, fui recebido por uma imensa tela, pintada em cores muito vivas, de navios espanhóis chegando a Hispaniola. Em primeiro plano estava uma figura semelhante a um Cristo pregada numa palmeira.

— A pintura representa o martírio dos tainos — disse Caonabo. Tinha sido inspirada por um poema de Pablo Neruda. — Basicamente, ela diz que os nativos eram filhos de Deus antes de 1492, mas que os espanhóis usaram a cruz para surrá-los até se tornarem índios mortos.

Fomos interrompidos por um cobrador. Caonabo tinha herdado uma enorme conta de água do dono anterior da loja. A cada mês tinha que dar ao cobrador uma gorjeta de cem pesos para esquecê-la. Ele também tinha que lutar com os preços da eletricidade que acabaram de aumentar 25%.

— Um técnico virá aqui para "consertar" meu relógio de eletricidade de modo que eu possa trapacear um pouco — disse Caonabo. — É a livre empresa, meu irmão.

Contei a ele sobre minha caçada ao almirante e sobre o vago plano que eu fizera de sair de Santo Domingo e visitar locais relacionados a Colombo em outras partes da ilha.

— Você tem que ver o Hoyo Santo — disse ele.
— O que é isso?
— O Buraco Sagrado. Eu fecho a loja na quarta-feira e vamos juntos.

Naquela noite reli os relatos espanhóis falando sobre o Caonabo original. Era mencionado pela primeira vez em 1493, quando Colombo voltara a Hispaniola e descobrira que os colonos que havia deixado em La Navidad tinham perecido. Dizia-se que o cacique os atacara com uma pequena porção dos cinquenta mil guerreiros que ele comandava na região rica em ouro de Cibao. Os espanhóis descreviam Caonabo como "senhor das montanhas" e um chefe que "superava todos os outros em força, postura majestosa e cerimonial da corte".

Em 1495, depois de muitos pequenos ataques aos colonos, Colombo marchara de sua base em La Isabela com duzentos soldados para subjugar o taino de Cibao. Cinco séculos atrás, quando europeus e americanos se confrontaram pela primeira vez em combate de campo, as armas dos nativos haviam rivalizado com as dos nórdicos superados em número. Na Hispaniola do final do século XV, os nativos ainda levavam vantagem em número; mas as armas europeias alteraram radicalmente o equilíbrio de forças.

Os tainos, portando cacetes e arcos, enfrentaram soldados armados de bestas, espadas, lanças e uma recém-inventada arma de fogo, o arcabuz. Embora as armas fossem de difícil manuseio e sem precisão, as detonações criavam pânico entre os índios, levando-os a sair de formação. Então os espanhóis atacaram com a cavalaria, uma força desconhecida e aterradora para os índios, "que imaginaram que homem e cavalo fossem um único animal". Os espanhóis também empregaram cães de ataque, outra visão estranha para os tainos, cujos cães era tão mansos que nem sequer latiam. A batalha tornou-se uma debandada sangrenta, a primeira de muitas vitórias desiguais obtidas por pequenos exércitos espanhóis na América.

Caonabo, contudo, continuou a se esquivar e a ameaçar os espanhóis. De modo que Colombo enviou seu impiedoso tenente, Alonso de Hojeda, para capturá-lo. Hojeda atraiu Caonabo para La Isabela com a promessa de que o chefe receberia um sino de igreja de bronze. No caminho apresentou algemas e afirmou que eram braceletes do tipo usado pelo rei espanhol durante procissões reais. Caonabo deixou-se enganar pela artimanha e foi levado para La Isabela de pés e mãos algemados e acorrentados.

Colombo levou consigo Caonabo e trinta outros prisioneiros quando partiu de volta para casa em 1496. O cacique pereceu durante a travessia oceânica; um relato diz que morreu de pesar, outro que se enforcou. Seu irmão sobreviveu e foi exibido na Espanha usando uma pesada coleira de ouro.

A viúva de Caonabo, Anacaona, mais tarde se tornou a principal chefe de Hispaniola. Ela tentava agradar os espanhóis e era famosa pela beleza, tendo se encontrado com os colonos, certa ocasião, vestida apenas com uma guirlanda de flores. Em 1503, Anacaona reuniu oitenta de seus principais súditos para recepcionar o governador espanhol de Hispaniola. Depois de três dias de danças, banquetes e jogos, ele ordenou a seus homens que cercassem o prédio onde os líderes tainos estavam reunidos. De sua parte, ele tinha ouvido boatos de uma revolta se armando e estava determinado a esmagar a resistência dos tainos de uma vez por todas; os espanhóis atearam fogo ao lugar, queimando vivos todos no interior.

A bela viúva de Caonabo foi poupada do inferno. "Como marca de respeito e por deferência à sua posição", escreveu Bartolomé de las Casas, "a rainha Anacaona foi enforcada".

Embora os últimos tainos tivessem perecido no século XVI, o povo teve uma longa vida na imaginação dominicana. Com a importação de escravos africanos, os negros rapidamente vieram a superar em número os europeus em Hispaniola. Isso foi particularmente verdade no terço oeste da ilha, que era mais adequado à plantação agrícola; em 1804, em seguida a uma revolução de escravos contra o governo colonial francês, tornou-se a nação negra do Haiti. O resto de Hispaniola lentamente emergiu como a República Dominicana, depois de prolongada luta contra tanto o controle haitiano quanto o espanhol, que perduraram até os anos 1860.

Embora a República Dominicana fosse predominantemente mulata, a hostilidade remanescente contra o Haiti e as velhas hierarquias ligadas ao tom de pele levaram muitos dominicanos a negar a parcela africana de sua herança. Cerca de um décimo da população que tinha aparência caucasiana se identificava como hispânico, enquanto os dominicanos de cor se consideravam índios, muito embora tal população não existisse mais há séculos e o sangue nativo constituísse, no máximo, um resquício infinitesimal no *pool* de genes.

Essa reinvenção racial alcançou seu apogeu durante o governo do ditador do século XX da República Dominicana, Rafael Trujillo, que se autodenominava generalíssimo e "Pai da Nova Pátria", renomeou Santo Domingo e entrou para o *Livro Guinness de Recordes Mundiais* como o líder com o maior número de monumentos erigidos em sua própria honra. Nos anos 1930, ele lançou uma campanha de limpeza étnica resultando no massacre de dezenas de milhares de haitianos que viviam na República Dominicana.

Trujillo, que era mulato de tez escura, cuja avó era haitiana, usava maquiagem para clarear a pele. Também tentou expurgar a herança africana de livros de estudo e da memória oficial, e se apresentava como o salvador da Hispaniola católica e espanhola. Promover Colombo, primeiro bastião da cultura e da religião europeia, foi uma parte natural dessa empreitada.

Assassinos mataram Trujillo a tiros em 1961, quando seguia de carro por uma estrada costeira de Santo Domingo. O local atualmente é marcado por um memorial às vítimas de seu governo brutal, e ele e seus asseclas são execrados na R.D. dos dias de hoje. Mas o racismo e o anti-haitianismo de seu longo reinado perduram.

No café El Conde, certa noite, o engenheiro escocês, George Houston, me apresentou a uma dominicana que trabalhava em seu escritório, uma jovem mulher chamada Alba Hernández. Ela explicou que os dominicanos se referem a *pelo bueno* ("cabelo bom") e *pelo malo* ("cabelo ruim") dependendo de quanto o cabelo é crespo. Costuma-se dizer que alguém que cheira a suor "fede como um haitiano". Alba me mostrou sua carteira de identidade nacional, na qual o governo identificava os dominicanos como "B", para *Blanco*; "N" para *Negro*; ou "I" para *Indio*. Alba, uma beldade de pele café com leite, era *Indio*.

— A menos que alguém seja negro como a noite, eles não põem um "N" ao lado do nome — explicou ela. Os dominicanos também se descrevem uns aos outros de acordo com uma complexa escala de tons de pele, tais como *moreno*, *indio claro* e *indio canela*. — Se você quer bem a uma pessoa — disse Alba —, diz que ela é de qualquer cor, menos preta.

O CARRO DE CAONABO não tinha condições para longos percursos, de modo que reservei outro numa agência locadora para as sete horas da manhã, na esperança de sair cedo. Depois de dez dias na República Dominicana, eu deveria ter sabido que não adiantaria. Passamos uma hora preenchendo formulários de aluguel, e mais outra fazendo o "relatório de danos" de um Hyundai que parecia ter acabado de competir no rali Paris-Dacar. Finalmente, às nove horas, Caonabo embarcou e girou a chave na ignição. O motor mal pegou. O ar-condicionado ofegou uma vez e morreu.

— Bem-vindo à República Dominicana, irmão — suspirou ele. — A única atitude que você pode ter é: "Estou pouco me importando." — Ele se recostou no banco do motorista. — Mas eu *realmente* me importo com o ar-condicionado. Sem ele morreremos.

A locadora de automóveis afirmou que tinha outro carro a caminho, de modo que começamos toda a papelada de novo. Uma hora e meia se passou. Nenhum carro apareceu. Caonabo perguntou ao funcionário quando ele achava que chegaria.

— *Ahorita* — disse o homem. Entre agora e nunca.

— *Estamos jodidos* — retrucou Caonabo.

Já estávamos no fim da manhã: o calor e a apatia familiares já haviam se instalado. Caonabo sugeriu que tentássemos no dia seguinte. Mas eu não conseguiria enfrentar mais um dia de derrota em Santo Domingo. De modo que perguntei ao funcionário da agência se conhecia algum outro lugar onde poderíamos alugar um carro. Ele nos indicou mais abaixo na rua uma minúscula fachada de loja com um logotipo pouco tranquilizador: "STOP Rent a Car", encerrado dentro de um sinal de parar octogonal.

Depois de mais uma hora de papelada, embarcamos num modelo ultracompacto chamado Daihatsu Move.

— Vamos ver se ele se move — disse Caonabo, girando a chave. O motor e o ar-condicionado funcionavam, embora pouca coisa, além disso, funcionasse. Eu assinei a última de uma dúzia de formulários, saímos do estacionamento e entramos direto num *tapón*, num engarrafamento. Era meio-dia, estávamos suados e exaustos, e ainda não tínhamos percorrido um quarteirão de nosso longo percurso.

— Creia-me — disse Caonabo —, estamos fazendo um bom tempo.

Enquanto nos arrastávamos na saída de Santo Domingo, Caonabo me pôs a par das regras de trânsito na R.D.

— Regra número um, direção defensiva — disse ele, acelerando quando nos aproximávamos de um cruzamento movimentado. — Nunca pare num sinal vermelho, porque o sujeito atrás de você não vai parar e vai bater na sua traseira.

— E os motoristas vindo na outra direção? — perguntei.

— O sinal para eles está verde, de modo que sabem que devem parar e então avançar muito cautelosamente. O amarelo é o mais fácil. Você enfia o pé no acelerador. — Ele fez uma pausa. — É claro, muitas vezes os sinais não estão funcionando. Então a regra não se aplica.

Caonabo metia a mão na buzina e o pé no acelerador, dardejando entre as pistas à medida que passávamos pelos *cinturones de miseria*, os bairros pobres, que cercavam Santo Domingo. A maioria das pessoas que morava ali eram migrantes recentes da zona rural e muitos dirigiam motocicletas sem licença, usadas como táxis, chamadas *motorconchos*, aumentando ainda mais o caos no tráfego.

— Eles não têm nenhum respeito pelas regras — declarou Caonabo, desviando-se de uma moto, avançando um sinal vermelho e subindo pela contramão uma rampa de saída, para entrar na principal autoestrada que ligava Santo Domingo ao interior da ilha.

Ao chegar à zona rural cheia de morros e colinas além da saída da capital, encontramos outro perigo. Ambulantes se acotovelavam de ambos os lados da estrada, criando um corredor comercial de barraquinhas de venda de batatas-doces, jaulas para coelhos, crianças balançando caranguejos enfiados em barbantes e mulheres com cartazes oferecendo cabritos *vivos y matados*. Era impossível se concentrar na estrada, algo que era ainda mais crucial agora, porque motoristas estavam a toda hora cruzando as pistas em altíssima velocidade para parar e fazer compras. Cachorros atropelados amontoavam-se no acostamento.

Não demorou muito e tivemos que parar para encher o tanque de gasolina; a STOP nos dera apenas o suficiente para sair da cidade. Assim que saímos do posto, o motor do Move começou a dar estouros. Caonabo disse que com frequência a gasolina na R.D. é diluída com óleo de aquecimento, que é mais barato que petróleo. Isso o levou à regra de trânsito número dois.

— Está vendo aquele policial? — perguntou ele, apontando para um policial parado ao lado de seu carro, apontando um radar para o tráfego que se aproximava. — Aquilo significa aumente a velocidade. — Caonabo meteu o pé no acelerador, levando o Move ao seu limite máximo de 110 quilômetros por hora.

— Você é maluco? — berrei, olhando por cima do ombro em busca de uma luz vermelha e de uma sirene. No El Conde, eu tinha sido advertido por expatriados a evitar encontros com a polícia dominicana, que era notoriamente corrupta. Aquele era exatamente o motivo por que Caonabo estava acelerando.

— A polícia é muito mal paga — disse ele —, de modo que só recebem um galão de gasolina de cada vez. Caso contrário, surrupiariam uma parte para si mesmos. Aquele policial não vai desperdiçar seu galão nos perseguindo enquanto tivermos uma boa dianteira. Mesmo se o fizer, temos um tanque cheio e provavelmente iremos mais longe que ele.

Alguns quilômetros depois da armadilha da velocidade, Caonabo reduziu para 85 quilômetros.

— É quando você está andando devagar demais que a polícia apanha você. — Não era necessário ter cometido nenhuma infração e multas raramente eram dadas. Cem pesos era a propina padrão. — Depois disso, eles são muito educados e dizem: "Tenha uma boa viagem, doutor." Os tiras sempre lhe dão uma boa dianteira depois que você lhes molhou a mão.

Eu parei de monitorar Caonabo na direção e tentei me distrair contemplando os campos enevoados, e cidadezinhas e vilarejos desordenados. Na orla de cada povoado aparecia uma placa curiosa dizendo "Disco Car Wash". Caonabo disse que o nome vinha de dominicanos que tinham morado em Nova York nos anos 1970, retornado para a R.D. e aberto oficinas de lavar carros. Gradualmente, esses negócios tinham evoluído, tornando-se tavernas de beira de estrada, oferecendo cerveja gelada, TV com programação de esportes e garotas de programa, que alugavam quartos em motéis baratos nas vizinhanças.

— A principal coisa que elas deixam limpinha é sua carteira — comentou.

Sexo casual, pago ou não, fazia parte da rotina da R.D. Desde que eu chegara ao país, tinha ficado impressionado com as mulheres em trajes reveladores e com os flertes que acompanhavam praticamente todo contato entre os sexos. Havia publicidade de Viagra em cada farmácia, e os mercados anunciavam um drinque chamado Mama Juana, uma mistura de raízes, grãos de café e pênis de tartaruga que se dizia aumentar a potência.

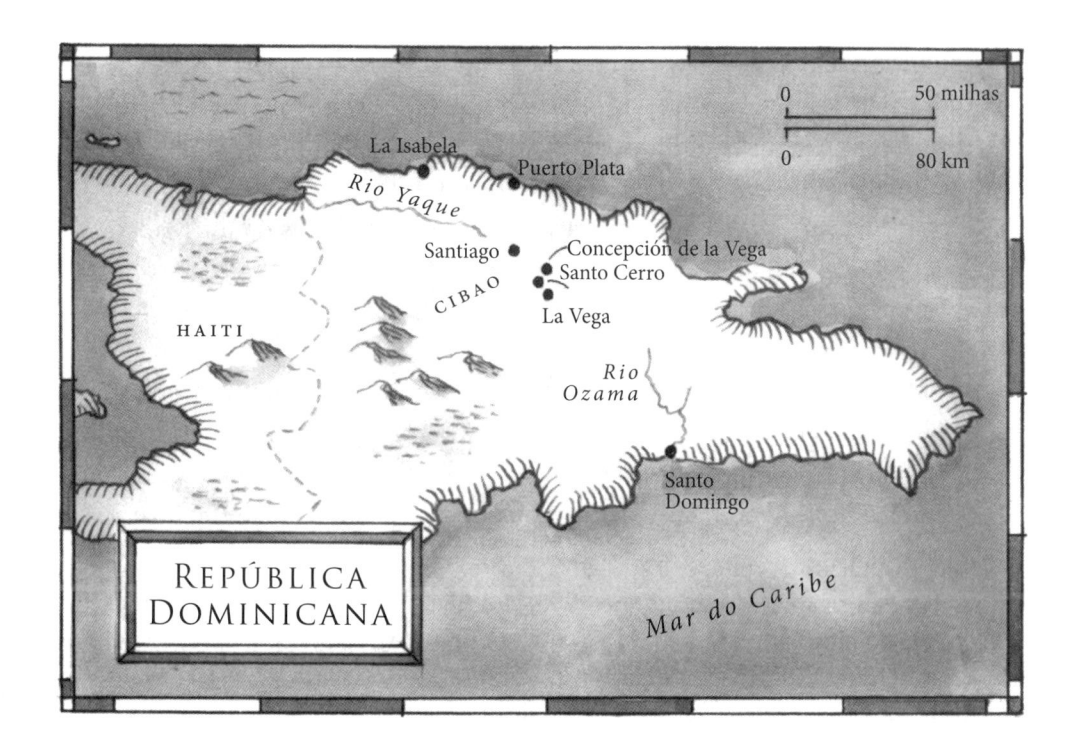

— A maioria dos dominicanos vive para o presente — explicou Caonabo. — É difícil se sentir animado com relação ao futuro. De modo que você não acredita em nada e tenta não se importar. A atitude é: "Dê uma trepada sempre que puder. Viva para o presente."

Os homens pelo menos viviam assim, casados ou solteiros. Esposas que eram infiéis estavam querendo problemas.

— É a cultura do machismo, os homens são da rua e podem fazer o que quiserem, as senhoras são para o lar — disse Caonabo. — É injusto, mas é assim que somos criados. — A Aids, depois fiquei sabendo, era a principal causa de morte de mulheres dominicanas em idade fértil.

A duas horas de Santo Domingo chegamos a La Vega, um centro de plantação de arroz entupido de motocicletas e com a atmosfera carregada de poluição. Caonabo contornou a cidade e subiu uma estrada íngreme, cheia de curvas, ladeada por imagens religiosas. Acabava numa aldeia chamada Santo Cerro ou Morro Santo.

— Você agora vai ouvir falar sobre uma virgem, uma coisa muito rara na R.D. — disse Caonabo.

Ele estacionou ao lado de uma igreja amarelo-clara coroando o alto da colina. Abaixo de nós abria-se o vale largo e fértil de Cibao, que Colombo havia chamado de Vega Real ou Planície Real. Numa loja vendendo bugigangas religiosas compramos um livreto sobre Santo Cerro, e Caonabo traduziu o conteúdo enquanto descansávamos na sombra e comíamos uma *roqueta*, um salgado em forma de anel feito de milho e mandioca que tinha gosto de serragem bem salgada.

O livreto falava da grande batalha de 1495 a respeito da qual eu tinha lido na noite anterior. Mas essa versão não falava muito sobre o papel desempenhado por armas e cavalos. De acordo com o livreto, Colombo posicionou parte de seu exército naquela colina e erigiu uma cruz em seu centro. Então, no vale, ele viu um exército de índios que se estendia até o horizonte e contava dezenas de milhares de homens. "Os espanhóis eram em número tão pequeno que era preciso um milagre para conter a força de tamanha multidão."

Os índios atacaram, expulsaram os espanhóis da colina e tentaram queimar a cruz, "que supunham ser um poder mágico que sustentava a coragem de seus inimigos". Mas a cruz se recusava a queimar. Os nativos tentaram derrubá-la com cipós. Quando isso também falhou, atacaram-na com golpes de machados de pedra, que se quebraram ao bater na madeira.

Então ocorreu outro milagre. A Virgem, com um menino nos braços, apareceu acima da cruz. Os índios atacaram-na com flechas; mas os mísseis bateram e quicaram golpeando-os de volta. Quando os espanhóis contra-atacaram, os índios tombaram aos milhares, os sobreviventes fugindo para todos os cantos de Vega Real.

O milagre em Santo Cerro fez do alto da colina um local de peregrinação, o primeiro santuário cristão da América. A grande e frondosa árvore que nos sombreava era uma planta tropical chamada *nispero*, do mesmo tipo que se dizia que Colombo cortara para fazer a cruz. Pedaços da cruz tinham circulado nas catedrais em toda Hispaniola.

Mas o elo mais sagrado com o milagre ficava dentro da igreja no cume da colina de Santo Cerro. Caonabo me conduziu pelo piso azulejado da capela até uma alcova obscura com uma grade engastada no assoalho. Abaixo dela estava o Hoyo Santo, o Buraco Santo. "Neste exato lugar", dizia uma placa acima da grade, "de acordo com uma antiquíssima tradição, Cristóvão Colombo, no dia 25 de março de 1495, fincou uma alta cruz."

No que dizia respeito a lugares sagrados, o Buraco Santo não oferecia muito para se olhar. Agachando-nos e pondo-nos de joelhos, esforçamo-nos para olhar através da grade para uma cavidade rasa no chão. Terra, uma pedra e, acima do buraco, uma caixa com uma ranhura com os dizeres: "oferendas e promessas". Velas votivas e uma pequena estátua da Virgem aninhavam-se nas proximidades.

Na sacristia da igreja, encontramos um clérigo rotundo com um rosário nas mãos. Era Antonio Camilo, bispo da diocese local. Segundo ele oitenta mil peregrinos vinham ao Buraco Santo a cada ano, geralmente para agradecer por uma cura.

— Nós temos até presos que, depois que saem da cadeia — declarou —, vêm para agradecer à Virgem por estarem em liberdade. — A grade havia sido colocada cerca de 50 anos atrás, disse ele, porque as pessoas tiravam terra demais do buraco, às vezes comendo a terra. — Tornou-se um problema de segurança e de saúde pública.

Perguntei a ele se a aniquilação dos tainos era motivo de algum pesar para aqueles que vinham visitar o santuário.

— Para mim, Colombo é uma figura simpática — disse ele. — Um visionário, ainda que tenha sido um mau administrador. Ele não tinha a intenção de aniquilar os índios. As doenças fizeram isso. Mas agora a culpa lhe é atribuída, porque há uma espécie de aversão a qualquer coisa que represente a Espanha. — O bispo deu de ombros. — Se Colombo não tivesse vindo, algum outro teria.

O bispo tinha um serviço religioso para celebrar, mas nos indicou outro local ligado a Colombo, logo descendo a colina. Por volta da época da batalha de 1495, Colombo havia fundado um povoado fortificado, Concepción de la Vega, e o primeiro monastério de Hispaniola. Seguindo as indicações do bispo, dirigimos em círculos durante meia hora antes de avistar uma placa desgastada e quase ilegível dizendo "Parque Histórico Nacional". Ela nos indicava uma bilheteria vazia que parecia ter sido despedaçada por uma rajada de metralhadora.

Entrando por um buraco na cerca que rodeava o parque, visitamos o que tinha sido, no princípio dos anos 1500, a primeira cidadezinha de crescimento acelerado na América Espanhola, enriquecida pelos modestos depósitos de ouro de Cibao. Arqueólogos haviam descoberto um aqueduto e artigos de luxo, tais como vidro veneziano. Destruída por um terremoto em 1562, Concepción de la Vega agora era uma ruína de paredes desmoronadas e placas enferrujadas.

Restava ainda menos do monastério, localizado numa estrada sulcada alguns quilômetros mais adiante. Não havia qualquer placa ou indicação, apenas pilhas de pedras em um campo cercado por palmeiras. Estávamos escalando uma grade para olhar mais de perto quando dois rapazes apareceram. Eles disseram que tínhamos de pagar setenta pesos para entrar, um preço que incluía a excursão guiada.

Caonabo olhou para o campo cheio de pedras e deu uma gargalhada.

— E ver o quê? — perguntou.

— Os mortos — respondeu um dos homens.

Nós pagamos e o seguimos enquanto caminhava em meio às pedras, apontando a silhueta de uma capela, de uma sala de aula, de um claustro e uma biblioteca. Então nos conduziu na travessia de um campo terrivelmente escaldante até uma área atravancada de coberturas de metal corrugado. Com a ajuda de seu amigo, ele levantou uma das proteções de metal.

Abaixo havia uma cova aberta e um esqueleto.

— Este aqui é espanhol — disse. O corpo tinha sido enterrado de costas com os braços cruzados sobre o peito. Ele levantou outro pedaço de metal para revelar um esqueleto em posição fetal. Era assim que os tainos eram enterrados. Outra diferença: os tainos eram enterrados com pratos de madeira, conchas e outros artefatos, aparentemente para equipá-los para a próxima vida. Ramón Pane, o frade espanhol que vivera com os tainos, escreveu que eles acreditavam que os mortos saíam à noite para comer goiaba e "participar de festividades" com os vivos, até fazer sexo.

O guia levantou outra proteção.

— O papai, a mamãe e o bebê — disse ele dos esqueletos, acomodados bem juntos uns dos outros. E assim continuaram os outros túmulos: espanhóis estendidos, índios em posição fetal. Ele queria que nossa visita valesse os setenta pesos.

Deprimidos pelo cenário e exaustos pelo calor de torrar, interrompemos a excursão e fomos conversar na sombra. O guia, Juan Carlos, disse que vivia numa fazenda nas vizinhanças onde sua família plantava iúca e batata-doce, usando um cavalo e um arado. O governo lhe pagava um pequeno salário para cuidar do forte e do monastério. Éramos os primeiros visitantes em muitos meses.

Perguntei a Juan Carlos se seu trabalho lhe dera algum tipo de admiração por Colombo. Ele respondeu com uma gargalhada e uma expressão típica dominicana que eu ainda não tinha ouvido:

— *¿Tú crees que todavía hay indios?*

Caonabo disse que a tradução literal era: "Você acha que ainda existem índios?" Isso se referia à inocência dos tainos que haviam sido enganados pelos espanhóis com sininhos e outras bugigangas, e lhes entregado suas riquezas e liberdade. Numa interpretação moderna, a frase significava: "Você pensa que sou idiota?"

Colombo, prosseguiu Juan Carlos, era um *"hijo de puta"*.

— Esta era uma ilha rica. Ele levou todo o ouro e outros bens e desde então ficamos pobres. Quinhentos anos depois — acrescentou ele —, os espanhóis ainda estão nos enrabando, desta vez com suas grandes empresas, inclusive uma odiada companhia de fornecimento de eletricidade. De modo que nada mudou.

Exceto que não pagamos as contas de eletricidade, como protesto. — Ele cuspiu no chão. — As pessoas desta ilha não são mais idiotas. Não permitiremos que nos passem para trás de novo.

Caonabo e eu embarcamos de volta no Move e seguimos com a descarga disparando para a autoestrada. Eu estava cansado e desanimado, e a perspectiva de voltar para Santo Domingo me deprimia. Examinando o mapa, localizei La Isabela, o desafortunado posto avançado que Colombo havia fundado na costa norte de Hispaniola. Parecia ficar a pouco mais de 96 quilômetros a noroeste, metade da distância que já havíamos viajado. Isso nos deixava tempo de sobra para chegar lá antes do anoitecer, ou pelo menos eu imaginava.

Meia hora depois chegamos aos arredores de Santiago, a segunda maior cidade da República Dominicana. O tráfego de nosso lado da estrada ficou lento até quase se arrastar.

— Regra de trânsito número três — anunciou Caonabo —, siga rumo à luz do dia onde puder encontrá-la. — Ele embicou o carro e entrou pelo acostamento da estrada. Quando essa pista ficou cheia, entrou com duas rodas na calçada e foi manobrando ao redor do fluxo dos carros. Motoristas na pista da esquerda avançavam sobre uma faixa divisória baixa e dirigiam na contramão das pistas de tráfego. À medida que avançávamos por ela, tornou-se aparente que os carros vindo no sentido oposto tinham feito o mesmo. De modo que as quatro pistas, bem como o acostamento e as calçadas, agora estavam encavaladas como dedos cruzados.

Paramos quando o para-choque dianteiro do Move se encostou no paralama de um carro vindo pela calçada na direção oposta. Depois de uma hora, a chuva começou a cair forte e a escuridão caiu sobre o caótico engarrafamento. Caonabo desligou o motor e acendeu um cigarro.

— *Estamos jodidos* — disse. Exalando, ele apresentou a última dica de direção do dia. — Se todo mundo segue as regras, no final resulta em caos.

Tarde naquela noite, chegamos à cidade costeira de Puerto Plata, assim denominada porque Colombo chamara um pico nas cercanias de Monte de Plata ou Montanha de Prata. Quando não estava vendo ouro, ele via prata.

Não conseguíamos ver coisa alguma por causa de um blecaute. Avançando bem devagar ao longo da linha do cais, encontramos um lugar com um gerador e um sinal que o identificava como Puerto Plata Beach Resort and Casino. Caonabo sugeriu que passássemos a noite ali.

— Não sei. Parece caro.

Caonabo riu baixinho.

— Não é mais. — O lugar tinha falido há vários anos e recentemente fora reinaugurado como um hotel resort, sem o resort. No lobby mal iluminado, acordamos um jovem funcionário que nos ofereceu um quarto pelo equivalente a $17, menos de um décimo do preço da diária anterior. Passamos pela piscina fechada, a superfície coberta de insetos mortos, e entramos em quartos cavernosos dos quais tudo havia sido tirado, exceto as camas.

Eu estava pronto para cair na minha, mas não Caonabo. Ele tinha uma antiga namorada na cidade e queria revê-la.

— Você precisa conhecer um pouco da vida noturna dominicana — observou. De modo que saímos para ir buscar sua amiga, uma mulher de olhos castanhos, chamada Filbia, que usava uma cruz pendurada no pescoço. Então Caonabo nos levou de carro pela costa até Playa Dorado, um resort de luxo cercado por muros, com um campo de golfe de 18 buracos e um centro comercial com lojas de marcas de grife, e um bar chamado Hemingway's. Não havia dominicanos por ali, exceto pelas jovens mulheres nos braços de senhores idosos americanos e europeus.

Enquanto estávamos presos no trânsito, Caonabo me contara que tinha parado de beber havia 18 anos, depois de acordar certa manhã no meio da rua e saber por amigos que estivera dançando numa lata de lixo na noite anterior. Mas, tão logo chegamos ao bar, ele pediu uma dose de rum. Caonabo tomou de um só gole o seu drinque e pediu um de uma marca diferente, chamada Brugal Viejo.

— Muito velho e muito forte — disse ele. — Existe um ditado que diz: "Quando você bebe Brugal, luta ou fode." Ou ambos.

Eu não estava disposto a ter de resgatá-lo de uma lata de lixo nem de ter que assumir o assento do motorista e me orientar pelas ruas escuras de Puerto Plata. Além disso, evidentemente eu estava sobrando ali. Antes que Caonabo pudesse pedir outro drinque, sugeri que ele e Filbia me deixassem perto do nosso hotel de modo que eu pudesse comer alguma coisa e voltar a pé. Eles me deixaram diante de uma casa noturna iluminada por luzes néon.

— Filbia diz que você bem que pode se divertir aí — comentou Caonabo e saiu dirigindo em meio à escuridão.

Enfiei o nariz no interior do clube, que tinha uma placa anunciando Karaokê Erótico. Não havia nenhum sinal de karaokê, apenas mesas de homens alemães berrando para mulheres de seios nus dançando em postes. O leão de chácara disse que eu poderia desfrutar uma "dança privada" no segundo andar por $75 a hora. O turismo sexual havia substituído o ouro como o atrativo para homens europeus em Hispaniola.

Eu me retirei para um restaurante ao ar livre do outro lado da rua só para ser assediado por garotas adolescentes murmurando: "*Puta*". Continuei andando até que vi um homem fatiando alguma coisa com um facão e servindo em pratos de papel. Tendo comido muito pouco durante o dia, pedi uma porção da carne misteriosa. Em meu prato, no escuro, parecia uma orelha queimada. Hesitante, mordi um pedacinho para provar; a carne era defumada, dura de mastigar e muito gordurosa. Era saborosa de uma maneira meio repugnante. Então pedi outro prato antes de voltar para o hotel.

Na manhã seguinte, acordei e descobri minha cama vibrando. De início pensei que fosse Caonabo me sacudindo tentando me despertar. Depois que desabei no chão, e me dei conta de que era o primeiro terremoto que eu via em minha vida, o tremor havia parado. Do lado de fora, uma dúzia de pessoas se reunia nervosamente no estacionamento. Uma delas disse que, poucas semanas antes, um forte terremoto havia derrubado centenas de casas em Puerto Plata. Aquilo devia ser um tremor secundário.

Caonabo emergiu de seu quarto com aspecto desalinhado e de olhos remelentos. Perguntei como tinha sido sua noite.

— Não me lembro — respondeu ele, segurando a cabeça. — A sua?

— Comi um desses churrasquinhos de rua. Não sei se fiz bem.

Caonabo pareceu preocupado.

— Como se chamava?

— Não sei. Chimichanga, ou coisa parecida.

— *Chicharrones*?

— Isso mesmo. Saboroso e gorduroso.

Caonabo sacudiu a cabeça.

— Isso é muito mau. — *Chicharrones*, disse ele, eram tiras de peles de porco fritas em óleo bem quente, ainda com as cartilagens e a gordura, temperadas pelos vapores da rua e moscas. Embora fosse muito apreciado entre os dominicanos, o prato era notoriamente letal para estrangeiros. — Coma só um pedacinho e vai se arrepender pelo resto de sua vida, que não será longa — disse Caonabo.

— Eu comi dois pratos.

Caonabo consultou o relógio.

— Você pode ter mais algumas horas antes que os sintomas apareçam. É melhor tratarmos de meter o pé na estrada.

La Isabela ficava a uma hora de carro em direção ao oeste, seguindo por uma estradinha costeira entre as montanhas e o mar. O céu estava azul-cobalto, claro e sem a névoa úmida com a qual eu havia me habituado na R.D. Os pés de cana-de-açúcar se erguiam como relva de folhas largas na margem da estrada, e passamos por casas com telhados de frondes de palmeira, muito semelhantes aos que os espanhóis descreviam. Colombo escreveu que os campos e montanhas ao longo daquela costa eram "as melhores e as mais bonitas terras do mundo". Pela primeira vez, me senti capaz de compreender seu deslumbramento diante da beleza daquela ilha tropical.

Perto de La Isabela, um rebanho de vacas impedia a passagem na estrada.

— Mais um *tapón* — observou Caonabo apertando a buzina e embicando o carro para abrir caminho em meio ao engarrafamento bovino. Então chegamos ao povoado espanhol original. Em contraste com Concepción de la Vega, esse era bem conservado e dotado de pessoal, e tinha um museu sobre a vida dos tainos e espanhóis.

Fundado em 1494 como um povoado colonial de duzentas casas de madeira e teto de sapé, La Isabela fora um lugar conturbado desde o princípio. Um terço dos homens de Colombo logo adoeceu, embora ninguém saiba de quê. As causas podem ter incluído rações estragadas, parasitas, doenças transmitidas por insetos e sífilis. Para tornar ainda piores os problemas de Colombo, havia a presença de homens da pequena nobreza, "para quem ter que trabalhar com as mãos era equivalente à morte, especialmente se de estômago vazio". Colombo teve que sufocar um motim enforcando vários dos líderes.

Frotas de reabastecimento mantiveram o povoado vivo, mas por um fio. Um recém-chegado da Espanha no fim de 1495 relatou que os colonos estavam subsistindo à base de pequenas quantidades de trigo, bacon rançoso e queijo podre. Abandonada pouco depois, em favor de Santo Domingo, La Isabela se tornou literalmente uma cidade fantasma. Aqueles que a visitavam nos anos 1500 eram levados a fugir apavorados pelos *caballeros fantasmas* que, quando tiravam o chapéu em saudação, também tiravam fora a cabeça.

As ruínas de La Isabela permaneceram relativamente intactas até o século XIX, quando um renascimento no interesse por Colombo levou caçadores de tesouros a escavar relíquias e carregar nacos de prédios de pedra. Então, em 1945, o ditador dominicano Trujillo ordenou às autoridades locais que "dessem uma limpeza" no sítio a tempo de receber uma excursão de arqueólogos e políticos internacionais. Quando os visitantes chegaram, descobriram que não restava nada na superfície da terra. As autoridades locais, interpretando erroneamente a ordem de Trujillo e apavoradas de deixar de cumpri-la, tinham mandado operários com buldôzeres.

— Eles derrubaram todas as árvores e o que restava dos prédios — contou-nos um guia do parque chamado Bernardino. Mais tarde, quando a costa norte da R.D. se tornou o ponto de desembarque das forças anti-Trujillo, o ditador enviou equipamento pesado de novo, para tornar o sítio adequado para treinamento militar.

De maneira notável, nos anos 1980 e 1990, arqueólogos haviam conseguido, não obstante, encontrar um número considerável de relíquias e as ruínas de cinco prédios, inclusive a casa fortificada de Colombo. Originalmente uma estrutura de dois andares com paredes de argamassa e uma torre de vigia, a casa fora construída numa ponta de terra com uma vista panorâmica da baía de águas azuis translúcidas. A brisa dominante a tornava o ponto mais confortável de La Isabela.

Um nobre que acompanhou Colombo na segunda viagem escreveu em 1494 que "a residência do almirante é chamada de palácio real", na expectativa de que os soberanos da Espanha um dia viessem se hospedar nela durante uma visita "a esta terra tão favorecida". Outro documento listava os itens necessários para o almirante e os moradores, inclusive colchões feitos "de linho fino da Bretanha", tecidos de seda, "tapeçarias retratando árvores", castiçais de latão e "12 caixas de conserva de marmelo".

Cinco séculos depois o palácio consistia em várias paredes em ruínas, nenhuma mais alta que minha coxa, com uma pilha de telhas curvas num canto — um memorial em pedra tombado para os sonhos não realizados do homem que o construíra. Logo na saída das paredes do palácio erguiam-se pilhas de rochas e pequenas cruzes brancas. Centenas de espanhóis, e números incontáveis de tainos, haviam morrido ao redor de La Isabela durante sua breve existência.

— *Muchos muertos* — disse Bernardino, conduzindo-nos aos buracos no solo cobertos por malha de arame. Aqui, mais uma vez, jaziam esqueletos expostos: os espanhóis de braços cruzados, os tainos enroscados em posição fetal. Em Santo Domingo eu estivera ansioso para ver ossos. Agora já tinha visto mais que de sobra.

Também estava começando a ficar cansado da classificação de "primeiro e primeira" que pareciam ser concedidos de maneira muito indiscriminada na R.D. À medida que Bernardino nos mostrava mais um retângulo de pedras, sítio da "primeira missa na primeira cidade na América", eu me dei conta de que ouvira a mesma afirmação ser feita em La Vega e Santo Domingo. De modo rabugento, perguntei sobre La Navidad, o posto avançado que Colombo havia construído com a madeira do *Santa María*, e tecnicamente o primeiro povoado espanhol da América.

— Fica no Haiti — respondeu Bernardino, como se isso a tornasse indigna de consideração. — E era apenas um forte.

Pelo menos essa foi a tradução que Caonabo me deu. Embora eu estivesse cansado, ele estava exausto, pelo calor e os efeitos da ressaca que ainda se faziam sentir. Tinha tirado a camiseta e a amarrara ao redor da cabeça como proteção contra o sol. Quando Bernardino falou longamente sobre o conteúdo de um armazém escavado, Caonabo me ofereceu o seguinte resumo:

— Ele diz: "Colombo trouxe animais e sementes e materiais."

Nós gratificamos Bernardino, compramos uma reprodução *zemi* na loja de suvenires, e seguimos para o carro. Examinando mais uma vez o mapa, plotei um caminho de retorno passando por pequenas estradas que seguiam a rota que Colombo teria escolhido à medida que atravessava montanhas e rios para chegar a Cibao. Parecia que veríamos belas paisagens e evitaríamos Santiago, local do medonho engarrafamento de trânsito que tínhamos enfrentado na véspera.

Caonabo tinha dúvidas.

— Regra de trânsito número cinco: nunca confie num mapa dominicano. — Mas ele estava exausto demais para discutir. De modo que partimos em direção à ponte sobre o rio Yaque, a passagem para Cibao.

Não demorou muito e estávamos inteiramente perdidos, seguindo por estradas que nos levavam cada vez mais para o interior da zona rural. Crianças descalças e sem camisa acenavam para nós do lombo de mulas carregadas de fardos de colmo. Homens levavam machetes e sacas de bananas sobre a cabeça. Sempre que parávamos para perguntar o caminho para a ponte sobre o Yaque, os transeuntes se consultavam entre si e apontavam para direções opostas, e então gritavam alegremente para nós: "*Vaya bien!*" Boa viagem!

Depois de uma hora dirigindo em círculos sem saber para onde estávamos indo, entramos numa trilha estreita que passou de cascalho para terra batida, penetrando num túnel aberto na mata de árvores envoltas em barba-de-pau. Então a estrada terminava sem saída num costão íngreme na margem de um rio largo e lamacento. Finalmente tínhamos encontrado o Yaque.

Segui Caonabo descendo até o rio, em meio à vegetação rasteira cerrada, na esperança de tirar minhas roupas suadas e dar um mergulho. Mas a margem era um depósito de lixo, com pilhas de imundície e entulho atirado do alto do barranco. O lixo fedia e zumbia cheio de insetos. Contemplando o rio em ambas as direções, não conseguimos ver nenhum sinal de uma ponte. O único caminho de saída era retornar pelo labirinto que havíamos acabado de percorrer.

— Bela navegação, almirante — comentou Caonabo, estapeando moscas. — Duvido que Colombo jamais tenha estado tão perdido. — Ele se agachou na areia e apertou a cabeça dolorida. — Eu desisto. Aos espanhóis eu perdoo. A você não. Esta foi uma viagem desastrosa.

Enquanto caonabo tirava um cochilo com a cabeça debaixo de um arbusto, fui molhar o pé no fétido Yaque. Fora ao longo desse rio que os espanhóis viram pela primeira vez ouro puro na América. Grãos "do tamanho de sementes de lentilha" reluziam na areia, escreveu Colombo, e se prendiam nos aros de barris de água. Ele chamou o rio de El Río del Oro. O nome não havia pegado, mas pelo menos por uma vez Colombo estava certo; o rio *de fato* trazia sinais de ouro à medida que descia das montanhas de Cibao.

Mas o reluzente Yaque — a primeira evidência tangível de todos os rumores que ele havia perseguido desde que chegara às Índias — contribuiu para o fracasso de Colombo. O almirante nunca precisara de muito para inflar sua imaginação. Mais tarde escreveu a Isabel e Fernando que os espanhóis haviam encontrado "rios de ouro" em Hispaniola, uma afirmação que jamais conseguiria comprovar.

Foi essa propensão para o pensamento mágico que pareceu, por fim, definir Colombo. Homem amante de livros, ele lia de maneira incessante, mas raramente em busca de novos conhecimentos; em vez disso, buscava confirmação para sua fantasia preexistente, sobre um Oriente que se encontrava quase às portas da Europa. Esse sonho o impeliu na travessia do Mar Oceano, onde viu e ouviu coisas que já estavam em sua cabeça: sereias, canibais, súditos do Grão-Khan, mesmo uma ilha ao largo de Hispaniola habitada por amazonas.

Outros tinham uma visão mais clara: "A metade escondida do mundo foi trazida à luz", escreveu Peter Martyr, um historiador italiano na corte espanhola, por ocasião do retorno de Colombo de sua primeira viagem, em 1493. No ano seguinte, Martyr se tornou o primeiro europeu a se referir às Índias como *ab orbe novo* — o novo mundo.

Contudo, Colombo nunca teve plena compreensão do que havia feito. Quanto mais ele via, menos apreendia. Misticismo e sonhos do Oriente sempre sobrepujavam as provas concretas que lhe eram dadas por seus próprios sentidos. Ao chegar ao continente sul-americano em 1498, Colombo se deu conta de que havia descoberto uma imensa massa de terra — então concluiu que estava "no fim do leste", onde o sol nascia antes para o Éden. Cinco anos depois, em sua derradeira viagem, ele ainda estava em busca do ouro e das especiarias asiáticos, e acreditava que, enquanto estivera na Costa Rica, encontrava-se apenas a dez dias de viagem do Ganges.

"O mundo é pequeno", escreveu perto do fim, reiterando sua velha crença. "A experiência agora provou isso." Colombo foi para seu leito de morte ainda convencido de que tinha chegado ao Oriente.

No espaço de apenas 12 anos, Colombo havia apresentado à Europa um hemisfério que continha 28% das terras continentais do mundo e milhões de povos desconhecidos. Mas o almirante encontrou apenas aquilo à procura de que, inicialmente, saíra em busca. Ele nunca descobriu a América.

Quando afinal Caonabo e eu conseguimos encontrar o caminho de volta para Santo Domingo, já estava noite fechada. Devolver o Move exigiu tanta papelada quanto alugá-lo.

— *Problema* — anunciou finalmente o funcionário da STOP. Meu cartão de crédito tinha sido recusado.

— Isso é provavelmente porque as pessoas que tiraram uma cópia dele ontem agora estão fazendo uma festa de compras — disse-me Caonabo. Juntando o dinheiro que trazíamos nos bolsos tínhamos justo o suficiente em pesos para pagar a conta, sem restar nada para pegar um táxi para nos levar de volta pelos vários quilômetros até a Zona Colonial.

Fomos caminhando em silêncio exausto e nos separamos sob a luz apagada de um poste próximo à loja de Caonabo. Na manhã seguinte, eu embarcaria num voo para deixar Hispaniola, para começar a seguir os conquistadores que tinham chegado ao continente que Colombo nunca havia tocado.

— Você quer vir? — perguntei.

Caonabo olhou para mim com incredulidade.

— Você pensa que ainda existem índios?

Ele acendeu seu último cigarro e me deu um último conselho.

— Se os *chicharrones* atacarem esta noite, nem pense em ir ao hospital. Creia-me, é melhor morrer na rua. Ou encontrar alguém que faça vodu. — Ele me deu uma palmada no ombro e se afastou rumo à escuridão. — *Vaya bien*, irmão – gritou. — *Vaya bien*.

Parte II
CONQUISTA

Frontispício de um manual do século XVI para conquistadores, mostrando um capitão espanhol segurando um compasso e o punho da espada. O dístico traduzido diz: "Com a espada e o compasso/ Mais e mais e mais e mais."

CAPÍTULO 5

A COSTA DO GOLFO
Nus no Novo Mundo

> Nós, os espanhóis, sofremos de uma doença do coração
> que só o ouro pode curar.
> — Hernán Cortés, conquistador do México

Ao longo de 15 anos depois de Colombo ter construído um forte com os caibros do *Santa María*, a conquista espanhola da América ficou confinada a Hispaniola. Só em 1508, os colonizadores começaram a explorar as ilhas próximas que o almirante havia descoberto — Puerto Rico, Jamaica, Cuba —, onde repetiram o ciclo cruel de subjugar os nativos e importar africanos quando a mão de obra nativa se extinguia.

Então, a partir de 1513, o pequeno reino da Espanha explodiu para fora do Caribe. Vasco Núñez de Balboa chegou ao Pacífico; Fernão de Magalhães o atravessou, depois de contornar a América do Sul. Hernán Cortés conquistou os astecas do México. Francisco Pizarro, os incas do Peru. Em 1542, no aniversário de 50 anos da primeira viagem de Colombo, a Espanha havia tomado posse de — e com frequência devastado — um império maior do que Roma em seu auge.

Um dos motores propulsores dessa extraordinária conquista era o zelo da campanha cruzada da Espanha. A vitória sobre os exércitos muçulmanos em casa havia infundido nos espanhóis uma confiança e fervor que transbordou para a América. "Como cristãos", disse Cortés a seus homens em meio à batalha contra os astecas, "tínhamos obrigação de fazer guerra contra os inimigos de nossa fé." Isso era cristianismo militante em sentido literal.

Convencidos de sua superioridade e da correção de sua conquista, os espanhóis também se sentiam no direito de se apropriarem dos despojos. Na vanguarda dos saques estavam homens das linhagens mais baixas da nobreza espanhola, chamados *hidalgos* — literalmente, filhos de alguém — e *caballeros*, ou cavalheiros. Ao contrário dos camponeses, esses pequenos nobres tinham meios de navegar para a América, em busca de riquezas e de status que não lhes era disponível na hierarquizada Espanha.

Dando-lhes apoio estava uma Coroa espanhola que precisava de fundos para suas incessantes campanhas militares na Europa e para a vida luxuosíssima de sua corte. A Coroa estava sempre pressionando em prol da conversão dos índios, e aprovou leis para protegê-los, mas seu interesse principal era a extração de riquezas minerais. Carlos I, que sucedeu Fernando em 1516 e foi coroado sagrado imperador romano em 1519, fez a primeira referência pública ao domínio americano da Espanha no ano seguinte. Ele o chamou de "mundo do ouro".

Embora os colonizadores tivessem conseguido extrair uma modesta quantidade de ouro do Caribe, o primeiro grande filão foi descoberto por Cortés. Ex-estudante de latim e notário, Cortés desembarcou com quatrocentos homens na costa do México em 1519, para o que tinha a intenção de ser uma sondagem exploratória. Mas ao tomar conhecimento de um império fabulosamente rico no interior, marchou para Tenochtitlan, uma ilha metrópole, com mais de cem mil habitantes, comparável às maiores cidades europeias da época.

O governante asteca, Moctezuma, recebeu os espanhóis com oferendas de ouro. Mesmo assim, Cortés o fez prisioneiro, sitiou Tenochtitlan e por fim a destruiu, derrubando um império guerreiro que dominava e governava em torno de um milhão de pessoas do centro do México à Guatemala.

Historiadores com frequência atribuíram essa conquista espantosa ao choque de civilizações: raciocínio e tecnologia militares europeias *versus* adoração ao sol e clavas pontudas dos astecas. Menos reconhecido, até recentemente, foi o papel de importância crítica desempenhado pelos aliados nativos de Cortés, índios que se ressentiam do domínio dos astecas e engrossaram as fileiras do pequeno exército espanhol em dezenas de milhares. E também uma epidemia de varíola que varreu Tenochtitlan durante a batalha pelo controle da cidade, enfraquecendo os astecas e matando muito mais nativos do que as armas espanholas.

Mas pouco disso era evidente para os contemporâneos de Cortés. Para eles, suas façanhas pareciam saídas direto do romance de cavalaria *Amadis de Gaula*, um dos mais apreciados livros do século XVI (e um favorito de Dom Quixote). Amadis é um cavaleiro errante que seduz donzelas, mata monstros, encontra ilhas encantadas e, sozinho, mata cem mil inimigos. Cortés, igualmente um homem que teve muitas amantes, superou Amadis: ele derrubou um império pagão que praticava sacrifícios humanos e saqueou ouro numa escala que o tornou um dos homens mais ricos do Novo Mundo.

Sua conquista também intensificou a percepção dos espanhóis de si mesmos como invencíveis guerreiros cristãos, e lhes forneceu um modelo poderoso. As riquezas dos astecas eram muito maiores do que os boatos mais loucos que ha-

Sacrifício humano pelos astecas que acreditavam em alimentar o sol com corações. De um códex mexicano do século XVI ilustrado por artistas nativos.

viam circulado desde o desembarque de Colombo na América. Com uma tropa pequena, mas determinada, liderada por um fidalgo tão destemido e impiedoso quanto Cortés, quantas fortunas ainda haveria para serem encontradas em terras que os espanhóis ainda não tinham conquistado?

Como a maioria dos americanos, eu havia estudado um pouco sobre Cortés na escola, bem como sobre seu mais famoso sucessor, Francisco Pizarro, o fazendeiro criador de porcos analfabeto que se tornara conquistador do Peru. Quando adolescente tinha ouvido Neil Young cantar "Cortés the Killer" e visto meu irmão, vestido de tanga, representar um guarda do império inca, Atahualpa, na peça *The Royal Hunt of the Sun*. Mas "conquistador" era um termo que eu associava com o México e o Peru. Foi somente depois de ter começado minha campanha de reeducação que me dei conta de quanto da América do Norte os espanhóis também haviam invadido.

A primeira incursão também se deu muito cedo, precedendo a chegada de Cortés ao México em seis anos e a dos peregrinos à América em mais de um século. Em 1513, Juan Ponce de León, um veterano da segunda viagem de Colombo, saiu em busca de uma terra que se dizia existir ao norte das ilhas do Caribe já em mãos dos espanhóis. Partindo de Puerto Rico, ele alcançou uma costa coberta de florestas verdejantes na época da Páscoa, um período festejado na Espanha como "Festa das Flores". Por causa da data e da beleza do lugar, ele chamou a costa de La Florida.

A chegada de Ponce de León, nas proximidades de Daytona Beach, marcou o primeiro desembarque de que se tem registro de um europeu no que hoje é território americano. Ele também foi o primeiro a observar uma correnteza "mais forte do que o vento" puxando seu navio para o mar: a corrente do golfo. De acordo com a lógica de dar às terras os nomes de seus descobridores europeus, a futura nação americana deveria ter sido chamada de Estados Unidos de Juan ou Ponce de Leónia.

Mas o conquistador foi vítima de má sorte e de publicidade ainda pior. Numa viagem de retorno para colonizar La Florida, foi ferido por uma flecha e pouco depois morreu. Acrescentando insulto ao ferimento mortal, um historiador espanhol mais tarde afirmou que Ponce de León havia partido em 1513 para encontrar uma fonte mítica, a fim de curar sua impotência.

Ponce de León na época tinha 39 anos e era pai de quatro filhos. Além disso, sua carta de fretamento da Coroa não fazia menção a nenhuma "fonte da juventude", apenas a um graal mais conhecido: ouro. Mas a lenda de sua busca mostrou-se duradoura. E assim, Ponce de León passou para a história como um velhote anelante, em busca da eterna juventude, como tantos habitantes da Flórida, hoje em dia.

EMBORA O NOME Ponce de León me fosse pelo menos obscuramente familiar antes que eu pesquisasse suas viagens, o mesmo já não era verdade com relação às centenas de espanhóis que logo seguiram em sua esteira, explorando as orlas dos Estados Unidos continental, e mais tarde o interior. De fato, à medida que eu examinava a lista de expedições, reconheci um total de dois nomes, De Soto e Coronado, mais conhecidos de muitos americanos como modelos de automóveis antigos.

Descobrir as profundezas de minha ignorância já não me causava mais choque. O que *de fato* me chocou foi a espantosa viagem feita por um daqueles espanhóis pouco conhecidos. Entre 1528 e 1536, Alvar Núñez Cabeza de Vaca fez um percurso de cross-country que, em comparação com a expedição de Lewis e Clark, três séculos depois, parecia um passeio de Clube de Escoteiros. Essa travessia desesperada, que o transformou de invasor armado em curandeiro nativo, também demoliu minha imagem da conquista espanhola como a passagem de um rolo compressor impiedoso sobre a América e seu povo.

"Eu vaguei perdido e nu por muitas terras, e terras muito estranhas terras", escreveu Cabeza de Vaca em uma crônica de sua viagem, o *Account* (*Naufrágios e comentários*). De sua história, ele acrescenta, "este relato é a única coisa que um homem que retornou nu poderia trazer de volta".

Cabeza de Vaca havia começado uma década antes como um espanhol bastante típico querendo fazer fortuna na América. Vinha de uma família de militares que incluía um avô que liderara a brutal conquista espanhola da Grande Canária e vendera seus nativos como escravos. Cabeza de Vaca lutou em várias campanhas na Europa antes de participar de uma expedição para La Florida. "Eu preferia arriscar minha vida a ter minha honra questionada", escreve ele ainda no princípio de seu relato, parecendo muito o altivo *caballero*.

Nos anos que se seguiram à breve exploração de Ponce de León, "La Florida" tinha passado a designar um vasto e amplo território que se estendia aproximadamente do Atlântico ao México. Em algum lugar nessa vasta área, ainda fora das cartas, os espanhóis esperavam repetir sua pilhagem dos astecas. Mas o homem comandando a expedição de La Florida, Pánfilo de Narváez, não era nenhum Cortés. Ao desembarcar nas vizinhanças de Tampa dos dias de hoje, na primavera de 1528, ele despachou seus cinco navios e um quarto de seus homens numa expedição em busca de um bom porto de abrigo. Isso instantaneamente isolou a força de terra de Narváez de trezentos homens e 42 cavalos impedindo-lhe o acesso a transporte e reabastecimento.

Mal aprovisionados e sobrecarregados por trajes demasiado pesados, os espanhóis passaram um verão medonho arrastando-se pelos pântanos e densas florestas da Flórida. Chegando ao local da Tallahassee de hoje, eles se viram atacados por arqueiros índios e fugiram para a costa próxima, na esperança de resgate por seus navios. Mas as embarcações tinham procurado em vão pelo exército de Narváez e partido.

Abandonados naquela "terra medonha", escreveu Cabeza de Vaca, "os espanhóis construíram barcos toscos, utilizando esporas para fazer pregos, e crinas de cavalo como cabos, e camisas como velas. Então, depois de comerem o último de seus cavalos, os 242 sobreviventes acotovelaram-se em cinco balsas e fizeram-se ao mar, "sem que houvesse ninguém conosco que conhecesse a arte da navegação".

Flutuando para oeste ao longo do Golfo do México, eles ficaram sem água doce e beberam água do mar, envenenando os homens com sal. Então, chegando a um "rio muito grande" que "desembocava no mar como uma torrente" — era o Mississípi —, a flotilha foi empurrada para longe da costa e começou a se separar.

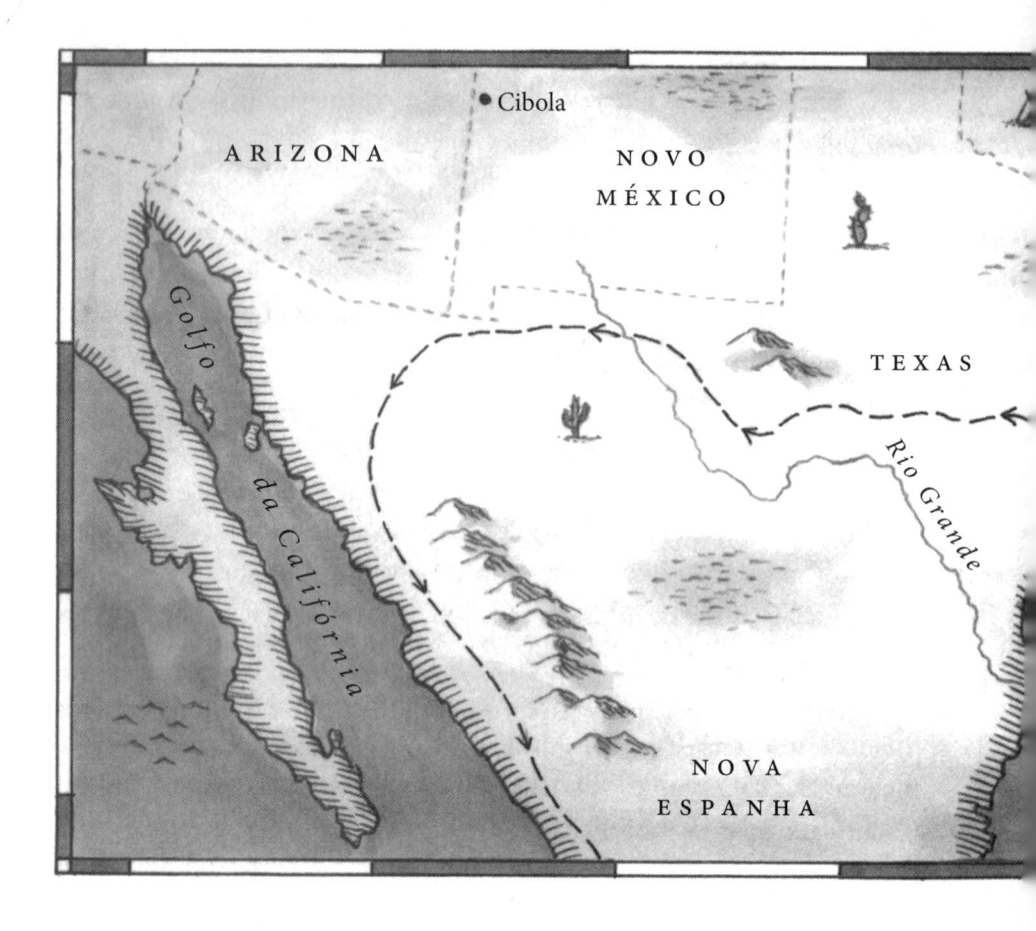

Remando vigorosamente, Cabeza de Vaca e sua tripulação exausta tentaram se manter junto da balsa de Narváez, que "tinha os homens mais saudáveis e mais fortes". Cabeza de Vaca gritou para seu comandante pedindo que lhe atirasse uma corda, de modo que os barcos pudessem ficar unidos.

"Ele me respondeu que não era mais hora de um homem dar ordens a outro", escreveu Cabeza de Vaca. "Cada um deveria fazer o que lhe parecesse melhor de modo a salvar sua própria vida." Com essas palavras, Narváez "se afastou em sua balsa", para nunca mais ser visto.

À deriva, em temporada de furacão, perto de Nova Orleans dos dias de hoje, a embarcação de Cabeza de Vaca foi carregada de volta para a costa por uma violenta tempestade. "Perto de terra", escreveu ele, "uma grande onda apanhou e lançou o barco fora d'água tão longe quanto se pode lançar uma ferradura de cavalo." Nativos da costa, com orifícios e botoques de junco nos mamilos e lábios, se aproximaram dos espanhóis. "Estávamos tão apavorados que eles nos pareceram gigantes."

Rota de Cabeza de Vaca

0 — 250 milhas
0 — 400 km

Rio Mississípi

ILHA DA PERDIÇÃO

APALACHE

FLÓRIDA

Baía de Tampa

Golfo do México

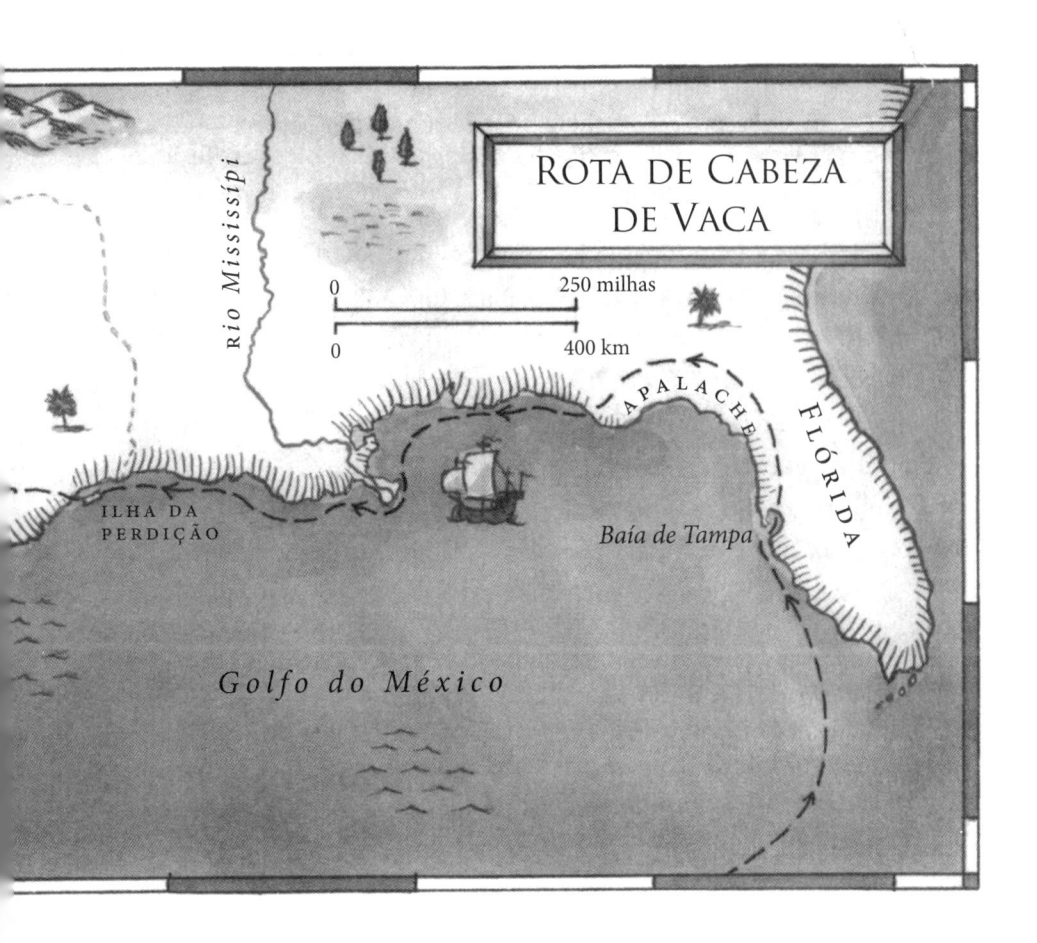

Os espanhóis tentaram relançar a embarcação ao mar, apenas para vê-la emborcar e então afundar nas ondas revoltas da arrebentação. "Aqueles que entre nós sobreviveram ficaram tão nus quanto no dia em que nascemos e tínhamos perdido tudo o que tínhamos", escreveu Cabeza de Vaca. "Embora as poucas coisas que possuíssemos fossem de pequeno valor, significavam muito para nós." O tempo ficou frio e os homens pouco haviam comido, exceto milho seco, desde que tinham embarcado dois meses atrás. "Estávamos mais próximos da morte do que da vida."

Foi nesse momento, quando estava sem escapatória e despido de tudo, que a metamorfose de Cabeza de Vaca começou. Os índios "vieram sentar-se conosco", escreveu. "Eles sentiram tão grande dó e piedade por nos verem em tal estado que começaram todos a chorar." Levando os náufragos para abrigos simples, os nativos os aqueceram junto a fogueiras enquanto dançavam a noite inteira. Os espanhóis temiam que estivessem prestes a serem sacrificados. Em vez disso, os índios alimentaram seus convidados e os trataram bem.

No total, várias balsas e cerca de oitenta espanhóis vieram dar à terra, no que Cabeza de Vaca chamou de ilha da Perdição, a ilha de Galveston, no Texas dos dias de hoje. Isso era mais homens do que a ilha e seus nativos podiam sustentar. Durante o inverno, muitos espanhóis morreram de fome e de uma "moléstia de estômago" que também matou metade de seus anfitriões. Os nativos acharam que os recém-chegados eram a causa (como podem muito bem ter sido) e decidiram matar os 15 espanhóis ainda vivos.

Os homens foram poupados no último momento, mas foi-lhes negado alimento a menos que curassem os doentes. As práticas nativas incluíam soprar os enfermos "onde está a dor". Então os espanhóis, que careciam até das parcas ferramentas e dos conhecimentos correntes na Europa, misturaram o que tinham visto dos rituais nativos com um pouco de teatro católico. "Realizamos a nossa cura", escreveu Cabeza de Vaca, "fazendo o sinal da cruz nas pessoas doentes, soprando nelas, dizendo o Padre-nosso e uma Ave-Maria."

Miraculosamente, os doentes se recuperaram. Agradecidos, os índios deram de comer aos espanhóis e os vestiram com peles. O respeito de Cabeza de Vaca por seus anfitriões também cresceu. "Aquele povo ama mais seus filhos e os trata melhor do que qualquer outro povo na terra", escreveu. E eles dividiam tudo o que tinham.

Mas os nativos tinham muito pouco, e na primavera puseram os espanhóis para trabalhar colhendo bagas e catando cana da água. Passando fome e coberto de cortes das varas de cana, Cabeza de Vaca fugiu para outra tribo no continente próximo. Homem habilidoso e despachado, logo encontrou um novo papel, o de mercador encarregado da troca de moluscos marinhos, pederneiras e outros produtos, entre os índios da costa e seus inimigos do interior. Ele manteve essa atividade por mais de quatro anos.

"Eu gostava desse ofício, porque me dava liberdade de ir para onde quisesse", escreveu. "Não era obrigado a nada e não era escravo." Há os princípios nessa passagem e em outras nos *Naufrágios* da futura história americana: viver em liberdade, numa terra vasta, graças à própria sagacidade e inventividade.

Mas Cabeza de Vaca não conseguia deixar para trás o Velho Mundo. Cada ano, retornava à ilha da Perdição para implorar a um companheiro espanhol que fugisse com ele rumo à "terra dos cristãos", no México. Quando finalmente conseguiu alguém, os dois viajaram uma breve distância antes de descobrir que a terra que existia mais adiante era um deserto. O companheiro de Cabeza de Vaca, que tinha incorporado os hábitos nativos mais do que ele, retornou para sua família índia.

Prosseguindo sozinho, Cabeza de Vaca encontrou os únicos outros sobreviventes da tropa de trezentos homens de Narváez: dois espanhóis e um "árabe negro" que tinha vindo para La Florida como um de seus escravos. Eles agora eram escravos de uma tribo de índios, e Cabeza de Vaca também se tornou escravo. Esse foi o ponto baixo de sua jornada, uma sucessão incessante de trabalhos forçados e comida escassa. Os índios viviam famintos, e comiam aranhas, minhocas, espinhas de peixe pulverizadas, terra e até estrume de veado. O pior de tudo eram os mosquitos, que picavam as pessoas de tal maneira que pareciam leprosas a Cabeza de Vaca. "Posso afirmar que nenhuma provação sofrida no mundo é capaz de se igualar a essa."

Ele também escreveu sobre os costumes nativos que o chocaram, inclusive o que ele chamava de embriaguez, provavelmente o resultado de fumar ou consumir chá de peiote. As mulheres e os idosos, "as pessoas que eles menos estimam", carregavam todos os fardos. Pais por vezes enterravam vivos seus filhos jovens, em obediência a sonhos, e davam como comida para seus cães as filhas recém-nascidas. Eles preferiam fazer isso que permitir que as meninas fossem levadas por outras tribos com quem estavam constantemente em guerra. "Se seus inimigos se casassem com suas filhas, iriam multiplicar-se tanto que os conquistariam e fariam deles escravos."

Cabeza de Vaca relata isso desapaixonadamente e, na página seguinte, descreve esses mesmos nativos "como pessoas muito alegres". Seus escritos sobre os índios raramente faz julgamentos críticos, mas também não é romântico. Embora muita gente hoje imagine a América primitiva como um paraíso gentil e de abundância, Cabeza de Vaca retrata as terras por onde passou como um mundo empobrecido e hobbesiano, onde todos lutavam contra todos pela sobrevivência.

Depois de mais de um ano de escravidão, Cabeza de Vaca e os outros três sobreviventes escaparam e fugiram para o oeste, subsistindo à base de suco da fruta de um cacto (figueira-da-índia), até que encontraram outro clã índio. Os nativos, tendo ouvido falar de estranhos barbados que possuíam o poder da cura, se aproximaram de um dos espanhóis, "dizendo-lhe que tinham muitas dores de cabeça e suplicando-lhe que os curasse". Ele rezou e fez o sinal da cruz, e "eles imediatamente disseram que toda a dor havia desaparecido". Os errantes foram recompensados com mais carne de caça defumada do que puderam comer ou carregar.

Cabeza de Vaca, o mais confiante dos espanhóis, se tornou o médico principal. Ele realizou uma cirurgia, usando uma faca para remover uma ponta de flecha do peito de um índio e costurando o ferimento com uma agulha de osso e um tendão de veado, e até restaurou a saúde de um homem que não tinha mais pulso e parecia estar morto.

Ele atribuía seu sucesso médico à misericórdia divina. Mas os nativos tinham suas próprias crenças a respeito de doenças e cura. Depois de fazer a ressurreição do homem "morto", Cabeza de Vaca registrou o temor e respeito dos índios pelo "Sr. Coisa Ruim", um personagem pequenino e barbado que vivia na terra e nunca comia. Periodicamente, ele fazia incursões ao interior das malocas e cravava uma pederneira afiada em vítimas ao acaso, então lhes arrancava as entranhas; ou retalhava e quebrava braços. Depois ele repunha os braços e punha suas mãos sobre os ferimentos, fechando-os imediatamente. Os índios podem ter associado o barbado Sr. Coisa Ruim com os homens desconhecidos que tinham vindo para o meio deles.

À medida que os espanhóis seguiam viajando, passando de tribo em tribo como celebrados curandeiros, o *Naufrágios* se torna gradualmente mais místico e surrealista. Nus como os nativos, os nômades cozinhavam sob o sol do deserto. "Uma vez que não estávamos acostumados a isso, nossa pele descascava inteira duas vezes por ano como se fôssemos serpentes." Coberto de feridas e arranhões de espinhos, Cabeza de Vaca se consolava com o pensamento dos sofrimentos muito maiores de Cristo. Os espanhóis também adotaram uma postura ascética, para impor respeito aos índios. "Eles ficavam estarrecidos ao ver como comíamos pouco. Nunca nos viam ficar cansados, e realmente estávamos tão habituados a provações que não nos sentíamos cansados."

Para aumentar sua aura de mistério e poder, os espanhois levavam consigo cabaças que lhe tinham sido dadas por xamãs nativos e raramente falavam com os índios. Em vez disso, o escravo negro, Estevanico, atuava como batedor e intermediário. Era ele quem "sempre falava com [os nativos] e se informava sobre as trilhas por onde queríamos viajar e as aldeias que existiam e sobre outras coisas que queríamos saber".

Gradualmente, um séquito de vários milhares de índios começou a seguir os quatro homens, reverentemente pedindo-lhes que soprassem neles, e que abençoassem comida e bebida. Esses seguidores também podiam estar usando os espanhóis. A cada povoado de que os espanhóis se aproximavam, os acompanhantes nativos advertiam as pessoas de que os homens barbados eram criaturas temíveis, capazes de conceder vida ou morte. Então os acompanhantes saqueavam a aldeia. Os que haviam sido saqueados se juntavam aos saqueadores na pilhagem da aldeia seguinte. Arautos corriam à frente para anunciar a aproximação dessa procissão entusiasmada de saqueadores.

Para onde ela rumava não fica claro. "Nós queríamos seguir em direção ao pôr do sol", escreveu Cabeza de Vaca, oferecendo um raro detalhe relativo à direção; suas descrições da paisagem e dos costumes índios também fornecem pistas. Mas é impossível reconstruir a rota dos espanhóis com alguma precisão. O melhor palpite é que atravessaram caminhando o Texas e parte do sudoeste, e que entraram no norte do México antes de alcançar o golfo da Califórnia.

Virando para o sul ao longo da costa, Cabeza de Vaca entrou em terras aradas e colonizadas, e ficou sabendo que "homens barbados como nós, com cavalos, lanças e espadas", tinham imposto o terror entre os nativos e os haviam levado acorrentados. Embora satisfeito por ouvir "notícias de cristãos", ele observou a desolação que haviam deixado em seu rastro; aldeias incendiadas, campos abandonados, nativos vivendo de comer casca de árvores.

Então, numa incursão avançada com Estevanico e um grupo de nativos, Cabeza de Vaca encontrou "quatro cristãos montados a cavalo". Os cavaleiros "ficaram muito perturbados ao me verem tão estranhamente vestido e em companhia de índios", relatou. "Olharam para mim por muito tempo, tão pasmos de espanto que não conseguiram falar nem me fazer perguntas."

Depois de oito anos e muitos milhares de quilômetros de perambulações, Cabeza de Vaca mal era reconhecível para os cavaleiros como um compatriota. Tampouco os nativos podiam "ser convencidos de que éramos iguais aos outros cristãos".

Em certo sentido, eles não eram mais. Os cavaleiros eram mercadores de escravos que queriam capturar os índios que vinham atrás de Cabeza de Vaca. Ele negociou a segurança deles antes de mandá-los embora de volta para as suas aldeias. Mas mais tarde soube que os caçadores de escravos tinham voltado e atacado. "Nós queríamos a liberdade para os índios e, quando acreditamos tê-la obtido, aconteceu exatamente o contrário."

Assim começou o retorno de Cabeza de Vaca para uma civilização que agora lhe parecia desconhecida. Deram-lhe roupas, mas ele não conseguiu vesti-las senão depois de muitos dias, e só conseguia dormir no chão. Navegando de volta para a Espanha, empunhou sua pena em defesa dos índios aos quais viera conquistar. "Todos esses povos, de modo a poderem ser atraídos a se tornar cristãos e súditos de Sua Majestade imperial, precisam ser bem tratados", escreveu. "Essa é uma maneira muito segura de conseguir fazer isso; de fato, não existe outra maneira."

O *Naufrágios* é um documento curioso que pode ser lido em muitos níveis: como aventura de viagem, como manifesto, como relato de um náufrago, como narrativa de um período de cativeiro. Também é uma memória espiritual que tem ecos da conversão de Paulo na estrada para Damasco. Em certos pontos, o *Naufrágios* parece um precursor dos clássicos relatos americanos de jornadas para e pelo continente. Como Huck Finn e Jim, os espanhóis e Estevanico perambularam por uma natureza agreste onde as regras "civilizadas" não se aplicam mais. Como os heróis confiantes e independentes dos filmes de faroeste de Hollywood, Cabeza de Vaca com frequência viaja sozinho pelos vastos espaços desabitados da América. O *Naufrágios* evoca até mesmo uma viagem psicodélica pelas estradas dos anos 1960: quatro sujeitos nus, desgrenhados, à deriva num deserto de xamãs que fumam peiote.

Um escritor inglês, Richad Grant, captura de maneira eloquente essas ressonâncias em seu livro sobre viagens nômades, *Ghost Riders*. O *Naufrágios* nos parece "caracteristicamente americano", escreve ele, porque seu autor "havia se tornado um americano quando afinal o escreveu. Ele havia passado por uma odisseia que não era possível na Europa, e ao seu final não mais pensava nem se comportava como um europeu. Em certo sentido ele havia sido conquistado pela América".

SE FOSSE ESSE o fim da saga de Cabeza de Vaca, representaria um inspirador relato de dois mundos, se combinando em vez de colidindo. Mas essa viagem teve uma coda cruel, tanto para Cabeza de Vaca quanto para sua visão de coexistência pacífica. Depois de escrever o *Naufrágios*, ele partiu da Espanha para se tornar governador de uma turbulenta colônia na América do Sul. Desembarcando no Brasil, Cabeza de Vaca decidiu completar o resto do percurso por terra, embarcando em mais uma épica caminhada, dessa vez pela floresta.

Ao chegar a seu posto no Paraguai dos dias atuais, ordenou e pôs em vigor reformas para proteger os índios e os pobres. Mas os colonizadores, habituados a escravizar e a saquear os índios, se sublevaram numa revolta e o prenderam. Eles o acusaram de uma variedade de crimes, tais como levantar a bandeira de sua família em vez de a do rei, e o mandaram de volta para a Espanha a ferros, onde as autoridades o baniram para uma colônia penal no norte da África. Embora a sentença mais tarde fosse revogada, Cabeza de Vaca morreu no esquecimento em lugar e data desconhecidos.

Seu apelo por um tratamento gentil aos nativos que havia encontrado na América do Norte foi igualmente traído. Pouco depois que ele e seus companheiros sobreviventes chegaram ao México em 1536, fizeram um relatório para as autoridades espanholas que prefigurava o relato publicado de Cabeza de Vaca. O que capturou a atenção dos colonizadores, contudo, não foi a generosidade de nativos pobres; foram as indicações que os viajantes deram de riquezas na terra por onde haviam perambulado.

Por exemplo, os espanhóis nômades tinham sido presenteados com um sino de cobre ou bronze, que, foram levados a crer, vinha de uma sociedade rica no norte que fundia e moldava metais. Também foram presenteados com pedras que Cabeza de Vaca chamou de esmeraldas, trazidas de uma região montanhosa onde "havia aldeias de muitas pessoas e casas muito grandes". As pedras provavelmente eram turquesas, e as aldeias, os *pueblos* murados do sudoeste americano.

Isso foi o suficiente para inflamar a imaginação febril dos colonizadores na Nova Espanha, como na ocasião era conhecido o México. Embora Cabeza de Vaca partisse de volta para a Espanha em 1537, o vice-rei da Nova Espanha recrutou um de seus companheiros naufragados, Andrés Dorantes, para rumar de volta para o norte e "descobrir o segredo dessas regiões". Esse acordo fracassou, mas não antes que o vice-rei tivesse comprado o escravo de Dorantes, Estevanico. Seria ele, mais que Cabeza de Vaca, quem teria um impacto duradouro na história da América do Norte.

Enquanto lia o *Naufrágios*, eu havia destacado todas as menções a Estevanico e rastreado notas de rodapé em busca de qualquer referência a seu respeito. Nos anais dos primeiros tempos da América, é extremamente raro encontrar um escravo descrito como um indivíduo, ou sequer citado pelo nome. Eu também estava intrigado pelo paralelo entre Estevanico e o escravo americano York que desempenhara um papel crucial e, no entanto, fora negligenciado na expedição de Lewis e Clark.

De acordo com o *Naufrágios*, Estevanico era um nativo do Marrocos, presumivelmente um muçulmano que havia se convertido ao cristianismo (a Espanha não enviava infiéis para o Novo Mundo, pelo menos não oficialmente). Seu nome original é desconhecido: Estevanico é um diminutivo do nome espanhol Estevan, ou Estêvão. Alguns documentos o chamam de Estevanico Dorantes — "o pequeno Estevan de Durantes". Em outras ocasiões, se faz referência a ele apenas pela cor de sua pele, como *el negro*.

O papel de Estevanico no *Naufrágios*, como intérprete e batedor, sugere que era um linguista de talento e um intermediário que se movia com facilidade entre os mundos dos espanhóis e índios. Como Cabeza de Vaca, ele também deve ter sido um homem de excepcional força e estoicismo para sobreviver a 8 anos de provações. Seu novo dono, o vice-rei da Nova Espanha, parece ter no mínimo reconhecido essas qualidades. Em 1538, enviou Estevanico como guia numa missão para explorar a região norte do México que havia se tornado conhecida como Tierra Nueva: Terra Nova.

Para liderar o grupo de reconhecimento, o vice-rei escolheu Fray Marcos de Niza, assim chamado porque era de Nice, no sul da França. O frade havia viajado para o Peru logo depois da conquista dos incas por Pizarro. Aparentemente isso o qualificava como perito que reconheceria qualquer outro rico reino que existisse nas montanhas de Tierra Nueva.

Nas instruções escritas do vice-rei para Marcos, ele assegurava ao frade que Estevanico havia recebido ordens para obedecer ao frade de maneira absoluta, como o faria a seu próprio senhor. Mas, pouco depois que a expedição partiu rumo ao norte, Estevanico seguiu rapidamente adiante em posição avançada com um grupo de nativos. Marcos, num relatório que fez mais tarde para o vice-rei, afirmou que tinha despachado "o Negro" como batedor avançado.

Outros relatos espanhóis contam uma história diferente. De acordo com um, Estevanico ofendeu Marcos ao "aceitar as mulheres que os índios lhe davam, coletar turquesas e juntar uma quantidade de ambas". Além disso, os índios "compreendiam melhor o Negro, porque já o tinham visto antes". À medida que avançava para o norte, Estevanico reuniu um grupo de seguidores de cerca de trezentos nativos e começou a carregar uma cabaça ornada de sininhos e plumas, retomando o papel que a trupe de Cabeza de Vaca havia desempenhado anos antes. Agora, Estevanico comandava o papel sozinho.

Antes de deixar Marcos, contudo, ele combinou com o frade mantê-lo informado mandando mensageiros à retaguarda portando cruzes. O tamanho da cruz significaria a importância do que havia adiante. Logo depois da partida de Estevanico, um mensageiro retornou com uma cruz "da altura de um homem", disse Marcos. O mensageiro lhe relatou que Estevanico tinha ouvido "um relato da coisa mais grandiosa do mundo" — sete grandes cidades, com residências de múltiplos andares adornadas com pedras preciosas. Os residentes da cidade também andavam "bem vestidos" com camisas longas de algodão, peles e cintos. Isso era significativo porque os europeus associavam roupas com civilização e a frequente nudez dos índios com a sua ausência.

Pouco depois, outra grande cruz chegou com uma mensagem instando Marcos a se apressar; Estevanico estava avançando velozmente em direção às sete cidades que chamava de Cibola. À medida que Marcos seguiu, ele também encontrou índios que falavam das ruas, praças e prédios muito altos de Cibola. O frade inocentemente perguntou se "os homens daquela terra tinham asas que lhe permitissem subir àqueles andares superiores. Eles riram e por meio de mímica me indicaram uma escada de mão".

A mensagem seguinte que Marcos recebeu não foi uma cruz, e sim a chegada de refugiados ensanguentados do grupo de Estevanico. Um dia antes de alcançar a primeira das cidades de Cibola, relataram, Estevanico tinha enviado arautos à sua frente com o cartão de visita costumeiro: sua cabaça cerimonial e uma mensagem de que "estava chegando de maneira a trazer a paz e curá-los". Em resposta, um dos líderes de Cibola furiosamente atirou a cabaça ao chão e declarou que qualquer pessoa que entrasse na cidade seria morta.

Estevanico ignorou a advertência, e acabou tendo suas turquesas tomadas e aprisionado em um prédio fora da cidade murada. Quando ele e seus acompanhantes nativos tentaram fugir, os habitantes de Cibola atacaram. Um dos índios que havia escapado disse que não tinha mais visto sinal de Estevanico. "Acreditamos que eles o tenham matado com flechas."

Embora assustado com esse relato, Fray Marcos não obstante seguiu adiante para ver Cibola por si mesmo. Ou pelo menos foi o que mais tarde afirmou. Seu relato sobre o último trecho da viagem é breve e carece de novos detalhes. Marcos afirmou que alcançou uma colina "de onde se avistava Cibola" e que vislumbrara exatamente o que os índios haviam descrito: um grande povoado de prédios altos e tetos planos, mais imponente até do que a cidade do México. De acordo com seus guias nativos, também era a menos magnífica das sete cidades. Tendo confirmado a existência de Cibola, Fray Marcos deu meia-volta e retornou correndo para o México, "com toda a velocidade que me foi possível".

Como a fonte da juventude, a lenda das sete cidades encantadas tinha profundas raízes nas crenças europeias. De acordo com as lendas medievais, sete bispos tinham fugido de Portugal para o oeste no século VIII, para escapar das invasões mouras, e fundado Antilia, também conhecida como a ilha das Sete Cidades. Em séculos posteriores, marinheiros periodicamente afirmavam ter vislumbrado Antilia, e a ilha havia migrado ao redor de mapas do Mar Oceano: uma fábula flutuante. Alguns europeus acreditavam que Colombo tivesse encontrado Antilia e ilhas próximas: que deram origem ao nome Antilhas, que ainda é o nome de um arquipélago do Caribe.

Agora as fugidias Sete Cidades haviam reaparecido mais uma vez: na Tierra Nueva. Em primeira análise, isso não fazia nenhum sentido: Cibola não era uma ilha. Mas em um mundo onde maravilhas como o México e o Peru haviam acabado de ser descobertas, qualquer coisa parecia possível. E quanto mais Marcos falava, mais maravilhosa se tornava Cibola. Contador de histórias irreprimível, ele disse a seu barbeiro que os habitantes de Cibola usavam colares e cintos de ouro — um detalhe que não havia relatado antes e que não poderia ter visto de sua visão vislumbrada de longe da cidade. Marcos também falava sobre camelos, elefantes e criaturas com um único chifre que se estendia até suas patas e as obrigava a comer deitadas de lado.

Nesse meio-tempo, o vice-rei perdera pouco tempo em partir para a ação com base no relatório oficial de Marcos. Rapidamente organizou uma grande expedição, desembolsando 85 mil pesos de prata de seu próprio bolso. No princípio de 1540, apenas meses depois do retorno de Marcos, o frade estava de novo de partida para o norte, como integrante do maior exército de conquista que os espanhóis haviam reunido na América até então.

Os homens que tomaram parte nessa expedição mais tarde escreveriam, de passagem, sobre Estevanico. Enquanto refaziam sua rota, ficaram sabendo por intermédio dos índios que ele havia revoltado o povo de Cibola ao exigir turquesas e mulheres. Também, "parecia absurdo para [os habitantes de Cibola] dizer que a terra de onde vinha era uma terra de povo branco que o havia enviado, quando ele era negro". Eles concluíram que ele era "um espião ou guia a serviço de algum povo que estava tentando vir conquistá-los", o que em essência era exatamente o caso.

Em lugar nenhum da meia dúzia de relatos espanhóis da jornada de Estevanico se encontra qualquer manifestação de pesar por sua morte ou de apreço por seus serviços. "Ele pensou que pudesse tomar para si toda a reputação e as honras", escreveu um espanhol sobre a corrida do escravo à frente de Marcos, "e ser considerado ousado e corajoso." Mas a lascívia e a cobiça foram a sua perdição. Os nativos viram "que ele era um homem mau e que não era como os cristãos", afirmou outro espanhol. "Ele passava a mão nas mulheres deles, a quem os índios amam mais do que a si mesmos. Portanto decidiram matá-lo."

Ainda que esses relatos fossem precisos, eles descrevem atributos clássicos do conquistador: iniciativa, coragem e uma ganância por glória e despojos, inclusive mulheres. Cortés foi celebrado pelas mesmas características; para um escravo negro, trouxeram apenas censura e esquecimento.

A jornada de Estevanico com Cabeza de Vaca e sua descoberta de Cibola puseram em marcha a conquista espanhola do sudoeste dos Estados Unidos. Contudo, esse homem notável — africano, árabe, escravo europeu, curandeiro americano, interlocutor entre três continentes e culturas — mal é lembrado hoje, exceto em um pequeno parque que tem seu nome, num bairro pobre nos arredores de Tucson.

CAPÍTULO 6

O SUDOESTE
Rumo às sete cidades de pedra

> Deus sabe que eu desejaria ter melhores notícias para escrever à Vossa Senhoria, mas tenho que vos dar a verdade.
> — Francisco Vásquez de Coronado, ao vice-rei da Nova Espanha, 1540.

Em 1893, durante o quarto centenário da viagem de Colombo e do descobrimento da América, Frederick Jackson Turner apresentou um estudo intitulado "A Importância da Fronteira na História Americana". Turner defendia que o avanço constante da América rumo ao oeste havia forjado o caráter do país. "Detenha-se no desfiladeiro de Cumberland e veja a marcha da civilização", declarou ele sobre a passagem dos peregrinos pelos Apalaches. "Conquistar uma terra selvagem", uma vez após a outra, arrancou os colonizadores de suas raízes europeias e criou "um novo produto que é americano".

A tese de Turner da fronteira não é mais tão apreciada hoje quanto o era nos tempos da expansão americana. Mas sua concepção de moldura geográfica da história nacional perdura. A narrativa da América flui de leste para oeste: Atlântico, Apalaches, Planícies, Rochosas, Pacífico. Peregrinos, Exploradores de Rotas, Pioneiros. Vá para o Oeste, Rapaz. Encontre Aventura e Emoção na Route 66. Algo que eu havia feito, como adolescente influenciado por Kerouac, viajando de carona de Maryland para a Califórnia. Fazer a mesma viagem no sentido inverso seria inconcebível, como ver um filme do fim para o começo.

De modo que me pareceu estranho, três décadas depois, me descobrir trilhando um caminho diferente, um que era mais verdadeiro com relação ao desbravamento do continente. O portal de Turner para o "Grande Oeste" era o desfiladeiro de Cumberland; o meu seria a região de fronteira ventosa e poeirenta entre o Arizona e o México dos dias de hoje.

Em 1540, Francisco Vásquez de Coronado viajou por esse caminho encabeçando o único exército europeu a jamais invadir os Estados Unidos continental por terra. A imagem padrão da conquista espanhola é um desfile reluzente de cavaleiros de armadura, e Coronado e seus oficiais se enquadram nesse estereótipo. Cada um partiu do México com múltiplos cavalos, peito de armas, cota de malha, espadas, bestas e arcabuzes. Coronado usava um elmo plumado e uma armadura com trabalho em ouro.

Mas a massa de seu exército era menos resplandecente. O relato de Fray Marcos de Niza sobre Cibola havia criado um frenesi no México, despertando temores de que a colônia fosse perder preciosa mão de obra na corrida para a Tierra Nueva. Para acalmar esses temores, o vice-rei realizou uma audiência na qual cidadãos proeminentes prestaram testemunho sobre o caráter daqueles que se juntariam a Coronado. Uma testemunha após a outra declarou que a expedição era uma bênção para o México, porque a maioria dos imigrantes eram homens "solteiros e licenciosos" sem emprego nem perspectivas em casa.

Essa rústica legião também estava toscamente equipada. De acordo com a lista de inspeção das tropas da expedição, a grande maioria dos soldados espanhóis trazia uma única montaria e "armas e armadura nativas", tais como túnicas acolchoadas de algodão, porretes, e arcos e flechas. Tampouco eram esses espanhóis o verdadeiro corpo do exército. Acompanhando-os havia 1.300 *indios amigos*, índios no México que haviam se submetido à dominação espanhola e agora serviam como guerreiros aliados. Eles superavam em número os soldados europeus em quase quatro para cada um.

Coronado, então, liderou uma tropa que era mais Novo Mundo que Velho: principalmente índios ou espanhóis equipados como índios, comandados por uma pequena corporação de *caballeros* de armadura. Esse exército improvisado também incluía civis — escravos negros e criados nativos, esposas de soldados, cinco frades (Marcos entre eles), até dois pintores —, bem como 550 cavalos e inúmeros animais de criação. No total, em torno de duas mil pessoas e aproximadamente o mesmo número de animais avançou para o norte e atravessou a fronteira. A passagem deles deve ter criado uma nuvem de poeira em forma de cogumelo.

O homem escolhido pelo vice-rei para liderar essa *entrada*, ou jornada para o interior, tinha apenas 28 anos. Quatro anos antes, Coronado havia se casado com a filha de 12 anos de um ex-tesoureiro real do México; o dote considerável da moça ajudou a financiar a expedição. As outras qualificações de Coronado para a tarefa não eram tão evidentes. Ele tinha pouca experiência em campo, exceto por ter suprimido uma rebelião de mineiros no México ao apanhar e esquartejar os chefes. A maior parte do tempo ele servira apenas como administrador colonial, um funcionário que cumpria fielmente as ordens de seus superiores e assinava suas cartas para o vice-rei com: "Humilde vassalo e servidor de Vossa Majestade, que beija vossos pés e mãos."

Ao mesmo tempo em que a expedição partia do povoado espanhol mais ao norte no México, com as bandeiras esvoaçando, alguns dos homens de Coronado se perguntavam se aquele inexperiente protegido do vice-rei possuía o ímpeto de um verdadeiro conquistador. Coronado, escreveu um cavaleiro mais tarde, estava deixando para trás "propriedades e uma bela esposa, uma nobre e excelente dama". Essas circunstâncias, acrescentou, "não foram as causas menos importantes do que viria a acontecer".

Eu alcancei Coronado depois de percorridos vários quilômetros de sua marcha, no estado mexicano de Sonora. Comparada com Santo Domingo, a capital de Sonora, Hermosillo, parecia ordeira e mansa: um insosso centro comercial e administrativo para as terras de ranchos circundantes. Numa torre de concreto chamada Edifício Sonora, encontrei o escritório de turismo estadual e perguntei a uma recepcionista se alguém poderia me orientar sobre como rastrear Coronado.

— Sí — respondeu ela. — El Nazi.

Este se revelou ser um homem de 160 quilos cujo avô alemão o batizara de Adolfo; por isso o apelido. Formado por uma escola católica em Vermont, Adolfo falava inglês fluente e sabia tudo a respeito de Coronado. Infelizmente, segundo ele, poucos outros mexicanos se interessavam pelo conquistador.

— Temos Cortés para odiar, ele causou muito mais estragos ao México. Coronado é a história triste de vocês, não a nossa.

Na opinião de Adolfo, Coronado prestou um pequeno serviço ao México ao conquistar terras ao norte da fronteira dos dias atuais que por fim viriam a render ao país alguns pesos. Como parte do tratado de 1848, pondo fim à Guerra México-América, os Estados Unidos pagaram 15 milhões de dólares por um vasto território que eles anexaram e, mais tarde, adicionaram 10 milhões de dólares por mais uma faixa de terra de fronteira.

— Se não a tivéssemos vendido, os americanos também a teriam tomado — declarou Adolfo.

El Nazi me despachou com uma mochila de literatura turística e um mapa para me guiar rumo ao norte com Coronado. Tão logo passei pelo local de rodeios nos arredores da cidade, a paisagem se tornou árida e vazia. Hermosillo se situa perto da margem sul do deserto de Sonora, que se estende por centenas de quilômetros pelo norte do México e sul do Arizona. Exceto por molhos de reluzentes chilis colorados pendurados em barraquinhas à margem da estrada, a paleta de cores era uma camada fina de cáqui e verde-oliva. Arbustos baixos retorcidos de chaparral e de algarobeiras de caule tortuosos salpicavam a paisagem ressequida, intercalados com cactos comuns e os enormes saguaros. Os saguaros que não haviam ramificado pareciam gigantescos pepinos sobre a planície seca marrom.

Quando afinal a expedição de Coronado alcançara esse ponto, tendo marchado por dois meses e várias centenas de quilômetros, o exército já estava com dificuldades. Os homens sobrecarregados e inexperientes rapidamente abandonaram seus equipamentos. O chefe de acampamento do exército morrera depois de ser alvejado por uma flecha no olho; em represália, vários índios tinham sido enforcados. Cavalos haviam tombado mortos de exaustão, e as ovelhas perdido os cascos no terreno duro. Famintos e esgotados por excesso de trabalho, os escravos fugiram na primeira oportunidade que tiveram.

Pior que tudo, os batedores informavam que o território adiante se mantinha acidentado e árido, apesar das promessas de Fray Marcos de uma terra amena e fértil. "Tudo o que o frade afirmou descobriu-se ser exatamente o oposto", escreveu Coronado em tom amargo para o vice-rei. Temores de que as outras promessas que o frade fizera também se revelariam palavras vazias disseminaram-se em meio ao exército abalado.

A cerca de mais ou menos oitenta quilômetros da Hermosillo de hoje, Coronado entrou no vale de Los Corazones, assim chamado porque Cabeza de Vaca e seus companheiros errantes foram presenteados ali pelos índios com seiscentos corações de veado. Acredita-se que Corazones corresponda a Ures de nossos dias, uma cidade ensolarada que tem em seu centro uma igreja revestida de estuque branco e uma praça sombreada. Estacionei ao lado de um cavalo amarrado num poste; um vaqueiro de jeans e botas cochilava num banco nas proximidades. Dentro da igreja encontrei um sacerdote chamado padre Coronado e perguntei o que ele sabia sobre o conquistador que tinha o seu mesmo nome, ele olhou para mim com o rosto sem expressão e disse:

— *Nada*. Ele não é parente meu.

O único eco da passagem dos espanhóis do século XVI era um mercado vendendo *tuna*, o fruto da figueira-da-índia, do qual Cabeza de Vaca virtualmente vivia e que os homens famintos de Coronado com frequência também comiam. Amarelo-esverdeado por fora, o fruto tinha uma polpa esbranquiçada, cheia de sementes, e ligeiramente doce, um tanto semelhante a um melão. Contudo, tem minúsculos espinhos. Meus dedos ficaram ardendo por uma hora depois de manuseá-lo, do mesmo modo que minha garganta depois de um almoço bem picante de *chili con carne*.

Ao longo de quilômetros a estrada para o norte estava quase vazia, exceto por policiais feitos de compensado de madeira, montando guarda diante de cidadezinhas modorrentas. Quando afinal cheguei à extremidade norte de Sonora, a um dia longo e cansativo na direção do carro de Hermosillo, a única coisa que me mantinha acordado era o refluxo do *chili* e um animado programa de rádio transmitido do lado norte da fronteira: *Gun Talk* (Papo de Armas), que apimentava seu bate-papo sobre armas de alto calibre com o estimulante refrão: "A única pessoa que pode proteger você é *você*."

Autodefesa de outro tipo estava vividamente em exibição na cidade de fronteira de Naco. Do lado mexicano a rua principal corria diante de um cemitério de automóveis vendendo "*Yunque americano*" (lixo americano) e farmácias vendendo remédios a preço de liquidação antes de chegar à fronteira. Nenhum córrego, rego ou qualquer outro acidente geográfico natural separava o México dos Estados Unidos, apenas uma fronteira feita pelo homem: um muro, de 4,60m de altura de metal corrugado, encimado por câmeras e holofotes. A estrada fazia uma quebrada e um recuo para passar através de um posto de fronteira americano e então me levou de volta para a larga rua principal que eu havia deixado no México, 18 metros mais atrás. Exceto que uma placa maltratada agora me dizia que eu estava em Naco, no *Arizona*, altitude 4.615 pés (1.400 metros). A placa não mencionava habitantes e não havia nenhum em evidência, exceto por um cachorro dormindo diante de uma fileira de fachadas de lojas abandonadas.

O único negócio aberto era um bar em estilo arquitetônico pesadão dos anos 1920. No interior, homens conversavam em espanhol enquanto jogavam bilhar sob um ventilador de teto: uma imagem espelhada de um bar que eu acabara de visitar do lado mexicano da fronteira. Enquanto bebericava uma cerveja, descobri que o nome da cidade era uma combinação das duas últimas letras de "ArizoNA" e "MéxiCO". O lado do Arizona tinha oitocentos moradores, em contraste com oito mil do lado mexicano, muitos deles engajados no negócio de travessia ilegal da fronteira. Coiotes, ou contrabandistas de gente, cortavam portas no muro da fronteira, abriam túneis passando por baixo dele ou escalavam a cerca de arame farpado que se estendia de ambos os lados da barreira de metal.

Do lado do Arizona, a vasta planície sem árvores zumbia com sensores de movimento, o ronco de motores de aviões e câmeras montadas em gruas móveis. Todos os dias depois do anoitecer, agentes de Patrulha de Fronteira dos Estados Unidos, usando óculos de visão noturna, arrebanhavam centenas de ilegais entrando e os transportavam de volta para o lado mexicano. A maioria dos que eram apanhados apenas tentava de novo no dia seguinte.

— É muito *loco* — disse o dono do bar, Leonel Urcadez, um mexicano-americano de segunda geração. Ele era a primeira pessoa que eu encontrava desde El Nazi que tinha ouvido falar de Coronado. Leonel me conduziu para fora e apontou ao longo da muralha da fronteira para um velho obelisco de pedra que marcava o limite estabelecido depois da Guerra Mexicano-americana. De uma maneira indireta, a marcha de Coronado dera início ao longo drama da travessia de fronteira que ainda se desenrolava ao redor de Naco.

— Os espanhóis estão invadindo de novo, não é? — perguntou Lionel. — Nos velhos tempos de Coronado, eles vinham atrás de ouro. Agora de emprego, a mesma coisa, na verdade. Os índios não queriam os espanhóis por aqui. A maioria dos americanos, hoje, também não os quer. É a história se repetindo mais uma vez.

A ATMOSFERA NEM SEMPRE HAVIA sido tão tensa. Em 1941, durante o quarto centenário da expedição de Coronado, o Congresso americano havia aprovado a criação de um parque que abarcaria ambos os lados da fronteira e comemoraria os laços entre os dois países. Mas a Segunda Guerra Mundial e outros obstáculos haviam interferido, inclusive a ambivalência do próprio México com relação ao parque. O país conquistara sua independência depois de um sangrento combate com a Espanha e passara a abraçar sua herança indígena em vez da europeia. De modo que o Congresso fora em frente sem o México e situara o Coronado National Memorial bem junto ao lado americano da fronteira.

O local do parque, numa encosta montanhosa a oeste de Naco, tinha vista para o rio San Pedro e para a vasta planície que o circundava. Não havia carros, além do meu, na estrada que subia serpenteando até o parque, exceto por veículos da Patrulha de Fronteira. Um pequeno centro de visitantes também estava deserto.

— Este não é um parque nacional típico — explicou Thane Weigand, o chefe da guarda florestal, um homem esguio, de cabelo cortado a escovinha. Em média, apenas vinte turistas por dia faziam uma parada no centro de visitantes. A cada noite, quase vinte vezes esse número de pessoas se esgueirava pela fronteira de quase cinco quilômetros do parque com o México, atraídas pelas encostas recobertas de vegetação. — Muitos são visitantes frequentes.

Esse influxo de cerca de 120 mil ilegais havia alterado radicalmente a missão do parque. Em décadas anteriores, o parque realizava o Festival de Terras de Fronteira que reunia artistas dos Estados Unidos e do México. Mas à medida que o controle de fronteira se tornou mais rígido no final dos anos 1980, o festival acabou. Apenas dois guardas florestais ainda desempenhavam as funções tradicionais de guias do parque. Os cinco outros atuavam como agentes policiais, não apenas arrebanhando imigrantes, mas também perseguindo traficantes de drogas e por vezes trocando tiros com eles. Um parque que começara como um monumento à amizade entre fronteiras havia se tornado o oposto: um símbolo da tensão entre os dois países.

— Eu costumava falar sobre a história e a natureza aqui — disse Thane. — Agora tudo o que sei é sobre ESDs e NNMs. — "ESD" era o acrônimo de "estrangeiro sem documentos", e "NNM", de "nacionalidade não mexicana".

Thane me deu um mapa do parque e recomendou que eu fizesse a caminhada até um belvedere na montanha chamada Pico Coronado. A meio caminho da trilha curta e íngreme para pedestres, parei para recuperar o fôlego, a altitude ultrapassava os dois mil metros. Um minúsculo papa-léguas passou ligeiro por mim, zombando de meu ritmo. Arbustos espinhosos e árvores mirradas agarravam-se ao solo seco e rochoso. Finalmente chegando ao cume, fui recompensado com um panorama que se estendia por aproximadamente 160 quilômetros, até as montanhas de Sierra Madres no México.

Novecentos metros abaixo de mim, o San Pedro escorria lento pelo fundo do vale, alimentando uma linha fina de folhagem que cortava a vastidão marrom. De acordo com meu mapa, eu estava contemplando os quase cinquenta quilômetros do curso do rio enquanto ele serpenteava rumo ao norte vindo do México e desaparecia atrás das montanhas no lado do Arizona. A expedição de Coronado teria passado dois dias se arrastando para cruzar a paisagem que eu descortinava: um tempo e distância que representavam menos de 1% da jornada que acabaria por fazer.

No dia anterior, enquanto percorria em velocidade o deserto de Sonora, a paisagem me parecera estéril, mas não ameaçadora, pelo menos no outono, quando a temperatura máxima chegava aos 32 graus C. Naquele momento, lendo o livreto do parque, me dei conta de quanto o deserto pode ser inclemente. No verão, quando Coronado e seus homens o cruzaram, o calor com frequência ultrapassava os cinquenta graus. A chuva é escassa: por vezes passam-se dois anos sem chuvas. O animal mais bem adaptado de Sonora, o rato-canguru, sobrevive sem beber água nenhuma. Seus órgãos extraem fluidos de plantas e sementes, até mesmo das fezes do próprio rato.

Outros integrantes da fauna do deserto incluem tarântulas, escorpiões, cobras cascavéis, uma venenosa centopeia gigante e o monstro-de-gila, um lagarto que crava em sua presa seus pequenos dentes e "tritura com os maxilares de modo que o veneno misturado com a saliva possa entrar na ferida". Mesmo a flora pitoresca era perigosa. O belo cacto de aspecto felpudo e simpático como um ursinho, opúncia-cholla, que eu havia parado para fotografar várias vezes, tem espinhos que "facilmente podem espetar roupa ou carne".

Rota de Coronado
(1 de 3)

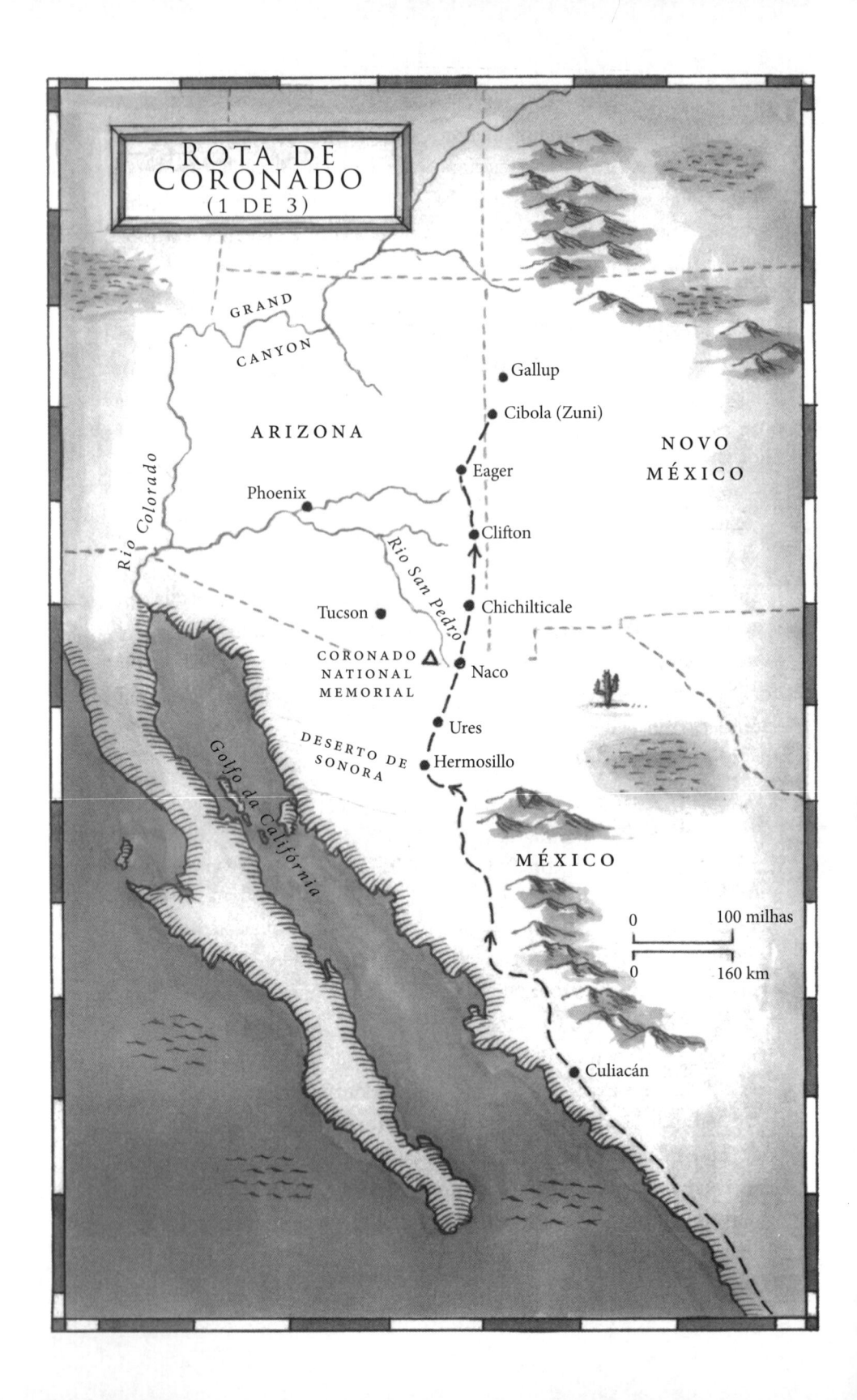

Eu havia lido pouca coisa sobre esses perigos nos relatos dos espanhóis. Típica fora a observação concisa de Coronado sobre sua travessia de Sonora: "O caminho é difícil e longo." Mas a fome era um tema constante. Fray Marcos havia levado os espanhóis a acreditar que o caminho para Cibola corria próximo ao mar, significando que o exército poderia ser reaprovisionado por navios do México. Em vez disso, ao alcançar os Estados Unidos dos dias de hoje, Coronado se deu conta de que estava rumando cada vez mais para o interior. Os índios diziam que o mar ficava a várias semanas de marcha na direção oposta.

Ao saber disso Coronado confidenciou ao vice-rei: "Todos nós fomos dominados por grande angústia e confusão." Contudo, a expedição seguiu adiante, penetrando num agreste *despoblado,* um deserto desabitado, desprovido de alimento e de forragens. Os conquistadores, quaisquer que fossem seus muitos defeitos, eram um grupo de *hombres* duros e ousados.

O TRAJETO DE CORONADO PARA O NORTE da fronteira dos dias atuais cruzava os vales áridos e montanhas acidentadas do sudeste do Arizona. Fray Marcos havia prometido a Coronado que ele poderia alimentar seus homens e seus cavalos num baluarte indígena chamado Chichilticale. Mas, quando os espanhóis chegaram, encontraram uma fortaleza de barro abandonada com alguns acampamentos índios dispersos. A visão desse cenário desolado, escreveu um dos espanhóis, "afligiu a todos".

Mesmo atravessando de carro, quase cinco séculos depois, o sudeste do Arizona tinha uma escala e um vazio que eram perturbadores, pelo menos para um nativo do leste. Passei três dias explorando pequenas estradas na trilha de Coronado pelo Arizona sem sair do condado de Cochise, uma jurisdição maior do que Connecticut. Pondo-me a caminho uma manhã ao nascer do sol, calculei que poderia tomar um desjejum numa encruzilhada marcada em meu mapa rodoviário. Duas horas depois cheguei à parada para o descanso que havia planejado: um cercado de gado, uma loja abandonada chamada Frontier Relics, uma cerca com caveiras de vaca embranquecidas pelo sol enfiadas em cada estaca e uma placa de advertência "Cuidado com o Cão". Nenhum cão nem qualquer outro sinal de vida, de qualquer tipo, estavam à vista. Depois de mais uma hora sem passar sequer por um carro, comecei a vasculhar a vegetação de beira da estrada em busca de um fruto de cacto para chupar.

Os espanhóis descreviam Chichilticale como um outrora poderoso bastião posicionado num desfiladeiro montanhoso entre o deserto quente e um terreno alpino alto. Embora os cavalos do exército estivessem "exaustos", escreveu Coronado, ele fez apenas dois dias de descanso: havia muito poucos víveres para que os espanhóis se demorassem mais. De modo que seguiram adiante, entrando no pior terreno que haviam encontrado até então, um *despoblado* montanhoso no qual os cavalos caíam mortos de fome e exaustão, do mesmo modo que alguns dos *indios amigos*. Um espanhol e dois mouros morreram depois de devorarem, esfomeados, uma planta venenosa.

Então, depois de duas semanas nessa natureza agreste, os espanhóis chegaram a uma região mais amena de córregos e árvores. Pela primeira vez, encontraram índios das sete cidades de Cibola, que tinham vindo "nos dizer que éramos bem-vindos". Coronado lhes deu uma cruz e um rosário de contas e lhes disse que não deveriam temê-los "uma vez que vinham em nome de Sua Majestade apenas para protegê-los e ajudá-los".

Nenhum dos lados estava sendo sincero. Na noite seguinte, a guarda avançada de Coronado encontrou índios esperando de emboscada. Embora os guerreiros rapidamente batessem em retirada, pareceram bem disciplinados, tocando trompas para reunir suas tropas e enviando "nuvens de fumaça, que foram respondidas, de longe, com tanta coordenação quanto teríamos sabido empregar nós mesmos", escreveu Coronado.

Seus homens nem remotamente estavam prontos para um combate. Durante a emboscada frustrada, escreveu um espanhol, soldados inexperientes "ficaram tão nervosos que houve alguns que puseram as selas de trás para a frente". Mas Coronado não tinha outra alternativa senão avançar rapidamente em direção a Cibola. "Diante de tal escassez de comida", escreveu, "eu estava preocupado de que, se tivéssemos que adiar mais um dia, todos nós estaríamos mortos de fome." Depois de quase três meses de viagem do último posto avançado espanhol no México, a tropa de Coronado não era tanto um exército conquistador e, sim, mais um bando desesperado de homens e animais famintos.

No dia seguinte, os espanhóis finalmente avistaram o destino com o qual haviam sonhado por tanto tempo. Quando avistaram a primeira das cidades de Cibola, escreveu um dos soldados, "tais foram as pragas que alguns deles lançaram contra Fray Marcos que Deus permita que não lhe cheguem aos ouvidos". O frade lhes havia falado de um povoado mais impressionante do que a cidade do México, "o mais imponente e o melhor" até então encontrado na América. O que os espanhóis contemplavam, escreveu o soldado, "era um pequeno *pueblo* [povoado indígena] mal-ajambrado e atravancado, que se projeta descendo por uma encosta". No México, acrescentava ele, havia povoados de fazenda "que vistos de longe tinham melhor aparência".

Coronado não registrou sua primeira impressão de Cibola. Em vez disso, descreveu um curioso ritual que os espanhóis realizaram do lado de fora dos muros do povoado. Coronado enviou vários soldados, um frade e um intérprete índio à frente para entregar um édito chamado Requerimiento, ou Intimação. Redigido décadas antes por um jurista espanhol, o documento era parte da tentativa atormentada da Coroa de definir "guerra justa" contra os índios: uma espécie de Convenção de Genebra do século XVI. Os conquistadores levavam cópias do Requerimiento para toda parte pelas Américas e tinham obrigação de lê-lo para os índios antes de dar início ao combate.

A proclamação se iniciava com uma história resumida do mundo: a criação do céu e da terra, Adão e Eva; São Pedro e o papado. Também explicava que o pontífice em Roma havia autorizado a tomada de posse pela Espanha do Novo Mundo, uma concessão registrada em vários documentos. "Esses documentos os senhores poderão examinar, se quiserem", assegurava o Requerimiento aos índios. Então vinha a intimação. Os nativos que pacificamente aceitassem a Coroa espanhola como "rei e senhor" seriam recebidos "com completa afeição e caridade", e teriam concedidos muitos privilégios. Os índios deveriam parar para considerar essa generosa oferta, levando tanto tempo para tal quanto "fosse razoável".

Contudo, se protelassem ou se recusassem a se submeter, as consequências seriam imediatas e terríveis. "Eu vos asseguro que, com ajuda de Deus, vos atacarei vigorosamente. Farei guerra contra os senhores por toda parte e de toda maneira... Tomarei vossas esposas e filhos, e farei deles escravos... Tomarei vossas propriedades. Causarei todo o mal e prejuízo que puder." E além disso: "Eu declaro que todas as mortes e prejuízos que ocorrerem em resultado disso seria por vossa culpa e não de Sua Majestade, nem nossa."

O documento concluía com o legalismo aterrador da conquista espanhola; um notário, presente no local por exigência, assinava uma declaração atestando que o édito havia sido proclamado. Em termos modernos, por meio desse procedimento os espanhóis afirmavam que os nativos tinham sido devidamente informados de seus direitos. Na prática o Requerimiento se assemelhava mais a uma extrema-unção — uma sentença de morte pronunciada em uma língua que os índios não tinham nenhuma possibilidade de compreender, em nome de forças que não tinham possibilidade de imaginar. "Deus, Nosso Senhor?" O "papa"? O "o augusto e poderoso monarca" de um lugar chamado Leon e Castela?

Como se o Requerimiento não fosse uma sanção pobre o suficiente para o massacre, com frequência era lido sem a presença de um intérprete, ou pronunciado de uma distância de vários quilômetros, ou à noite enquanto os índios dormiam, sem conhecimento de um ataque iminente. Bartolomé de Las Casas declarou que não sabia "se era para rir ou chorar" diante do absurdo do documento.

Os índios reunidos diante de Cibola tiveram uma resposta diferente. "Sendo pessoas arrogantes", escreveu Coronado, "manifestaram pouco respeito." Tão pouco, de fato, que um guerreiro disparou uma flecha que atravessou o hábito de um frade que assistia à leitura. Depois de uma breve escaramuça, os nativos se retiraram para o interior de seu povoado bem fortificado.

Atacar uma cidade murada com frequência exigia um sítio. Mas o desespero, mais uma vez, ditou a estratégia dos espanhóis. Como o *pueblo* "era onde estavam os alimentos de que tanto precisávamos", escreveu Coronado, ele desmontou e preparou seus homens para um ataque frontal. A primeira batalha feroz e violenta entre europeus e índios no sudoeste americano seria combatida não por Deus, ouro ou glória, mas "porque a fome de que sofríamos não permitiria demora".

Coronado ordenou que seus besteiros e arcabuzeiros disparassem contra os guerreiros guardando a entrada estreita da cidadela. Mas os besteiros rapidamente partiram suas cordas, e os mosqueteiros "estavam tão fracos e debilitados que mal conseguiam se manter de pé". Enquanto isso os índios estavam arremessando grandes pedras do alto dos telhados do *pueblo*. Coronado, com seu elmo emplumado e armadura dourada, apresentava um alvo claramente visível. Por duas vezes, pedras derrubaram-no ao chão. Foi carregado para fora do campo de batalha, tendo sofrido dois ferimentos na face, muitos golpes nos braços e pernas, e levado uma flechada no pé.

Apesar disso, os espanhóis conseguiram, lutando, abrir caminho para o interior do *pueblo*. Antes da batalha, os habitantes de Cibola tinham evacuado mulheres, crianças e velhos, deixando apenas guerreiros. Depois de um breve combate, abandonaram o povoado. Os espanhóis não os perseguiram, em vez disso caíram em cima dos espólios da vitória.

"Encontramos aquilo de que precisávamos mais que ouro e prata", escreveu um soldado. "Milho e favas e aves comestíveis, melhores dos que os de Nova Espanha, e sal, o melhor e mais branco que já vi em toda a minha vida."

O caminho de Chichiltcale para Cibola, um percurso que Coronado descrevera como *tristíssimo*, parecia igualmente desolado hoje. Descendo pelo desfiladeiro Apache, avancei em velocidade por uma região árida de vegetação rasteira e mirrada, uma montanha descampada com uma marca registrada de rancho e uma placa advertindo: "Prisão Estadual: Não Dê Carona." Então entrei no condado de Greenlee, o menos populoso do Arizona: apenas cinco pessoas por milha quadrada, (2,59 km^2), um sexto da média nacional.

Ao chegar à sede do condado de Clifton, uma antiga cidade mineira no sopé de uma estrada na montanha chamada Trilha de Coronado, fiz uma parada no escritório do jornal local, *The Copper Era*. Seu editor, Walter Mares, sentava-se fumando e tomando café diante de uma escrivaninha tão atravancada que mal conseguia encontrar espaço para descansar a caneca. Corpulento, de cabelos e bigodes grisalhos, Walter tinha passado grande parte de seus 20 anos no cargo cobrindo greves de trabalhadores, colapsos no preço do cobre e enchentes no profundo cânion que cercava Clifton. Mas também escrevera artigos de interesse sobre a trilha de Coronado que deram à cidadezinha sitiada de Clifton seu lema — "Onde a Trilha Começa" — e um pequeno ponto de interesse turístico para promover eventos cívicos e feiras estaduais.

Como parte disso, Walter por vezes punha um elmo de conquistador e dava palestras sobre Coronado.

— As crianças sempre me perguntam: "Quem o senhor vai representar... Colombo?" Elas não têm nenhuma ideia de sua própria história. — Isso induziu Walter a se tornar um estudioso dedicado de Coronado e, mais raro ainda, um grande admirador dos conquistadores.

— Os americanos hoje em dia ficam cansados só de sair e andar até seus carros — comentou ele. — Aqueles homens marchavam quilômetros e quilômetros sem nenhuma ideia de quem ou o que encontrariam. A Trilha do Oregon, a Trilha de Santa Fé — essas eram *trilhas*, existiam! Coronado não teve uma até que o Arizona pavimentou a estrada até aqui e deu a ela seu nome.

Falando em termos estritos, isso não era verdade. Coronado, como outros europeus, geralmente seguia as trilhas usadas pelos índios. Mas enquanto eu tentava compor uma correção diplomática Walter correu adiante.

— Todo o nosso sentido de discernimento histórico é equivocado — declarou. — Os peregrinos nada mais eram que imigrantes vindos de barco. Retardatários. Filhos da mãe intolerantes que vieram para a América de modo que pudessem perseguir as pessoas de uma maneira que não podiam fazer em sua terra. — Walter jogou o cigarro no café. — Eu detesto toda aquela história do Dia de Graças. Nós deveríamos estar comendo *chilis*, não peru. Mas ninguém quer dar o reconhecimento devido aos espanhóis porque significaria admitir que eles chegaram aqui décadas antes dos ingleses.

Walter remontava a origem de sua linhagem até os colonizadores espanhóis que seguiram na esteira de Coronado, colonizando o Novo México no final dos anos 1500 e 1600. Ele havia sido criado a alguns quilômetros da fronteira do Novo México, na cidade do Colorado de Romeo, um burgo sem nenhum romantismo onde sua família vivera sem água corrente.

— Na aula de história, tudo o que ouvíamos era sobre os aventureiros da corrida do ouro da Califórnia em 1849 e os homens da montanha e a porcaria do pico de Peak – disse ele. — Os anglos nos chamavam de "comedores de *chilis*" e nos menosprezavam dizendo que éramos recém-chegados, apesar do fato de que estivéssemos aqui três séculos antes dos pretensos pioneiros virem para o oeste.

Walter também não gostava de ser posto no mesmo grupo que os mexicanos no sudoeste. A maioria era de imigrantes recentes; até mesmo sua língua era diferente da dos colonizadores que tinham vindo séculos antes.

— Eu sou *espanhol* — declarou ele. — O México só teve controle do sudoeste por cerca de 25 anos, depois de se tornar independente da Espanha e antes de perder esta terra para os Estados Unidos.

Walter fez uma pausa para revistar a mesa em busca de um cigarro, me dando uma chance de formular a pergunta óbvia: que dizer do tratamento brutal dado pelos conquistadores aos índios?

— Tudo bem, os espanhóis eram uns açougueiros — reconheceu ele. — Mas todo mundo era na época. Pelo menos os espanhóis debatiam a violência e a escravidão, e criavam planos de ação voltados para os índios com base na moralidade, como a entendiam. Além disso, o massacre deles durou cerca de 50 anos. Se você começar com os anglos e todos os outros que se juntaram a eles, estará contemplando séculos de matança e opressão imposta aos índios, para não mencionar os negros. Então quem são os verdadeiros bandidos aqui nesta história?

Aquele me pareceu um tipo de cálculo deprimente: classificar os americanos-europeus de mal a pior. Mas Walter tinha razão nesse ponto. Durante minhas leituras sobre os conquistadores, tinha tomado conhecimento de *la leyenda negra* — a lenda negra — que inicialmente criara raízes em meio a disputas religiosas e rivalidades imperiais na Europa do século XVI. Inspirados pelo ódio pela Espanha católica e pelos relatos de Las Casas e outros sobre atrocidades contra os índios, protestantes no norte da Europa publicaram gravuras horripilantes e tratados lúgubres que retratavam a conquista da América pela Espanha como singularmente bárbara: o grande mandado da Inquisição.

Jingoístas nos Estados Unidos haviam recriado e aperfeiçoado a lenda negra, para justificar a anexação de terras de posse espanhola. Acrescentada ao catálogo dos velhos erros dos espanhóis — crueldade, cobiça, indolência, fanatismo, autoritarismo — estava a população mestiça das colônias. Uma evidência, para os brancos americanos, de degeneração. A luta do Texas com o México, declarava Stephen Austin, contrapunha "uma raça mestiça índio-espanhola e negra à civilização e à raça anglo-americana". Era o destino manifesto dos brancos americanos se apoderar e civilizar as terras ignorantes espanholas, do mesmo modo que se apropriar do território de índios selvagens.

A lenda negra havia caído no esquecimento no século XX, mas vestígios do velho preconceito agora estavam ressurgindo. Desde que havia cruzado a fronteira tinha ouvido pouco no rádio de meu carro, exceto debates furiosos sobre a

Espanhóis queimando índios na fogueira, de um livro alemão do século XVI — imagem típica da "Lenda Negra" apreciada no norte da Europa na época.

"invasão" de hispânicos "estrangeiros" e a ameaça que eles representavam para a educação, economia e a identidade da nação.

— Toda vez que escuto aquela arenga sobre primeiro o inglês nas escolas, apenas inglês, inglês tudo — disse Walter —, tenho vontade de berrar: "Alô, os *espanhóis* chegaram aqui primeiro!" Sem contar os índios, é claro.

Encerrando as atividades do dia e fechando o escritório, Walter me levou para uma excursão por Clifton, dirigindo pelo Boulevard Coronado, passando pelo Coronado Beauty Parlor e um prédio em ruínas que outrora abrigara a Taberna Coronado. Nós subimos o cânion e estacionamos ao lado de uma moderna escavação de mina a céu aberto.

Aquilo não era bem uma mina e sim muito mais uma montanha decapitada e escavada: um planalto escarpado feito pelo homem, com oitenta quilômetros de lado a lado. Escavadeiras do tamanho de tanques despejavam minério nos maiores caminhões que eu já vira na vida, com pneus com o dobro da minha altura. Uma correia de transporte serpenteava através da cratera, passando por cavidades vermelho-alaranjadas e montes de escória montanhosa tingidos de azul por malaquita. A mina produzia mais cobre que qualquer outra jazida na América do Norte. Um dos seus maiores veios era chamado de Coronado Pit.

— As pessoas acham que os conquistadores eram loucos e gananciosos, sempre em busca de minas lucrativas — disse Walter, falando alto para se fazer ouvir acima do clangor das máquinas. — Bem, aqui estamos nós, ainda cavando. — Ele deu uma longa tragada em seu cigarro. — Aqueles malvados espanhóis não eram estrangeiros, eles eram nós. Enriquecer rapidamente... esse é o sonho americano, não é?

EM 1540, o sonho espanhol de riquezas fáceis se dissolveu tão logo os homens de Coronado abriram caminho a ferro e a fogo e entraram em Cibola. "Sem fazer rodeios", escreveu Coronado para o vice-rei, "posso dizer sinceramente que ele [Fray Marcos] não falou a verdade com relação a nada do que disse." As cidades reluzentes se revelaram "pequenas cidades" de pedra. O único mineral de algum valor era turquesa, que os habitantes de Cibola usavam para decorar suas casas de vários andares. "Creio que eles têm turquesa em quantidade", escreveu Coronado, "mas, quando afinal cheguei, elas tinham desaparecido junto com o resto de seus pertences." Não havia nada para saquear, exceto milho.

Vários dias depois da batalha por Cibola, uma delegação nativa apareceu, oferecendo "algumas turquesas e pequenas *mantas* de má qualidade". Coronado reiterou sua afirmação de que tinha vindo a Cibola para que os índios pudessem "conhecer o verdadeiro Deus e para ser seu Senhor, e Sua Majestade para ser seu rei e senhor terreno". Mais uma vez os nativos não se mostraram impressionados. Depois de um breve retorno aos seus lares, "fugiram para as montanhas, deixando suas cidades desertas".

Embora o contato dos espanhóis com os habitantes de Cibola tenha sido superficial, causou uma forte impressão nos invasores. "Eu não vi uma casa importante aqui, da qual se possa distinguir a superioridade de uma pessoa sobre a outra", escreveu Coronado. Em vez disso, Cibola era governada por um conselho de anciões. Sacerdotes também possuíam grande influência, atuando como pregoeiros públicos dos tetos das casas. De maneira geral, o conquistador julgou os cibolanos "inteligentes", "muito bem-educados", e excepcionalmente habilidosos em trabalhos de bordado e outros ofícios.

Mas nada disso compensava a ausência de riquezas. Coronado concluía sua carta para o vice-rei com uma lista dos itens que estava enviando de volta para o México, inclusive cestas, pendentes de turquesas e uma "pele de vaca", sem dúvida a pele de um búfalo, um animal que os espanhóis ainda não tinham visto. Fray Marcos também foi mandado de volta para casa, provavelmente para protegê-lo da fúria dos soldados desapontados.

"Não me parece haver nenhuma perspectiva de obter ouro e prata", concluía Coronado, "mas tenho fé em Deus de que, se existirem aqui, nós os obteremos."

Encontrei uma placa indicativa da Trilha Panorâmica Coronado ao lado de uma pilha de escória da mina a céu aberto nos arredores de Clifton. A trilha era mais conhecida como estrada do Diabo, por causa de seu alto índice de acidentes fatais, e pelo número que ostentava nos mapas de estradas — 666, que é relacionado no Livro das Revelações ao Anticristo. Depois de atividade por parte de lobistas de grupos religiosos, o Arizona tinha alterado o número da rodovia para estrada 191. Mas ela ainda conservava um desenho diabólico. Começava com uma subida íngreme e vistas panorâmicas da escavação infernal da mina. Então vinham infindáveis curvas fechadas e perigosas, mais de quinhentas no total, e vislumbres vertiginosos do mergulho de 1.500 metros esperando motoristas incautos.

Depois de seguir as curvas da estrada por várias horas, alcancei um pavilhão para turistas aninhado a dez mil metros. Fora ali, em 1926, que a Trilha Coronado havia sido inaugurada com um churrasco de urso, um rodeio e uma "dança do diabo" feita por apaches. Nada disso tinha muito a ver com a passagem de Coronado; nem conforme se revelou, tinha a estrada em si. De acordo com a literatura fornecida no pavilhão, Coronado provavelmente se manteve em terreno mais baixo em vez de se arriscar "no terreno rochoso e desprovido de água da Trilha Coronado". Poucos turistas também se arriscavam por aquele caminho. A trilha de 193 quilômetros era menos viajada que qualquer autoestrada federal nos Estados Unidos continental.

As montanhas, pelo menos, ofereciam um alívio para o calor. No curso de minha viagem, a temperatura baixou para dez graus, mais de vinte graus mais baixa do que no alto deserto que eu havia atravessado no dia anterior. Mas, ao descer pela estrada em direção à cidade de Eager e dirigir rumo ao Novo México, entrei em mais uma planície tostada, sem árvores e arenosa, com leitos de rios secos e placas de advertência: "Área Sujeita a Tempestades de Areia." O único sinal de um panorama era um moinho de vento rangendo e um portão com uma placa "Slim Pickin's Ranch". Como Coronado e seus homens, eu estava cansado de *despoblado* e desesperado para chegar às Sete Cidades, ou a qualquer lugar, na verdade.

CIBOLA, EM 1540, não era uma coleção de sete "cidades", e sim um aglomerado de *pueblos* (povoados indígenas) bem espaçados, possivelmente, ao todo, apenas seis. E nenhum desses povoados era chamado Cibola por seus habitantes, o povo zuni. Curiosamente, é possível que o termo zuni para designar os espanhóis — *tsibolo'wa* — tenha se originado do som desconhecido que eles a todo instante ouviam os estranhos brancos barbados repetir.

Um século e meio depois da chegada de Coronado os zunis se reuniram em um único *pueblo*, e seus descendentes ainda viviam na cidade que crescera ao seu redor. Isso dava ao povo zuni uma rara distinção entre as tribos norte-americanas: embora atingida pela primeira onda da conquista espanhola, ainda ocupavam o mesmo território que haviam ocupado quando os europeus os encontraram mais de quatro séculos e meio atrás.

Os zunis, em um nível muito maior que quaisquer outras tribos dos EUA, também tinham preservado sua língua e religião. Tudo isso me atraía — do mesmo modo que o nome exótico da tribo, sua reputação de produzir joias finas e a perspectiva de visitar um *pueblo* murado, cheio de escadarias, algo que eu nunca tinha visto antes. Depois de 1.800 quilômetros dirigindo em meio ao calor e à poeira, os zunis dominavam minha imaginação como uma terra encantada, se não de ouro, então de prata e turquesa e tradição.

Pouco depois de passar a linha demarcando o Novo México, cheguei a uma placa onde se lia: "Você Está Entrando em Terras Zunis, Seja Bem-vindo." Então vinha mais uma planície árida, uma porção de trailers e pequenas casas dispersos, e o distrito comercial de Zuni, principalmente joalherias enfileiradas nas margens da estrada. Seguindo uma placa para o museu local, saltei de meu carro e fui recebido por um vento duro que golpeou meu rosto com poeira. Tudo ao meu redor — veículos, prédios, rua — era recoberto por uma camada de uma cor entre o marrom-acinzentado e o ferrugem, como se a terra estivesse subindo ou sugando a cidade de volta para o solo.

Esse caráter terreno também inspirava as crenças zunis. De acordo com o mito de criação da tribo, as pessoas do mundo subiam escadas de profundezas subterrâneas antes de emergir através de uma enorme fenda, por vezes identificada com o Grand Canyon de nossos dias. Elas então vagavam em busca de uma terra prometida, conhecida como o lugar do meio, guiadas por um gigantesco besouro de água que estendia suas patas até os cantos mais remotos do mundo. Logo abaixo do coração do besouro, ficava um local equidistante de todos esses pontos. Os zunis o chamavam de Halona Idiwan'a, o Formigueiro Médio do Mundo, e tinham vivido lá desde então.

Pelo menos isso foi o que consegui entender do que vi no museu e dos muitos livros e artigos que li mais tarde. O cosmo zuni, como o Tempo do Sonho dos aborígines australianos, não se traduz com facilidade para a linguagem e conceitos ocidentais. Os zunis, por exemplo, dividem o mundo em dois reinos, o "cru" e o "cozido". Os seres humanos são cozidos, enquanto a terra, o vento e os objetos feitos pelo homem são crus. A simples representação da linguagem zuni em forma escrita exige um emaranhado de símbolos esotéricos para denotar pontos glotais, fricativas laterais mudas e outros sons. O resultado é algo parecido com: t?ek?ohanan:e ou onaya:nak^ä a:ciwan:i. Os linguistas classificam o zuni como uma das poucas "línguas isoladas" do mundo, não tendo nenhum parentesco aparente com qualquer outra língua.

Como os rituais e crenças aborígines, a religião zuni também era envolta em segredos e tabus. Examinei um painel no museu falando sobre Frank Hamilton Cushing, um antropólogo do Smithsonian que viveu entre os zunis no final do século XIX. Cushing mergulhou tão fundo na vida nativa que foi introduzido num dos sacerdócios da tribo e retornou de uma batalha trazendo um escalpo inimigo. Ele foi aceito e adotado pelos zunis — até que publicou seus achados, que revelavam detalhes de rituais que a tribo considerava como "informação privada".

Pior ainda, seus escritos trouxeram uma verdadeira torrente de antropólogos inquisitivos para Zuni desde então. O museu citava um conselheiro tribal, que se queixara: "Fomos estudados até a morte. Não precisamos disso — nós sabemos quem somos!"

Quando tentei puxar conversa com um jovem zuni na recepção, ele sorriu educadamente, mas não deu nenhuma resposta às minhas perguntas. Em vez disso, me encaminhou para o quartel-general tribal, onde fui conduzido a um escritório incomum. A liderança zuni de oito membros eleitos ocupava uma única sala, suas escrivaninhas formando um semicírculo fechado. A disposição não era uma medida para economizar espaço, refletia o governo zuni de caráter comunal, a respeito do qual os espanhóis haviam comentado 455 anos antes de minha chegada.

— Dessa maneira, nossas decisões têm sido tomadas em conjunto — explicou a vice-governadora, Carmelita Sanchez, uma mulher de pele cor de chocolate vestindo um terninho marrom. Ela me conduziu a uma mesa de conferência de frente para o semicírculo de escrivaninhas. — O senhor é antropólogo?

Quando eu disse que não, ela pareceu visivelmente aliviada. Mas Coronado, como Cushing, era um personagem não muito estimado pelos zunis. Sua invasão de 1540 resultara na colonização espanhola do Novo México e na criação de missões por todo o estado. Isso, por sua vez, fora o estopim de uma revolta generalizada do *pueblo*, em 1680, que resultara em duras represálias espanholas e no abandono de cinco dos seis *pueblos* originais ao redor de Zuni.

— Os conquistadores só trouxeram coisas ruins, violência e roubo e missionários — interveio um dos conselheiros quando perguntei a Carmelita sobre a lembrança de Coronado. — Por que nos lembrar deles?

Carmelita tinha um ponto de vista um tanto mais brando; a influência espanhola não tinha sido *inteiramente* má. Duas coisas que as pessoas com frequência associavam com a vida do *pueblo*, o trabalho artesanal em prata e adobe, eram importações trazidas pelos espanhóis. Antes, os índios faziam suas joias de turquesas e conchas, e construíam suas moradias de múltiplos andares de pedra ou terra com palha. Os espanhóis também trouxeram produtos de plantação agrícola e animais de criação, inclusive a ovelha, uma das bases da economia zuni desde então.

— Os espanhóis não foram piores que Cushing e os outros que como ele nos invadiram mais tarde — disse Carmelita. — Agora as pessoas querem nos submeter a testes de DNA e provar que migramos da Ásia. Nós nos originamos *aqui*. Essa é nossa crença. Talvez os povos da Ásia venham do sudoeste.

Isso ia de encontro ao conhecimento convencional de cientistas e arqueólogos. Mas o que me impressionou no comentário de Carmelita foi a ênfase que ela dava à religião. Os espanhóis podiam ter usurpado a soberania dos zunis. Mas os arqueólogos haviam cometido um pecado mais grave, ao se intrometer na crença deles.

A respeito desse tema, Carmelita falava apenas em termos gerais: a religião "é um estilo de vida" para os 9.500 zunis dos dias de hoje, e "sustenta o povo". A tribo funcionava, em essência, como uma teocracia; líderes religiosos, inclusive vários dos conselheiros, eram consultados sobre quase todos os assuntos. Embora muitos zunis observassem rituais e feriados cristãos, eles o faziam como um complemento para a religião tradicional. Se os dois entrassem em conflito, era a prática zuni que prevalecia. O Natal, por exemplo, coincidia com a observância zuni do solstício de inverno, uma ocasião marcada por jejum e proibição de barulho ou exibições festivas. Isso significava nada de cantigas de Natal nem de iluminação natalina.

Carmelita também explicou um ritual mencionado pelos primeiros espanhóis. Em Cibola e nos outros *pueblos*, os guerreiros enfrentavam os homens de Coronado riscando linhas no chão e dizendo aos intrusos que não as cruzassem. Quando os espanhóis o faziam, os combates irrompiam. Carmelita disse que as linhas eram riscadas com fubá, um símbolo sagrado de vida para os zunis e uma maneira de demarcar limites. Em certo sentido, a linha de fubá representava um Requerimiento zuni, um que caiu em ouvidos moucos, do mesmo modo que acontecera com a intimação que os espanhóis haviam apresentado.

— Nós aceitamos outros povos — disse Carmelita, me acompanhando até a porta, com cortesia, mas sem um sorriso, como se mostrara ao longo de toda a nossa conversa. — Mas existem limites que não devem ser ultrapassados.

Deixando o escritório, saí para dar um passeio pelo resto de Zuni. O povoado outrora vertical agora era horizontal, tornando-se uma extensão desordenada de trailers e casas modestas se abrindo do centro original da cidade. O que restava do antigo *pueblo* parecia minguado e semiabandonado: uma ruína habitada de casas de pedra de dois andares, ruelas de terra batida e praças poeirentas. Enquanto eu passeava ao crepúsculo, as únicas pessoas na rua eram adolescentes de jeans largos jogando bola ao cesto, um homem com cara de alcoólatra que sussurrou asperamente:

— Quer comprar um fetiche de lobo?

Retornando através da cidade para a rua principal, jantei no restaurante solitário de Zuni, uma pizzaria, e me hospedei em sua única acomodação: uma estalagem em estilo nativo com telhado chato, paredes de adobe e aconchegantes quartinhos bem colados uns aos outros. Achei aquilo agradável — até que tentei dormir, mas fui mantido acordado por um bebê chorando e por um banheiro em uso constante do outro lado da parede. Finalmente acabei por apagar. Acordei antes do amanhecer com o som de passadas pesadas no quarto logo acima. A vida de *pueblo* podia ser pitoresca para turistas, mas era fácil compreender por que os zunis tinham optado por um pouco mais de espaço.

EMBORA DECEPCIONADO, como os espanhóis, por meu primeiro encontro com a cidade dourada de Fray Marcos, eu tinha uma pista promissora a seguir. No museu, no dia anterior, tinha ouvido falar de um *pueblo* em ruínas fora da cidade onde arqueólogos recentemente tinham encontrado vestígios do ataque inaugural de Coronado a Cibola. Os zunis se ressentiam de forasteiros investigando as crenças tradicionais, mas encorajavam o estudo respeitoso de sua história física. De modo que pela manhã, fui ao escritório arqueológico da tribo e me encontrei com seu diretor, Jonathan Damp, um homem de meia-idade, pele clara e óculos de armação de metal. Ele era um dos poucos anglos vivendo em Zuni, ainda mais exótico por ter sido criado nos recônditos ultraianques de New Hampshire.

— Na escola — me relatou ele, enquanto embarcávamos em seu veículo com tração nas quatro rodas para visitar o sítio arqueológico —, eu ouvi em capítulo e verso a história da Nova Inglaterra, e não muito além disso. Era como se nada tivesse acontecido neste país até o desembarque dos peregrinos. — Ele reduziu a velocidade

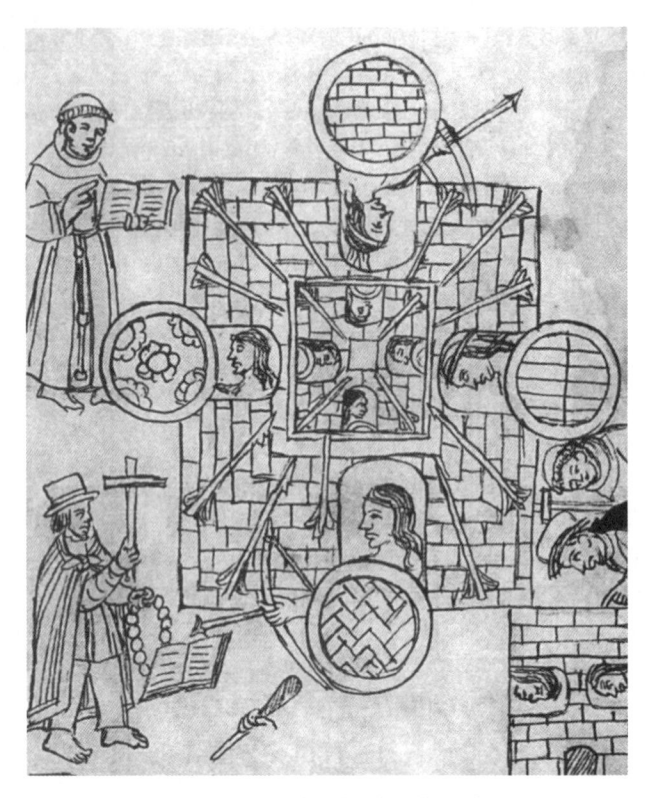

Uma imagem extravagante da batalha de Cibola, de um manuscrito mexicano do século XVI sobre a conquista espanhola.

enquanto passávamos por uma escola secundária zuni. — Quando começaram os trabalhos de construção ali, descobriram um canal de irrigação de mais de 3 mil anos. Isso é da época do rei Tut. Um pouquinho antes do *Mayflower*.

Alguns quilômetros depois de sair de Zuni, a estrada passava de asfalto para cascalho e terra batida. Jonathan abandonou até mesmo essa tênue trilha e enveredou direto pela planície. Então, apontando para uma colina baixa disse:

— Aquilo é Hawikuh.

Hawikuh era o nome zuni para o primeiro dos *pueblos* alcançados por Coronado. À medida que nos aproximávamos de Hawikuh, me recordei dos espanhóis desapontados que haviam observado durante a sua aproximação inicial: "É um pequeno *pueblo* mal-ajambrado e atravancado, que se projeta descendo por uma encosta." Agora, com as casas há muito desaparecidas e a encosta erodida, havia ainda menos: um solitário monte de terra, não mais que um inchaço no terreno de outro modo plano e inexpressivo.

Estacionando junto à base do pequeno monte, Jonathan me conduziu até o topo, que estava coberto de cacos e de ossos de animais.

— Cerâmica esmaltada *OH'ku* — disse ele, despreocupadamente apanhando e atirando longe um caco de cerâmica preta, laranja e branca. — O sítio está repleto disso.

Infelizmente, Hawikuh havia sido escavada pela primeira vez há mais de um século, quando a arqueologia era relativamente primitiva. Exceto por paredes desmoronando, delineando os pequenos aposentos quadrados do *pueblo*, não restava quase nada. Mas escavações recentes do solo que circundava o *pueblo* haviam descoberto uma variedade de artefatos espanhóis. Cuidadosamente mapeando sua localização, Jonathan se sentia em condições de reconstruir a batalha que tivera lugar em Hawikuh num dia quente de verão em 1540.

— Por vezes você tem de ler nas entrelinhas do registro escrito — observou ele, descendo até a base do *pueblo*. Os relatos espanhóis faziam com que parecesse que os soldados em andrajos haviam triunfado por pura coragem e habilidades em combate superiores. Jonathan acreditava que a história fosse mais complexa. — Espadas e bestas são vistosas, atraentes, mas a arqueologia tem o hábito de revelar coisas mais humildes.

Pregos de ferraduras, por exemplo, que tinham sido encontrados num local rochoso bem ao lado do *pueblo*, onde provavelmente tinham sido arrancados quando os cascos do animal bateram no solo irregular. Sinos de arnês também tinham sido encontrados ali. Em outro flanco do *pueblo*, os arqueólogos haviam descoberto balas de chumbo de grosso calibre como as que os espanhóis disparavam de seus mosquetes. Testes de balística haviam revelado que as balas não tinham atingido nada, exceto areia. Mas seu impacto, como o dos cavalos, mesmo assim pode ter sido sentido.

— As pessoas hoje falam sobre táticas terroristas ou "choque e temor" no campo de batalha — observou Jonathan. — Bem, pense nos zunis em 1540. Eles nunca tinham visto soldados montados a cavalo, nem ouvido nem visto uma arma de fogo ser disparada. Coronado deve ter sabido que a cavalaria e as armas aterrorizariam seu inimigo, mesmo se não fossem diretamente eficazes na tomada do povoado.

Não existe nenhum registro de como os zunis reagiram às armas, mas os cavalos claramente causaram forte impressão. Quando Coronado mais tarde enviou um tenente a um povoado hopi no Arizona, o oficial soube que seus habitantes "tinham ouvido falar que Cibola havia sido capturada por um povo muito feroz que se deslocava montado em animais que comiam gente". (Os cavalos haviam aterrorizado os astecas de maneira semelhante, que os descreveram como veados com sinos estrepitosos, que bufavam alto, escumavam pela boca, e cujos cascos riscavam o solo.)

Os arqueólogos também encontraram pontas de flechas obsidianas em Hawikuh, possivelmente de flechas disparadas pelos *índios amigos* que acompanharam Coronado do México. Os espanhóis, que eram ávidos em destacar sua coragem em combate, não faziam menção de seus aliados nativos no relato da batalha. Mas a presença de centenas de guerreiros índios pode explicar como a pequena tropa espanhola conseguiu se apoderar rapidamente do *pueblo* bem defendido.

Jonathan também tinha suspeitas de que os zunis haviam preferido fugir a opor forte resistência em combate. Enquanto fazíamos o percurso de carro de volta de Hawikuh, ele me apontou uma mesa escarpada de cerca de trezentos metros de altura, um local sagrado conhecido como Dowa Yalanne, ou montanha do Milho.

— Sempre que os zunis se viam ameaçados — comentou —, recuavam e vinham se abrigar aqui em cima. — Eles o tinham feito depois de matar dois frades espanhóis em 1632, depois de um ataque pelos apaches 40 anos mais tarde, e depois da grande revolta do *pueblo* de 1680. Quando Coronado escreveu que os zunis tinham "fugido para as montanhas", provavelmente estava se referindo à montanha do Milho.

Em certo sentido, os zunis tinham adotado uma estratégia de recuo tático nos séculos posteriores. Depois de 1680, eles nunca mais voltaram a pegar em armas contra os brancos. Tribos mais belicosas sofreram tremendamente, perdendo suas terras e vidas, enquanto os zunis se mantiveram isolados e se apegaram à sua sociedade reduzida, mas relativamente intacta.

Jonathan disse que os zunis continuavam a manter seu isolamento mesmo hoje em dia, não só dos brancos, mas também de outras tribos, tais como a dos navajos, que viviam em terras nas vizinhanças e na cidade mais próxima, Gallup. Depois de dez anos passados em Zuni, Jonathan ainda achava que mal havia penetrado o lugar, além da superfície do solo nos sítios arqueológicos.

Esse status de residente estrangeiro era uma fonte de confusão para seu filho de 6 anos, que vivera em Zuni a vida inteira.

— Ele sabe que eu não sou zuni, e já esteve no Wal-Mart em Gallup, por isso sabe que também não sou navajo – disse Jonathan. — E eu não me pareço com sua mãe, que é do Equador. Então, um dia ele me disse: "Papai, eu descobri o que você é. Você deve ser hopi!"

CORONADO PASSOU O VERÃO e o outono em Cibola e obsequiosamente renomeou o maior de seus povoados Granada, a cidade natal de seu patrono, o vice-rei. Também despachou batedores para fazer o reconhecimento de outras áreas de Tierra Nueva. Um grupo viajou para oeste até alcançar a garganta de um rio, tão vasta que os espanhóis acreditaram que a distância até a margem oposta "se abrisse no ar por uma extensão de 16 quilômetros." Três dos homens mais ágeis tentaram descer até o rio e foram "perdidos de vista". Eles retornaram ao final do dia tendo conseguido completar apenas um terço do caminho de descida.

"Aqueles que ficaram no alto haviam estimado que alguns imensos pedregulhos nas laterais dos penhascos tivessem mais ou menos a altura de um homem", escreveu um espanhol, "mas aqueles que desceram juraram que, quando chegaram àqueles rochedos, eram maiores que a grande torre de Sevilha" — um campanário de 76 metros. Esse testemunho extraordinário é a primeira descrição europeia do Grand Canyon.

Naquele mesmo verão, outro grupo espanhol viveu sua própria aventura enquanto explorava o Arizona por água. Logo depois da partida de Coronado da Nova Espanha, o vice-rei tinha enviado dois navios da costa oeste do México para reaprovisionar o exército, equivocadamente supondo que Cibola se encontrasse próxima da costa. O comandante do comboio, Hernando de Alarcón, saiu do mar na extremidade do golfo da Califórnia onde encontrou a desembocadura de "um rio muito poderoso", o Colorado de nossos dias. Ele levou vinte homens e dois barcos rio acima, puxados por um cabo de reboque, para ver se podia alcançar Cibola.

Embora fracassasse, Alarcón deixou um relato incomumente sensível de primeiro contato com índios. Ao encontrar nativos com arcos e flechas, ele atirou ao chão a espada e o escudo, "pisando neles com meus pés, fazendo-os compreender por meio desse e de outros sinais que eu não queria fazer guerra". Ele também baixou a bandeira de seu barco e ordenou a seus homens que se sentassem. Por um momento os nativos pareceram inseguros, murmurando entre si. "Subitamente um saiu do meio deles, com um bordão com algumas conchas", escreveu Alarcón. "Eu o abracei e lhe dei em troca algumas contas e outras coisas."

Depois disso, ele viajou pacificamente através de várias centenas de quilômetros de território bem populoso, sendo alimentado e festejado por índios que usavam na cintura cordões adornados com penas, "que se estendiam às suas costas como um rabo". Os nativos, por sua vez, maravilhavam-se com os espanhóis, penteando-lhes as barbas e alisando as pregas de suas roupas.

Mas essa descoberta mútua exigia um enorme esforço. As conversas, mesmo com um intérprete índio do México, eram hesitantes, truncadas e mal compreendidas. A maior parte da comunicação tinha que ser feita por meio de gestos, presentes, pantomima, desenho, até carpintaria tosca. "Com alguns gravetos e papel, mandei fazer algumas cruzes", escreveu Alarcón. "Deixei bem claro para eles que eram as coisas que mais estimava."

Um nativo, que compreendia um pouco da língua dos intérpretes, perguntou a Alarcón se os espanhóis "vinham de baixo da água, de dentro da terra ou se tinham caído do céu". Alarcón respondeu com a frase padrão dos conquistadores: "Eu fui enviado pelo sol." Mas o índio persistiu, "perguntando-me como o sol havia me enviado, uma vez que se movia ao alto, mas não parava". Além disso, por que o sol não havia enviado ninguém antes? E por que os filhos do sol não conseguiam compreender todo mundo?

"Eu comecei a me fatigar", escreveu Alarcón de suas tentativas de persuadir o inquisidor. "Eu disse a ele que Deus tinha morada no céu e que ele se chamava Jesus Cristo. Fui cuidadoso em não me alongar muito em teologia com ele." Mais tarde, em aparente zombaria de sua afirmação ter vindo do alto, índios "puseram milho e outras sementes na boca e as lançaram em jatos sobre mim, dizendo que era o tipo de oferenda que faziam ao sol".

Os nativos estavam tão exaustos com as perguntas constantes de Alarcón quanto Alarcón com as deles. Quando Alarcón convidou um ancião índio para dormir a bordo do barco espanhol, "ele me respondeu que não queria vir porque eu o cansaria perguntando-lhe sobre tantas coisas".

Mais adiante rio acima, Alarcón ouviu falar de um *pueblo* que tinha sido visitado por um homem negro barbado que usava sinos e penas nos braços e pernas. Ele tinha sido morto, disseram os índios, de modo que não pudesse levar notícias do povoado para outros estrangeiros. Isso era sem dúvida uma referência à visita de Estevanico a Cibola, que Alarcón descobriu ficava a apenas dez dias de viagem de distância. Mas o rio se estreitava entre altas montanhas e ele não podia avançar mais. Batedores do exército de Coronado mais tarde encontraram uma árvore entalhada com as palavras: "Alarcón alcançou este ponto."

Como tantos dos espanhóis que perambularam pela América primitiva, Hernando de Alarcón é pouco lembrado hoje em dia. Mas seu breve relato me deu um vislumbre de uma história alternativa embutida na saga da conquista europeia. *A posteriori*, é tentador ver a exploração e a colonização da América como sombriamente mecânica: o inexorável esfacelamento de um mundo por outro. Indivíduos pareciam ser de pouca importância, exceto como agentes de impérios distantes ou como suas vítimas inevitáveis.

Mas o que aconteceu na América não foi preordenado, especialmente durante o período fluido dos primeiros contatos. Tampouco todos os recém-chegados ou todos os nativos se comportaram da mesma maneira. Aqueles entre os europeus que buscaram transpor o cânion da língua e da cultura, como seres humanos curiosos em vez de combatentes, quase sempre descobriram índios dispostos a responder da mesma maneira.

A lista desses homens é curta, e a maioria, como Alarcón e Cabeza de Vaca, eram viajantes vulneráveis que poderiam ter agido de maneira diferente se tivessem contado com mais homens e armas. Contudo, é animador encontrar um raro espanhol que não empunhou a espada e recitou o Requerimiento na primeira oportunidade.

Eu passei cinco dias em Zuni, tentando vislumbrar o que havia por trás da máscara agradável, mas impassível, que a cidade apresentava aos forasteiros. A cada noite eu comparava minhas observações com o taverneiro, um francês que morava em Zuni havia trinta anos.

— Eu ainda não sei o que acontece por aqui — confessou ele. — Um francês vai à igreja por uma hora aos domingos e está salvo. Aqui não. O ritual é constante, um ciclo cerimonial que continua a atrair as pessoas de volta para o círculo de sua cultura. — Ele deu uma gargalhada. — Eu não faço parte do círculo.

Como visitante passageiro, eu tinha ainda menos esperança de compreender. Mas, em meu último dia na cidade, decidi tentar de novo com o zuni mais simpático que tinha conhecido: um rapaz chamado Wells Mahkee. Corpulento, de cabelos cortados curtos, Wells tinha estudado inglês numa faculdade do Novo México e agora editava e produzia relatórios no escritório arqueológico de Zuni. Também tinha sido criado no antigo *pueblo* e ainda morava lá com a família. Assim que o conheci, Wells havia prometido me mostrar a cidade. Mas, a cada vez que eu voltava a seu escritório, ele dizia que estava ocupado demais; talvez estivesse arrependido daquela oferta inicial.

Quando apareci mais uma vez, justo quando o escritório estava fechando para o fim de semana, Wells desligou seu computador e me conduziu a uma parede de fotos de Zuni em 1890. As fotografias mostravam casas altas, em grupos compactos, construídas coladas umas às outras, escadas e telhados repletos de fornos de barro.

— As pessoas moravam literalmente em cima umas das outras — disse ele.

O século XX havia posto fim a ataques apaches e navajos; Zuni não precisava mais viver de maneira tão defensiva. Com o passar do tempo, os andares superiores do povoado tinham desmoronado ou sido desmantelados para construir casas novas. Os zunis também tinham começado a adotar noções americanas de espaço e privacidade. Quando Wells era criança, as casas ainda

O pueblo Zuni em 1882.

tinham portas internas entre si, de modo que um aposento se abria para dentro da casa do vizinho.

— Nós nem batíamos antes de entrar — disse ele. Com o tempo, contudo, a família de Wells passou a empilhar obstáculos de seu lado. Então o vizinho fez uma reforma e cobriu a porta com placas de gesso. — Eu na verdade não pensei no assunto na ocasião, mas sinto falta daquela sensação de portas por toda parte, da vida de todo mundo se abrindo para as dos outros.

A avó de Wells mal havia falado inglês. Ela lavava os cabelos compridos, trançados, com raiz de iúca, os penteava com ramos de giesta.

— Ela sempre cheirava a terra — disse ele. Seu pai iniciava todos os seus dias postando-se de frente para o leste enquanto oferecia fubá ao sol nascente. — Infelizmente, não aprendi as preces dele, e agora ele se foi.

Wells não estava sozinho; muitos jovens zunis tinham se afastado da religião tradicional. O sacerdócio e os papéis nas sociedades cerimoniais de Zuni exigiam a dedicação de uma vida inteira, cumprimento rígido das práticas e tabus, e abstinência periódica de sexo, sono, comércio e certos alimentos. Os zunis que trabalhavam fora da reserva descobriram que os empregadores nem sempre estavam dispostos a conceder semanas de folga do trabalho para propósitos rituais. A televisão, o consumismo, as drogas e outras tentações também invadiram e prejudicaram a vida zuni.

Mas uma forte corrente de tradicionalismo ainda fluía sob a superfície moderna da cidade. Enquanto íamos de carro para o antigo *pueblo*, conhecido localmente como aldeia do meio, Wells apontou para as insípidas casas novas e trailers ao longo da rua principal.

— Você vê como são agrupadas? Estes são grupamentos de família, e dentro da maioria dessas casas há várias gerações. As pessoas saíram da aldeia do meio, mas criaram novos ninhos do lado de fora.

O casamento também diferia da norma americana. Tradicionalmente, as famílias apenas trocavam milho e outros presentes como uma maneira de confirmar uma união. Esse costume havia acabado, mas poucos zunis realizavam casamentos cristãos ou diante de um juiz de paz.

— Se um casal vive junto durante seis meses, é considerado casado — disse Wells. Depois de cinco anos, um casal podia ir ao quartel-general tribal no dia de São Valentim e ter seu casamento de fato formalmente reconhecido. Isso era o máximo de ritual que a maioria dos cônjuges observava.

Wells estacionou numa ruela de terra batida ao lado de uma igreja de missão de adobe com vigas de pinho perto do centro de Idiwan'a, o Lugar do Meio. A missão fora construída inicialmente pelos espanhóis em 1629, bem em cima de *kivas* zunis, ou câmaras cerimoniais, as quais um dos homens de Coronado havia descrito como alojamentos semissubterrâneos, "como as salas de banho que se tem na Europa". Os colonizadores europeus, ao redor do mundo, com frequência construíram igrejas em cima de terreno consagrado nativo, para desalojar e impedir suas práticas e realçar o cristianismo.

Mas em Zuni a transferência não tinha dado certo. Um missionário espanhol dos primeiros tempos havia reclamado que era quase impossível converter nativos, "devido à repugnância que eles demonstram pela Lei Divina". Os serviços religiosos na igreja da missão tinham sido abandonados anos antes. As paredes do interior agora eram pintadas com murais vívidos de imagens cerimoniais zunis, tais como os "ícones de barro" usando máscaras bulbosas grotescas. Cristo também aparecia vestido com uma manta e calças largas, e carregando uma bolsa de fubá.

— Nós vivemos mais que os espanhóis e "zuni-ficamos" o que eles deixaram — comentou Wells. No cemitério da missão, cruzes se misturavam com tigelas contendo fubá, uma oferenda tradicional para os mortos. A igreja também era cercada por *kivas* restauradas: blocos quadrados de adobe com escadas que levavam a um alçapão no teto.

Wells morava logo atrás da missão, numa casa construída com pedras arroxeadas e de vigas de madeira. Ele me levou até a porta, mas não me convidou para entrar. Ficamos parados do lado de fora na luz que caía, observando os meninos passarem de skate sobre os tetos planos do povoado e diante dos fornos em forma de colmeia que eram usados para assar pão, legumes e cozido de carneiro.

— Eu sempre vejo nossos jovens como estando figurativamente em Idiwan'a, o Lugar do Meio — disse Wells. — Estamos tentando estar no mundo tradicional e no mundo exterior ao mesmo tempo. Trabalho com computadores, com anglos, falando inglês, e então venho para casa e falo zuni e tento manter o rancho de nossa família funcionando, o que é difícil quando você tem outro emprego. — Ele deu de ombros. — Estou tentando viver uma vida simples. Mas pode ser uma luta tentar manter as coisas assim.

Agradeci a Wells e fiquei perambulando pelo *pueblo* até escurecer, acabando de volta ao cemitério da missão. Assim que passei pelo portão de saída, um garoto se aproximou numa bicicleta.

— Quando se sai de um cemitério tem que jogar terra sobre si mesmo — disse ele.

— Onde em mim mesmo?

— No corpo inteiro.

Apanhei um punhado de terra do chão e salpiquei sobre minha cabeça e roupas.

— Por quê? — perguntei.

— É a lei do túmulo — respondeu o garoto, partindo com sua bicicleta pela escuridão.

Empoeirado e confuso, caminhei de volta para minha estalagem para mais uma boa noite de sono antes de deixar os zunis com os zunis, como tantos outros visitantes antes de mim.

CAPÍTULO 7

AS PLANÍCIES
MAR DE RELVA

Cheguei a algumas planícies tão desprovidas de marcos que era como se estivéssemos no meio do mar.
— Coronado, carta ao vice-rei
da Nova Espanha, 1541

No final do verão de 1540, chegou a Zuni uma delegação de paz vinda de um povoado distante. Seus líderes trouxeram peles curtidas e um dos índios tinha no corpo uma tatuagem dos animais dos quais as peles haviam sido tiradas. "Pareciam ser vacas", escreveu um soldado, "embora pelas peles isso não parecesse possível, porque o pelo era lanoso e emaranhado."

Vinte dos homens de Coronado foram visitar o povoado, chamado Cicuique, e retornaram com um escravo índio de uma "terra plana" distante no oeste, onde as estranhas vacas andavam em bandos. Os espanhóis chamaram o escravo de El Turco, porque era um homem de pele "muito escura" e "muito bem-apessoado", qualidades que associavam aos turcos. Ele dizia que sua terra natal tinha grandes vilarejos e tantas riquezas que o senhor do reino cochilava sob uma árvore enfeitada com cintos de ouro. Essa terra encantada era chamada de Quivira.

Coronado, escreveu um de seus homens, "sentiu uma grande alegria diante de tão boas notícias". Ficou igualmente animado ao ouvir o relato de El Turco de que tinha prova das riquezas de Quivira: braceletes de ouro que os senhores do povoado tinham lhe tomado quando o capturaram. Quando o povo de Cicuique negou isso, os espanhóis levaram presos a ferros vários de seus líderes, inclusive o chefe da delegação de paz que tinha vindo a Zuni. Mais tarde atiçaram os cachorros para atacar os prisioneiros, deixando-os muito mutilados.

"Isso deu início", escreveu um soldado, "à falta de confiança na palavra dos espanhóis, sempre que se falava em paz."

Os homens de Coronado também despertaram fúria quando levantaram acampamento de Zuni e foram estabelecer alojamentos de inverno em aldeias ao longo do rio Rio Grande, nos arredores da Albuquerque dos dias de hoje. Inicialmente, os habitantes acolheram os intrusos pacificamente. E os espanhóis escreveram com admiração sobre os homens nativos que fiavam e teciam panos, as mulheres que moíam milho enquanto cantavam ao som de música de flauta, e a cerâmica dos nativos que era de "um extraordinário trabalho de feitura e acabamento".

Mas nada disso impediu os espanhóis com fome e frio de saquear alimentos e mantas nem de molestar as mulheres nativas. E quando os índios retaliaram matando os cavalos dos espanhóis, Coronado ordenou que seus homens "fizessem um exemplo" da aldeia onde os rebeldes foram se refugiar. Cem ou mais índios foram queimados na fogueira.

Em toda a extensão do Rio Grande, os nativos se sublevaram em revolta e lutaram durante o inverno de muita neve. Muitas centenas morreram, e no mínimo uma dúzia de *pueblos* foram destruídos antes que Coronado conseguisse o que chamou de *la conquista y pacificación* da região. Foi uma vitória tão brutal que alguns de seus homens começaram a se voltar contra ele. Ao trair e tratar brutalmente a gente pacífica do *pueblo*, observou um soldado, Coronado havia transformado aliados em potencial em inimigos vingativos, "como se verá pelo que aconteceu depois".

O percurso de carro para leste de Zuni me levou a passar por uma paisagem em que o panorama e a cultura se modificavam a cada hora. Passei das terras de ranchos dos zunis para uma cidade agrícola mórmon, com ruas sombreadas por álamos e rodeadas por campos de centeio e alfafa. Além da cidade estendia-se uma reserva navajo salpicada de malocas de toras de madeira e barro. Então a estrada subia para colinas de junípero e pinheiros de pinhões comestíveis para a Grande Bacia Continental, que era marcada por uma serrania de cinzas negras: o cone de cinzas de um vulcão extinto. Os primeiros viajantes espanhóis chamavam essa região de El Mal País, A Terra Ruim, porque os campos de lava serrilhada e pontiaguda tornavam doloroso andar.

Rota de Coronado (2 de 3)

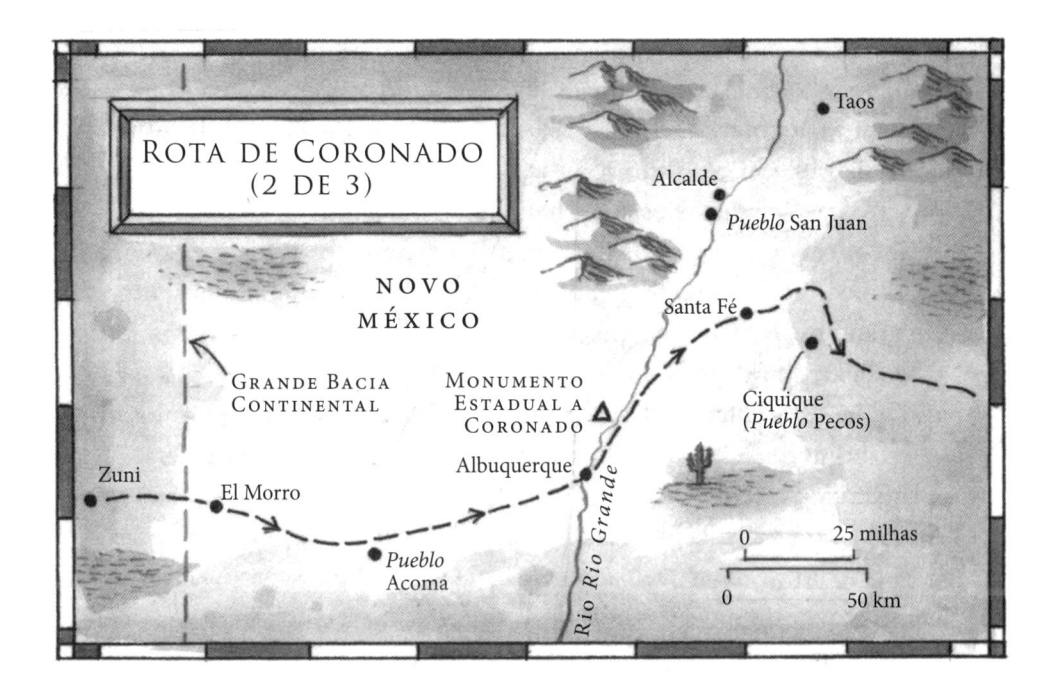

Os espanhóis também observaram um imenso promontório de pedra logo a leste da grande bacia, que chamaram de El Morro: o Costão. Visível a quilômetros de distância, com uma bacia em sua base, El Morro era um oásis natural ao longo da trilha acidentada e seca entre Zuni e o Rio Grande. Um penhasco de arenito ao lado da bacia também oferecia uma tela atraente para viajantes descansando, e séculos de esculturas entalhadas sobrevivem até hoje.

As obras de arte mais antigas, feitas por índios há cerca de 700 anos, retratam pássaros, lagartos, carneiros silvestres das Rochosas e imagens em forma de palito de seres humanos. Os significados dessas obras não são conhecidos, e os artistas são anônimos. O mesmo não se aplica aos espanhóis, que se exaltaram escrevendo em letra grande e floreada como grafiteiros de metrô. Um oficial entalhou um verso que perde a rima na tradução, mas não sua grandiosidade. "Por aqui passei eu, o governador Francisco Manuel da Silva Nieto,/ Que fez o impossível por sua arma invencível e bravura, com as carroças do rei nosso senhor, algo que fez sozinho em 5 de agosto de 1629, para que se consiga passar para Zuni e propagar a fé."

Os primeiros nomes anglos não aparecem antes de 1849, quando soldados americanos chegaram depois da guerra com o México. Inscrições posteriores registram a passagem de vagões de trens, inspetores de estradas de ferro e membros de uma caravana de camelos experimental. Os trabalhos de entalhe americanos são menos floreados que os espanhóis, com frequência apenas um sobrenome ou iniciais incluídos numa moldura bem talhada. Quando afinal El Morro se tornou um monumento nacional, em 1906, os séculos de entalhes cobriam quase meio hectare de rocha.

Demorando-me no frescor da sombra do penhasco, tentei decifrar as inscrições e o impulso que levou tantos viajantes a entalhá-las. A paisagem circundante se prestava a sentimentos de isolamento e insignificância. Naquela árida vastidão, riscar o próprio nome ou "Por aqui passei eu" parecia um pequeno ato de bazófia, como gritar num cânion para ouvir o eco da própria voz. Ou talvez um gesto de irmandade com outros viajantes solitários. Qualquer que fosse o impulso, El Morro era uma estela da América de outrora, ainda não homogeneizada por avenidas de centros comerciais e cultura de massa. Ali, entalhada no arenito desgastado pelo tempo, a rica herança do sudoeste permanecia em exibição: índios, espanhóis, mexicanos e, com algum atraso, anglo-americanos.

MAIS UMA HORA DE CARRO, outra cultura: o *pueblo* Acoma, também conhecida como Sky City — Cidade do Céu — por causa de sua localização no topo de uma mesa de 113 metros. Quando os homens de Coronado chegaram, a única maneira de alcançar o povoado era subindo em fila indiana, usando os degraus íngremes e apoios para mãos entalhados na rocha. Perto do topo, tiveram de enfiar as mãos e pés numa fenda e se arrastar até o cume, como montanhistas. Aquela foi, como escreveu um capitão, "uma ascensão tão dura que nos arrependemos de ter subido".

No topo da mesa os montanhistas encontraram um povoado de casas altas com cisternas e jardins. Embora os espanhois só tivessem conseguido alcançar o cume passando as armas uns para os outros, os nativos subiam agilmente carregando jarros de água e fardos de alimentos na cabeça. As construções no topo da rocha impressionaram um espanhol como "o local mais forte já visto no mundo".

Acoma parece igualmente imponente nos dias de hoje. A mesa se ergue como um imenso cone de rocha da planície circundante, com uma coroa de casas de pedra se espichando de seu topo plano. Na frente da mesa erguem-se gigantescas lajes de pedra, como se montando guarda. Acoma faz lembrar outra cidadela no deserto, Masada, com cuja história tem uma trágica semelhança.

No meio século depois da visita dos homens de Coronado, Acoma foi uma pacífica estação intermediária para o espanhol que de vez em quando passava de viagem entre Zuni e o Rio Grande. Então, em 1598, um conquistador chamado Juan de Oñate liderou quatrocentos soldados e colonizadores do México para o norte para colonizar a região de *pueblos*. Quando o sobrinho de Oñate visitou

Acoma comandando um pequeno grupo, os índios mataram 13 deles, inclusive um que morreu ao saltar do alto da mesa.

Oñate — um homem severo, mesmo de acordo com padrões de conquistadores — enviou uma tropa comandada pelo irmão de seu sobrinho morto para retaliar em vingança. As ordens de Oñate eram explícitas: "Não deixar pedra sobre pedra, de modo que os índios nunca mais possam voltar a habitá-la como fortaleza inexpugnável." Os soldados mataram cerca de oitocentos acomas, escreveu um espanhol, e "o *pueblo* foi inteiramente destruído e incendiado".

Em torno de seiscentos sobreviventes foram arrebanhados e trazidos diante de Oñate, que os levou a julgamento, concedendo-lhes um advogado e o direito de testemunhar. Cinco o fizeram, declarando que o sobrinho de Oñate e seus homens tinham sido mortos por causa de exigências excessivas de alimentos e mantas. O advogado espanhol pediu a Oñate que mostrasse misericórdia para com os acomas "tendo em vista o fato de que eram bárbaros" — uma caracterização irônica, dado o veredicto do conquistador.

— Varões com mais de 25 anos — decidiu Oñate — eu sentencio a terem um pé cortado e a 20 anos de servidão pessoal. — Seriam escravos de soldados espanhóis. Varões de idades entre 12 e 25 anos, e mulheres de mais de 12 anos, também seriam escravos por vinte anos. Dois hopis que haviam se juntado no combate foram sentenciados a terem a mão direita amputada e então serem libertados, "de modo a poder transmitir à terra deles notícia da punição". Como advertência adicional aos nativos, as mãos e pés amputados foram exibidos em público, em dias diferentes e em aldeias diferentes.

Mais tarde, Oñate seria, ele próprio, julgado por autoridades espanholas no México, por sua crueldade tanto para com índios quanto para com colonos, e foi banido pelo resto da vida da colônia que havia fundado. Mas o conquistador deixou sua marca no Novo México — de maneira literal, perto da base de El Morro. Gravou uma inscrição no paredão em seu caminho de volta de uma busca vã por riquezas que o levou até o golfo da Califórnia. Na inscrição, lê-se: "Por aqui passou o governador-geral dom Juan de Oñate, depois da descoberta do Mar do Sul, em 16 de abril de 1605."

A mais antiga inscrição espanhola em El Morro é a de Oñate; ele poderia tê-la entalhado quase que em qualquer lugar na parede vazia de arenito. Em vez disso, o conquistador decidiu gravar suas grandiosas palavras exatamente bem acima de um petróglifo indígena.

MUTILADOS, ESCRAVIZADOS E dispersos, ainda assim os índios acomas voltaram e reconstruíram seu povoado poucas décadas depois do ataque de Oñate. Desde então eles haviam se apegado ao alto do cume rochoso: uma construção isolada de vida de aldeia. Ao contrário dos zunis, contudo, os acomas atualmente cortejam visitantes, com um Cassino Sky City à margem da rodovia interestadual e uma bem administrada empresa de excursões turísticas na base da mesa. A única maneira de visitar o povoado era comprar um bilhete e embarcar em um ônibus para a subida desapontadoramente fácil até o topo da mesa outrora inexpugnável.

— Você pode responsabilizar John Wayne por isso — disse nossa guia, uma mulher robusta acoma chamada Dale Sanchez. Durante a produção de um dos filmes de faroeste do ator, nos anos 1960, uma estrada pavimentada fora construída serpenteando até o povoado. — Depois disso, decidimos que poderíamos usá-la para ganhar dinheiro de todos vocês.

Em décadas recentes, a maioria dos acomas se mudou, saindo da rocha para um conjunto habitacional federal na planície abaixo. Trinta pessoas ainda moravam no topo da mesa, sem eletricidade nem água corrente. Mas o *pueblo* era um híbrido de antigo e moderno. Sobre fundações de pedra, algumas das quais datavam do século XII, os acomas tinham construído andares uns sobre os outros feitos de blocos vazados de cimento e concreto ou de adobe pré-fabricado da Home Depot. Algumas famílias tinham TVs funcionando ligadas na bateria de carros e instalavam toaletes portáteis ao lado de casas de paredes de argamassa de barro com detalhes de acabamento em turquesa: um talismã tradicional contra o mau-olhado.

Enquanto caminhávamos por estreitas ruas de terra batida, os habitantes espiavam por trás de cortinas e saíam para cuidar de barraquinhas onde vendiam peças de cerâmica. Os acomas são famosos por suas peças de cerâmica leves e delicadas, decoradas com padrões geométricos em preto e branco. Tão logo passávamos, os vendedores desapareciam de volta em suas casas.

Dale nos mostrou uma igreja de missão do século XVII, mas exceto por isso não disse nada sobre os espanhóis. Quando perguntei sobre o impacto que tiveram sobre os acomas, ela olhou para mim furiosa, como se para afastar o mau-olhado.

— Está querendo dizer Oñate? — sibilou.

Todo ano, os acomas carregavam uma imagem do martirizado Santo Estêvão pelas ruas do *pueblo* para abençoar o terreno onde os índios tombaram. Eles também mantinham uma cova aberta no cemitério da missão, esperando pelo retorno das almas dos acomas mortos ou escravizados pelos espanhóis.

— Se quiser saber mais, vá até Alcalde — disse Dale, marcando com um círculo uma pequena cidade em meu mapa do Novo México. Quando perguntei por que, ela sorriu enigmaticamente e se virou para cumprimentar um novo grupo de turistas.

ALCALDE ESTENDIA-SE pela autoestrada entre Santa Fé e Taos, próxima do centro de uma antiga região espanhola colonizada por homens que vieram com Oñate em 1598. Ocupando o limite mais ao norte da fronteira da América espanhola, e isolado em séculos posteriores da vida de tendência americana dominante, o povo de El Norte nunca se assimilara plenamente. Eram donos de uma subcultura orgulhosa e privada, um remanescente da Espanha colonial na remota região rural do Novo México.

Durante uma parada em Santa Fé, conheci um professor de uma das velhas famílias de El Norte. Ele disse que a região não só conservava um antiquado dialeto espanhol, mas também um apego à *limpieza de sangre* ou pureza de sangue. Na Espanha da era da Inquisição isso significara uma linhagem não maculada por sangue muçulmano ou judeu. Em El Norte, significava genes que nunca haviam se misturado com nativos.

— Você pode dizer só de olhar para mim e para a maioria das outras pessoas que há muitos índios em nossa árvore genealógica — disse o professor. — Mas a opinião geral é: "Nós somos puros, somos espanhóis, e não mestiços como os mexicanos sujos."

A um primeiro olhar, Alcalde parecia uma cidadezinha rural sem nada de mais, cercada por campos cultivados. Então, em sua extremidade norte, dei com uma estátua fascinante encarrapitada bem ao lado da estrada: um bronze, de mais de três metros e meio de altura, de um personagem de elmo montado num musculoso cavalo de batalha. Uma placa identificava o cavaleiro heroico como "El Adelantado Don Juan de Oñate." Posicionado numa plataforma alta, de modo a obrigar os motoristas a olhar para cima para ver o conquistador, o imponente bronze tivera como modelo a estátua equestre de Marco Aurélio em Roma.

Um "Oñate Monument Center" logo ao lado estava fechado, de modo que atravessei a estrada e fui a uma choupana com uma placa anunciando verduras e legumes à venda. Dentro dela, um velho chamado Max Martinez estava sentado enfileirando *chilis*. Quando perguntei sobre a estátua, disse, em inglês com sotaque carregado:

— O senhor olhou de perto para ela?

— Na verdade, não. Por quê?

Ele me acompanhou de volta até a estátua e apontou para uma das botas com esporas do conquistador. Em 1998, no aniversário do quarto centenário da expedição de Oñate ao Novo México, o pé havia desaparecido.

— Alguém veio durante a noite e o cortou fora — disse Max. — Cortou direto e de forma limpa o bronze. Devem ter usado uma serra elétrica pesada. — O trabalho também exigira uma operação secreta considerável, uma vez que um patrulheiro estadual morava num trailer ao lado do monumento.

Desde então o escultor fixara um pé novo, e o reparo era quase invisível. Mas o pé original nunca fora encontrado. Nem as pessoas que o haviam cortado, embora elas tivessem enviado uma carta anônima a jornais, reivindicando a amputação "em nome de nossos irmãos e irmãs de Acoma".

Max me levou de volta para o casebre e abriu uma cerveja para cada um. Descendente de uma família de pioneiros, ele só aprendera inglês quando fora para a escola.

— Nós não somos mais tão isolados, mas nos apegamos a algumas coisas — disse ele. — Palavras e sotaques dos velhos tempos. Fortes laços de família. Um estilo de vida tranquilo, relacionamentos são mais importantes que dinheiro. E a igreja ainda é o centro.

Também característicos eram os penitentes, que realizavam autopunição como prova de devoção e contrição. Suas práticas, semelhantes às dos flagelantes medievais, podem ter vindo para El Norte com os primeiros espanhóis. Na infância de Max os penitentes realizavam procissões, açoitando-se e cortando-se enquanto carregavam pesadas cruzes para as colinas. A cerimônia se encerrava com um homem sendo amarrado a uma cruz. Havia relatos não confirmados de que por vezes pregos eram usados e até mesmo que homens haviam morrido durante a reencenação da crucificação.

— Nos anos de outrora eles costumavam ir até o fim — observou Max.

Desde então o número de penitentes havia minguado, e agora mantinham seus rituais privados. Um de seus pontos de encontro, uma *morada*, ficava pouco mais adiante na estrada. Era uma construção austera com uma cruz na frente e um sanitário nos fundos. Max disse que só era usado para funerais e na Páscoa.

— Com o tempo os penitentes vão desaparecer e todos os espanhóis aqui acabarão por se misturarem e serem assimilados — disse Max. — Ninguém mais vai nos dar atenção, exceto por Oñate lá em cima de seu cavalo. É difícil deixar de vê-lo.

Max não gostava nem desgostava da estátua, pouco se importava com ela. Mas conhecia uma pessoa que se importava: Emilio Naranjo, a força motriz por trás do memorial e conhecido como El Patrón, o chefe político do vale. Quando estava a caminho de ir me encontrar com ele, reparei numa placa indicando o *pueblo* de San Juan, sítio do primeiro quartel-general de Oñate em 1598. Atualmente era uma reserva, tendo por centro um agrupamento de prédios de adobe e uma cooperativa de artesanato, onde conheci o historiador da tribo, Herman Agoyo. Ele usava um boné fazendo publicidade do cassino tribal, na rodovia interestadual próxima, e reconhecia a ironia de seu adereço. Os europeus inicialmente tinham vindo para o Novo México para saquear os povoados de suas riquezas; agora os índios estavam tomando de volta a parte que lhes cabia com roleta e vinte e um. Um dos cassinos do *pueblo* se chamava, apropriadamente, Cities of Gold (Cidades de Ouro).

— Os conquistadores eram jogadores, eles corriam grandes riscos, e eu admiro isso — observou Herman. Mas ele se ressentia da estátua de Oñate, particularmente a localização "bem na cara", que obrigava os índios a olhar para o conquistador a cada vez que passavam de carro. — Se você quer dar reconhecimento aos conquistadores, lembre-se dos maus bem como dos bons — disse ele. — Os espanhóis aqui não querem fazer isso. Eles fazem desses homens puros heróis.

As tribos dos *pueblos* haviam lançado uma campanha de contra-ataque para honrar um de seus próprios heróis controversos: Po'pay, um índio de San Juan que havia liderado a grande Revolta do Pueblo de 1680, que matou centenas de espanhóis e expulsou os colonizadores do Novo México por 12 anos. Uma estátua de Po'pay estava destinada a ser enviada para o prédio do Capitólio dos Estados Unidos, como um personagem representativo da história do Novo México.

— É claro que algumas pessoas espanholas detestam isso — elas acham que Po'pay era um assassino — disse Herman. — Que é exatamente o que sentimos com relação a Oñate.

Quando eu disse a ele que estava a caminho de ir ver o homem por trás da estátua de Oñate, Herman foi até uma prateleira de peças de artesanato da cooperativa e me deu um colar de couro cru. Pendurado na tira havia um pequeno pé de barro cortado no tornozelo.

— Talvez você queira levar isto para dar para ele – disse ele.

EMILIO NARANJO MORAVA numa casa de rancho com uma cruz no pátio e tinha uma bandeira americana na picape. Em pessoa, El Patrón não parecia ser o temível cacique político a respeito de quem eu ouvira falar. Ele estava com seus 80 anos e bastante surdo, e parecia não estar bem de saúde. Mas se mantinha ativo nos negócios locais, a partir de um escritório em casa cheio de fotografias assinadas de presidentes, senadores e governadores dos Estados Unidos.

— Eu já fui tudo — disse ele, enumerando os vários cargos que já havia ocupado, inclusive chefe do Partido Democrata local por cinquenta anos. Ele fez uma pausa diante de uma fotografia de si mesmo ao lado da estátua de Oñate, de suas muitas façanhas a de que mais se orgulhava. — Isso foi minha ideia, adquiriu existência por *minha* causa. Meus ancestrais vieram com Oñate. Ele deveria ser celebrado aqui exatamente como os peregrinos o são no leste, que chegaram à América muito mais tarde.

Enquanto falava sobre a história da região e seus esforços para celebrar os conquistadores, eu me senti como se estivesse de volta ao paredão de El Morro, lendo as imperiosas inscrições espanholas.

— Eu tenho a coragem de fazer as coisas, e faço com que sejam feitas — declarou Emilio. — Devo tudo ao meu Senhor. Meu tempo e dinheiro foram empregados na estátua, eu a tornei possível e as pessoas me agradeceram.

— Mesmo os índios? — perguntei.

— Por que não agradeceriam? Meu Deus, Oñate fez este lugar. Ele introduziu repolhos, *chilis*, tomates e sabe-se lá o que mais. Criou um sistema de irrigação. Oñate fez muitas coisas para os índios.

Inclusive, assinalei, matar e mutilar os acomas.

— Isso é um monte de mentiras! — berrou Emilio. — Quando o sobrinho dele foi morto, naturalmente ele enviou uma expedição para pacificar os índios. Naquela história a respeito de ele mandar cortar pés, eu não acredito. É propaganda feita por gente que não gostava dele.

Isso não era verdade; os espanhóis, como perpetradores europeus mais recentes, mantinham registros minuciosos de suas atrocidades. Mas era impossível interromper o monólogo de El Patrón: sobre como os índios era bem tratados, como tinham ficado ricos com os cassinos e a ajuda do governo, como era uma ingratidão da parte deles se ressentirem de Oñate.

— As pessoas apenas foram ensinadas a odiá-lo — concluiu ele. — Não existe motivo para isso.

Eu com frequência tinha ouvido refrões assustadoramente semelhantes enquanto viajava pelo sul da América. Para os defensores inflexíveis da Confederação, Dixie era a terra gentil de brancos bondosos e negros felizes; os líderes confederados eram heróis sem mácula; eram apenas um punhado de "criadores de casos" que criavam agitação e protestavam contra a exibição da bandeira rebelde. No Novo México, assim como no sul, o derramamento de sangue havia acabado há muito tempo. Mas os combatentes ainda viviam lado a lado e continuavam lutando, com estátuas e, simbolicamente, com pés amputados em vez de com espadas e flechas.

El Patrón, por exemplo, era um homem habituado à pancadaria e briga suja ideológica. Sua armadura era tão grossa quanto a de seu herói.

— Eu sei por que eles cortaram o pé de Oñate. Foi por vingança. — Ele deu um ligeiro sorriso. — Mas quer saber de uma coisa? Não creio que tenha causado nenhum grande estrago.

Comparado com Oñate, Coronado era pouco lembrado no Novo México, mesmo no Monumento Estadual a Coronado. Criado para marcar o quarto centenário da expedição, o parque ficava situado próximo ao acampamento de inverno dos espanhóis, num povoado nos arredores de Albuquerque. Encontrei o desvio para a saída numa movimentada ramificação da rodovia interestadual, entre um posto de gasolina e uma loja de ponta de estoque. Tudo que restava do povoado eram paredes baixas delineando um tabuleiro de damas de casas. Uma trilha levava ao Rio Grande, de águas morosas e barrentas com apenas 15 metros de largura, mas mesmo assim grandioso depois de todos os fios de água que eu havia cruzado desde Hermosillo.

O museu do parque tinha poucos artefatos espanhóis. Apesar disso, considerando-se que aquele monumento tinha seu nome, o conquistador parecia estranhamente ausente.

— Deveria haver mais, mas acabou não se concretizando — explicou-me um guarda do parque. Ele me mostrou um desenho de uma estátua de sessenta metros de Coronado, com um pavilhão e uma varanda coberta se estendendo e descendo até o rio. Concebido durante a Depressão, o grandioso projeto demonstrara ser caro demais.

Também exagerado tinha sido o discurso feito pelo embaixador da Espanha nos Estados Unidos por ocasião da inauguração do parque em 1940. Ele havia comparado a expedição de Coronado à expulsão dos mouros da Espanha e à recente guerra civil do país, quando a "Espanha havia derramado o sangue de seus filhos para defender nosso mundo cristão contra uma nova ameaça do Oriente — a ameaça do comunismo". Aquele parecia um uso extensivo do termo "Oriente", e punha Coronado no mesmo nível que o ditador fascista Francisco Franco. Cada era encontrava seu próprio significado para as façanhas dos conquistadores.

— Pessoalmente, acho que deveríamos rebatizar este lugar com o nome dos índios que viviam aqui e deixar Coronado fora de cena — disse o guarda. — De qualquer maneira, isso não é nem o local do acampamento de inverno dele. — Escavações haviam revelado que o acampamento, na realidade, se encontrava em outro povoado em ruínas, alguns quilômetros mais abaixo no rio. Seguindo as instruções do guarda, passei por uma loja Home Depot, uma Wendy's e uma Walgreen's até que vi uma placa na margem da estrada indicando o acampamento de Coronado nas vizinhanças. O sítio histórico era impossível de ser alcançado ou até mesmo vislumbrado. Uma auto-estrada de quatro pistas impedia o acesso; atrás dela erguia-se uma subdivisão de casas enormes construídas em pequenos terrenos.

Pueblo é a palavra espanhola que designa "povoado, vilarejo", uma palavra que descrevia com precisão o padrão de povoamento típicos do Arizona e Novo México: comunidades compactas de prédios altos, rodeadas por campos abertos. Os colonizadores espanhóis, que igualavam a vida urbana com civilização, construíam suas cidadezinhas bem ordenadas, de acordo com leis de planejamento urbano que ditavam o layout preciso de ruas e praças. Agora, na maior parte do sudoeste, os rastros tanto de povoados indígenas quanto espanhóis jaziam enterrados sob uma avalanche de crescimento desordenado.

O ABANDONO DE Coronado no Novo México se comparava com a escassez de estudos recentes de especialistas. A tradução mais prontamente disponível relativa à expedição de Coronado data de 1896; a biografia padrão, de Herbert Bolton, *Coronado: Knight of Pueblos and Plains* (Coronado: cavaleiro de *pueblos* e planícies), foi publicada em 1949. Desde então, o conquistador caiu em desgraça, certamente se comparado com outros exploradores.

Em minhas leituras, eu havia encontrado várias vezes os nomes Richard e Shirley Flint. Eles haviam publicado uma nova tradução de documentos relacionados a Coronado e incontáveis artigos sobre a *entrada*. Grande parte da pesquisa deles se concentrava em reconstruir a rota de Coronado, ou levantar os membros e o equipamento do exército. A partir dessa pesquisa enigmática e do endereço dos Flint no interior do Novo México, próximo à rota de Coronado, eu havia formado uma vaga impressão de historiadores bolorentos, do tipo que quase sempre é ativo em sociedades genealógicas e de antiquários.

— Nós moramos a 96 quilômetros da estrada principal e a 14,5 quilômetros do vizinho mais próximo — disse-me Richard Flint, quando telefonei para perguntar se poderia ir visitá-los. Ele me explicou para dobrar num portão verde numa estrada rural sem mais nada que a distinguisse. Quando o fiz, a estrada de terra batida, muito sulcada, rapidamente se tornou impassável. Abandonei meu carro e caminhei um quilômetro e meio antes de encontrar Richard que estava vindo da outra ponta ao meu encontro.

Homem esguio, de cabelos grisalhos com um bigode e grandes óculos redondos, Richard me conduziu até seu carro com tração nas quatro rodas e me levou a uma casinha de pedra e vigas de madeira. Um poço movido a moinho de vento fornecia água, painéis solares eram a única energia. Dentro da casa, Shirley Flint estava postada diante de um fogão a lenha cozinhando grão-de-bico. Muito bronzeada, com olhos azul-claros e uma longa trança loura, e vestindo uma blusa bordada, ela parecia muito tipicamente uma jovem dos anos 1960. Ela e

Richard haviam se conhecido em St. John College, em Santa Fé, durante a guerra do Vietnã.

— Eu era contra matar seres humanos e continuo sendo — disse Richard. Em 1969, o casal se mudou para a Suécia e depois para o Canadá. Ao retornar aos Estados Unidos, Richard solicitou status de isenção de serviço por motivos de consciência. Com a ajuda de um grupo de resistência ao contingente e a um legislador simpático, sua dispensa foi deferida. Depois disso, os Flint compraram 22 hectares de terras altas na planície por 7.500 dólares e construíram nela um chalé de adobe com as próprias mãos.

— Nós estávamos apenas subsistindo, realmente — disse Shirley. Então, da leitura de um volume de uma biblioteca móvel sobre Coronado, os Flint descobriram que o conquistador havia viajado pela propriedade deles. Começaram a pesquisar sua rota, inicialmente como passatempo e depois como obsessão. Richard havia retomado os estudos para fazer um mestrado em arqueologia e depois um Ph.D. em história latino-americana (Shirley já tinha um mestrado em história). Nas duas décadas desde então, eles tinham transformado aquela casa longínqua numa indústria doméstica de Coronado, produzindo livros e artigos e obtendo uma bolsa Fulbright e outros fundos de financiamento para viagens de pesquisa à Espanha e ao México.

Depois de um jantar de queijo, pedaços de maçã, pão e sopa, Shirley me mostrou o documento que estava traduzindo no momento.

— É um pouco como ler inglês shakespeariano — observou ela. Nos anos 1500, a ortografia e a gramática não eram padronizadas, e o espanhol escrito estava evoluindo da escrita gótica para a escrita cursiva moderna. Além disso, os autores empregavam sua própria estenografia e abreviações de palavras espanholas e latinas. De modo que Shirley tinha compilado um *abecedario* ou um glossário-chave de termos para cada escriba cuja escrita ela havia decifrado.

— Algumas cartas levam semanas para serem decifradas — disse ela. Enquanto os Flint se debruçavam sobre a mesa de trabalho que dividiam sob a luz de uma lâmpada fraca, debatendo uma linha de legalês de Castela, tive a sensação de ter sido transportado para um monastério medieval onde os clérigos transcreviam manuscritos antigos.

Mas não era assim que os Flint viam a si mesmos.

— "Questione a autoridade" era o lema de nossa geração, e isso é o que ainda estamos fazendo — declarou Shirley. — Depois que você começa a questionar e a mexer no conhecimento recebido, ele começa a se desenredar bastante rápido.

A ortodoxia, neste caso, era a faculdade Bolton, assim chamada em homenagem a Herbert Bolton e seus alunos na primeira metade do século XX. Renomado professor da Califórnia e presidente da Associação Histórica Americana, Bolton defendia os espanhóis e o papel por eles desempenhado no hemisfério. Em sua sofreguidão para afastar a "lenda negra", ele havia criado uma "lenda branca" que romantizava os conquistadores como "cavaleiros" heroicos e civilizadores. Os muitos alunos que Bolton formou em sua longa carreira ajudaram a perpetuar essa imagem.

Richard admirava o sentido de missão que Bolton havia incutido a uma época em que os hispânicos e sua história eram ignorados ou insultados por anglo-americanos.

— Mas ele empurrou o pêndulo tão longe no sentido oposto que obscureceu a verdade.

Bolton, por exemplo, encobriu algumas das brutalidades infligidas em Tierra Nueva e escreveu que Coronado possuía "um sentido mais refinado dos direitos e da dignidade de seres humanos" que outros espanhóis. Richard me mostrou um de seus próprios livros, *Great Cruelties Have Been Reported* (Grandes crueldades foram registradas), uma antologia de documentos de uma investigação espanhola de 1544 da *entrada* de Coronado. Nesses documentos, membros da expedição descreviam em detalhes francos as muitas atrocidades cometidas contra os índios: massacres, violências sexuais, tortura, condenações à morte na fogueira.

— Aqui está a refutação a Bolton — disse Richard — nas palavras dos próprios espanhóis.

Os Flint também questionavam os estudos de especialistas contemporâneos sobre os princípios da América. A nova ortodoxia em voga enfatizava o papel de doenças trazidas por europeus na destruição das sociedades nativas. Registros do século XVI do México e do Caribe, relatando epidemias horripilantes apoiavam essa tese. Mas não existiam sinais comprovando tais ocorrências nos muitos documentos relacionados a Coronado. Tampouco os espanhóis que o seguiram uma geração depois observaram um declínio de população entre os índios.

— Os germes foram um fator em muitos lugares que os europeus invadiram... muitos nativos morreram — observou Richard. — Mas muita gente foi assassinada; e isso também consta nos registros. — Ao se concentrar em doenças, disse ele, os estudiosos se arriscavam a sanitizar a conquista e a absolver os invasores, exatamente como Bolton havia feito. — A mensagem dos novos estudiosos especialistas é: "Os europeus causaram terríveis perdas e danos aos nativos, mas a maior parte foi não intencional e inevitável."

Richard retornou aos seus documentos para ilustrar seu ponto de vista. Enquanto ele me conduzia através de relatos de ainda mais massacres e pilhagens, comecei a ver os Flint como Las Casas modernos: prestando testemunho, como o frade dominicano, de crimes contra os nativos e da traição da Espanha do caráter cristão.

Quando mencionei isso, Richard e Shirley me surpreenderam de novo. Eles não queriam ressuscitar a lenda negra, que transformava os espanhóis em açougueiros desbragados. O fato de que Coronado e outros conquistadores tinham sido julgados por suas crueldades dava prova do esforço e empenho moral da Espanha com relação à conquista. Tampouco os Flint tinham qualquer animosidade contra Coronado como indivíduo.

— Ele era funcionário importante, uma peça proeminente na engrenagem da burocracia imperial — disse Shirley —, não um radical nem uma pessoa de ideias independentes.

A verdadeira questão, na opinião dos Flint, era a própria empreitada de uma sociedade impor sua vontade sobre outra.

— Existem tantos paralelos entre aquela era e a nossa — declarou Richard. Shirley concluiu seu raciocínio.

— Arrogância e império, o da Espanha e agora o da América. Isso nunca funciona, mas o mal que é feito dura séculos.

CORONADO DEIXOU A região dos povoados no fim de abril de 1541, guiado por vários índios, inclusive El Turco, o cativo que havia prometido conduzir os espanhóis à sua rica terra natal de Quivira. Depois de dez dias de viagem, Coronado escreveu: "Alcancei uma região de planícies tão extensa que não importa para que direção avançasse por elas não encontrava seu fim."

Os espanhóis tinham entrado nas vastas pradarias que outrora cobriam um quarto do continente. Poucos viajantes hoje consideram essa paisagem maravilhosa. Mas, para os olhos dos espanhóis do século XVI, as planícies infinitas eram um mundo verdadeiramente novo, mais estranho e mais impressionante que o árido e montanhoso sudoeste — que, afinal, tinha uma ligeira semelhança com partes de sua terra natal.

"O terreno é como uma tigela, de modo que quando um homem se senta, o horizonte o rodeia por toda parte", maravilhou-se um cavaleiro. Também espantosa era a relva, que "se endireitava e se levantava reta imediatamente após ter sido pisoteada". A imensa legião de Coronado "não deixou mais vestígios por onde havia passado do que se nada tivesse estado lá — nada."

Ainda mais espantosas eram as "vacas" correndo pelas planícies em manadas tão vastas "que era impossível contá-las". Até aquele momento, os espanhóis não tinham nenhuma palavra exceto *vaca* para designar o bisão americano (comumente chamado de búfalo), um animal imenso e agressivo, com chifres robustos, que assustava tanto os conquistadores com armaduras de metal quanto as suas montarias.

"Não havia um único entre os cavalos que não disparasse em fuga quando os via primeiro, pois têm uma cara estreita e curta", escreveu um cavaleiro. "Eles têm barbas longas, como bodes, e quando estão correndo em disparada atiram a cabeça para trás com a barba se arrastando pelo chão." O outro espanhol achava que eram "a coisa mais monstruosa como espécie animal que jamais se viu ou se leu a respeito... Existe uma tamanha quantidade deles que não sei com que compará-los, exceto com peixes no mar".

Várias semanas depois de entrar nas planícies, os espanhóis também encontraram índios diferentes de todos os que já haviam visto: altos, "bem-feitos de corpo", nômades de caras pintadas que seguiam as manadas de búfalos e viviam inteiramente de suas presas. Eles comiam carne crua de búfalo ou semitostada em fogueiras de estrume de búfalo; bebiam sangue de búfalo de odres feitos de entranhas de búfalo; usavam peles de búfalo para fazer suas roupas, sapatos e "tendas" cônicas; e nervos de búfalo, lã e ossos para fazer fios, cordas e sovelas. "Eles eram inteligentes", escreveu um dos homens de Coronado. "Embora falassem por meio de sinais, se faziam entender tão bem que não havia necessidade de intérprete."

A um primeiro olhar, a descrição cheia de admiração dos espanhóis dos índios das planícies parece admiravelmente familiar. A bela figura de postura monumental dos nativos, as *teepees* (tendas cônicas) e a habilidade incomparável com o arco e flecha eram qualidades que mais tarde impressionariam os americanos no Oeste do século XIX. Mas um detalhe crítico era diferente. No século XVI, os nativos não tinham cavalos. Em vez disso, punham arreios em cachorros e os carregavam com os postes de suas tendas e outras posses.

"Quando a carga se desarruma", observou um espanhol, "os cães uivam, chamando alguém para colocá-las direito." Infelizmente os espanhóis não registraram as primeiras impressões dos nativos do animal que os transformaria de nômades caminhantes em guerreiros montados, os mais formidáveis combatentes nativos do continente.

CONTINUANDO RUMO AO LESTE, os espanhóis alcançaram a mais plana das planícies, uma enorme extensão, de nível perfeito, de relva. Mesmo os guias índios do exército ficaram perdidos, escreveu Coronado, uma vez que "não havia uma pedra, nem um bocadinho de terreno elevado, nem uma árvore, nem um arbusto, nada para se guiar". Ele enviou dez batedores montados "para seguirem a toda a velocidade em direção ao sol nascente por dois dias". Eles não conseguiram

Desenho espanhol primitivo de um búfalo, 1553.

encontrar o caminho de volta, nem ser rastreados por causa da relva que não se dobrava. Quando os batedores finalmente foram descobertos, relataram ter viajado por 96 quilômetros e "não ter visto nada senão vacas e céu".

Depois disso, os batedores fizeram pilhas de estrume de búfalo para que o exército seguisse, como João e Maria, deixando uma trilha de estrume em vez de migalhas de pão. Os espanhóis também deram a um homem a tarefa de medir e contar seus passos para calcular que distância o exército percorria, em média de 24 a 32 quilômetros por dia. Mais tarde os espanhóis aprenderam um truque com os índios das planícies. "Pela manhã, eles veem onde o sol nasce e observam a direção para onde vão seguir, e então disparam uma flecha nessa direção. Antes de chegar a ela, disparam outra por cima da primeira flecha na mesma direção e assim avançam o dia inteiro."

Um mês depois de deixar a região dos *pueblos*, Coronado encontrou índios que tinham ouvido falar de seu destino, Quivira. Contudo, a descrição deles era muito diferente da de El Turco. As casas de Quivira eram toscas habitações de colmo, não de vários andares feitas de pedra, e não havia ouro nenhum, apenas milho. Os índios também disseram que Quivira ficava ao norte, a mais quarenta dias de viagem de distância. Até ali, El Turco havia conduzido o exército para leste e para sul.

"Com essa notícia, sofri a maior das dores", escreveu Coronado, "vendo-me naquelas exaustivas e infindáveis planícies, onde tinha extrema necessidade de água." O suprimento de milho do exército também havia se esgotado. (El Turco dissera aos espanhóis que trouxessem poucas provisões para que pudessem alcançar Quivira rapidamente e carregar ouro de volta.) Sob interrogatório, El Turco reafirmou que dissera a verdade sobre sua grande e rica terra natal. Mas Coronado decidiu enviar a massa de seu exército de volta para o Novo México e continuar em direção a Quivira com apenas trinta de seus melhores cavaleiros, bem com El Turco, "que foi levado junto a ferros".

PEGANDO A rodovia interestadual logo depois de deixar os Flint, segui em velocidade para o leste descendo gradualmente por terreno de mesa em direção a Tucumcari, onde a linha distante de superfícies planas de montanhas erodidas finalmente desapareceu. Enquanto eu fazia a travessia para entrar no Texas, o fuso horário mudou, de hora oficial Mountain para Central, e do mesmo modo mudou o panorama. Cheguei à crista de uma escarpa e vi diante de mim as planícies, um tapete marrom salpicado de retalhos verdes, estendendo-se até o horizonte.

Enquanto seguia minha rota através do condado Deaf Smith, o terreno foi se tornando cada vez mais nivelado. Não havia árvores, nenhum tráfego e quaisquer residências, apenas infindáveis campos que pareciam cortados à escovinha. As estradas estendiam-se perfeitamente retas ao longo de quilômetros, então faziam curvas perfeitas em ângulos de noventa graus, como se desenhadas com régua e esquadro. Tive a sensação de estar dirigindo pela maior mesa de sinuca do mundo.

O condado de Deaf Smith, assim chamado em homenagem a um batedor texano, formava uma orla do território descrito por Coronado como "tão desprovido de marcos que era como se estivéssemos no meio do mar". Viajantes espanhóis posteriores denominaram esse terreno de platô de El Llano Estacado — a Planície Estaqueada — possivelmente porque plantaram estacas para marcar seu caminho através do terreno sem sinais distintivos. O Llano era uma singularidade geológica, um depósito de sedimento fino e pedra que havia sido trazido pelas águas das montanhas Rochosas milhões de anos atrás e que cozinhara ao sol tornando-se duro e plano — "como uma panqueca feita numa frigideira", descreveu um escritor texano. Em outras regiões das planícies, havia rios e ondulações. No Llano, a terra praticamente não muda numa extensão de cerca de 82 mil quilômetros quadrados: uma superfície quase que perfeitamente plana maior do que o estado do Maine.

Em meu segundo dia dirigindo por aquela paisagem entorpecedora fui despertado por uma placa surpreendente: "Welcome to Earth" (Bem-vindo à

ROTA DE CORONADO (3 DE 3)

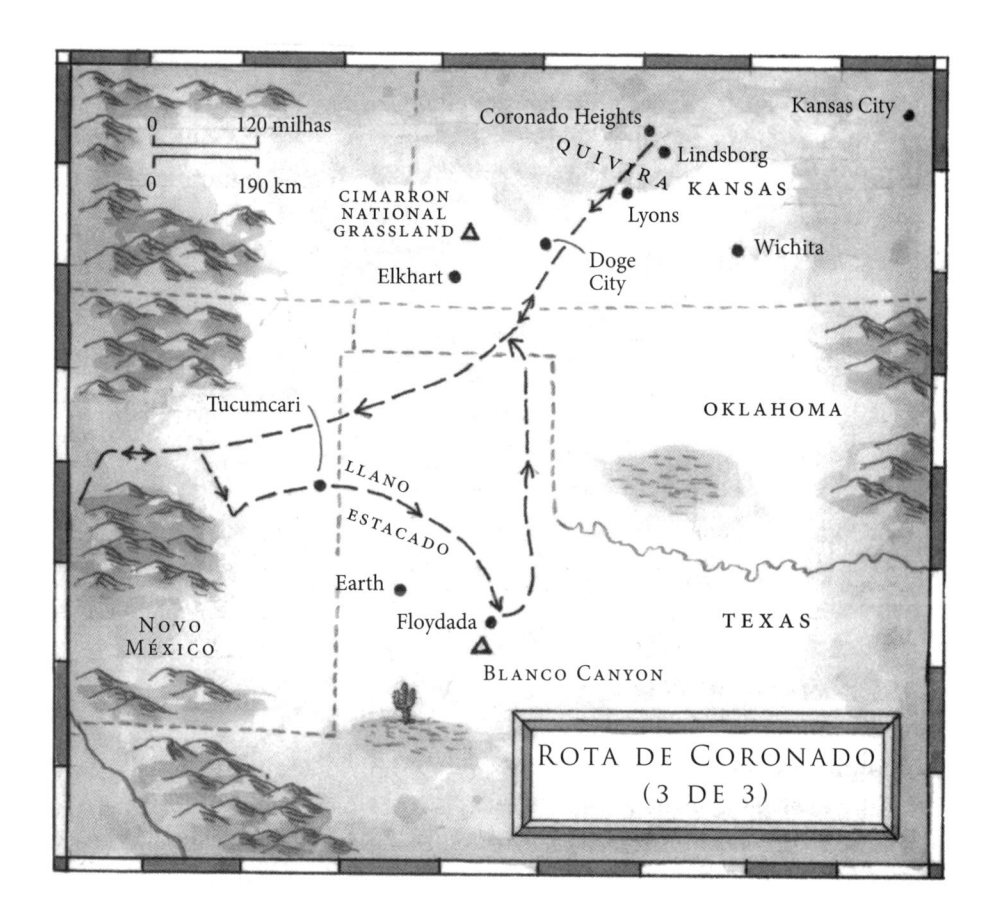

Terra). Então vinham lojas com os postigos fechados, um sinal de trânsito quebrado e uma sala de cinema desativada que anunciava sua última atração: *A bolha assassina*. Passei por uma igreja, Mission Earth; um posto de gasolina, Earth Station; um escritório de jornal fechado, *The Earth News*; e uma placa em que se lia "Try Earth First" (Tente a Terra Primeiro) ao lado do que parecia ser um antigo banco. Earth podia não ter muita vida, mas parecia ter um fértil senso de humor.

Avistando um carro solitário ao lado de uma agência de seguros, entrei para perguntar a origem do nome da cidade. A dona da agência, Fran, uma mulher de cabelo volumoso e unhas pintadas de vermelho, sacudiu a cabeça e disse:

— Vivi aqui a minha vida inteira e não tenho nenhuma ideia.

Uma mulher mais velha, Lavelle, também não tinha, mas disse que o nome da cidade era um transtorno, uma verdadeira cruz de sofrimento na vida de seus habitantes.

— Você diz às pessoas de onde você é, e elas sempre dizem alguma coisa tipo: "É, eu também sou da Terra", ou "É mesmo? Eu sou de Marte." Chega uma hora em que cansa — Lavelle suspirou. — Tem uns tipos por aqui que dizem que são Earthlings. Isso não ajuda nada.

— Na verdade, deveria ser chamada de Terra Plana — acrescentou Fran. — Quando vou para as colinas e bosques do leste do Texas, me sinto incomodada, não consigo ver nada. Eu me sinto sufocada. Acho que é com isso que estou habituada.

Enquanto Fran me contava sobre a crise nas fazendas que havia acabado com o comércio de Earth, Lavelle foi ao cabeleireiro para perguntar se alguém conhecia a história do nome da cidade. Ela telefonou para relatar que datava da inauguração da primeira agência de correios, em 1925. O agente postal havia sugerido vários nomes, mas todos já haviam sido solicitados por outras cidadezinhas do Texas. Ele então saiu para uma caminhada pelo lugarejo e tudo que conseguiu ver foi pó e terra, de modo que escolheu o nome Earth.

— Acho que poderia ter sido pior — disse Fran. — Você pode imaginar dizer "Eu sou de Dirt [do Pó]"?

CONTINUEI DIRIGINDO, passando por Halfway e Plainview e depois por Floydada, onde uma placa de boas-vindas dizia: "A Capital da Abóbora dos Estados Unidos". Floydada parecia tão plana quanto Earth, mas apenas alguns quilômetros além da cidadezinha a terra do platô se fendia, revelando uma larga ravina com cerca de oitocentos metros de largura e trinta metros de profundidade — o primeiro acidente geográfico natural na paisagem desde que eu havia entrado no Llano.

Os espanhóis também haviam ficado espantados com a ravina, descrevendo-a como uma *barranca grande* ou grande cânion. Enquanto o exército estava acampado na garganta, houve uma violenta tempestade de granizo, sovando os espanhóis com pedras "tão grandes quanto tigelas" e "caindo como chuva grossa". Os homens levantaram os escudos para se protegerem do granizo enquanto tentavam controlar seus cavalos, que tentaram sair da garganta. Se a tempestade tivesse apanhado o exército na planície aberta, escreveu um soldado, os cavalos teriam disparado e fugido e posto em perigo a expedição. De todo modo o granizo rasgou tendas, fez mossas em capacetes e quebrou toda a louça.

Quatro séculos depois daquela tempestade de granizo de verão, um fazendeiro chamado Burl Daniel estava cavando uma vala de escoamento logo nos arredores de Floydada, na orla de Blanco Canyon, quando seu arado bateu em metal. Burl pensou que fosse um rolo de malha de arame de galinheiro e o atirou em seu caminhão com o resto do lixo. Então reparou que o metal tinha a forma de uma mão, com os últimos dois dedos faltando. Ele o enviou para um museu na Universidade do Texas, que identificou o objeto de malha de arame como uma manopla, ou uma luva de cota de malha.

Ninguém deu muita atenção à descoberta até 25 anos depois, em 1991, quando Nancy Marble estava examinando jornais antigos no Museu Histórico de Floyd County.

— Eu fiquei intrigada, só querendo saber como aquela luva espanhola tinha vindo parar aqui — disse Nancy, quando me encontrei com ela no museu, na praça da cidadezinha de Floydada. Por isso ela localizou Burl Daniel e o convenceu a vender a luva para o museu de Floydada por quinhentos dólares.

Ela também disse a um caçador de relíquias local que ficasse de olho, em busca de peças de metal na região de Blanco Canyon. Ele o fez, retornando com o que pareceu a Nancy "uma caneta esmagada". Ela contactou os peritos em Coronado, Richard e Shirley Flint, que identificaram o metal como o parafuso de uma besta, uma arma usada pelos homens de Coronado, mas não em expedições espanholas posteriores. Quando o caçador de relíquias descobriu mais parafusos, uma equipe arqueológica profissional veio pesquisar o cânion. Escavações feitas desde então haviam descoberto ferraduras, pregos, peças de louça de barro e mais cota de malha — de longe o maior tesouro de artefatos de Coronado jamais encontrado.

A maior parte dele agora residia numa vitrine de joalheiro no museu de Floydada.

— Este é um condado jovem, só foi organizado em 1890 — disse Nancy, me mostrando as salas com peças em exibição da época dos pioneiros, inclusive uma casa de torrões de terra. — Mas agora que sabemos que Coronado esteve aqui, tenho a sensação de que somos antiquíssimos.

Eu fiz um retorno para voltar a Blanco Canyon, logo ao sul da cidade na estrada para Cone. Era fácil compreender por que os espanhóis haviam escolhido o cânion como local para acampamento. Um riacho sombreado por choupos-docanadá corria ao longo do fundo largo e plano da garganta, e o cânion oferecia abrigo do vento impiedoso do Llano, ainda que não de granizo. Os espanhóis mais tarde acamparam em dois outros cânions nas vizinhanças, usando um deles como base para caçar búfalos e preparar carne seca.

"Muitos companheiros que saíram para caçar se perderam nessa ocasião", escreveu um soldado, "ficando a perambular pelo campo como se estivessem loucos." A cada noite o exército tentava atrair os caçadores perdidos de volta para a ravina disparando armas, tocado trompas, fazendo soar tambores e acendendo grandes fogueiras. Mesmo assim, alguns dos cavaleiros nunca retornaram. Era uma imagem fantasmagórica e inesquecível: cavaleiros bem armados que tinham sobrevivido à longa viagem desde a Espanha e a jornada ainda mais longa desde o México, desaparecendo num mar de relva.

AO SOM DE SERENATAS DE BOLETINS INFORMATIVOS SOBRE GRÃOS e rádio cristã, eu segui Coronado rumo ao norte à medida que ele e seu destacamento avançado de trinta cavaleiros cavalgavam em direção a Quivira, através do que é agora a faixa estreita de terra que se estende como um cabo do Texas e Oklahoma e então entra no canto sudoeste do Kansas. Esse território triestadual foi o epicentro do Dust Bowl, ou Bacia da Poeira dos anos 1930, um desastre que Coronado e seus homens poderiam ter previsto. Os espanhóis consideravam as planícies do sul um "deserto" semiárido, de solo arenoso, varrido pelos ventos, adequado apenas aos búfalos, nômades e à relva curta de resistentes gramíneas. Mas a população que para lá acorreu para fixar residência durante o fim do século XIX trouxe ferramentas modernas e obstinado otimismo americano. Passadas apenas algumas décadas, seus arados e tratores, e gado pastando tinham dado cabo de toda a relva nativa que fixava o solo no lugar e o protegia das secas frequentes e dos ventos lacerantes.

Quando a chuva deixou de cair e os ventos sopraram em rajadas durante os "Dirty Thirties", os poeirentos anos 1930, a camada superior do solo desprotegida simplesmente foi levada pelos ventos. Na fronteira do Kansas, entrei no condado de Morton, o mais afetado que qualquer outro no Dust Bowl; mais de três quartos de sua área tinha sido seriamente erodida pelo vento. Quase metade da população fugiu, e o condado hoje ainda tem menos habitantes do que tinha em 1930.

Esse êxodo, contudo, demonstrou ser uma bênção para a preservação ambiental, que foi o motivo pelo qual eu fiz uma parada no condado de Morton. Na esteira das tempestades de poeira, o governo federal comprou vastas extensões de terras "submarginais" de fazendeiros arrasados que queriam sair dali. Tirados de uso para a agricultura e replantados com relva, esses terrenos gradualmente se recuperaram. Um dos maiores desses lotes de terra se tornou o Cimarron National Grassland: mais de quarenta mil hectares que retornaram a algo que se aproximava de sua aparência na época de Coronado.

No posto da guarda florestal da sede do condado de Morton, em Elkhart, apanhei um mapa de excursão que me pareceu promissor, intitulado "Mar de

Relva". Dirigi, embrenhando-me até onde foi possível em meio à relva, saltei de meu carro e comecei a caminhar. Pela primeira vez desde que eu havia entrado nas planícies, a paisagem estava completamente livre de arame farpado, de postes telefônicos, do cheiro de fertilizantes ou de quaisquer outras intrusões feitas pelo homem. A relva na altura dos joelhos silvava contra meus jeans enquanto caminhei por vários quilômetros numa linha tão reta quanto pude. Com o sol do fim do dia batendo em meus ombros, não foi difícil manter meu sentido de direção. Mas o pedacinho de horizonte que eu havia escolhido como ponto guia não se tornou nem um pouco mais próximo. Parecia estar se afastando sem se mover, como se numa esteira de relva, ligeiramente inclinada para o alto. Ou, como um dos homens de Coronado descrevera, como se estivéssemos numa vasta bacia rasa.

Antes, vistas de meu carro, as planícies tinham parecido planas e sem traços distintivos. Mas a pé, comecei a ver variações sutis: baixadas suaves e inclinações, e ao longe, um afloramento de pedra que se erguia em torno de vinte e poucos metros acima da relva. De acordo com meu mapa, aquele "penhasco rochoso" era o terceiro ponto mais alto do Kansas, e havia servido de posto de vigia para os pioneiros na Trilha de Santa Fé. Numa paisagem nivelada como aquela, até uma corcova parecia saída do Himalaia.

Vida de todos os tipos também se sobressaía grandemente. Ao pôr do sol, codornizes e tetrazes dardejavam em meio à relva de tom areia escuro. Vi uma tartaruga terrapene e as tocas de túneis de cães-da-pradaria — "animais semelhantes a esquilos", como os chamavam os espanhóis. Uma cobra cascavel dardejou a língua em minha direção antes de se desenroscar e se afastar.

Um animal, contudo, estava conspicuamente ausente. Até o princípio do século XIX, em torno de trinta milhões de búfalos vagueavam pelas planícies. "Em termos de quilogramas de matéria pertencendo a uma espécie", observa o biólogo Tim Flannery, as manadas de bisão da América "formavam a maior agregação de seres vivos jamais registrada". Contudo, essa população maciça mal havia sobrevivido à segunda metade do século XIX, em que caçadores com rifles de repetição mataram rebanhos em massa: pelas peles, pelas línguas, por esporte — e para o exército americano que queria expulsar os índios das planícies ao exterminar os búfalos que lhes garantiam a sobrevivência. O último búfalo selvagem do Kansas foi morto em 1879, perto de onde eu caminhava. Em 1900, restavam menos de mil búfalos em toda a América do Norte.

Desde então, cruzamentos, criação cuidadosa e preservação tinham aumentado a população para várias centenas de milhares. Mas a despeito das perguntas constantes, o único búfalo de que eu tinha ouvido falar em minha rota, desde que entrara nas planícies, eram alguns que ficavam num parque estadual do Texas. Um guarda florestal me dissera para não perder meu tempo. Os búfalos só podiam ser vistos através de um telescópio ultrapotente de uma plataforma de observação, e mesmo assim só raramente. Criaturas em tão grande número que Coronado escreveu: "contá-las é impossível", hoje eram tão escassas que tinham de ser rastreadas em reservas distantes, como os rinocerontes do Serengeti.

Eu havia quase perdido a esperança quando ouvi, durante um desjejum de bife com ovos, em Elkhart, que um fazendeiro aposentado criava alguns búfalos fora da cidade. Keith Jarvis morava a pouca distância de uma estrada de terra batida a cerca de 25 quilômetros de Elkhart e a mais de 1,5 quilômetro de sua própria caixa de correspondência. Um homem robusto de jeans azuis e com um boné do Kansas State Wildcats, ele parecia estar achando graça quando estacionei ao lado de seu trator e expliquei minha busca.

— Fique à vontade para olhar e para comprá-los também, no que me diz respeito — disse. Keith me acompanhou até uma cerca. — Dá choque — advertiu ele —, os búfalos respeitam a eletricidade. — Ele apontou para um aglomerado de animais de corcova, de cabeça baixa enquanto pastavam a uma distância de mais ou menos 15 metros. De longe, eles de fato se pareciam com vacas. Mas Keith sabia que não era verdade.

— Vou lhe contar o que sei a respeito de búfalos — disse ele. — Tente encurralá-los ou juntá-los ou tentar tocá-los para qualquer direção que seja, e eles ficam todos enfurecidos. Gado não faz isso. — Ele contemplou o rebanho. — As pessoas ficam todas emocionadas e cheias de lágrimas com relação a búfalos, mas são animais selvagens; nunca serão seus amigos. Eles me toleram porque eu lhes dou de comer. Mas para eles não faz nenhuma diferença me arrancar as tripas.

Keith abriu a cerca elétrica e nos aproximamos para olhar mais de perto. Tínhamos andado apenas alguns metros quando um dos búfalos levantou a cabeça e se afastou trotando num passo saltitante desajeitado. Os outros logo o seguiram.

— Eles são estritamente animais de manada — disse Keith. — Encontre um e você encontrará todos. Enquanto caminhávamos de volta para pegar sua picape, perguntei a Keith como tinha começado a criar búfalos.

— Só pela novidade da coisa, eu acho. Comprei um por mil dólares, quando o mercado estava no auge, que é sempre quando entro nas coisas. — Ele deu uma gargalhada. — Mas não posso nem dar as peles de presente, ninguém quer. Em geral moo a carne para fazer hambúrguer.

Embarcando em sua picape, seguimos por um campo de artemísias até o meio da manada. Ao contrário de Coronado, eu tinha uma imagem bem clara em minha cabeça de qual seria a aparência das criaturas por fotografias e por moedas com cabeça de búfalo que eu havia colecionado quando criança. Mesmo assim foi fácil ver por que os espanhóis os acharam tão estranhos e engraçados. Mesmo Juan de Oñate, não um homem que eu imaginasse dado a gracejos, se tornava um bobalhão engraçado quando o tema eram búfalos: "Até mesmo alguém muito melancólico, se pudesse vê-los cem vezes por dia, não conseguiria deixar de dar boas gargalhadas o mesmo número de vezes."

Vistos de perto, o que parecia mais cômico era o quarto anterior desproporcionalmente corpulento. Seu peso e pelagem espessa castanho-avermelhada se concentram ao redor do quarto dianteiro e do pescoço, com o torso se afilando para um traseiro improvavelmente pequeno e um rabo fino semelhante ao de um porco. A cabeça grande é tão peluda que a pelagem longa quase cobre os chifres, e os olhos são pequeninos e sonolentos. E as patas, especialmente as dianteiras curtas, de cascos pequenos, parecem delicadas demais para sustentar uma massa tão volumosa.

— Eles podem parecer engraçados — disse Keith —, mas não têm graça nenhuma quando giram sobre esses pés pequenos e partem para passar por cima de você ou através de você. — Apesar disso, ele também achava seu rebanho engraçado. — A barba é o que nunca consegui entender. Quando eles bebem, ela entra na água e quando correm, ela se arrasta pelo chão. Não consigo imaginar que bem ela faz.

Depois de eu ter ficado olhando abobalhado por algum tempo, Keith me mostrou o resto de sua propriedade, principalmente campos de trigo marrons de outono.

— Eu não era um bom fazendeiro — disse ele. — Estive com estes campos no prego mais vezes do que consigo me lembrar.

Quando contei a ele sobre Coronado ter andado à procura de ouro por aquelas planícies, Keith riu.

— Sei, igualzinho aos sujeitos que acharam que poderiam enriquecer depressa plantando safras por aqui. O Dust Bowl acabou com isso. Então teve gente que começou a procurar por petróleo e gás, não que eu nunca tenha encontrado. — Keith sorriu. — Porém, finalmente encontrei o meu nicho, que é não fazer nada. Fico satisfeito apenas por ainda ter a casa e a terra.

Nós fizemos meia-volta e retornamos à casinha que Keith havia construído de restos de toras de madeira. Enquanto sua esposa, Beulah, silenciosamente, separava tomates verdes na cozinha, Keith preparou para mim um prato cheio de nacos de carne marrom-acinzentada.

— Já tem um dia que foi feita e não é tão macia quanto a carne de boi. Você tem que cortar em pedacinhos bem pequenos.

Eu ainda estava me recuperando de meu café da manhã gorduroso em Elkhart e não tinha muita certeza de que quisesse comer parte do rebanho que acabara de admirar. Mas pareceria mal-educado se recusasse. Felizmente, a carne de búfalo tinha exatamente o gosto que Keith havia descrito, tinha que ser bem mastigada e era um pouco dura, como carne de boi ligeiramente passada demais, mas não era ruim.

— É deliciosa — declarei engolindo o último pedaço. Diante disso, Keith foi até o freezer e encheu um grande isopor com o que me pareceu uma coxa inteira.

— Para você comer na estrada — disse ele, ajudando-me a carregar até o carro. — Nesta região, você nunca sabe quando vai precisar.

Depois de deixar seu exército para trás no Texas, Coronado e seus cavaleiros cavalgaram durante o verão de 1541, atravessando quilômetros de planície desolada. Eles viviam como índios, alimentando-se unicamente de búfalos que matavam e cozinhavam em fogueiras de esterco de búfalo. Em muitos dias, os espanhóis ficavam sem água. Então, no que é hoje a região central do Kansas, os cavaleiros pararam. "Aprouve à graça de Nosso Senhor", Coronado escreveu ao vice-rei, "que, depois de termos viajado 77 dias por aquelas terras vazias, eu chegasse à província que eles chamam de Quivira."

Esse alívio, contudo, imediatamente cedeu lugar ao desencantamento. Na linha seguinte de sua carta, Coronado começou a listar "as coisas de grande magnificência" que lhe tinham sido contadas por El Turco e a contrastá-las com o que de fato encontrou em Quivira. Em vez de prédios altos de pedra, ainda mais imponentes que os dos *pueblos*, Coronado viu apenas choupanas redondas de colmo. Os habitantes vestiam-se com peles de búfalo e comiam carne crua; não havia sinal de algodão nem de travessas de ouro. O único objeto de metal que possuíam era uma peça isolada de cobre pendurada no pescoço de um chefe.

"As pessoas são tão incivilizadas quanto todas as outras que vi e por quem passei até agora", escreveu Coronado. Em suma, a terra áurea de Quivira era ainda mais uma miragem do que as sete cidades resplandecentes que os espanhóis haviam esperado encontrar em Cibola no verão anterior.

Coronado ficou em Quivira por quase um mês, enquanto vasculhava a região campestre dos arredores em busca de vestígios da sociedade rica e populosa que lhe havia sido prometida. Não encontrou "nada senão aldeias" e casas feitas de "peles e varas". Tampouco seus batedores ouviram notícias de comunidades estabelecidas em lugar nenhum na região, exceto as de Quivira, "que são algo de muito insignificante".

Insignificantes, talvez, em termos de riquezas minerais ou de nativos prósperos de quem cobrar tributos. Mas Quivira era rica em outros sentidos. "A terra em si", observou Coronado, era "opulenta, negra e bem irrigada" por córregos e fontes. Os nativos cultivavam milho; nogueiras, ameixeiras, videiras e amoreiras silvestres cresciam na região. "Esta terra apresenta uma belíssima aparência", escreveu um cavaleiro. "Não vi nada melhor em toda a nossa Espanha, nem na Itália, nem em parte alguma da França." Ele acreditava que a região se adequava muito bem tanto à agricultura quanto à criação de animais.

Mas Coronado não viera tão longe para arar o solo ou criar vacas. Enquanto os outros elogiavam Quivira, seu despacho pessoal para o vice-rei era amargo e cheio de autocomiseração do princípio ao fim. "Eu sofri... o relato que foi feito era falso... Eu fiz tudo o que me foi possível fazer."

O conquistador havia apostado sua fortuna e a de seu patrono na esperança de encontrar fama e riquezas na Tierra Nueva. Ao contrário, depois de quase dois anos de árdua viagem desde que deixara sua esposa e seu lar no México, ele se encontrava no meio de um vasto continente, isolado de seu exército, com o inverno se aproximando. E pela segunda vez na jornada, havia sido enganado; primeiro pelo extravagante Fray Marcos e agora por um guia índio esperto.

Certa noite, Coronado ordenou que El Turco fosse retirado da tenda onde os espanhóis o mantinham prisioneiro. Sob interrogatório, o índio finalmente confessou que havia enganado os espanhóis. Ele havia inventado maravilhosas mentiras na esperança de voltar para casa e se reunir à sua esposa. Além disso, seus senhores do *pueblo* tinham-no instruído a conduzir os espanhóis em direções erradas ao longo do percurso pelas planícies, de modo que o exército morresse de fome ou sede, ou retornasse tão enfraquecido que os índios pudessem facilmente "se vingar do que lhes fora feito".

Em vez disso, foram os espanhóis que se vingaram — de El Turco. "Sem esperar por mais conversa ou contra-argumentos", um soldado "passou uma corda por trás do pescoço do índio e a apertou com um bastão. Isso o estrangulou, e então eles o enterraram ao lado da tenda".

Coronado erigiu uma cruz para marcar o ponto mais distante que sua expedição havia alcançado em Tierra Nueva. Então, com suprimentos de milho seco e conduzido por novos guias índios, o conquistador e seus trinta cavaleiros fizeram meia-volta e cavalgaram para oeste ao longo das trilhas de búfalos, seguindo de volta para a terra das "casas de telhado plano".

Inchado pela carne de búfalo e exausto por ter dirigido demais, mal registrei o cenário enquanto seguia rumo ao leste de Elkhart, pilotando de silo em silo, os grandes povoados produtores de grãos que marcavam cada cidade. Quanto mais eu me embrenhava para o interior do Kansas, mais incrível parecia que Coronado tivesse seguido adiante — por 77 dias nas planícies! —, através de uma paisagem que oferecia tão pouco alívio não só para os estômagos dos espanhóis, mas também para seus espíritos.

Em pontos anteriores em minha viagem, cruzando o deserto de Sonora e a região de mesas e o Llano Estacado, eu havia ficado assombrado com a resistência e obstinação dos espanhóis. Fome, calor, invernos rigorosos, uma dieta regular de carne de búfalo — nada daquilo os desviara de sua missão. Mas, à medida que meu hodômetro ultrapassou a marca de 4.800 quilômetros desde Hermosillo, comecei a me perguntar se os espanhóis não eram mais possuídos do que teimosos. Ganância e desespero eu podia compreender, até certo ponto. Mas mergulhar assim tão profundamente num mar de relva, numa busca tão duvidosa, parecia prova de uma tenacidade que beirava o desatino.

Quase que desde o início da longa jornada de Coronado para Quivira, ele tivera amplos motivos para duvidar de El Turco, do mesmo modo que tivera para duvidar de Fray Marcos. Os senhores do povoado de El Turco, um segundo guia quivirano na expedição, os nômades que Coronado encontrara nas planícies — todos eles haviam contestado as histórias de El Turco de grandes riquezas ao longe no interior. Mas mesmo assim os espanhóis tinham seguido cavalgando mais e mais adiante.

Essa obstinação evocava uma imaginação tão fértil, típica do fim da Idade Média, que eu não conseguia aplicar a ela meu raciocínio moderno. Sete Cidades de Ouro, a ilha das Amazonas, El Dorado: essas não eram loucas fantasias delirantes para os espanhóis. Eram vívidas realidades, apenas esperando para serem encontradas. Os europeus com frequência escreviam desdenhosamente sobre "superstições" índias — enquanto marchavam através de florestas e montanhas em busca de seus próprios poderosos mitos. Os nativos claramente percebiam o poder que as lendas tinham sobre os espanhóis. A despeito da barreira linguística e cultural entre eles, El Turco imediatamente supusera que poderia inflamar aqueles desconhecidos com visões de travessas de ouro e árvores adornadas com sinos dourados.

Quando afinal cheguei a Lyons, no Kansas — "Terra de Quivira", de acordo com sua placa de boas-vindas —, meu próprio sonho era um copo longo de cerveja gelada. A cidade se anunciava com uma cruz de mármore de 18 metros em homenagem a Juan Padilla, um frade que acompanhara Coronado até Quivira e que voltara para lá, um ano mais tarde, para levar o cristianismo aos nativos. Ele foi prontamente morto, aparentemente por índios que queriam suas vestimentas e outros bens. Isso fez de frei Padilla, aos olhos de seus admiradores, o primeiro mártir cristão nos futuros Estados Unidos.

Lyons também tinha um excelente museu com mostras em exibição sobre os espanhóis e sobre os índios de Quivira. Acredita-se que tenham sido ancestrais dos wichitas, que viviam em choças cônicas feitas de um poste de madeira e ramos como as descritas por Coronado. Eu me demorei até a hora de fechar e perguntei à diretora do museu se havia alguma outra coisa para ver em Lyons relacionada ao conquistador.

— Na verdade, não — disse ela —, a menos que você considere Coronado Heights. — Coronado Heights era um morro no condado vizinho que tinha no cume um monumento ao conquistador. — As pessoas por lá gostam de dizer que *aquela* foi a última parada dele. — Ela evidentemente não concordava, embora confessasse que não existia nenhuma prova concreta de que a reivindicação de Lyons fosse melhor. — O máximo que podemos dizer é que a viagem de Coronado acabou "perto daqui".

Isso era um tanto decepcionante, do mesmo modo que era o centro de Lyons, onde eu havia planejado celebrar o fim de minha própria viagem. O único sinal de vida noturna era uma taverna esquálida chamada Bill's, cheia de clientes que pareciam ter estado por lá desde a hora do almoço. Quando perguntei ao homem a meu lado o que pensava a respeito de Coronado, ele disse enrolando a língua.

— Num sei. Pague-me uma cerveja e talvez eu me lembre dele. — Em vez disso, decidi ignorar a advertência da diretora e apostei corrida com o sol que baixava para tentar chegar a Coronado Heights.

Mais cedo naquele dia, enquanto dirigia do oeste para o centro do Kansas, tinha observado a paisagem gradualmente se abrandar, passando da planície alta e seca para a pradaria do meio oeste. A leste de Lyons, ela começava a ondular suavemente, com terra escura arada e campos luxuriantes de girassóis e milho. Quivira pode não ter sido o paraíso áureo que Coronado imaginara, mas parecia celestial — dourada, até, ao pôr do sol —, depois das centenas de quilômetros que a haviam precedido.

Ziguezagueando por estradas rurais entrei com uma curva errada e só fui encontrar a placa da entrada para Coronado Heights ao anoitecer. Em vez de escalá-la no escuro, rumei para as luzes da cidade mais próxima, alguns quilômetros mais adiante e rodei pela rua principal até chegar a um bar. A taverna se chamava Öl Stuga, com "Välkommen" escrito na vidraça.

Assim que entrei, dei direto de cara com um homem corpulento e barbado que parecia ter acabado de desembarcar de um navio comprido. Quase todo mundo no bar parecia um clone dele: alto, louro e de ombros largos. Um elmo com chifres estava posicionado sobre a TV da taverna. Lutei para abrir caminho até um banco no balcão do bar, ao lado de um homem bem-apessoado de olhos azuis e longos cabelos louros.

— A pergunta pode parecer idiota — disse-lhe —, mas isto aqui é uma convenção viking ou coisa parecida?

Ele sorriu.

— Posso presumir que nunca esteve em Lindsborg? — Quando fiz que não, ele me estendeu a mão. — Bem, então seja bem-vindo à pequena Suécia. Eu sou Nels Peterson. Posso lhe oferecer uma aquavit?

Lindsborg, Kansas, pelo que fiquei sabendo, era uma das maiores comunidades suecas da nação. A maioria de seus 3.300 residentes descendia de luteranos pietistas que tinham se estabelecido ali no século XIX e ainda celebravam as festas típicas suecas, decoravam suas casas com cavalos Dala de madeira pintada, chamavam seus times esportivos de Vikings e Suecos Terríveis. Eu havia seguido os espanhóis do México ao Kansas apenas para aterrissar num ninho de nórdicos contemporâneos.

— Ninguém aqui se interessa muito por Coronado — disse Nels. — Mesmo que os espanhóis tenham chegado até aqui, e daí? Os vikings chegaram à América 500 anos antes deles.

A família de Nels havia cultivado terras nos arredores de Coronado Heights por 132 anos, e ele se ofereceu para me levar para um tour guiado. Eu fui dormir no Viking Motel, e depois fui de carro com Nels na manhã seguinte até o topo do outeiro de noventa metros.

— O Kansas é uma terra de mais colinas do que as pessoas imaginam — comentou ele.

O outeiro era o mais alto de uma cadeia de colinas chamada Smoky Hills. Também parecia provável que eles tivessem escalado um dos montes para observar a paisagem circundante. Em todo caso, isso — somado a um fragmento de cota de malha descoberto nas vizinhanças — era prova suficiente para os fanfarrões locais afirmarem que o outeiro tinha sido o ponto mais distante alcançado por Coronado. Em 1920, eles o batizaram de Coronado Heights, mais tarde coroaram o cume amplo com um castelo de pedras e um monumento simples também de pedras, gravado com o nome de Coronado e com as palavras "Um Lugar para Estarmos Juntos".

— As pessoas têm entendido essa mensagem muito literalmente ao longo dos anos — observou Nels. — Eu diria que no mínimo três mil pessoas perderam a virgindade aqui no alto. Um local muito apreciado por casais.

Ele me conduziu ao interior do castelo coberto de musgo, uma sombria imitação de fortaleza feudal com o cimo em ameias e fendas para arqueiros nas muralhas. O interior tinha um grande salão com um teto com vigas e uma lareira gigante.

— Este lugar tem a intenção de homenagear Coronado — disse Nels —, mas como somos escandinavos, não sabemos nada sobre os espanhóis. Assim construímos um pequeno Elsinore.

Na verdade, os fanfarrões de Lindsborg que conceberam o memorial não eram absolutamente admiradores de Coronado. Muito pelo contrário. Mais tarde descobri um discurso de 1922 proferido pelo principal patrocinador do Heights, que descrevia "Coronado bufando enquanto subia o outeiro em sua armadura", e o contrapunha com os imigrantes suecos que "se estabeleceram à sombra daquele majestoso marco e encontraram o ouro que Coronado deixou de ver". Aqueles "frugais filhos do norte tinham aprendido a lição que os espanhóis aventureiros e de sangue quente jamais aprenderam", prosseguia ele. "Só a riqueza que é fruto do trabalho paciente e a saúde que vem da vida simples ao ar livre sobrevivem."

Em outras palavras, Coronado Heights louvava a superioridade dos suecos luteranos sobre os espanhóis católicos. A vista panorâmica pelo menos apoiava isso. Da plataforma do castelo contemplamos um tabuleiro de damas meticulosamente cuidado de campos de trigo e alfafa. Ao sul erguiam-se majestosos os pináculos das igrejas de Lindsborg. Não muito longe ao norte, ficava o centro geográfico exato do continente dos Estados Unidos. O território que Coronado havia rejeitado era agora o coração da América, um dos distritos agrícolas mais produtivos do mundo.

Apesar disso, Nels tinha certa simpatia pelo conquistador.

— Ele veio até aqui e olhou ao redor e viu relva, relva e mais relva se estendendo sem fim e indo para lugar nenhum. Posso imaginar um espírito cansado se partindo diante dessa visão.

Descemos do castelo e seguimos de volta para Lindsborg para um almoço de domingo de comida típica sueca: almôndegas, arenque em conserva e batatas temperadas com endro. Um pastor luterano com um colarinho muito bem engomado circulava entre as mesas, cumprimentando os membros da congregação.

— Os suecos são muito reservados em suas opiniões, tipo o programa de rádio *Prairie Home Companion* — confidenciou Nels. — Para lhe dizer a verdade, destesto este lugar.

Nels trabalhava como paisagista, mas de coração era um poeta beatnik. Na noite anterior, enquanto fumava um cigarro atrás do outro e bebia aquavit, havia recitado poemas inteiros de Allen Ginsberg. Depois do almoço, quando eu o deixei em seu trailer, ele foi correndo lá dentro e voltou com seu bem mais precioso, uma primeira edição autografada do clássico de William Burroughs, *Almoço nu*.

— Morei em Nova York durante algum tempo e achei muito estranho que as pessoas ainda tivessem aquela imagem do Kansas do Mágico de Oz... elas acham que somos sinônimos de gente de vida honesta e saudável — observou. — Espero ter mudado o estereótipo de algumas pessoas, pelo menos com relação à vida saudável.

Nels acendeu um último cigarro.

— Você sabe, de certa maneira é uma pena que Coronado tenha desistido e tirado o time. Se aqueles espanhóis malucos tivessem ficado por aqui, o Kansas seria muito mais divertido.

AO RETORNAR DO Kansas para o Novo México, Coronado teve que ficar acampado com seu exército, por um último rigoroso inverno, às margens do rio Rio Grande. Inadequadamente vestidos, assolados por piolhos e cercados por índios rebeldes, os espanhóis também estavam divididos entre si. Muitos queriam voltar e colonizar Quivira, enquanto outros tinham "embicado a proa" em direção a casa. "Começaram a haver reclamações e um humor azedo", escreveu um soldado.

Então, durante uma corrida de cavalos, a cilha da sela de Coronado arrebentou e ele caiu sob as patas da montaria de seu competidor, levando uma patada na cabeça. Confinado ao leito e convencido de que estava morrendo, Coronado manifestou o "desejo de voltar e morrer onde tinha mulher e filhos". Ou pelo menos foi o que disseram a seu exército. Alguns soldados suspeitavam que os médicos e capitães de Coronado tivessem conspirado para fazer com que seu ferimento parecesse mais grave do que era, para justificar uma retirada rumo ao México.

E assim, na primavera de 1542, o exército desmoralizado arrastou-se de volta pelo caminho por onde viera, dois anos atrás, dos povoados para o deserto para o México. Tão logo o exército chegou à terra controlada pelos espanhóis, os homens começaram a se desgarrar, até que a tropa outrora poderosa se desintegrou. Coronado chegou à Cidade do México liderando menos de cem homens. O vice-rei "não o recebeu muito gentilmente", escreveu um soldado. "Sua reputação ficou destruída daquele momento em diante."

Quando Coronado retornou de mãos vazias, proeminentes colonizadores que haviam investido pesadamente na expedição se viram em dificuldades financeiras. O retorno dele também coincidiu com a aprovação de novas leis na Espanha, projetadas para diminuir os abusos contra os índios. A expedição de Coronado se tornou um caso para prova, com advogados da Coroa fazendo acusações de que a tortura de nativos e o incêndio de povoados tinham sido injustificados.

Por fim, Coronado foi inocentado (seu comandante de campo foi condenado em seu lugar e recebeu uma punição leve). Mas o conquistador perdeu seu cargo de governador de uma província do norte, suas propriedades e a fortuna que havia investido na expedição. "Fui deixado com dívidas e assim continuo agora", declarou Coronado numa petição legal em 1553. Ele morreu pouco depois com cerca de 44 anos.

Uma década depois, um membro da expedição de Coronado se sentou para escrever um relato do que tinha visto na Tierra Nueva. Pedro de Castañeda havia cavalgado com Coronado até Quivira, e sentia que tinha visto "a medula da terra naquelas regiões ocidentais". Em retrospecto, Castañeda gostaria de ter colonizado aquela vasta região fértil. "Mas foi a vontade de Deus", concluiu em tom anelante, "que nós que tínhamos estado lá tivéssemos de nos contentar em dizer que fomos os primeiros a descobri-la."

De passagem, Castañeda também relatou a incrível saga de uma "mulher índia tatuada". Prisioneira de um povo de Pueblo, ela foi comprada deles por um capitão espanhol e levada na expedição pelas planícies. Quando o exército chegou ao Texas, a mulher reconheceu que estava se aproximando de sua terra natal e se escondeu num cânion antes de escapar dos espanhóis. Ela então fugiu para leste atravessando o Texas, apenas para ser novamente capturada por outro grupo de barbados de língua espanhola. A mulher disse a seus novos captores "que tinha fugido de homens como eles", e deu os nomes dos capitães de Coronado como prova.

Castañeda ficou sabendo de tudo isso por ocasião de seu retorno ao México, onde se encontrou com membros do outro grupo espanhol que a havia recapturado. Os homens eram sobreviventes de outra grande expedição liderada por Hernando de Soto, que havia partido da Flórida mais ou menos na mesma época que Coronado deixara o México. Vários anos mais tarde, os caminhos dos exércitos dos conquistadores — um vagando para o leste, o outro para oeste — tinham quase se cruzado no meio do continente.

Da mulher tatuada que foi testemunha de duas das maiores expedições de conquista da América do Norte, e se tornou cativa de ambas, nada mais se sabe.

Capítulo 8

O SUL
De Soto vai a Dixie

> Cavaleiros errantes estão liberados de toda autoridade jurisdicional... a lei deles é sua espada, seus éditos são sua coragem, seus estatutos sua vontade.
>
> — Miguel de Cervantes, *Dom Quixote*

Hernando de Soto foi um conquistador que venceu na vida por esforço próprio, o primeiro a passar uma parte maior de sua vida no Novo Mundo em vez de no Velho. Nascido em Extremadura, a agreste província espanhola que também deu ao mundo Cortéz e Pizarro, De Soto partiu para a América aos 14 anos e chegou com apenas uma espada e um broquel. Ele imediatamente se pôs a trabalhar, lutando contra índios no Panamá e logo ganhou renome como um guerreiro impiedoso: o homem a quem se deveria procurar para ataques brutais contra nativos. Seus contemporâneos o descreviam como um homem moreno, de bela figura, cabeça quente (*apasionado*) "difícil de conversa e de poucas palavras" e "muito ocupado em caçar índios".

Ele também era um astuto homem de negócios, que acumulou um portfólio diversificado de ouro saqueado, concessões de trabalho escravo de índios, e participações em lavras de mineração e navegação. De Soto selou sua fortuna ao se engajar na conquista do Peru, onde Pizarro o despachou como emissário junto a Atahualpa. Com bravura característica, De Soto cavalgou direto para o acampamento inca e empinou seu cavalo de batalha escumando diante do imperador. Quando, mais tarde, os espanhóis garrotearam Atahualpa e saquearam o ouro e a prata do Peru, a parte que coube a De Soto foi de mais de 10 milhões em dólares de hoje.

O fidalgo que deixara a Espanha na adolescência voltou para casa no meio da casa dos 30 como um dos homens mais ricos do país. Comprou um palácio em Sevilha, contratou pajens, lacaios, um cavalariço e um mordomo, adornou-se em trajes de veludo e cetim, e se casou com uma jovem de família nobre. Para coroar sua espantosa ascensão, houve sua introdução feita pelo rei na Ordem de Santiago, a mais elevada sociedade de cavalaria.

Mas De Soto não tinha nenhuma intenção de se acomodar. Em 1537, um ano depois de seu retorno para a Espanha ganhou uma carta de fretamento da Coroa para conquistar e colonizar La Florida. No século XVI, a conquista se mantinha uma iniciativa privada. A Coroa concedia licenças para explorar e utilizar novas terras — reservando para si os reais cinco avos do butim —, mas não financiava expedições nem enviava soldados. Os conquistadores eram, em essência, empresários armados que reuniam suas próprias tropas e assumiam o risco.

Em La Florida, o risco era considerável. Ponce de León tinha morrido tentando colonizá-la, e a missão que o seguira, de Pánfilo de Narváez, tinha acabado no desastre ao qual somente Cabeza de Vaca e alguns outros sobreviveram. Várias outras expedições haviam naufragado ao largo da costa. Destemido, De Soto gastou sua fortuna inteira e se endividou para reunir uma força invasora de nove navios, seiscentos homens (inclusive veteranos experientes do Peru), 220 cavalos, um rebanho de porcos e *perros bravos* — cães treinados para farejar e estraçalhar seres humanos. No fim de maio de 1539, tendo estabelecido uma base em Cuba, a armada chegou à costa oeste da Flórida dos dias de hoje. O território para o qual De Soto tinha obtido contrato para conquistar era vasto, vagamente definido, e ainda virtualmente desconhecido para europeus. De acordo com a concessão da Coroa, ele tinha 4 anos para fazer render seu audacioso investimento.

EMBORA O LUGAR PRECISO do desembarque de De Soto na Flórida não seja conhecido, Bradenton tinha, de longa data, reivindicado para si a honra. A cidade é o lar do Memorial Nacional De Soto e da Sociedade Histórica De Soto. Sua ponte principal tem o nome do conquistador, bem como uma via expressa, um centro comercial, uma lavanderia Laundromat e uma clínica de animais. Um fim de semana tendo De Soto como tema é o grande evento social da cidade.

Bradenton também é o acampamento base de um raro grupo que se dedica à história ao vivo dos conquistadores — ou seja, à reencenação histórica dos acontecimentos da época dos conquistadores —, chamado Calderon's Company em homenagem ao capitão do exército de De Soto. Embora eu tivesse me interessado de passagem pela recriação histórica da Guerra Civil perto de minha casa na Virginia, a existência de um grupo de conquistadores de fim de semana me surpreendeu. Interpretar os papéis de Johnny Reb, os confederados, e de Billy Yank, o exército federal, era uma coisa; representar espanhóis, de cota de malha e armadura, que massacraram milhares de índios parecia algo bem diferente.

Depois de descobrir a Calderon's Company na internet, telefonei para o homem barbado com capacete de ferro retratado no site do grupo: Tim Burke, um agrimensor de terras de Bradenton, com uma voz rascante que mais parecia cascalho derramado. Ele disse que alguns membros da companhia estavam se preparando para comparecer a um festival histórico em Naples, na Flórida e que eu era bem-vindo se quisesse me juntar a eles, até experimentar vestir um traje de conquistador se desejasse.

— E o que devo levar? — perguntei.

— Uma postura de vilão malvado — respondeu Tim.

O FESTIVAL HISTÓRICO era realizado num pequeno parque entre uma loja da Wal-Mart e uma penitenciária do condado. Chegando na hora do crepúsculo, segui uma trilha que entrava pelo bosque de palmeiras que sombreava o acampamento dos reencenadores. O festival era um evento "Timeline", significando que todas as eras eram representadas, exceto o presente. Passei pela tenda de um médico confederado que examinava um jarro de sanguessugas e por outra ocupada por membros da milícia da época da Revolução americana. Um soldado da Segunda Guerra Mundial passou por mim, reclamando com um pirata sobre a dificuldade de conseguir fazer passar granadas desarmadas pela segurança do aeroporto. Então avistei um homem forte, musculoso e barbudo num colete de lã crua, golpeando alguma coisa sob a luz fraca de uma fogueira.

— Você por acaso é um conquistador? — perguntei.

— Não, lamento. — Ele levantou uma lasca de pederneira que estava afiando. — Eu sou um paleo. Os espanhóis estão mais para lá, perto dos seminoles, acho.

Finalmente encontrei os componentes da Calderon's Company bebericando vinho em taças de época, embora ainda não vestidos em trajes de conquistador. Tim Burke se revelou um homem amável, de meia-idade, com olhos gentis e sorriso rápido. Seu *compadre*, Larry May, alto, magro e de voz suave, era um técnico de hospital que administrava um vinhedo nas horas vagas. Larry tinha trazido consigo a esposa e os filhos, todos louros de olhos azuis. Como grupo a Calderon's Company parecia tão feroz e ibérica quanto a Família Sol-Lá-Si-Dó.

— Larry e eu nos conhecemos anos atrás, fazendo combate medieval com espadas de madeira — disse Tim.

— Acertei alguns golpes nele e lhe arranquei a cabeça — recordou Larry, bebericando Shiraz. — Então nos tornamos amigos.

Desde então, os dois tinham viajado avançando no tempo, dos dias de Chaucer à Era da Conquista, principalmente para preencher uma lacuna no cenário da recriação histórica.

— Os tempos medievais, a Guerra Civil, o Velho Oeste, isso todo mundo quer fazer — disse Tim. — Não há muita gente que queira fazer os conquistadores. Há uma falta de masoquistas na Flórida.

Eu compreendi o que ele queria dizer na manhã seguinte, enquanto observava Larry e Tim desembalarem armaduras que tinham feito batendo folhas de metal com martelos de lanternagem de automóvel. Larry afivelou placas pesadas sobre o peito, costas, pernas e braços de Tim. Um gorjal cobriu-lhe o pescoço, abaixo do capacete sem viseira de tope alto chamado morrião.

— Esse é meu traje leve de verão — gracejou Tim. Normalmente ele usava luvas de metal e placas sobre os pés e tornozelos. Mesmo sem elas, sua vestimenta pesava 27 quilos.

A vestimenta de Larry era muito mais leve, mas igualmente chamativa: uma jaqueta de lã verde com botões de cadarço trançado, calções listrados de verde e botas negras até os joelhos. Ele parecia um duende gigante. O traje de Larry, como o de Tim, tinha sido meticulosamente pesquisado e tivera como modelo a espalhafatosa vestimenta de campo dos espanhóis do século XVI.

Tim atirou um saco branco imundo aos meus pés.

— *Seu* uniforme, dom Antonio. — Enfiando a mão dentro dele, extraí um par de calções folgados de lã que me chegavam apenas até os joelhos, com um cinto com suporte atlético de tamanho apropriado para um astro pornô. Em seguida tirei uma blusa de musselina com babados que parecia uma camisola. No fundo do saco estava um par de borzeguins de couro. Vestindo a blusa, os calções e calçando os borzeguins, confessei a Tim que havia esperado uma indumentária muito mais viril.

— Mas ainda não acabou — disse ele, passando-me um gibão de lã axadrezada, a peça perfeita para um dia quente de outono na Flórida. — E agora sua *cota de mallas*. — Tim tinha feito a cota de malha de ferro grossa, composta de pequenos anéis encadeados de metal pesado, exatamente como as peças de museu que eu tinha visto no sudoeste. Enquanto ele levantava a camisa de metal, permitindo-me enfiar a cabeça e os braços, tive a sensação de estar me enfiando dentro de uma cerca de malha de aço. A cota pesava mais de 13 quilos, e isso foi antes que Tim afivelasse um cinto, uma bainha e uma espada. Sobre minha cabeça ele enfiou um elmo com viseira e abas que cobria meu pescoço e orelhas. Somando tudo, eu estava vestindo 22 quilos de aço.

Andando cambaleante por alguns metros, derrubei uma mesa do acampamento e arriei sentado desajeitadamente num toco de árvore. A cota de malha se dobrou em pregas sobre meu cinto, me dando uma barriga de cerveja gótica alemã.

— E agora? — perguntei. As palavras ecoaram dentro da caverna de meu capacete.

— Vá devagar e beba muita água — recomendou Tim. — E resista à tentação de usar sua espada contra pessoas que fizerem perguntas imbecis.

Alguns minutos mais tarde, as multidões chegaram, vestidas nos trajes típicos da Flórida do século XXI: shorts, sandálias de dedo e camisetas. Elas serpenteavam de acampamento em acampamento como admiradores de vitrines no Shopping do Tempo, tirando fotos de índios acenando com folhas de palmeiras ou mulheres pioneiras lavando panelas. Em comparação, nosso acampamento oferecia um espetáculo pobre: dois personagens vestidos de armadura postados ao sol e um duende lustrando uma armadura.

— De que período é isso? — perguntou uma mulher, consultando sua brochura de Linha do Tempo.

— Espanhol do século XVI — resmunguei através da viseira.

— Ah. Parece terrível. — Ela seguiu adiante para o acampamento seminole.

Então um homem se deteve para examinar minha cota de malha.

— Se você olhar dentro de sua torradeira — observou ele —, verá pedaços de metal iguaizinhos ao que está vestindo.

Outros foram menos inventivos.

— Esse é o seu traje contra tubarão?

— Precisa de óleo?

— Está com calor?

Como Tim havia advertido, tive vontade de passá-los à espada. Em vez disso, ofereci amostras dos biscoitos duros que Larry havia posto em exibição. Anteriormente naquele dia, eu havia provado um e quase tinha quebrado um dente. Larry me mostrara a receita: farinha, água e sal, assados "até ficarem castanho-dourados e duros como pedra", então deixados para esfriar no forno, "um processo semelhante à cementação de metal de ferreiro". No México, Moctezuma havia experimentado os biscoitos para marinheiros e declarado que eram indiferenciáveis de pedra calcária.

No meio da manhã, eu estava banhado em suor. Em teoria, a cota de malha oferecia ventilação — os homens de De Soto até as usavam para peneirar farinha

—, mas o gibão grosso que eu vestia por baixo retinha todo o calor e umidade. A couraça de Tim permitia a entrada do ar nas laterais e parecia impor respeito, pelo menos se comparada com os olhares boquiabertos e as gargalhadas que minha cota de malha provocava. De modo que, ao meio-dia, lhe perguntei se poderíamos trocar as vestimentas.

— Com todo o prazer — disse ele, contendo um sorriso.

A couraça de metal não só pesava mais que a cota de malha, como tinha a flexibilidade de uma embraçadura para imobilizar a coluna; e me espetava nos rins, na clavícula e na virilha. O gorjal era insuportável, como um colarinho de ferro. E a armadura era ainda mais quente que a cota de malha. Depois de dez minutos sob o sol do meio-dia, a couraça em meu peito parecia a capota de um carro estacionado no dia 4 de Julho.

— Os espanhóis não usavam isso de verdade — gemi. — Não poderiam ter usado.

Em resposta, Tim arremessou um pedaço de biscoito duro contra o meu peito. O biscoito se esfacelou com o impacto. Então ele me deu um golpe forte com a coronha do mosquete. Eu tive consciência de ter sido acertado, mas apenas muito ligeiramente, como quando alguém bate de leve em seu para-choque num engarrafamento. Tim explicou que a cota de malha era eficaz para conter golpes cortantes de espada, mas que não oferecia defesa contra as flechas de ponta endurecida pelo fogo dos índios da Flórida. Em combate você queria o equivalente a Kevlar do século XVI.

Os homens de De Soto, contudo, não apenas combateram; marcharam, tipicamente, 24 quilômetros por dia, atravessando todo o sul. Quando dei uma caminhada de amostra pelo parque com Tim, andei aos trancos e rangi como o Homem de Lata. Minha espada, se projetando como uma cauda atrás de mim, a todo momento se prendia em arbustos e nas saias rodadas das mulheres pioneiras. Quando nos aproximávamos de uma ponte estreita sobre um laguinho, Tim agarrou meu braço com firmeza.

— Se você cair aí dentro vai afundar como uma pedra — advertiu. Não era de espantar que vários dos homens de De Soto tivessem se afogado enquanto cruzavam os muitos rios do sul.

Voltando ruidosamente para o acampamento, com os transeuntes se mantendo ao largo de mim, percebi que o desinteresse dos americanos por conquistadores era em parte devido às vestimentas deles. Ao contrário de outros representados no festival histórico, cavaleiros de armadura pareciam absolutamente deslocados no continente americano. O lugar deles era nas Cruzadas ou na batalha de Agincourt, não andando pelas florestas e pântanos da Flórida.

Também senti uma pontada de inveja relativa a um período, uma inveja de reencenadores que pareciam vestidos de maneira muito mais sensata: índios de peito nu, escoceses das terras altas de kilts, até mesmo do "paleo" que eu tinha visto na noite anterior, que continuava vestido em seu colete de lã crua, sem mangas, malhando a pederneira.

— Qual é a sua técnica? — perguntei, parando para observá-lo.

— Basicamente, bater na pedra até que ela se submeta — resmungou ele.

Também parei para conversar com um companheiro "espanhol", um homem barbudo, de sandálias e uma sotaina com capuz, que desempenhava o papel de um dos primeiros missionários, Juan Rogel. O padre Rogel histórico descobrira que era impossível converter os índios calusa do sudoeste da Flórida, que acreditavam que os seres humanos possuíam três almas: uma dentro do corpo, outra na pupila do olho e uma terceira na sombra da pessoa. O padre Rogel dos dias atuais enfrentava uma dificuldade diferente.

— As pessoas ficam a toda hora me perguntando se não posso ouvir-lhes a confissão — disse ele. — Tenho que lhes dizer: "Não, eu sou judeu."

Professor nascido no Bronx, Larry Litt havia concordado em desempenhar o papel porque os organizadores do evento precisavam de um frade, e ele tinha o físico perfeito para o papel. Larry também representava Papai Noel em sua escola.

— Sou *eu* quem precisa de perdão, fiz bar mitzvah, e veja só no que me transformei.

Quando voltei ao campo conquistador, Tim estava concentrado aprontando seu arcabuz ou mosquete para o evento mais importante do dia: Atiradores da Linha do Tempo, uma demonstração de armas de todas as eras, em ordem cronológica. O espetáculo se abria com um índio usando um *atlatl* para arremessar uma lança. Então vinha Tim, que me pediu para me postar a seu lado protegendo-me com um escudo. As armas de fogo espanholas primitivas eram extremamente difíceis de manusear, tinham quase um metro e meio de comprimento e eram tão pesadas que os soldados apoiavam-nas em tripés. Os arcabuzeiros também tinham que carregar sua ignição, um pedaço de corda que queimava lentamente chamada pavio.

Tim derramou a pólvora na caçoleta, fingiu enfiar uma bala pelo cano da arma e armou o gatilho.

— Estou sendo atacado com flechas durante todo esse tempo — disse à plateia. Ali era onde eu fazia minha participação: como um soldado descartável, protegendo com o escudo o arcabuzeiro. Finalmente, Tim encostou o pavio aceso na pólvora e berrou: "*!Fuego!*" O fogo irrompeu num clarão do cano da arma e uma bala imaginária de chumbo bateu contra as palmeiras.

Nós saímos ao som de aplausos bem-educados e ficamos para ver os outros: britânicos com chapéus de pêlo de urso disparando espingardas de pederneiras; rebeldes confederados disparando mosquetes; um caubói disparando uma Remington; e, como grande final para agradar o público, fuzileiros da Segunda Guerra Mundial disparando centenas de tiros de festim de uma metralhadora. Vistos em conjunto, o Atiradores da Linha do Tempo era uma exibição de fogos de artifício na qual tínhamos desempenhado o papel de faíscas. O que me fez pensar mais uma vez: por que escolher reencenar um conquistador?

Quando formulei a pergunta naquela noite, Larry ficou olhando fixamente para a sua taça.

— Talvez seja porque a vida moderna seja tão fácil e tediosa — respondeu.

Larry havia servido com as Forças Especiais no Vietnã e no Oriente Médio. Ele disse que soldados modernos carregavam tanto peso quanto os espanhóis.

— E a manutenção de seu equipamento ainda é crucial. — Mas impressionava-o como o combate deve ter sido muito mais íntimo e terrível no século XVI, quando a matança ocorria muito mais perto, em vez de vir de tanques, aviões ou baterias de mísseis.

— Não podemos desculpar o que os espanhóis fizeram; parece-nos bárbaro — disse Larry. — Mas admiro a tenacidade deles, abandonando tudo que lhes era familiar para vir para cá. Teria sido como viajar para a Lua nos dias de hoje.

Tim concordava.

— A menos que você vá recriar Madre Teresa, você terá problemas se julgar as pessoas pelos padrões morais atuais.

Além disso, independentemente do que se pensasse de De Soto, o homem tinha *cojones*. Ganhara fortunas fabulosas várias vezes, tornando-se riquíssimo antes de completar 40 anos. Mas em vez de viver o resto de seus dias como um aristocrata desocupado, havia arriscado tudo na possibilidade de acertar uma tacada ainda maior, em La Florida.

— Provavelmente um chefe de tráfico de drogas é a coisa mais próxima dele que você conseguiria encontrar hoje — disse Tim. — Como um daqueles líderes de cartel colombianos que nunca se satisfazem com o risco e a ação, e não conseguem cair fora quando estão no topo.

Pouco depois de desembarcar na Flórida, De Soto teve um extraordinário golpe de sorte. Perto da costa, espanhóis montados encontraram índios com arcos e flechas. Um dos cavaleiros estava a ponto de atacar com sua lança quando seu alvo pretendido, um homem nu de braços tatuados gritou em espanhol. O nome do homem tatuado era Juan Ortiz, ele viera para a Flórida numa expedição há 11 anos, apenas para ser capturado pelos índios. Ortiz disse que seus captores nativos o haviam amarrado e posto numa grelha e estavam a ponto de acender a fogueira abaixo dele quando a filha do chefe interviera, suplicando que o espanhol fosse poupado.

Essa história tem uma notável semelhança com o salvamento de John Smith por Pocahontas, que ocorreu 80 anos depois. É possível que índios tanto na Flórida quanto na Virginia praticassem um ritual semelhante, ameaçar executar cativos antes de adotá-los. Também é possível que John Smith tenha extraído sua história romântica dos relatos publicados de Juan Ortiz do seu salvamento. O espanhol foi salvo uma segunda vez pela princesa índia, que o avisou que estava prestes a ser sacrificado para apaziguar um espírito índio. Ele fugiu para outra tribo, que o alertou para a chegada dos navios de De Soto. De modo que Ortiz viera em busca dos espanhóis, apenas para escapar por um triz de suas lanças.

Um retrato de De Soto de um livro de história espanhola das Índias.

"Ele conhecia pouco de nossa língua, uma vez que a havia esquecido", escreveu um dos homens de De Soto. "Lembrava-se de como rogar a Nossa Senhora, e por isso foi reconhecido como cristão." Por vários dias mal conseguiu se comunicar, "pois, logo após dizer uma palavra em espanhol, dizia outras quatro ou cinco na língua dos índios".

A fluência de Ortiz na língua e costumes dos índios da Flórida o tornou de valor inestimável para De Soto como intérprete e intermediário. Sem Ortiz, escreveu De Soto pouco depois de desembarcar, "não sei o que teria sido de nós".

De Soto possuía outra grande vantagem sobre seus predecessores: várias décadas de experiência em terras hostis, das florestas do Panamá às montanhas do Peru. As qualidades que ele aperfeiçoara na América do Sul — ousadia, fraude, impiedade absoluta — rapidamente afloraram e se revelaram na Flórida. De Soto deixou cem homens no acampamento base junto à costa e marchou com seu exército para o interior, levando poucas provisões. Ao alcançar povoamentos indígenas, os espanhóis saqueavam os depósitos de milho e capturavam índios para usá-los como guias e carregadores, acorrentando-os juntos pelo pescoço para que não pudessem fugir.

Aqueles que tentavam fugir ou que davam informações erradas aos espanhóis eram queimados na fogueira ou atirados aos cães de ataque. O favorito de De Soto, um cão greyhound irlandês chamado Bruto, certa vez perseguiu e apanhou um chefe em fuga e o derrubou ao chão. Em sua iniciativa e ferocidade, Bruto combinava com seu dono. Antes de uma batalha, um espanhol escreveu sobre De Soto: "Ele era sempre o primeiro ou o segundo a sair armado, nunca o terceiro."

Seus homens não eram assim tão ávidos. Ainda no início da marcha, eles se deram conta de que De Soto os estava conduzindo para Apalachee, a província guerreira dos índios onde a expedição de Narváez se desorganizara, causando a fuga desesperada para o mar à qual poucos do efetivo de trezentos homens haviam sobrevivido. À medida que os homens de De Soto avançavam com dificuldade em meio à floresta e pântanos no calor do verão, repelindo ataques rápidos seguidos de fuga por parte de arqueiros nativos, eles enterraram ferraduras de cavalos e outros suprimentos para desenterrar durante a retirada que teriam certeza de que seria o destino final do exército.

De Soto não apenas avançou; partiu para o ataque. Avisado por Juan Ortiz de uma emboscada iminente, preparou sua própria armadilha, atraindo quatrocentos índios para terreno aberto e lançando um ataque de cavalaria. Os guerreiros que não foram trespassados por lanças fugiram para lagos rasos, escondendo-se sob lírios-d'água, enquanto os espanhóis disparavam contra eles com mosquetes e bestas. A fadiga finalmente obrigou os cerca de duzentos sobreviventes a se renderem. A maioria foi rapidamente massacrada. O resto, "exceto pelos garotos mais jovens", foi amarrado a estacas e morto a flechadas por índios de outra tribo que os espanhóis haviam capturado anteriormente.

Tortura, massacre e aterrorizar os nativos eram táticas conhecidas da conquista espanhola. Mas poucos conquistadores as empregaram de forma tão rotineira e tão impiedosamente quanto De Soto. Outros homens, tais como Coronado, agiam sob as ligeiras coerções impostas pela lei e costumes espanhóis e tentaram justificar sua crueldade. Coronado também era um jovem burocrata cuja *entrada* estava ligada por terra ao México, dominado pelos espanhóis, permitindo que seus superiores mantivessem uma observação distante de suas ações e progressos.

De Soto não tinham qualquer supervisão desse tipo. Ele rapidamente cortou contatos com sua base em Cuba e parece até ter prescindido do Requerimiento, a "citação" oficial para os índios. Não existe registro de ele ter sido lido antes dos combates na Flórida. Os frades em sua expedição, evidentemente, estavam intimidados demais ou eram aquiescentes para levantar objeções.

Tampouco De Soto dava muita atenção a seus oficiais. "Depois que ele emitia sua opinião", escreveu um de seus homens, "não gostava que o contradissessem e sempre fazia o que lhe parecia melhor." Deixado à solta nas selvas de La Florida, De Soto podia ser tão inconstante e mortal quanto seus cães de guerra.

Ao fim do festival histórico, eu disse *adiós* aos conquistadores e *shalom* ao padre Rogel e, então, fui de carro rumo ao norte para seguir o caminho de De Soto através da Flórida dos dias atuais. Ao chegar a Bradenton, imediatamente me perdi num labirinto de ramais curtos de ferrovias interestaduais e estradas de acesso repletas de grandes shopping centers. Caminhar não era uma opção: os amplos espaços ensolarados intercalados por carros da Flórida moderna é tão inóspito para o tráfego de pedestres quanto os pântanos do estado o haviam sido para os espanhóis. O desenvolvimento também não tinha sido gentil para com a história da Flórida. No museu de Bradenton, descobri que a maioria dos montes de esterco e conchas que outrora marcavam os povoados indígenas haviam sido removidos com máquinas escavadoras e usados como aterro de terraplenagem de estrada.

Ao lado do museu ficava a Sociedade Histórica De Soto (De Soto Historical Society), abrigada numa bela casa senhorial de estilo espanhol. O escudo de armas de De Soto ornamentava a entrada e uma estátua dele erguia-se nas vizinhanças. De maneira bastante apropriada, contudo, dado o hábito da Flórida de enterrar sua história, a Sociedade Histórica De Soto tinha muito pouca ligação com o De Soto real. Era um grupo cívico e de caridade que realizava desfiles com temas espanhóis, elegia um "Hernando" e uma "Rainha" De Soto honorários, e celebrava o aniversário do desembarque do conquistador com uma série de festividades que durava um mês.

Quando perguntei à diretora da sociedade o que ela achava do personagem que dera nome ao grupo, ela pareceu apanhada de surpresa.

— Creio que se poderia dizer que ele tinha muita tenacidade e corria riscos. Isso por acaso é muito diferente de um homem de negócios que vai à luta impiedosamente e faz uma fortuna hoje em dia? — Antes que eu pudesse responder, ela me conduziu a uma parede coberta de fileiras de fotografias de ex-Rainhas De Soto. — Não são garotas lindas?

A rainha reinante e o Hernando honorário atual deveriam comparecer à parada de Bradenton do Dia dos Veteranos, que iria se realizar alguns dias depois. Fui me encontrar com eles no local do desfile ao lado da ponte De Soto. O carro alegórico da sociedade foi fácil de identificar: uma enorme imitação de caravela construída no chassi de um ônibus escolar. A embarcação motorizada tinha um mastro alto, roda de leme e vigias, bem como as palavras "Tripulação de Hernando de Soto" blasonadas na lateral.

— Subam a bordo! — gritou o motorista, baixando uma prancha. Os foliões encheram o convés, a maioria homens barbados usando malhas de ginástica, calções de cores vivas e capacetes cromados. Na roda do leme estava Hernando, ou "Hern" como os outros o chamavam, um homem de barba branca com um capacete e uma couraça de latão.

— Essa nau navega sem solavancos — pilheriou ele, levantando o olhar para o mastro —, mas creio que hoje vou usar o motor.

O telefone celular dele tocou. A Rainha estava presa no trânsito na ponte De Soto. No último minuto ela subiu correndo a bordo, uma morena bem penteada de tiara, minissaia e um top preto bem justo. Perguntei por que ela não usava uma imitação de traje espanhol como os outros.

— Para uma garota não há nada de especial vestir uma malha de ginástica, babados e botas de cano longo — disse ela. — Mas a rapaziada realmente se diverte.

À medida que a caravela avançava aos solavancos para se juntar ao desfile, a Rainha acenou enquanto a tripulação abria cervejas e atirava cordões de contas de plástico e dobrões de latão para o público sentado em cadeiras de praia. Hern aumentou o sistema de som do barco tocando "The Boys Are Back in Town". O que aquela cavalgada em estilo terça-feira de carnaval tinha a ver com De Soto, ou com o Dia dos Veteranos, não era nada evidente.

— De Soto era um sujeito valentão que passou pela Flórida distribuindo uma porção de contas para os índios — opinou um membro da tripulação.

— O sujeito era um açougueiro, um cuteleiro filho da mãe — rebateu seu companheiro de convés. — Mas não fomos nós que fizemos a matança. Estamos aqui apenas para festejar em nome dele. Não estamos fazendo nenhum mal, nem temos a intenção de fazer.

Nem todos concordavam. Nos anos 1990, manifestantes do Movimento Índio Americano haviam atirado tripas de peixe na tripulação em sinal de protesto. Também criaram tumulto na reencenação do desembarque de De Soto, no qual membros da sociedade histórica, vestidos como espanhóis, corriam para a praia e massacravam "índios", em sua maioria filhos dos membros da sociedade vestindo tangas e de cara pintada. Os manifestantes gritaram: "Vão embora!" e "Genocídio!", e queimaram De Soto em efígie. Desde então a recriação do desembarque fora abandonada e o nome do aniversário fora mudado de Celebração a De Soto para Festival Histórico da Flórida.

— Creio que a gente tem de demonstrar sensibilidade — comentou Hern, quando o carro chegou ao fim do percurso do desfile. — Mas não estamos tentando reescrever a história. De Soto era um conquistador. Aquele era o trabalho dele. Este é o nosso. — Ele arremessou um último cordão de contas para um casal idoso num carrinho de golfe. — O que há de errado com se divertir um pouco?

Os MÉTODOS IMPIEDOSOS de De Soto teriam sido devastadores em qualquer lugar na América, mas o foram particularmente no território que ele atravessou. Em contraste com o sudoeste e as planícies, onde os nativos eram nômades ou viviam dispersos por dúzias de povoados, a população do sudeste era densa e concentrada em grandes cidades-estado. Em vez de passar ao largo desses centros poderosos, De Soto se dirigira direto para eles, na esperança de encontrar grandes reservas de ouro e prata como as descobertas nas capitais do México e do Peru. Se isso falhasse, podia se apoderar de comida, roupas e carregadores para a viagem adiante.

Essas táticas inevitavelmente provocavam conflitos sangrentos. Mas os muitos índios mortos por armas espanholas foram apenas as primeiras baixas e as mais evidentes da marcha de De Soto. A chegada de seu exército, que com frequência acampava em meio a grandes populações estabelecidas, transformou o sul em criadouro de doenças epidêmicas. De Soto aumentou ainda mais esse perigo ao obrigar por meio de violência milhares de índios a servir de guias, cozinheiros, concubinas e carregadores, que eram forçados a viver entre os espanhóis por longos períodos de tempo. Nativos que sobreviviam a essa provação se arrastavam de volta para casa e se tornavam agentes hospedeiros viajantes de infecções.

Sombrias provas tanto de germes espanhóis quanto de sua violência foram reveladas nos anos 1980 em um sítio indígena ao longo do caminho de De Soto, a nordeste de Bradenton. Arqueólogos encontraram armaduras e contas de vidro para troca como as que os espanhóis traziam. Mais reveladores, contudo, foram ossos de braço humano, cortados de forma precisa no ombro por arma de metal afiada: um ferimento consistente com um golpe de espada de cima para baixo. Outros corpos jaziam empilhados numa cova coletiva, provavelmente em resultado de um surto repentino de doença. Logo depois da passagem de De Soto, todos os sinais de habitação no povoado cessaram abruptamente.

O sítio não era indicado em mapas rodoviários, mas, em um pequeno museu na cidade de Inverness, obtive informações, que me levaram a seguir pelas curvas de uma estrada rural que acabava no rio Withlacoochee. Ao lado do rio de águas cor de chá havia um acampamento de pesca com bandeiras revoltosas, e um bar com uma placa advertindo, "CRIANÇAS E CÃES SEM SUPERVISÃO SERÃO USADOS COMO ISCA PARA JACARÉS".

No interior, encontrei homens com bonés com aba bebendo latas de cerveja e falando sobre percas e peixes de rio. O cardápio na parede oferecia quiabo, amendoins assados e churrasco de asa de galinha passada no mel. Em algum lugar nos mais ou menos 180 quilômetros desde que eu havia deixado Bradenton, eu havia atravessado a divisa entre a Flórida dos aposentados e migrantes fugindo do inverno e passado para o coração sulista do estado.

Quando perguntei se alguém conhecia um sítio arqueológico indígena nas vizinhanças, um dos clientes me indicou uma trilha na floresta que levava a um antiquíssimo monte.

— Acho que aqueles espanhóis de armadura devem ter enferrujado depressa por aqui — disse ele. — Naquela época não tinham WD-40. — Quando eu ia chegando à porta, outro homem gritou para mim:

— Cuidado com as cobras mocassim, são venenosas, e não ponha sua mão em lugar nenhum onde não possa ver.

Aquele era sem dúvida um bom conselho, mas quase impossível de seguir, a trilha se revelou um caminho estreito em meio a palmeirinhas da altura de um homem. Eu mal conseguia ver o chão devido à espessa vegetação rasteira, e rapidamente senti meus pés afundando na lama. Agarrando-me aqui e ali para manter o equilíbrio, enfiei a mão num formigueiro de quase um metro de altura. Ao alto, carvalhos em arco envoltos em barba-de-velho encobriam o céu. Aquela sombra teria sido bem-vinda num dia de sol, mas naquela tarde encoberta e opressivamente úmida, a copa das árvores se fechava sobre mim como a tampa de um caixão. Os mosquitos enxameavam sobre cada milímetro de pele exposta.

Depois de cerca de um quilômetro e meio ou pouco mais, sentei num toco de tronco podre e tentei imaginar como aquela paisagem desconhecida e claustrofóbica deve ter parecido para os homens de De Soto, a maioria deles nativos do interior árido e descampado da Espanha. Mesmo no outono, vestido numa camiseta e calças cáqui, eu estava encharcado de suor e quase enlouquecido pelos insetos. Ter caminhado por ali no verão vestindo 22 quilos de armadura, com índios disparando saraivadas de flechas por todos os lados, me parecia ainda mais inimaginável que ter estado entre os homens de Coronado durante a travessia do Deserto de Sonora e as infindáveis planícies.

Obriguei a mim mesmo a seguir adiante até chegar a uma cerca de arame farpado em volta de um montículo, aparentemente tudo o que restava do povoado indígena. Afastando enormes folhas de palmeira em forma de leque, entrei para olhar mais de perto e imediatamente afundei até o joelho em água negra estagnada. Criaturas invisíveis moviam-se farfalhando em meio à densa folhagem. Sentindo-me miserável e temeroso, fugi do lodaçal e retornei ao acampamento de pesca o mais depressa que pude. Eu não era nenhum conquistador.

Muito mais fácil de alcançar é a cidade de que De Soto se apoderou, no final de 1539, para ser seu acampamento de inverno: Anhaica, capital da belicosa nação apalache. Em vez de enfrentar os cavaleiros espanhóis em combate, os apalaches se retiraram para esconderijos de onde fizeram ataques de guerrilha. O exército de De Soto ocupou os lares feitos de barro e fronde de palmeira de Anhaica, saqueou seus depósitos de alimentos, e se instalou para uma desconfortável estada de cinco meses.

Quase 450 anos depois, em Tallahassee, um arqueólogo veterano, Calvin Jones, estava saindo para sua hora de almoço quando reparou que havia escavadeiras limpando um terreno para construção. Jones tirou uma pá da traseira de sua picape e escavou alguns buracos para teste, desenterrando um pedaço de um jarro de azeite espanhol. Retornando com um detector de metal, ele encontrou pregos e cota de malha.

Os construtores interromperam o trabalho enquanto os arqueólogos escavavam o terreno. Encontraram um grande povoado indígena e centenas de artefatos espanhóis, inclusive contas, fivelas, peças de jogos e moedas do século XVI. Mas a descoberta que confirmou a presença do exército de De Soto foi um osso de maxilar de um porco — um animal desconhecido no continente antes de De Soto, que tinha trazido uma pequena manada como provisões de emergência para seu exército.

Fui ver a mandíbula de porco num depósito de porão próximo ao capitólio da Flórida, uma gigantesca coluna flanqueada por domos semelhantes a gônadas e conhecido entre a população local como "o Pau Grande". Mais abaixo na rua, atrás de um Motel 6, encontrei o pequeno conjunto ajardinado de escritórios que agora ocupa o sítio arqueológico. Exceto por uma placa no estacionamento e um retalho de vegetação rasteira preservado pelo estado, nada assinalava o local como a outrora capital apalache e o único acampamento confirmado de De Soto nos Estados Unidos.

Os suínos do conquistador haviam deixado uma marca mais duradoura. Alguns fugiram ou foram trocados com os índios; de rápida reprodução, inteligente e adaptável, a espécie *Sus scrofa* vicejou na vida silvestre, tornando-se um importante participante na ecologia da região e uma das bases de sua dieta. Milhões de porcos selvagens ainda vagueiam à solta pelo sul, destruindo colheitas, campos de golfe, e os alimentos e o hábitat de outros animais silvestres. Movendo-se em manadas de dez ou vinte, os onívoros de focinho longo podem devastar por completo cerca de meio hectare de terra em um dia.

— Eles fazem com que pareça que uma máquina colhedora e enfardadora de algodão gigante passou pelo lugar — comentou Danny Joyner, um guarda florestal estadual no sítio Anhaica. — Qualquer coisa que seja comestível, e muita coisa que não é, eles mastigam e arrancam até a raiz.

Pesando até 230 quilos, sem contar as presas, porcos selvagens adultos também atacam seres humanos quando feridos ou ameaçados.

— Se você os encurralar, podem ser ferozes, sim senhor — declarou Danny. — São capazes de rasgar você do rabo até a goela. E babar você inteiro. Não são animais nada atraentes, quando se para e pensa no assunto.

Mas Danny gostava do sabor da carne deles, que descreveu como almiscarada.

— Esta minha barriga não é de cerveja, é uma barriga de carne de porco — declarou com uma palmada na ampla cintura. — Admito que nós sulistas não nos damos conta de que deveríamos dar graças aos espanhóis pelo churrasco.

Os índios apalaches tinham menos motivos para ser gratos. Estimativas de sua população do século XVI alcançam até trinta mil. A despeito de suas batalhas iniciais com os espanhóis, os apalaches mais tarde pediram que os frades fossem enviados a suas aldeias, talvez na esperança de que isso fosse lhes oferecer proteção tanto contra os espanhóis quanto de inimigos índios. Os espanhóis fundaram uma grande missão agrícola em Tallahassee, soldados se casaram com índias apalaches e milhares de índios foram batizados.

O cristianismo trouxe o fim para os rituais nativos, inclusive um jogo que era semelhante a futebol e basquete. Os times marcavam pontos chutando bolas de pele de gamo contra traves de gol ou para dentro de redes ao alto de postes. O jogo, dedicado a deuses da chuva, era precedido por jejum, amor livre e o consumo de um purgativo com alto teor de cafeína feito com folhas de um azevinho, *Ilex vomitoria*. Os missionários espanhóis, horrorizados com o jogo "demoníaco" e seus rituais, ordenaram a derrubada dos postes e que em seus lugares fossem erigidas cruzes.

Mas a cristandade não era defesa contra doenças epidêmicas, nem contra ataques por colonizadores ingleses e seus aliados creeks nas Carolinas. Eles resultaram no incêndio da missão, em 1704, e na dispersão ou escravização dos índios sobreviventes. Os primeiros cartógrafos europeus haviam acreditado que a tribo da Flórida fosse tão grande e poderosa que desenharam seus domínios de modo a incluir uma cadeia de montanhas distante, conhecida desde então como as Apalaches.

QUANDO DE SOTO chegou a Anhaica no final de 1539, trouxe um grupo de carregadores nativos acorrentados que havia capturado enquanto marchava pela Flórida. Quando afinal o exército desmontou acampamento e partiu, cinco meses depois, os espanhóis tiveram de carregar seus equipamentos eles mesmos. "A maioria dos índios que tinham para servi-los", escreveu um dos homens de De Soto, "nus e a ferros, morreram por causa da vida dura que tiveram de enfrentar durante aquele inverno."

Entre os sobreviventes, estava um jovem índio que viera para a Flórida de uma terra distante. Ele contou aos espanhóis que era governada por uma mulher, e rica em ouro e outros bens. A história do rapaz encantou De Soto, tanto quanto as invencionices de El Turco sobre Quivira haviam enfeitiçado Coronado. Originalmente tendo planejado seguir a costa do Golfo, de modo que pudesse ir ao encontro de navios de suprimentos de Cuba, De Soto mudou de curso. Ao deixar Anhaica, em março de 1540, virou seu exército para o interior, em direção à terra de que o rapaz havia falado. Iriam se passar 3 anos antes que seus homens voltassem a ver o mar.

Entrando na Georgia dos dias de hoje, eles venceram uma verdadeira corrida de obstáculos de matas cerradas e rios largos de águas rápidas. Para cruzá-los, os espanhóis construíram pontes e balsas; numa ocasião prenderam as correntes que tinham trazido aos índios agrilhoados para que pudessem puxar

ROTA DE DE SOTO (1 DE 3)

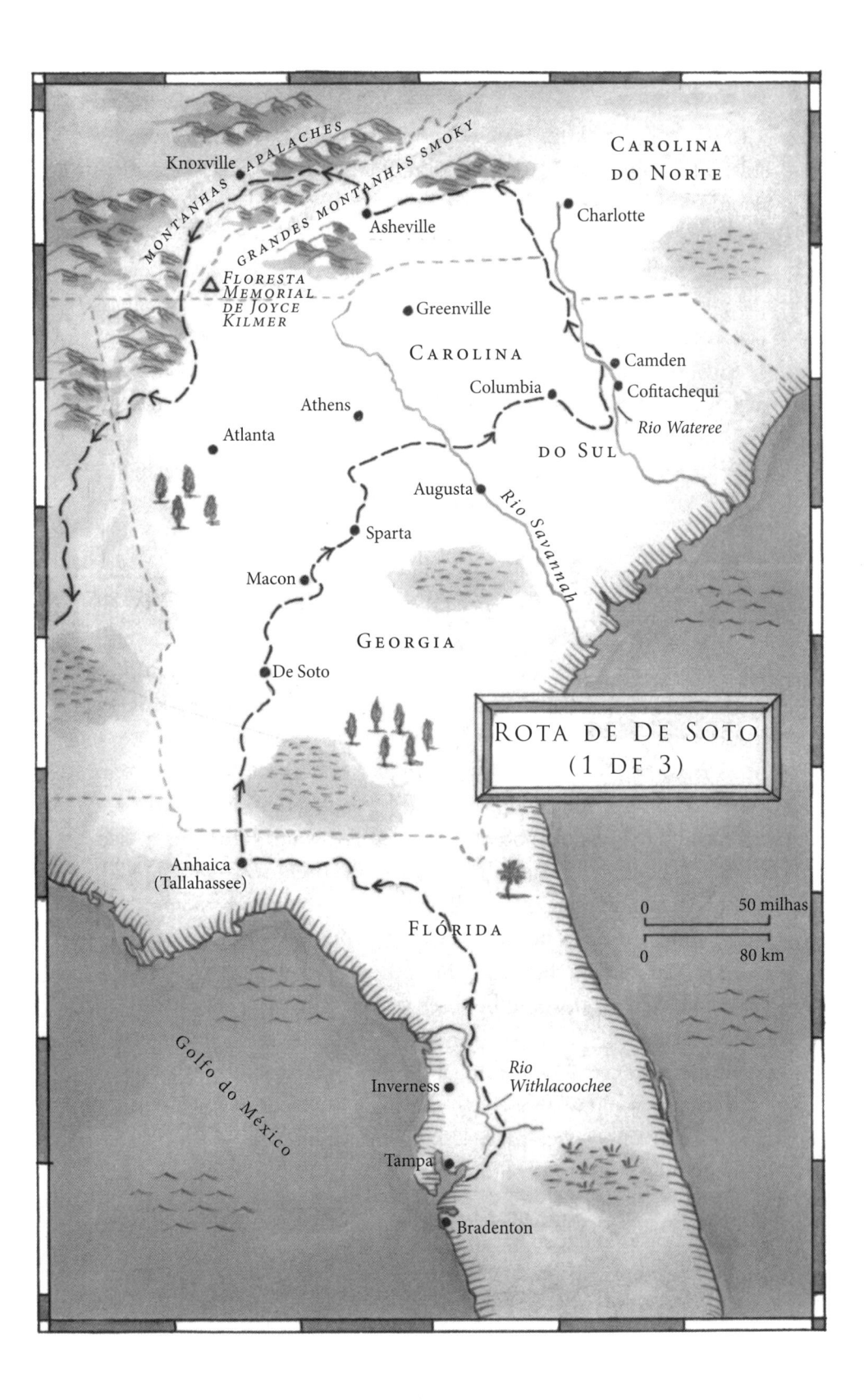

os barcos até o outro lado. Em outras ocasiões, formavam um cordão de homens e animais, com soldados agarrando-se aos rabos de cavalos ou às lanças dos homens à frente deles.

Eles também criaram uma incômoda cadeia linguística para se comunicar com as tribos da Georgia. Primeiro os espanhóis tinham de encontrar nativos que compreendessem o rapaz que guiava De Soto. O guia então traduzia as palavras do jovem para a língua dos índios da Flórida, que Juan Ortiz compreendia. Ortiz então transmitia a mensagem em espanhol para De Soto.

Conforme registrados por escribas da expedição, esses diálogos parecem ter perdido alguma coisa com toda essa tradução. Um chefe, ao receber de presente um penacho, supostamente teria dito efusivamente: "Esta sua pena que me dá, eu posso comer com ela; eu irei à guerra com ela; eu dormirei com minha esposa com ela."

As palavras de De Soto raramente eram registradas, mas suas ações falavam bastante claramente. Durante um encontro típico, ele anunciou sua chegada a um povoado indígena capturando reféns e informando o chefe local de que "iria atravessar aquela terra e buscar o senhor mais poderoso e a província mais rica nela". O chefe afirmou que um "grande senhor vivia mais adiante", e forneceu um guia e um intérprete em troca dos cativos de De Soto. Chefes dos dois povoados seguintes foram ainda mais prestativos, dando a De Soto comida, roupas e centenas de carregadores.

Essas transações não eram inteiramente unilaterais. Embora os chefes da Georgia sem dúvida tenham ajudado De Soto para se livrar de seu ávido exército, também o fizeram com o desejo expresso de que ele fizesse guerra contra o grande inimigo dos nativos, a governante mulher da rica província que os espanhóis procuravam.

Tampouco era o exército de De Soto uma presença totalmente assustadora, a despeito de suas armas e cavalos. Os espanhóis careciam de mobilidade e do conhecimento e habilidade necessários para rastrear a caça abundante da região, e ficavam maravilhados com a destreza dos índios para caçar veados, coelhos e pássaros. Desesperados por carne para comer, os soldados caíam famintos sobre a única fonte que conseguiam apanhar; os cães dos índios.

Quando mesmo os cães faltaram, De Soto lançou mão de seu suprimento de porcos, que havia crescido para trezentas cabeças de uma manada original de apenas 13. Ele aquinhoava cada soldado com quase meio quilo de carne de porco. Esse primeiro banquete registrado de carne de porco no sul da América, em abril de 1540, parece distintamente nada apetitoso. "Nós a comemos", escreveu um espanhol, "fervida em água sem sal ou qualquer outra coisa."

O VIAJANTE MODERNO não corre risco nenhum de passar fome na terra que De Soto atravessou. Seguindo pequenas estradas através do sudoeste da Georgia, passei por florestas de pinheiros, pomares de pecãs e campos de bolas de algodão molhadas que os catadores tinham deixado passar. As máquinas agora faziam a maior parte do trabalho agrícola, deixando cidades abandonadas, com lojas de portas fechadas e varandas despencadas: o grande massacre econômico do sul rural. Apesar disso, a maioria das encruzilhadas ainda tinha restaurantes simples abertos, com nomes como Kountry Fokes e Krispy Chik, servindo refeições fartas o bastante para dar combustível para um dia inteiro de trabalho braçal.

Parando num desses, paguei seis dólares para encher minha bandeja de um bufê de galinha frita, peixe-gato frito, pão de milho, ervilha, grão-de-bico, feijão-manteiga e purê de batatas acompanhado por uma jarra de chá gelado com açúcar. De meu assento na janela, eu estava de frente para o monumento Confederado da cidadezinha, com seu Johnny Reb me encarando com uma expressão de censura enquanto eu dava cabo de um bolo com cobertura de morango. Caminhando pesadamente de volta para o meu carro, passei por um cartaz de igreja que dizia: "Procuram-se pecadores!" e outro alardeando, "Arrependa-se!" Gulodice e culpa: eternos aliados no Cinturão da Bíblia do Sul.

Rumei para uma aldeia chamada De Soto e encontrei mais da mesma coisa. O nome do vilarejo se originava de uma lenda local de que o espanhol havia montado acampamento nos arredores. Mas era mais conhecido como o lar da De Soto Nut House (Casa de Nozes De Soto, também jogo de palavras com o duplo sentido de *nut house*, asilo de loucos), renomada por seus pães de ló de nozes-pecã e outros doces e delícias de nozes. Infelizmente a casa de nozes havia fechado e suas instalações agora estavam ocupadas por uma igreja evangélica. Uma placa na frente ostentava um provérbio bíblico que De Soto teria feito bem, se tivesse respeitado: "Quão Melhor é Ganhar Sabedoria que Ouro!"

Na região central da Georgia a paisagem se transformava, de planície alagadiça para colinas de ondulação suave e imponentes cidadezinhas de antes da Guerra Civil, com as ruas cheias de placas históricas relatando a Marcha de Sherman em 1864. Parte da rota do general da União pela Georgia fizera um paralelo com a de De Soto, do mesmo modo que a tática de terra arrasada de Sherman. Ambos os homens lideravam exércitos invasores que viviam dos frutos da terra e aterrorizavam os nativos. Poucos nativos da Georgia, contudo, tinham conhecimento do precedente espanhol. A Guerra Civil pairava tão imensa sobre a memória do sul que a história da região havia sido enquadrada como se sob uma lente telescópica unicamente nos quatro longos anos entre Fort Sumter e Appomattox.

— De Soto fez muito mais estrago do que Sherman — disse-me Charles Hudson —, mas ele não era um ianque, por isso ninguém se importa. — Estávamos sentados num café em Athens, ao lado do campus da Universidade da Georgia, onde Hudson havia lecionado durante 36 anos. — Não é só De Soto que está esquecido no sul — disse ele. — É todo o período colonial e quase tudo o mais antes de 1861.

Eu tinha vindo visitar o professor da Georgia porque o caminho que eu estivera seguindo desde Bradenton era conhecido, em homenagem a ele, como a rota Hudson. A história de como Charles Hudson viera a pôr no mapa a marcha de De Soto era tão tortuosa quanto a trilha de dez estados que ele havia mapeado pelo sul. Para começar, seu campo acadêmico não era geografia nem história espanhola: era antropologia, uma especialidade que ele atribuía à sua criação numa fazenda de plantação de tabaco no Kentucky nos anos finais da Depressão.

— Era um mundo muito pequeno e homogêneo. Eu nunca conheci alguém que fosse diferente... nem sequer um republicano, por Deus, até já estar bem crescido. — Charles deu uma risadinha. — *Isso* mudou, é claro.

Agora, na casa dos setenta, ele ainda tinha o físico de um fazendeiro do Kentucky: os longos cabelos brancos, o bigode prateado, o chapéu de feltro de aba larga, colete de brim de algodão azul e jeans. Mas ele havia fugido de suas modestas raízes rurais muito jovem, e de maneira muito parecida com De Soto: alistando-se ainda adolescente para o serviço militar no exterior, no Japão, durante a Guerra da Coreia.

— O Japão me deixou completamente confuso, perplexo — disse Charles. — Eu não conseguia ver nenhum sentido no fato de que pessoas pudessem ser tão diferentes e ter tanta história. No condado de Owen, no Kentucky, pensávamos que tínhamos saído do chão, como as safras. — De modo que, quando voltara para casa, Charles tinha usado a G.I. Bill para cursar uma universidade e seguira adiante até obter um Ph.D. em antropologia.

Depois de uma temporada entre os inuítes, Charles havia concentrado seu trabalho de campo nos índios do sudeste dos Estados Unidos. Rapidamente ele teve sua atenção despertada por uma lacuna na história deles. Arqueólogos haviam documentado a existência de grandes sociedades agrícolas que haviam vicejado ao longo de séculos antes da chegada dos europeus. Contudo, esses impérios agrícolas tinham muito pouca semelhança com as tribos dispersas que os colonizadores ingleses mais tarde encontraram. O período entre cerca de 1500 e 1700 era o que Charles chamava de uma "era de escuridão", pouco estudado e não entendido.

Isso o levou aos relatos espanhóis da expedição de De Soto, conhecidos coletivamente como *The De Soto Chronicles*, que contêm muitos detalhes sobre a vida nativa. Mas, para poder explorá-los a fim de obter insight antropológico, Charles precisava saber exatamente por onde De Soto viajara e que sociedades ele encontrara. Então começou a mapear a rota de De Soto, pensando que isso seria um projeto de curto prazo. Em vez disso, o projeto havia consumido vinte anos de sua carreira e o levara a uma briga pública acirrada e controversa.

O primeiro problema fora a ausência comparativa de marcos físicos no território por onde De Soto viajara. É relativamente fácil encontrar o Grand Canyon ou o rio Rio Grande nos escritos dos homens de Coronado, muito mais difícil saber se um rio largo de águas lentas cruzado por De Soto, na Flórida, foi o Suwannee, o Aucilla ou o Waccasassa. Além disso, enquanto grande parte do sudoeste *despoblado* continua vazio hoje, a paisagem do sudeste foi radicalmente reconfigurada por represas, fazendas, desmatamento e expansão urbana.

A paisagem humana oferecia a Charles ainda menos pistas. Em contraste com os povos dos *pueblos*, poucas tribos do sudeste ocupam as mesmas terras que seus ancestrais distantes. A marcha de De Soto deslocou e destruiu muitas das sociedades nativas, e o governo dos Estados Unidos completou o serviço nos anos 1830, quando a Indian Removal Act (Lei de Remoção dos Índios) obrigou a maioria dos sobreviventes a se mudarem para o lado oeste do Mississípi.

Enquanto Charles se digladiava com esses problemas, sua busca pela rota de De Soto começou a adquirir elementos da busca obsessiva do próprio conquistador. Com uma equipe de tenentes acadêmicos, ele vasculhou documentos e peneirou dados arqueológicos em busca de vestígios de ouro: uma conta, um prego, o nome de uma aldeia — qualquer coisa que pudesse conduzir a De Soto. Estudou minuciosamente mapas topográficos, o que ajudou a despir a paisagem de suas obstruções modernas feitas pelo homem. Quando Charles marcava um ponto, identificando um local que se sentia confiante que De Soto tivesse visitado, espetava uma bandeirinha vermelha numa carta aeronáutica pregada na parede de seu escritório.

Também fez viagens de reconhecimento acompanhado por sua esposa Joyce, que veio se juntar a nós no café em Athens.

— Eu me lembro de uma ocasião em que o terreno não se encaixava e Charlie concluiu que a rota inteira que havia traçado estava errada — relatou ela. — Naquela noite ele saiu e se embebedou.

Charles também se descobriu lutando contra o fantasma de John Swanton, um pesquisador do Smithsonian contratado pelo governo dos Estados Unidos nos anos 1930 para estudar a rota de De Soto. O trabalho de Swanton conduzia a marcos históricos que se seguiam pelo sul, supostamente traçando o caminho do exército. Mas, desde então, grande parte de suas informações havia sido desacreditada por achados arqueológicos e outros indícios. Quando o Serviço de Parques Nacionais revelou uma proposta em 1990 de uma nova Trilha De Soto baseada na rota de Hudson, ela passava ao largo de muitas cidades que de longa data se orgulhavam de sua ligação com o conquistador.

Isso provocou uma tempestade de protestos locais e fez pressão sobre políticos para rejeitar financiamento para o projeto ou fazer com que aliados de Hudson fossem despedidos de empregos estaduais. Um exemplo típico da causticidade reinante foi uma carta enviada ao Serviço de Parques por um senhor idoso do Mississípi. "Que diabo um doutorzinho qualquer Ph.D. da Georgia", perguntava ele enfurecido, "sabe a respeito dos detalhes da topografia, arqueologia e história do condado de Coahoma?"

No final, o Serviço de Parques admitiu que havia "um consenso de estudiosos" em favor da rota de Hudson, mas decidiu que era um acordo insuficiente para criar uma Trilha De Soto nacional. A Flórida e o Alabama erigiram novos marcos históricos, ao longo do caminho que Charles havia traçado, mas outros estados deixaram a rota defeituosa de Swanton intacta.

— Creio que irritei os nativos exatamente como De Soto — observou Charles. — Quando você diz às pessoas "Desculpem companheiros, mas o que seu professor da terceira série lhes ensinou e o que está escrito em suas placas indicativas não é verdade", as deixa furiosas.

Joyce, natural da Georgia rural, percebia um instinto regional mais profundo.

— Os sulistas têm um forte sentido de apego ao seu lugar, e com frequência é um lugar onde eles e seus parentes sempre viveram — disse ela. — É o território deles. De modo que, quando você começa a se meter com a história do lugar deles, está mexendo com *eles*. É a Guerra Civil de novo.

Desde então Charles havia se retirado da disputa. Mas ainda investigava o mistério que o atraíra a De Soto para começar: quem os espanhóis haviam encontrado e o que acontecera com eles? Como parte dessa busca, havia escrito um romance imaginando os pensamentos de um sacerdote índio na Georgia do século XVI.

— Por vezes isso é o que de melhor podemos fazer com a história — disse ele, enquanto nos despedíamos sob a chuva. — Formular uma suposição bem informada.

Dirigindo de Athens para Sparta, tomei de novo a rota de Hudson e a segui para leste, atravessando o rio Savannah. Para cruzar a vau o largo e rápido Savannah, os espanhóis tiveram que se amarrar uns aos outros. Um bom número de porcos foram arrastados pela corrente. Seguindo adiante com dificuldade, em meio a uma mata úmida sem trilhas, os espanhóis exaustos e famintos começaram a duvidar do jovem índio que havia prometido levá-los à sua rica terra natal de Cofitachequi, que era governada por uma mulher.

Então, na Carolina do Sul dos dias atuais, o exército viu-se diante de ainda mais um rio e um costão habitado do outro lado. Pela primeira vez e talvez a última, na longa jornada de De Soto o encontro que se seguiu foi pacífico e encantador. Os índios desceram ao rio trazendo uma liteira velada com fino linho branco. Dentro sentava-se uma bela jovem mulher: a "dama de Cofitachequi", como os espanhóis a chamaram.

Atravessando o rio numa canoa com almofadas e coberta por um dossel, ela saltou na margem, tirou um cordão de pérolas e o colocou ao redor do pescoço de De Soto. Ela também forneceu canoas para levar o exército até seu povoado, onde os soldados exaustos receberam cobertores de zibelina e carne de caça salgada. "Aquela terra era muito agradável e fértil", escreveu um dos homens de De Soto, "e tinha excelentes campos às margens dos rios, as florestas foram desmatadas e tinham muitas nogueiras e amoreiras".

Cofitachequi também possuía um grande templo mortuário, que De Soto prontamente saqueou. Desembrulhando as mortalhas fúnebres, encontrou cadáveres ornados com pérolas de água doce, mais de noventa quilos no total, bem como ornamentos feitos de cobre — possivelmente o "ouro" que o guia índio havia prometido. Os túmulos também continham contas de vidro e machados, vestígios de uma tentativa espanhola de colonizar a costa do Atlântico uma década antes. As mercadorias foram trocadas ou trazidas para o interior, junto com outros produtos de importação europeia. Grande parte de Cofitachequi estava despovoada e coberta pela vegetação, em consequência, diziam os índios, de uma "praga" devastadora.

Mesmo assim, a província deve ter parecido celestial para os espanhóis, que haviam passado um ano marchando à base de rações reduzidas através de, principalmente, territórios hostis. "Todos os homens eram de opinião que deveríamos colonizar aquela terra", escreveu um. Pacífica, fértil e rica em pérolas, Cofitachequi ficava a apenas alguns dias de marcha da costa — uma base potencialmente lucrativa para abastecimento e reparos de navios que navegavam entre o Novo Mundo e a Espanha.

Os homens de De Soto tinham razão de ter esperança de que seu comandante pudesse concordar com o seu desejo de ficar. O contrato dele com a Coroa lhe dava o direito de escolher oitocentos quilômetros de terras costeiras como seu domínio pessoal, para colonizar e governar "durante todos os dias de sua vida", com um generoso salário anual. Mas em Cofitachequi se tornou claro que De Soto tinha os olhos voltados para um prêmio muito maior. "Uma vez que o propósito do governador era encontrar outro tesouro igual ao de Atahualpa, o senhor do Peru", escreveu um de seus homens, "ele não tinha nenhum desejo de se contentar com terra boa ou pérolas."

E assim, depois de uma estada de 11 dias, o exército deu as costas para o mar e marchou em direção a mais outra terra que se dizia ter um "grande senhor". De Soto levou consigo as pérolas saqueadas — e também a dama de Cofitachequi. Ele manteve a governante como refém para garantir uma passagem segura através de suas terras, e para assegurar que pudesse arrebanhar milho e carregadores dos súditos dela. Acostumada a viajar numa liteira, com um grande séquito, a dama de Cofitachequi então teve que cruzar seu reino a pé, acompanhada apenas por um único criado.

DESCENDO EM VELOCIDADE pela autoestrada Strom Thurmond para entrar na Carolina do Sul, telefonei para uma arqueóloga que havia escavado um povoado indígena que se acreditava ser Cofitachequi. A arqueóloga me deu instruções sobre como chegar ao sítio, próximo de Camden, C.S., mas disse que não havia muito que ver.

— É apenas uma corcova num campo. — Além disso, o sítio ficava em terra particular, propriedade de uma família que não acolhia bem visitantes. — Se você pedir ao administrador da fazenda, talvez ele deixe você dar uma olhada — disse ela, desligando porque tinha que ir dar uma aula.

Àquela altura, eu já tinha visto um número suficiente de sítios arqueológicos para saber que não acrescentavam grande coisa. Mas a menção de uma plantação me intrigou. Além disso, parecia uma pena passar ao largo de um dos locais de parada mais agradáveis na rota de De Soto. De modo que segui as instruções da arqueóloga, saindo da interestadual na margem do rio Wateree e me orientando por uma pequena estrada até que cheguei a uma avenida arborizada que conduzia à sede de uma grande fazenda.

Depois de encontrar a casa do administrador vazia, continuei dirigindo até um chalé de tijolos, posicionado a cerca de 45 metros de uma mansão guarnecida de colunas. Uma bela mulher de meia-idade apareceu à porta do chalé e perguntou, bastante friamente:

— Em que posso ajudá-lo?

Apanhado de surpresa, falei animadamente alguma coisa sobre estar seguindo a rota de De Soto e estar fascinado com a história de Cofitachequi.

— Que parte da história? — perguntou ela.

— A dama com as pérolas indo ao encontro de De Soto numa canoa.

Um sorriso surgiu sorrateiro no rosto da mulher, como se eu tivesse adivinhado uma senha secreta.

— Então, muito bem — disse ela —, talvez eu possa lhe mostrar o lugar.

Marty Daniels pertencia à grande família que era dona da Mulberry Plantation. Seus ancestrais tinham sido atraídos para lá pelo solo fértil e pelo acesso ao rio que os índios, séculos antes, haviam reconhecido como um local bem apropriado para um povoado. Onde os nativos tinham plantado feijão e milho, os ancestrais de Marty haviam plantado índigo e algodão, dando início a uma grande fazenda que crescera para mais de oito mil hectares, na qual trabalhavam centenas de escravos.

Embarcando no veículo com tração nas quatro rodas de Marty, dirigimos em meio a um bosque de pinheiros até um paredão desmatado com vista para o Wateree, um rio de águas marrons lentas com cerca de noventa metros de largura. No centro da clareira se erguia um montículo gramado com quase dois metros de altura.

— Aquilo é Cofitachequi ou o que resta dele — disse Marty.

Escavações nas terras circundantes tinham revelado um grande povoado datando do século XIII, inclusive uma oficina para polir mica, a rocha reluzente, branca e folheada que os nativos mostraram a De Soto quando ele perguntou por prata. Viajantes ingleses, chegando em 1670, descreveram Cofitachequi como uma província ainda poderosa, governada por "um imperador". Mas já no princípio dos anos 1700, seu povo havia misteriosamente desaparecido, possivelmente tendo se mudado para o oeste e se fundido com outras tribos.

Eles deixaram para trás uma dúzia de montes, que os fazendeiros de chegada usaram como bases para suas construções. No século XIX, um chalé de capataz coroava o monte mais alto; alojamentos de escravos cobriam os outros. Desde então, os montes haviam sido nivelados e usados para terraplanagem e erodidos por enchentes, deixando expostos ossos, cerâmicas e outros artefatos, que Marty gostara de colecionar quando criança. Mas o que ela mais adorara tinha sido ouvir as histórias contadas por parentes sobre uma "rainha" índia que recebera De Soto vestindo apenas pérolas.

— Para aquelas de nós nascidas antes do movimento feminista, a história dessa chefe índia tinha um poder especial — observou Marty, parando no caminho de volta para dar de comer a seus cavalos. — Ela era uma anfitriã gentil, uma verdadeira dama sulista. Mas também era aquela mulher independente e requintada.

Melhor que tudo, a rainha por fim conseguiu passar De Soto para trás. Depois de ser feita refém e obrigada a marchar através de seu reino, ela havia entrado na floresta, afirmando que precisava satisfazer suas necessidades; em vez disso, se escondera e depois fugira com seu criado e uma caixa de bambu de pérolas.

— Sempre que chegávamos à parte da história em que ela pega as pérolas e foge com elas — contou Marty —, todas as garotas de nossa família exclamavam em coro: "*Isso!*"

De Soto mais tarde soube que sua prisioneira fugida havia encontrado vários desertores de sua expedição, inclusive um índio fugitivo. Ele e a rainha "mantiveram relações como marido e mulher", escreveu um dos homens de De Soto, "e tomaram a decisão de ir para Cofitachequi". Nada mais se sabe da dama e seu amante.

Curiosamente, Cofitachequi mais tarde se tornou o lar de outra mulher notável: a tataravó de Marty, Mary Chesnut, cujo diário da frente de combate doméstica confederada é um clássico da literatura sulista. Chesnut irritava-se com sua "existência inútil" como esposa na plantação de Mulberry, servida por 25 escravos da casa. Era, escreveu ela, "uma vida agradável, vazia e tranquila. Mas as pessoas não são como porcos; elas não podem ser postas para a engorda. De modo que aqui eu sofro e me preocupo".

Como Cofitachequi, o mundo protegido e privilegiado de Mary Chesnut se viu sob ataque, e então entrou em colapso; depois da Guerra Civil, a plantação foi abandonada, como a capital indígena havia sido séculos antes. O avô de Marty, mais tarde, restaurara a mansão Chesnut à imponência dos tempos de antes da guerra: um salão de visitas formal, uma escadaria espiral, bustos de Scipio e César, prateleiras cheias de livros como *Cotton Is King*.

Marty vivia mais modestamente, "nos fundos da casa-grande" num antigo chalé de escravos reformado. Na cornija de sua lareira aninhava-se um daguerreótipo de Mary Chesnut em traje de baile formal, de cabelos negros puxados para trás. Marty, com seus cabelos louros, despenteados, e jeans sujos de lama, não se parecia com a ancestral. Embora tivesse sido educada por um professor particular antes de frequentar um internato e o Sarah Lawrence College, ela havia passado a maior parte de sua vida escalando montanhas, domesticando cavalos, e vagando pelo país numa picape com trailer, para colocar anéis de identificação em falcões para projetos conservacionistas.

— Acho que eu me identifico com os nativos mais do que meus ancestrais Mulberry — disse ela, me mostrando outra foto, a de um homem de cabelos longos, e com fortes feições dos índios americanos. Esse era o namorado de Marty. Val Green, que era dos catawbas, a tribo que veio a ocupar Cofitachequi depois da fuga de seus habitantes originais.

Val era esperado para uma visita naquela noite e Marty me convidou para jantar com eles. O homem que apareceu dirigindo ao pôr do sol, numa picape, era uma combinação de índio e caroliniano do interior: cabelos castanho-escuros num longo rabo de cavalo, camisa de flanela e jeans, forte sotaque sulista, e a palavra "Catawba" escrita na frente do boné de beisebol. Acomodando-se junto da lareira, Val me disse que via uma afinidade natural entre sua linhagem índia e as linhagens sulistas.

— Se você ler os primeiros relatos ingleses, eles descrevem como os homens índios caçavam de manhã e à tarde e ficavam à toa como porcos capados, sem fazer nada, durante o dia — disse ele. — Exatamente como os homens das classes dominantes hoje em dia. Os índios também adoravam seus jogos de bola. E o feijão e milho e churrasco e tabaco. Há muita coisa dos índios na cultura sulista.

Também havia muita coisa dos sulistas na cultura indígena. Embora os povos dos *pueblos* tivessem sido parcialmente hispanizados, adotando o catolicismo e sobrenomes espanhóis, os índios do sudeste adotaram a língua e os costumes ingleses de colonizadores ingleses, escoceses e irlandeses. A maioria se tornou batista, embora os catawbas fossem predominantemente mórmons, devido à chegada de missionários no século XIX. Durante a Guerra Civil, todos os catawbas em idade militar serviram no Exército Confederado. A maioria dos membros da tribo agora vivia numa reserva a uma hora ao norte de Mulberry e trabalhava em fazendas ou em indústrias têxteis, do mesmo modo que seus vizinhos não índios.

No caso de Val, a fusão cultural se estendia à política. A cada ano ele punha uma braçadeira preta e participava em protestos no Dia de Colombo, e na época de eleições votava em Geronimo. Mas ele também era um nacionalista sulista, que acreditava que a região deveria se separar de novo. Para ele, a causa índia e a Causa Perdida eram as mesmas.

— Ambas são ferozmente contra o governo — explicou ele. — Os índios são basicamente pessoas conservadoras... querem ser deixados em paz com sua terra e tradições, exatamente como os sulistas. Não existe maneira de preservar o que nós temos sem sair do controle da União.

Eu já tinha ouvido o dogma neoconfederado muitas vezes antes, mas nunca de um índio de rabo de cavalo que era um fervoroso ambientalista. Val recentemente voltara para a terra catawba de sua família, e estava tentando restabelecer nela um estado pré-europeu.

— Queimadas seletivas, plantio de espécies nativas, recuperação plena da diversidade da fauna silvestre — disse ele, parecendo um porta-voz do Sierra Club. — Desfazer todo dano que foi feito ao longo dos últimos quatro ou cinco séculos.

Marty, que estivera ouvindo em silêncio, perguntou como seria se o povo de Cofitachequi também pudesse ser magicamente trazido de volta.

— Creio que a Dama sabia que sua cultura estava perto de desaparecer, como Mary Chesnut — refletiu ela, enquanto me acompanhava na saída. A lua tinha subido, lançando uma luz amarelada sobre o jardim de buxeiros e a alameda de grandes carvalhos. — Bonita, mas condenada, primeiro numa era e depois na outra. Essa é sempre a história sulista, não é?

AO DEIXAR COFITACHEQUI, DE Soto marchou para noroeste, atravessando a região do piemonte da Carolina do Norte dos dias atuais, e então entrando na região de montanhas "muito altas e de terreno muito acidentado". Para pioneiros em séculos posteriores, as Apalaches representavam uma barreira formidável. Mas De Soto, que havia escalado os muito mais altos Andes, não se deixou deter por montanhas; era atraído por elas. Desde que as grandes altitudes do Peru haviam rendido uma fortuna em ouro e prata, os espanhóis igualavam montanhas com riquezas minerais. Os índios ao longo da rota de De Soto haviam nutrido essa crença, falando de minas nas montanhas que produziam uma mistura de cobre e ouro.

Abordadas pelo leste, as montanhas da Carolina do Norte se desdobram em uma série de cadeias: primeiro a suave, Blue Ridge, e então as Smokies, com sua seção intermediária sempre envolta em névoa. Se os espanhóis encontraram beleza nessa vista, não o disseram em seus escritos, em vez disso falavam de exaustão e fome. Os homens conseguiam encontrar pouco que comer, exceto por perus selvagens, e seus cavalos ficaram tão fracos "que não podiam carregar seus donos".

Enquanto lia esses relatos de privações durante um almoço de parar o coração na Hillbilly Barbecue and Steaks, tomei a decisão de sair da estrada e fazer umas boas caminhadas. Em vez de me ater apenas à rota de Hudson, que seguia por uma importante auto-estrada de roteiro turístico através das montanhas, peguei um breve desvio, rumando para um raro trecho de terreno onde parecia possível vislumbrar a paisagem como poderia ter sido na época de De Soto.

A maior parte da antiga floresta que outrora cobrira as cadeias Apalaches foi desmatada há muito tempo. Mas bem no interior das matas Nantahala, no canto sudoeste da Carolina do Norte, uma companhia madeireira foi à falência durante a Depressão antes de desmatar toda a terra de que era proprietária. Comprado pelo governo, o remoto lote de terras se tornara a Floresta Memorial de Joyce Kilmer, recebendo o nome do autor do poema "Trees". Setenta anos mais tarde, o parque encerra uma das últimas áreas de florestas virgens, com grandes árvores de madeira de lei, do leste dos Estados Unidos.

O parque florestal me pareceu diferente no instante em que comecei a caminhar por ele. Mantido como área de natureza primitiva, suas trilhas não eram demarcadas e árvores mortas jaziam onde haviam tombado: gigantes cobertos de musgo escorregadio apodrecendo no solo da floresta. Uma árvore cortada na metade superior se erguia como um monumento simples a Kilmer, que fora abatido em combate na Primeira Guerra Mundial, aos 31 anos de idade.

Em grande parte do sul moderno, as florestas são monótonas extensões de "plantações de pinheiro", plantados em fileiras como safras em campos, para que possam ser facimente derrubados tão logo as árvores amadureçam. A floresta Kilmer, em contraste, mesclava carvalhos, cicutas, bétulas, faias, freixos e outras espécies. As árvores mais velhas datavam quase que da época da expedição de De Soto.

Elevando-se imensas acima de todas elas estavam as magnólias, com 45 metros de altura, sem galhos nos primeiros 15 metros. O efeito, à medida que eu caminhava sob seu estonteante dossel, era de estar andando por uma catedral ao ar livre. Um tributo bem apropriado para o homem que escrevera: "Poemas são feitos por tolos como eu/ Mas árvores só podem ser feitas por Deus."

Depois de caminhar alguns quilômetros, me reclinei na raiz de um choupo, imensa como uma espreguiçadeira. A floresta estava calada no silêncio do final de outono, exceto por um pica-pau solitário e o borbulhar distante de um córrego da montanha. Durante minhas breves caminhadas no árido sudoeste e nos pântanos sufocantes da Flórida, tinha sentido pena dos espanhóis e me sentira satisfeito por viver numa era em que existiam repelentes de inseto, cubos de gelo e carros com sistema de climatização. Agora, pelo menos por um momento, invejei a caminhada deles de outrora, através de um continente ainda não conquistado por motosserras e estradas interestaduais.

Capítulo 9

O MISSISSÍPI
O ÚLTIMO BASTIÃO DOS CONQUISTADORES

> ... o rio
> É um poderoso deus castanho — taciturno, indômito
> e intratável
> — T. S. Eliot, "The Dry Salvages"

Quando afinal os homens de De Soto chegaram ao outro lado das Apalaches, um espanhol escreveu, "os cavalos estavam cansados e magros e os cristãos igualmente fatigados". Chegando a um povoado pacífico no Tennessee dos dias atuais, o exército se banqueteou com as iguarias da cozinha nativa: mingau de milho adoçado com mel, "manteiga" feita de gordura de urso, e óleo extraído de bolotas de carvalho e de nozes, que era nutritivo, mas causava "alguma flatulência".

Por duas semanas os espanhóis peidaram e se divertiram com os índios, chegando até a nadar com eles num rio próximo ao povoado. Então De Soto levou longe demais a pausa para repouso e recreação de seu exército. Ele pediu a seus anfitriões que lhes fornecessem trinta mulheres. Quando os índios não concordaram com a exigência, De Soto incendiou seus campos de milho, tomou o chefe como refém e obrigou quinhentos de seus súditos a servir-lhe de carregadores.

Na cidade seguinte, os soldados na vanguarda começaram a saquear os depósitos de alimentos, "como era seu costume". Dessa vez os nativos responderam com uso de força, derrubando os saqueadores com porretes e reunindo arcos e flechas. Quando De Soto chegou, "descuidadamente e desarmado", se viu cercado por uma multidão de nativos belicosos.

Sempre na melhor forma em situações difíceis, De Soto fingiu estar furioso com seus homens, agarrando um porrete indígena e se juntando aos nativos que surravam os saqueadores. Então ele apaziguou o chefe local tomando-o pela mão e conduzindo-o para fora do povoado e em direção ao exército que se aproximava. Uma vez fora de perigo, De Soto pôs o chefe e seus assistentes a ferros, "e disse-lhes que não poderiam ser soltos enquanto não lhes dessem um guia e índios para servir de carregadores".

Durante sua estada no Tennessee, De Soto enviou batedores em busca do ouro que esperara encontrar nas montanhas. Mas, depois de não descobrir nada, virou seu exército rumo ao sul, em direção a Coosa, uma rica nação indígena centralizada no norte da Georgia. O governante de Coosa recebeu De Soto "numa liteira carregada nos ombros por seus homens de confiança, sentado numa almofada e coberto por um manto de peles de marta". Seu reino era rico em milho e feijões e com pomares de maçãs e ameixas — "uma das melhores e mais abundantes" terras em La Florida, escreveu um soldado.

Mas De Soto tratou esse chefe hospitaleiro como tratara os de Cofitachequi. Depois de descansar e reabastecer seu exército, fez prisioneiro o governante de Coosa e acorrentou muitos de seus homens para trabalho escravo na jornada que se seguiria. Então, marchou para sudoeste, em direção à costa do Golfo, onde anteriormente havia combinado se encontrar com navios de aprovisionamento de Cuba.

Embora ainda faltasse a De Soto encontrar seu ouro, sua expedição a esse ponto era um sucesso modesto, certamente se comparada com as investidas anteriores em La Florida. Em pouco mais de um ano, o conquistador havia feito o reconhecimento de 1.600 quilômetros de território, encontrado pérolas e terras promissoras para colonização, e perdido apenas um punhado de homens por morte ou deserção.

Seu exército agora estava bem alimentado, bem descansado e bem servido por centenas de carregadores, criados e concubinas nativos. Os espanhóis estavam marchando no final do verão por uma terra amena e abundante. Provavelmente estavam mais contentes do que em qualquer outro momento durante a longa jornada, e absolutamente despreparados para o desastre que iria se abater sobre eles.

Descendo em meio às colinas do leste do Tennessee, segui por uma autoestrada assinalada como "panorâmica" — algo que poderia ter sido, se vista de um grande ônibus de dois andares que permitisse um vislumbre das distantes Smokies. Do nível de meu carro sedã, tudo que eu conseguia ver era uma sucessão de parques para trailers, armazéns de depósito de autosserviço, e fábricas de móveis e de fogos de artifício. O cenário de beira de estrada no norte da Georgia era ainda mais triste: principalmente prédios baixos e sem janelas de fábricas de carpetes. Hospedando-me num motel com um mata-moscas no travesseiro e trens que passavam roncando durante a noite, acordei com o som de chuva pesada e uma busca desanimadora da capital de Coosa pela frente. Minha busca chegou ao fim num parque à margem de uma represa hidrelétrica, onde pedi informações a um guarda florestal sobre como chegar à antiga cidade indígena.

ROTA DE DE SOTO
(2 DE 3)

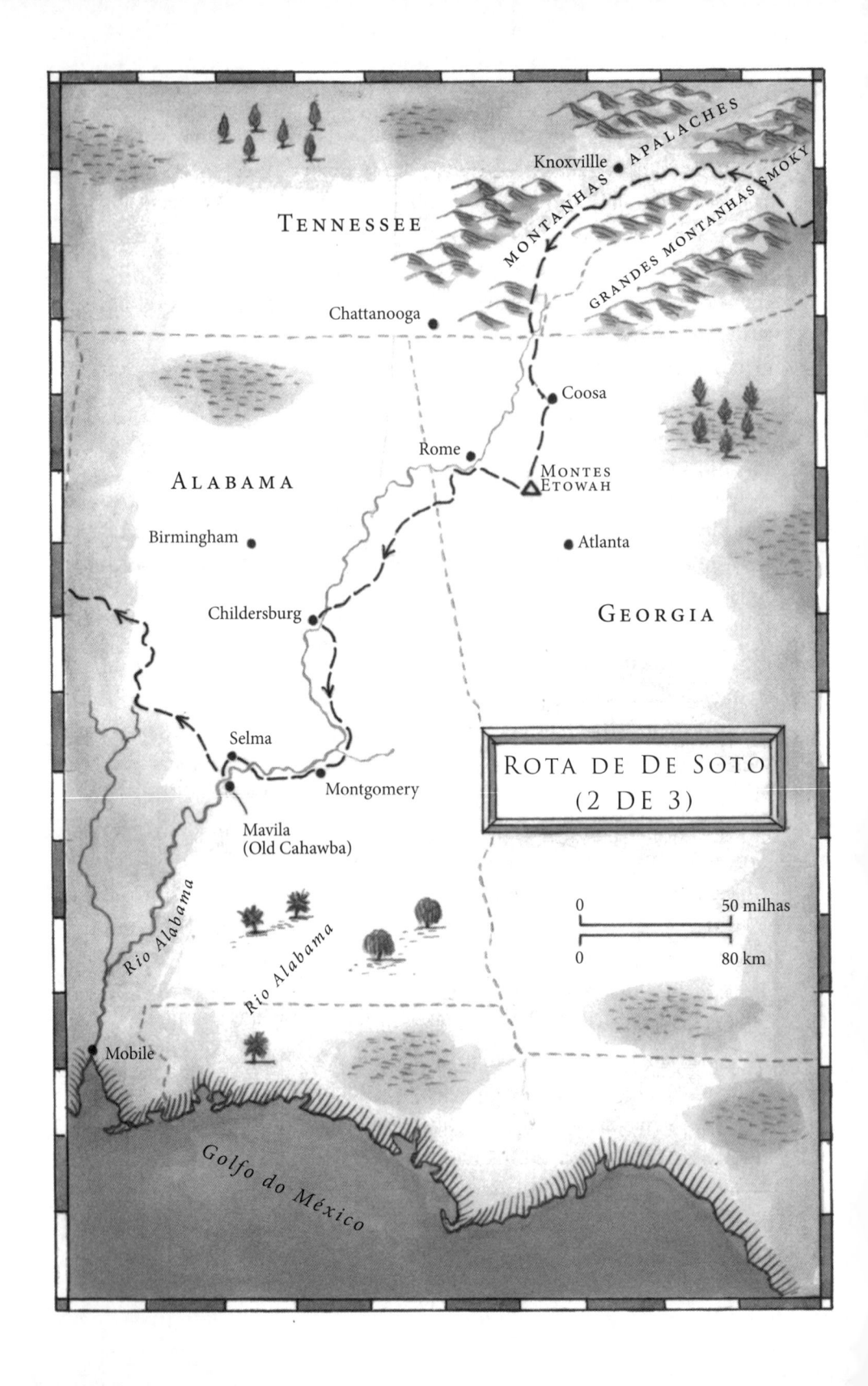

— Ela está no fundo do dique de regulagem de nível — disse ele, apontando para um reservatório. — Tem equipamento de mergulho?

Muitos outros povoados visitados por De Soto no Tennessee e na Georgia tinham sofrido um destino semelhante. Mas um sobrevivia, e de maneira espetacular. Alguns dias depois de deixar a capital de Coosa, os espanhóis chegaram "a uma grande cidade às margens de um bom rio, e lá negociaram uma permuta para obter algumas mulheres", em troca de espelhos e facas. Os espanhóis chamaram a cidade de Itaba, ou Ytaua, um nome bastante próximo do registrado por um missionário junto aos cherokees que veio a Etowah 274 anos mais tarde.

"Através do arvoredo espesso da floresta, uma pilha gigantesca saltava aos olhos", escreveu o reverendo Elias Cornelius. Ele descreveu vários "montes artificiais" e, usando um cipó, mediu um com mais de trezentos metros de circunferência. Seus guias índios não sabiam nada a respeito da origem dos montes, dizendo a Cornelius: "Eles não foram feitos pelo nosso povo."

Outros montes misteriosos apareceram ao longo da fronteira americana à medida que os pioneiros avançavam para o oeste das 13 colônias originais. Os pioneiros encontraram construções de terra em forma de cones ou de pirâmides truncadas, ou animais gigantes, inclusive o "Monte da Grande Serpente" de qutrocentos metros de comprimento que se estende em curvas pelo sul de Ohio. Índios vivendo nas vizinhanças, como os de Etowah, afirmavam não ter nenhuma ligação com os montes. Nem tampouco, na opinião dos brancos, índios "selvagens" seriam capazes de criar uma arquitetura tão monumental. "Parece provável", escreveu Cornelius sobre os montes de Etowah, "que tenham sido erigidos por alguma outra raça, que outrora habitava o país."

Descobrir a identidade dessa "raça perdida" se tornou uma obsessão dos primeiros tempos da América, cativando homens do porte de Thomas Jefferson, bem como pensadores extravagantes que acreditavam que os construtores dos montes fossem antiquíssimos imigrados do Velho Mundo. A lista de candidatos chegou a incluir fenícios, canaanitas, hindus, vikings, gauleses medievais — até refugiados do continente perdido de Atlântida. No Livro de Mórmon, Joseph Smith atribuiu a construção dos montes a uma tribo do Oriente Próximo, chamada nefitas, ancestrais dos Santos dos Últimos Dias que tinham sido enviados por Deus para povoar a América.

Só no fim do século XIX os arqueólogos concluíram que os construtores dos montes eram, de fato, nativos americanos, embora fossem nativos que viviam de maneira muito diferente das tribos dispersas encontradas pelos pioneiros. Construídos séculos e em alguns casos milênios antes da chegada dos europeus, os montes eram obra de ricas sociedades agrícolas que possuíam a mão de obra para construir imensos edifícios com cestos de terra batida. O maior complexo de montes do continente, em Cahokia, nas proximidades de St. Louis, cobria quase 13 quilômetros quadrados, com uma praça central com trezentos metros de comprimento. Em seu auge, Cahokia tinha uma população estimada de 15 mil habitantes — maior que a Londres ou a Paris medievais, ou qualquer cidade ao norte do México até que a Filadélfia a ultrapassou no fim dos anos 1700.

Quando De Soto chegou, os maiores complexos de montes no Meio-Oeste e no sul haviam sido abandonados ou entrado em declínio, possivelmente porque tinham se tornado grandes demais, esgotando os hectares de reservas de madeira, terra e caça facilmente disponíveis. Mas a estrutura subjacente da cultura dos montes perdurava. Da Flórida às Carolinas ao vale do Mississípi, os homens de De Soto descreveram cidades-estado centradas no cultivo de milho, e montes cerimoniais que se erguiam gigantescos acima das planícies dos rios do sul.

Atualmente, os complexos de montes que sobrevivem não são tão claramente visíveis. Para chegar a Etowah, saí de uma interestadual logo ao norte das orlas ex-urbanas de Atlanta e fiquei dando voltas entre uma indústria química e uma fábrica de embalagens Glad Wrap, antes de seguir uma pequena estrada para o Bow and Arrow Mobile Home Park — um estacionamento de trailers. Eu estava a ponto de parar e pedir informações quando reparei num monte íngreme, serrilhado, elevando-se bem atrás da silhueta mirrada do estacionamento.

Num dia de semana úmido, no princípio do inverno, eu era o único visitante ao pequeno parque que cercava Etowah. Uma trilha me levou ao outro lado de uma vala de três metros de profundidade, o que restava de um fosso que outrora protegia a cidade, e para um campo: antigamente uma praça que conduzia ao maior dos montes. Com uma base de pouco mais de 120 metros quadrados, o monte de 19 metros tinha uma rampa que subia serpenteando até um topo amplo e nivelado. Esse topo servia de plataforma para as moradias de sacerdotes e chefes, os moradores de cobertura dos primórdios da América.

O cume agora estava vazio, exceto pela relva. Mas postado no alto do trono de terra de Etowah, era fácil imaginar um governante de outrora examinando seus domínios. De um dos lados do monte corria um rio verde de águas rápidas, cheio de barragens de pedras em forma de V: os vestígios de antigas represas usadas pelos índios para capturar peixes. Os juncos que ainda cresciam nas margens do rio tinham fornecido a matéria-prima para cestos, esteiras, lanças e flechas. Além do rio se estendiam terras férteis de aluvião, agora cheias de gado, mas antigamente plantadas com milho. Só o estacionamento de trailers interferia em minha viagem no tempo. Daquele posto de observação privilegiado, os trailers pareciam minúsculas caixas, um campo transitório ao lado do domo de mil anos de Etowah.

Depois de descer o monte, visitei o pequeno museu do parque, que exibia artefatos escavados no monte fúnebre de Etowah. Um par de efígies de mármore

Efígies de mármore no Sítio Histórico dos Índios de Etowah, Carterville, Georgia.

retratava um casal de soberanos: o homem sentado em posição de lótus e sua companheira, de seios pequenos, apoiada sobre os joelhos, com as pernas elegantemente encolhidas sob as nádegas cobertas por uma saia. Muitíssimo estilizadas, as imagens tinham a testa reta, lábios carnudos e olhos amendoados, sem pupilas, e eram tão expressivas e belas quanto esculturas de Modigliani.

Outras relíquias revelavam não só a obra artística da cultura dos montes, mas sua amplitude geográfica. Séculos antes da existência de estradas de ferro, canais ou rodovias interestaduais, os artesãos de Etowah faziam uso de uma rede de comércio que trazia cobre dos Grandes Lagos, dentes de tubarões e carapaças de tartarugas do mar do sul da Flórida, e mica das Apalaches. A arquitetura dos montes era ainda mais amplamente disseminada; construções de terra tinham sido encontradas da Flórida a Oklahoma e ao sul de Ontario. Enquanto eu visitava o museu, no sistema de som, uma flauta tocava uma melodia misteriosa, e senti o mesmo tipo de inveja que havia sentido enquanto caminhava pela Floresta Joyce Kilmer. Os espanhóis tinham sido os primeiros e os últimos europeus a vislumbrar uma cultura espantosa que a maioria dos americanos nunca soubera que existira.

Meu devaneio foi interrompido pelo som de risadas no vestíbulo. Eu saí e encontrei dois homens barrigudos, de meia-idade, vestidos com as calças verdes e a camisa cáqui do uniforme dos funcionários do parque. A aparência semelhante e as vozes de sotaque sulista carregado faziam com que parecessem gêmeos, como as imagens mortuárias do museu. Quando perguntei que tipo de visitante Etowah atraía, os dois homens desataram em sonoras risadas, com um concluindo as frases do outro.

— Temos os satanistas, os bruxos e bruxas, os druidas...

— O pessoal da New Age, os nuwaubianos, os loucos de pedra...

— O que você quiser nós temos por aqui.

Ken Atkins era administrador do sítio; seu braço direito, Steve McCarty, era um veterano guarda florestal. Apesar da atitude brincalhona e das risadas, não estavam caçoando de mim com sua lista de visitantes do parque. Etowah e outros montes tinham se tornado ímãs para adeptos de crenças esotéricas dos tempos modernos — herdeiros, em certo sentido, dos visionários do século XIX que atribuíam a construção dos montes a atlantes ou às Tribos Perdidas de Israel.

Visitantes adeptos da New Age enterravam cristais junto aos montes, para "reenergizá-los", e demarcavam linhas de energia em busca de convergência harmônica. Outros enterravam cinzas cremadas ou realizavam ritos obscuros, envolvendo gerbos vivos e galinhas mortas.

— Já vimos mulheres de pé no alto dos montes empunhando adagas, e um sujeito rezando debruçado sobre um cristal tão grande que parecia criptonita — disse Ken. — Não houve sacrifícios de animais de que tivéssemos conhecimento, mas eu não me surpreenderia.

De todos o mais estranho era a Nação Nuwaubiana dos Mouros, um grupo que afirmava descender de egípcios, alienígenas e nativos americanos. O líder da nação apresentava-se de modo variado, como dr. Malachi Z. York-El, Atume-Re, chefe Águia Negra e um extraterrestre do planeta Rizq. Atrás dos muros do complexo onde viviam, os nuwaubianos tinham construído uma esfinge e pirâmides, e adotado trajes típicos egípcios. Vinham com frequência a Etowah para estar em comunhão com seu povo, ao mesmo tempo terreno e alienígena.

— Eles disseram que um disco voador iria descer e apanhá-los no topo do Monte A — disse Steve, se referindo ao monte mais alto. — Infelizmente, ele nunca apareceu. Nós íamos ajudar todas aquelas pessoas a embarcar suas coisas e dar um adeusinho a elas.

O fluxo de estranhos visitantes criava dores de cabeça para a administração em Etowah e em outros sítios arqueológicos de montes. Tradicionalmente, a principal preocupação dos guardas tinha sido apanhar ladrões noturnos que vinham escavar artefatos. Agora, o problema era que as pessoas estavam *enterrando* cristais e outros objetos, que, tecnicamente, tinham de ser preservados e catalogados (a maioria dos montes eram sítios arqueológicos sob a proteção do estado).

Para complicar as coisas, os índios creeks — descendentes dos etowanos e os guardiões nativos designados dos montes — haviam declarado os montes cerimonialmente fechados; consideravam qualquer ritual realizado neles uma profanação. Mas os guardas só podiam emitir citações judiciais por invasão ou dano causado a propriedade do estado; não podiam interferir com o direito dos visitantes, garantido pela Primeira Emenda, de liberdade de culto e professar sua fé onde quisessem.

— É triste, sinceramente — comentou Steve que tinha um segundo trabalho como ministro ordenado. — As pessoas querem estabelecer algum tipo de ligação espiritual com estes montes, render homenagem aos índios que viveram aqui. Mas no final das contas, estão fazendo exatamente o oposto.

O EXÉRCITO DE DE SOTO passou vários meses atravessando o reino de Coosa sem se envolver em combate sério. Mas à medida que se aproximavam de uma nação índia a oeste de Coosa, eram abundantes os sinais de que o idílio de verão estava prestes a se acabar. A primeira indicação foi o aparecimento de cidades pesadamente fortificadas, cercadas por muralhas duplas de toras cruzadas, com fendas cortadas para o disparo de flechas. Em uma cidade, De Soto foi recebido pelo filho de Tascalusa, "um poderoso e temido guerreiro naquelas terras". Embora o enviado prometesse ajuda aos espanhóis, De Soto não confiou nele e despachou dois espiões para acompanhar o filho do chefe na volta para casa.

Seguindo adiante em sua marcha, De Soto alcançou a capital de Tascalusa e encontrou o governante esperando pelos espanhóis na varanda de sua residência no topo de um monte. Tascalusa era "tão grande", escreveu um espanhol, "que, na opinião de todos, era um gigante". Vestido num manto longo de penas e com um adorno de cabeça tipo turbante, empoleirava-se em almofadas altas rodeado por seu séquito, um dos quais o protegia do sol com uma vara encimada por um estandarte de combate de pele de veado.

De Soto encenou seu próprio espetáculo, repetindo a famosa entrada antes de Atahualpa. Enviou cavaleiros a galope para a praça diante do monte de Tascalusa, "fazendo-os virar ora para um lado ora para o outro", e depois em direção ao monte onde se encontrava o governante. Embora "cavalos fossem muito temidos entre aqueles povos", a exibição dos espanhóis deixou o governante indiferente. "Com grande seriedade e despreocupação", Tascalusa "de tempos em tempos levantava os olhos e observava como se com desdém". Também não se levantou de sua almofada quando De Soto desmontou e se aproximou.

Tendo demonstrado sua preeminência, Tascalusa ofereceu comida a seus convidados e os divertiu com dançarinos. De Soto retribuiu, apresentando torneios de justas e corridas de cavalos — outra tentativa inútil de impressionar seu anfitrião que "parecia desprezar tudo aquilo". O governante achou ainda mais desprezível a inevitável exigência de De Soto de que lhe desse mulheres e carregadores. "Ele respondeu que não estava habituado a servir ninguém, e sim a que todos o servissem."

Pela primeira vez desde que chegara a La Florida, De Soto encontrava um líder tão imperioso e orgulhoso quanto ele próprio, e ainda mais astucioso. O conquistador insistiu que seu anfitrião passasse a noite junto dos espanhóis. Tascalusa concordou, mas não antes de enviar mensageiros para uma cidade chamada Mavila, a cinco dias de viagem. Ele disse a De Soto que seus enviados tomariam as providências para que o exército recebesse carregadores, bem como cem mulheres, "e aquelas que [os espanhois] mais desejassem".

À medida que o exército seguia marchando, levando Tascalusa, "e sempre com o índio carregando o para-sol à frente de seu senhor", um dos guardas pessoais de De Soto se afastou do grupo e saiu em busca de um escravo fugido, e foi morto pelos índios. Dominado por um acesso de fúria, De Soto ameaçou queimar Tascalusa a menos que ele entregasse os assassinos. Mais uma vez, o governante prometeu que o faria — assim que o exército chegasse a Mavila.

Quer soubesse ou não, Tascalusa havia descoberto o ponto fraco de De Soto. Frio e calculista em situações de crise, o conquistador se enfurecia com facilidade e era precipitado quando se deixava dominar pela raiva. Ignorando seus espiões que o advertiram de que índios "mal-intencionados" estavam se reunindo em Mavila, De Soto correu à frente de seu exército, com uma vanguarda de apenas quarenta homens, impaciente para receber tudo que Tascalusa lhe havia prometido.

Mavila, escreveu um dos homens de De Soto, era "um pequeno povoado muito fortificado com paliçadas", situado numa planície. As casas fora dos muros tinham sido apressadamente derrubadas, aparentemente em preparação para batalha. Os capitães de De Soto o aconselharam a acampar fora da cidade. Respondendo "que estava cansado de dormir em campo aberto", De Soto temerariamente entrou em Mavila com Tascalusa e uma dúzia de soldados.

Eles foram recebidos por várias centenas de nativos que cantavam e ofereciam como presente peles de marta. Os habitantes de Mavila também distraíram seus visitantes com uma dança "realizada por mulheres maravilhosamente belas", permitindo que Tascalusa escapulisse para uma casa de conselho para conferenciar com seus confederados. Quando De Soto exigiu que ele saísse, Tascalusa se recusou. Um capitão enviado para buscá-lo descobriu um agrupamento de homens armados. Descobriu-se que outras casas também escondiam mais guerreiros, "bem uns quinhentos deles".

Finalmente se dando conta de que caíra numa armadilha, De Soto "colocou o capacete na cabeça e ordenou que todos montassem em seus cavalos". Um espanhol puxou a espada e retalhou um índio. Então os guerreiros saíram correndo de seus esconderijos, "gritando alto e disparando suas flechas". Cinco espanhóis tombaram rápido; os outros conseguiram escapar pelo portão da cidade, feridos e tendo perdido suas montarias e armas.

De Soto precisou ter cinco flechas arrancadas de sua grossa túnica de algodão. Mesmo assim, pediu um cavalo e uma lança e matou vários índios que perseguiam os espanhóis em retirada. Mas bravata cavalheiresca não poderia resolver o dilema com que De Soto agora se defrontava. Enquanto estivera dentro de Mavila, os carregadores índios do exército tinham chegado e depositado seus fardos junto dos muros da cidade. Tão logo De Soto fugira, os carregadores haviam levado tudo para dentro dos muros, inclusive armas que os soldados descuidadamente haviam deixado nos fardos. Os habitantes de Mavila tiraram as correntes dos carregadores e armaram-nos com arcos. Então fecharam o portão da cidade, "começaram a bater seus tambores, levantaram bandeiras com grandes brados, abriram nossos baús e fardos, e exibiram do alto dos muros tudo o que tínhamos trazido".

Um ataque direto a Mavila parecia suicida: os nativos dentro do bastião bem fortificado superavam os espanhóis em número em mais de cinco para um. Mas se os espanhóis se retirassem, desprovidos de suprimentos e de sua capacidade de atemorizar os nativos, ficariam enfraquecidos em território hostil dominado pelo obstinado e traiçoeiro Tascalusa.

Ansiosos, os tenentes de De Soto manifestaram "diferentes opiniões", mas, como de hábito, ele ignorou suas preocupações e partiu para a ofensiva. Os índios tinham usado astúcia para explorar seu excesso de confiança; agora De Soto lançaria mão da mesma tática contra eles. Com quarenta cavaleiros, De Soto cavalgou até o portão de Mavila. Alguns índios saíram para escaramuças, mas não se distanciaram muito da segurança da cidade. Então os espanhóis viraram e se afastaram a galope, como se em fuga. Quando os índios saíram em bandos de Mavila para persegui-los, os cavaleiros voltaram e atacaram, matando dúzias com suas lanças.

De Soto então cercou a cidade, com seus homens mais bem armados a pé e os cavaleiros atrás. Os soldados de infantaria atacaram em uníssono, usando machados para destruir a paliçada e tições incendiários para queimar as casas no interior. À medida que se intensificava o combate também se intensificavam as chamas, obrigando os mavilanos a abandonar seu abrigo fortificado. Os cavaleiros os retalhavam ou os acossavam, impelindo-os de volta para as chamas, "onde, empilhados uns sobre os outros, sufocavam e morriam queimados".

A batalha continuou até o anoitecer, sem que um único guerreiro se rendesse. "Nós matamos todos eles", relatou um espanhol sucintamente, "alguns com o fogo, outros com as espadas, outros com as lanças." Quando um guerreiro se deu conta de que era o último ainda de pé, "subiu numa árvore que fazia parte da própria paliçada, retirou a corda do arco, amarrou-a ao redor de seu pescoço e a um galho da árvore, e se enforcou".

Um dos homens de De Soto estimou o número de índios mortos em 2.500; outro calculou as baixas em três mil, sem contar os muitos feridos que os soldados "depois encontraram mortos em choças e às margens da estrada". Se esses números estiverem próximos de ser precisos, o massacre de Mavila, em 18 de outubro de 1540, rivaliza com a batalha de Antietam, da Guerra Civil, como o dia mais mortífero de combate jamais registrado em solo americano.

Os vencedores tinham pouco que comemorar. Mais de vinte soldados jaziam mortos, inclusive o cunhado e o sobrinho de De Soto. Muitos dos espanhóis foram "mortos por flechadas nos olhos ou na boca, porque os índios sabendo que seus corpos eram protegidos por armaduras, disparavam fazendo pontaria para seus rostos". Cerca de duzentos outros — quase a metade das tropas sobreviventes — estavam gravemente feridos, muitos por múltiplas flechadas; dúzias morreram depois da batalha. Dezenas de cavalos também tinham sido mortos ou feridos. E a bagagem do exército, inclusive as pérolas saqueadas em Cofitachequi, tinha sido consumida pelas chamas. Os homens de De Soto, escreveu um, "foram deixados como árabes, de mãos vazias e em grandes dificuldades".

Eles também tinham o encargo de encontrar forragem e abrigo numa paisagem de inferno tirado do quadro de Hieronymus Bosch. A pira incandescente de Mavila iluminava o campo de batalha. Soldados exaustos e sedentos que procuraram o que beber num pequeno lago encontraram suas águas "tingidas de sangue dos mortos". Outros tiravam a pele de cavalos mortos para retirar a carne. Pior que tudo era a situação dos feridos. Desesperados em busca de um lenitivo, os soldados "se ocuparam em cortar e abrir os corpos dos índios mortos e tirar a gordura para usar como unguento e óleo para tratar os ferimentos".

De Soto foi obrigado a permanecer um mês em Mavila, esperando que seu exército se recuperasse. Enquanto estava lá, soube que seus navios tinham aportado na costa do Golfo, a apenas seis dias de viagem de distância. Mas De Soto não estava mais pronto para se encontrar com sua frota de aprovisionamento. Ele agora não tinha mais nada para mostrar como resultado de sua jornada, nem sequer as pérolas, e seus homens poderiam querer embarcar nos navios e fugir para Cuba. Se a notícia de seu estado desolador e de suas mãos vazias se tornasse conhecida, a reputação de De Soto e sua esperança de encontrar novos recrutas para colonizar La Florida estariam arruinadas. "Consequentemente", escreveu um de seus homens, "ele estava determinado a não dar notícias de si mesmo enquanto não encontrasse uma terra rica."

No fim de novembro, com o inverno se aproximando, De Soto mais uma vez deu as costas para o mar, marchando com seu exército exaurido de volta para o interior americano.

Seguindo De Soto de Coosa para Tascalusa, fui saindo da região de planaltos e florestas de pinheiros, e entrando na planície de terras negras do centro do Alabama. A maioria dos estudiosos de De Soto acredita que Mavila ficasse situada em algum lugar ao longo do rio Alabama, entre Selma e Mobile. Mas os arqueólogos ainda não haviam encontrado um sítio com a massa de ossos e artefatos espanhóis que se esperaria. O fogo e, mais tarde, inundações frequentes, podem ter destruído todos os vestígios da batalha.

Charles Hudson, o professor que havia mapeado a rota de De Soto, acreditava que o local mais provável para Mavila era um lugar atualmente conhecido como Old Cahawba, onde haviam sido encontrados vestígios de um povoado índio fortificado que desaparecera abruptamente por volta da época da marcha de De Soto. Para alcançá-lo, segui uma estrada mal pavimentada até que ela chegava a um beco sem saída num barranco à margem do Alabama. Não havia nenhum sinal do povoado indígena, exceto por um fosso quase imperceptível cercado por uma clareira de carvalhos envoltos em barba-de-velho.

A rica cidade de plantação de algodão que surgira no mesmo lugar nos anos 1800 havia igualmente desaparecido, destruída pela Guerra Civil e por enchentes constantes. Tudo que restava eram montes cobertos pela relva onde o prédio de um tribunal e armazéns construídos com tijolos outrora haviam estado, e algumas colunas solitárias de mansões de antes da guerra.

Old Cahawba era uma das estranhas e fantasmagóricas ruínas do sul e um memorial melancolicamente apropriado para o banho de sangue que pode ter ocorrido ali em 1540. Mas eu não consegui conjurar Mavila. Na esperança de captar algum eco da batalha, em vez disso eu havia encontrado exatamente o oposto: um refúgio bucólico e silencioso onde nada se movia, exceto alguns gamos assustados pelo som de minhas botas.

Em vez de seguir dirigindo e deixar Mavila sem ser vista, decidi tentar encontrar um homem que me havia sido recomendado como um especialista em combate do século XVI. Kent Goff era um major do exército que havia servido como instrutor de combate com baioneta em West Point e oficial do serviço de informações na primeira Guerra do Golfo; agora, quando sua agenda militar permitia, lecionava história em faculdades. Eu o encontrei numa sala de aulas, a um dia de carro de Old Cahawba, onde conversamos em voz baixa enquanto seus alunos faziam uma prova de História da Civilização.

Kent era um homem do Meio-Oeste de corpo bem proporcionado, e impecavelmente vestido em calças cáqui bem passadas, camisa polo e sapatos pretos reluzentes, que era capaz de recitar longas passagens de *The De Soto Chronicles* quase textualmente. Mas ele havia pesquisado os relatos espanhóis em busca de pistas bem diferentes daquelas de outros estudiosos da expedição

— Eu li as *Chronicles* como relatórios pós-combate — disse ele, usando um termo militar para se referir a análises minuciosas tipo "autópsias" detalhadas da batalha. — Você tem duas sociedades guerreiras se confrontando pela primeira vez. É um estudo de caso de combate fascinante.

Um insight que ele tivera fora de que a tática com frequência levava a melhor sobre o número de combatentes e o poder de fogo. Na maioria das batalhas, os índios levavam vantagem em número, e seus arcos longos tinham mais alcance e precisão do que as bestas e mosquetes de difícil manejo dos espanhóis. Os nativos também tinham muito mais mobilidade que seus inimigos com as armaduras pesadas, pelo menos nas florestas e nos pântanos, onde os cavalos eram de pouca utilidade. O que lhes faltara fora experiência de combate em estilo europeu.

— Os índios lutavam no estilo tradicional do guerreiro individual — disse Kent —, com grande coragem e ação conjunta de membros da família. Os espanhóis, em contraste, lutavam como peças de engrenagem da máquina militar mais eficiente da Europa do século XVI. — Era como os romanos contra os celtas. Em um nível individual, os celtas eram melhores combatentes. Mas comandados em grupo por centuriões, os romanos podiam derrotar dez vezes o seu número.

Em Mavila, disse ele, os espanhóis formavam "uma equipe de armas combinadas", soldados de infantaria, cavaleiros e arquebuzeiros lançando um ataque coordenado. Diante de um sinal — um tiro de mosquete —, atacavam simultaneamente de quatro direções. Soldados com escudos protegiam os armados de machados das flechas enquanto derrubavam a paliçada. A infantaria penetrava pela brecha.

— Os índios nunca tinham enfrentado esse tipo de combate — disse Kent. A surpresa e a desordem resultantes ajudavam a explicar o desequilíbrio no número de mortos. — Quando os espanhóis penetraram as linhas nativas e os índios viram seus companheiros guerreiros e parentes de sangue serem derrubados, ficaram atordoados e enfraquecidos — prosseguiu. — E não podiam correr mais que um cavalo. De modo que se tornou um massacre.

Além disso, embora os arqueiros nativos tivessem uma vantagem em duelos de longa distância, seus inimigos eram muito mais mortíferos em combate aproximado. Além de espadas de ferro, os homens de De Soto empunhavam uma arma versátil chamada alabarda, uma lança pesada rematada por uma peça de ferro em gancho, atravessada por uma lâmina de machado em meia-lua, e uma baioneta. Kent havia estudado um manual de táticas de combate de infantaria do século XVI e demonstrou o uso da alabarda, usando-me como modelo.

— Primeiro você arremete contra a face — disse ele, enfiando a ponta de sua arma imaginária no meu nariz. Eu me encolhi e levantei os braços, como um guerreiro faria com seu escudo.

— Agora você não pode me ver bem — disse ele —, de modo que posso virar minha alabarda e golpeá-lo na cabeça com o cabo. — Cambaleei para trás como se atordoado pelo golpe.

— Agora, dou mais um passo adiante, com braços estendidos e desço a lâmina. — Ele fez um gesto como alguém cortando lenha. Os alunos de Kent levantaram os olhos da prova para ver seu professor subitamente animado despachar um escritor visitante.

— Veja só outra manobra — disse Kent, empunhando sua arma fantasma de novo. — Você finge que vai golpear contra a cabeça, então gira a arma, desce com ela e usa o gancho para agarrar seu inimigo por trás do joelho, e então dá um puxão. Isso o derruba, e depois que ele está caído tudo o que tem de fazer é acabar com ele com a ponta. — Ele fingiu me retalhar como alguém destroçando um sapo.

— Os espanhóis dedicavam um bocado de tempo a pensar em como matar gente com eficiência — disse Kent, descansando a alabarda. — E teriam deixado ferimentos realmente medonhos em oponentes sem a proteção de couraças. Braços, pernas, cabeça e tripas espalhadas por toda parte. Os espanhóis ficavam cobertos de sangue e tripas. Mas a julgar pelas *Chronicles,* aqueles homens gostavam de seu trabalho.

Kent reconhecia que essa paixão por matar de perto fazia dos espanhóis "pessoas desagradáveis", pelo menos de acordo com nossos padrões. Como soldado, contudo, ele lhes admirava a resistência e a disciplina.

— Os bem treinados SEALs da Marinha estariam caindo de exaustão depois do que esses sujeitos passaram. Essa foi uma marcha de milhares de quilômetros, à altura de figurar ao lado das marchas épicas da história militar.

Kent também ficava impressionado com a habilidade de De Soto de manter seus homens unidos em face de obstáculos extraordinários.

— Os espanhóis não tinham reserva de suprimentos, estavam vivendo do que tiravam da terra, perderam a maior parte dos equipamentos em Mavila — disse ele. Mesmo assim, a expedição continuou por vários milhares de quilômetros depois daquilo.

Kent consultou o relógio e começou a recolher as provas de seus alunos.

— Para a maioria das pessoas, De Soto e seus homens parecem seres de outro mundo — observou. — Para mim, são protótipos americanos — aventureiros de espírito forte, versátil e criativo que nunca desistiam e tinham confiança absoluta em si mesmos.

D E S OTO DEIXOU Mavila tendo perdido mais de cem dos seiscentos homens com que havia desembarcado na Flórida no ano anterior. O tempo estava começando a esfriar, e o exército precisava desesperadamente de comida e abrigo. A sorte dos espanhóis tinha virado para pior a tal ponto que um nobre espanhol usava como vestimenta um cobertor índio e, exceto por isso, estava "de cabeça descoberta e descalço, sem calças nem sapatos, com um escudo nas costas, uma espada sem bainha". Ele tinha de procurar seu jantar com as unhas.

Marchando para noroeste e entrando no Mississípi, De Soto fez seu acampamento de inverno num povoado chamado Chicasa, onde os índios em fuga deixaram um grande depósito de milho. Mas bem tarde certa noite, os nativos passaram sem ser vistos pelas sentinelas espanholas, "de dois em dois e de quatro em quatro, com pequenos jarros nos quais trouxeram fogo". Incendiaram Chicasa, matando uma dúzia de espanhóis, 57 cavalos e várias centenas de porcos. O que restava do equipamento do exército — inclusive selas, armas e poucas peças de vestuário — também foi consumido pelas chamas. "Se os índios tivessem sabido como prosseguir até conquistar a vitória", escreveu um espanhol, "aquele teria sido o último dia da vida de todos os cristãos."

Em vez disso, os índios se retiraram, e foi nesse momento crítico que os espanhóis demonstraram a resistência e a criatividade que Kent Goff admirava. Apressadamente confeccionaram um fole com peles de urso e construíram uma forja improvisada; derrubaram freixos para fazer lanças; fizeram novas selas e escudos; e trançaram relva em esteiras para dormir. Uma semana depois do incêndio, quando os índios retomaram o ataque, os espanhóis puderam repeli-los.

Mesmo assim, o incêndio em Chicasa, ocorrendo tão pouco tempo depois do desastre em Mavila, pesou na balança do medo entre invasores e nativos. Na primavera, à medida que De Soto marchava rumo ao oeste, "ocorreu algo que dizem que nunca havia acontecido nas Índias", escreveu um espanhol. Antes de Chicasa, os nativos lutavam na maioria das vezes quando provocados, e geralmente para defender alimentos e mulheres. Naquela ocasião, foram eles que iniciaram o combate, descaradamente erigindo uma estacada bem diante do caminho do exército. Os trezentos guerreiros dentro dela usavam adereços de cabeça com chifres e se pintaram com listras, "os rostos de negro e com círculos vermelhos ao redor dos olhos para parecerem mais ferozes".

De Soto ordenou um assalto frontal, "declarando que, se não o fizesse, eles se tornariam ousados a ponto de atacá-lo numa ocasião em que poderiam causar-lhe mais prejuízo". Os espanhóis triunfaram ao custo de 15 mortos e muitos feridos. Índios capturados disseram aos espanhóis que tinham provocado um combate "apenas com a intenção de testarem a si mesmos contra nós, e com nenhum outro propósito". O exército outrora resplandecente de De Soto não conseguia mais atemorizar os nativos apenas ao marchar sobre seu território.

De Soto, contudo, não tinha escolha senão seguir adiante, em busca de grandes povoações; sem seus depósitos de alimentos para saquear, seu exército morreria de fome. Conduziu seus homens famintos e feridos através do norte do Mississípi, passando por "muitos pântanos e densas florestas", até que chegaram a uma província rica em milho chamada Quizquiz. Os espanhóis imediatamente capturaram várias centenas de mulheres como reféns. Mas, numa mudança de comportamento que refletia a fraqueza do exército, De Soto não ficou muito tempo com suas cativas. "Por temor de guerra", ele rapidamente as libertou na esperança "de poder ter paz" e os suprimentos de que necessitava desesperadamente.

QUASE DE PASSAGEM, os cronistas do exército escreveram que Quizquiz ficava às margens de *el rio grande* — "o grande rio". Na língua algonquina, o rio tinha um nome diferente: Misi Sipi, significando Grande Água. Antes de embarcar em minha viagem, eu tinha ido ver *Descoberta do Mississípi* por De Soto, uma das oito telas na rotunda do Capitólio do Congresso americano que celebram os grandes momentos na história americana. A pintura retrata De Soto vestido de cetim e de armadura reluzente, contemplando o Mississípi montado em um cavalo branco. Um padre olha para o céu enquanto soldados arrastam uma cruz e canhões para a margem do rio, com índios seminus acuados diante deles. Encomendado pelo Congresso em 1847, a obra é um clássico menor do período do Destino Manifesto, glorificando o triunfo da civilização do homem branco sobre a selvageria dos índios.

A pintura também é pura ficção, a começar pelas tendas cônicas dos índios e pelos cocares de plumas dos nativos — acessórios típicos dos índios das planícies, transplantados para o Mississípi do século XVI. Os trajes dos espanhóis estão igualmente incorretos. Em maio de 1541, os homens de De Soto mais pareciam nativos do que europeus conquistadores, tendo perdido ou usado até se acabarem suas roupas e as substituído por peles de gamo e cobertores índios.

Tampouco os espanhóis ergueram uma cruz ou realizaram qualquer outro ritual ao chegar ao rio. Estavam doentes e famintos, e a única coisa que lhes interessava eram "pequenas nozes" e um suprimento de milho que tinham encontrado em Quizquiz. Em todo caso, o Mississípi já era conhecido dos espanhóis. Há duas décadas, marinheiros ao longo da costa do Golfo haviam observado a foz de um grande curso d'água que chamavam de rio do Espírito Santo, o mesmo nome dado pela maioria dos homens de De Soto.

Descoberta do Mississípi, *pintura de William Powell na rotunda do Capitólio dos Estados Unidos.*

De incorreção maior que tudo era o retrato dos índios temerosos e acuados. Na realidade, os nativos patrulhavam o Mississípi numa armada de duzentas canoas repletas de guerreiros em trajes completos de batalha. As canoas ornadas com escudos, toldos e estandartes, "tinham a aparência de uma bonita frota de galeras", escreveu um dos homens de De Soto. A cada tarde, durante toda a estada de um mês do conquistador na margem do Mississípi, os índios davam um grande grito e disparavam uma torrente de flechas sobre o acampamento dos espanhóis.

O rio em si, conforme descrito pela primeira vez pelos espanhóis, era sem interesse, exceto como obstáculo. O detalhe solitário registrado com relação à chegada de De Soto ao rio foi sua descoberta de "uma abundância de madeiras de lei", adequadas para a construção de balsas, que o exército se dedicou a construir. Então, antes do amanhecer de 8 de junho, De Soto ordenou que as quatro barcas fossem carregadas com "homens que ele estava confiante de que conseguiriam chegar a terra, a despeito dos índios, e garantir a travessia ou morrer tentando fazê-lo".

Os nativos, evidentemente, não haviam esperado uma travessia antes do raiar do dia, e deixaram a margem oposta sem defesa. Mas a travessia do rio era, ainda assim, assustadora. O Mississípi era maior que o Danúbio, escreveu um espanhol assustado: tão largo, acrescentou outro homem, que "se um homem ficasse parado imóvel na outra margem, não se saberia dizer se era um homem ou alguma outra coisa". Também ficou impressionado com os peixes do rio, inclusive uma espécie muito desgraciosa, "da qual um terço é cabeça", com "espinhas grandes como uma sovela afiada de sapateiro". Essa foi a primeira descrição europeia do peixe-gato ou lampreia-dos-rios.

Mas mais assustador que tudo era a correnteza do rio, que lançava árvores desenraizadas girando em meio à água túrgida. Os homens nas balsas tiveram que remar quase 1,5 quilômetro rio acima antes de fazer a travessia, de modo a conseguir desembarcar na margem oposta no ponto determinado defronte ao acampamento. Finalmente, depois de cinco horas difíceis, os espanhóis conseguiram transportar todos os homens e animais para o outro lado.

"Eles deram muitas graças a Deus", escreveu um espanhol, "porque na opinião deles, nada tão difícil jamais poderia voltar a lhes ser oferecido."

Quando afinal entrei no Mississípi, eu havia compilado um pequeno álbum de usos curiosos do nome de De Soto pelas cidades ao longo de sua rota. Na Georgia, houvera a De Soto Nut House; no Alabama, as Cavernas De Soto e seu parque de diversões temático acima da terra, com figuras recortadas em papelão dos espanhóis e índios lutando no "De Soto's Squirt Gun Maze" — um labirinto em que os visitantes podem participar do combate com pistolas de água. Uma cidade próxima exibia um mural de um quarteirão de comprimento intitulado *Chefe coosa dá as boas-vindas a De Soto em Childersburg*. Isso era estranho, uma vez que eu já havia visitado a capital de Coosa a mais de trezentos quilômetros para trás, no norte da Georgia. Mas, como muitas cidades, Childersburg se recusava a aceitar a rota de Hudson e defendia uma reivindicação, de décadas passadas, de que *ela* era a verdadeira Coosa.

O Mississípi era ainda mais ferrenho em sua defesa do folclore de De Soto. Ao entrar na cidade de Aberdeen, fiquei refletindo sobre uma placa que afirmava, com especificidade, que, no dia 16 de dezembro de 1540, De Soto "marchou pelo que hoje é esta rua". Duas horas depois, cheguei a uma cidadezinha que ia ainda mais longe que Aberdeen: Hernando, sede do condado DeSoto. Os fundadores da cidade no século XIX haviam projetado e construído a cidade de Hernando em estilo colonial espanhol, com uma grade de 12 ruas partindo de uma praça central. O palácio do tribunal, decorado com murais de De Soto, tinha uma estrela vermelha incrustada no piso de mármore, marcando o local exato onde o conquistador havia dormido quando estava a caminho de "descobrir" o Mississípi.

Quanto a onde, precisamente, De Soto lançara seu exército na travessia do rio, quase que todos os condados ao longo do Mississípi concediam a si mes-

ROTA DE DE SOTO
(3 DE 3)

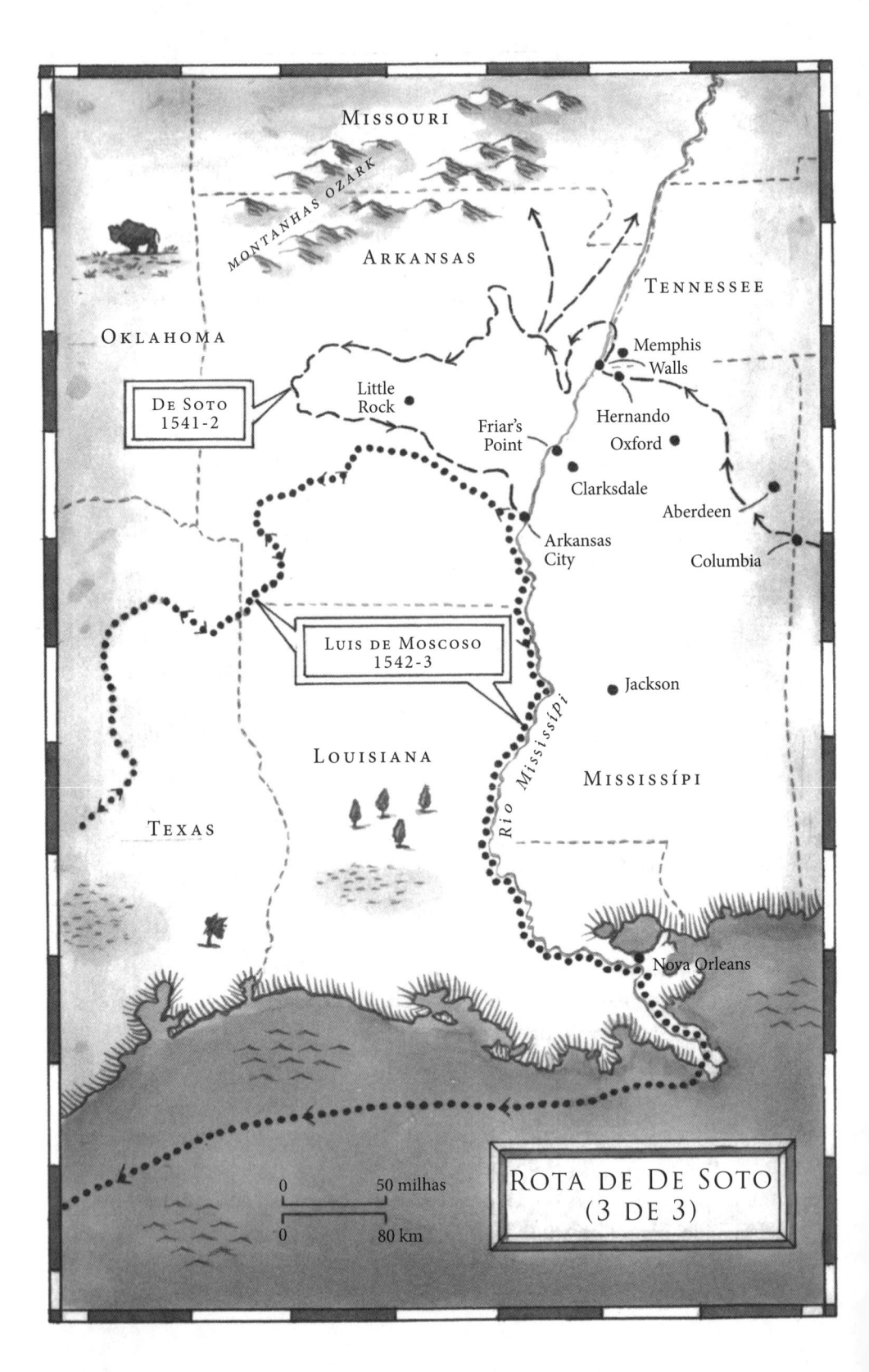

mos a honra. Cada reivindicação competidora era sustentada pelo trabalho de antiquários locais que haviam encontrado prova irrefutável de que a Verdadeira Travessia se iniciara em seu distrito. Depois de passar vários dias estudando esses tratados hermenêuticos, e tentando seguir placas de informações históricas tão elípticas quanto mapas de piratas, comecei a entender melhor por que Charles Hudson havia precisado de anos para elucidar o caminho de De Soto através do sul.

Caracteristicamente, a rota de Hudson passava ao largo de todos os reivindicantes tradicionais e, em vez disso, encontrava o rio perto de uma comunidade sem louvores chamada Walls, logo abaixo de Memphis. Então segui uma estradinha a oeste de Hernando até ela mergulhar, subitamente, de um barranco de mata cerrada para uma planície baixa aberta do Delta do Mississípi. Um tapete de campos cor de café se estendia diante de mim, úmido e luxuriante mesmo no inverno.

O Delta é uma das planícies mais férteis da terra, composta de camadas sobrepostas, como um farto bolo de chocolate, de terras de aluvião trazidas pelo rio durante seu longo percurso através do continente. O Delta também é a região mais pobre da nação, legado de sua colonização por ex-escravos que foram de novo escravizados depois da Guerra Civil como meeiros de algodão. Quando as máquinas de colher mecânicas substituíram os trabalhadores do campo, muitos habitantes do Delta ficaram sem ter para onde ir retidos em guetos rurais, um dos quais fora e continuava a ser Walls.

Ao entrar na cidade, passei por casebres maltratados revestidos de tábuas, tavernas em ruínas e o estacionamento de trailers mais miserável que eu jamais vira, com cães acorrentados rosnando diante de vagões danificados. Na única loja aberta, uma loja de conveniência, perguntei à mulher no balcão se poderia me indicar o caminho para o sítio do acampamento de De Soto à margem do rio.

— De quem?

— De Soto. O explorador espanhol que descobriu o Mississípi perto daqui.

Ela riu baixinho, acendendo um Kool.

— Tem alguns mexicanos no estacionamento de trailers. É possível que ele esteja lá. Se quiser um conselho, eu levaria uma arma.

Uma cliente magra, cheia de tatuagens se aproximou.

— Há um velho desembarcadouro na margem do rio mais adiante, na estrada onde costumávamos ir e nos embebedar — disse ela. — Não conheço a história do lugar, mas poderia ser o que está procurando.

Na falta de outras pistas, segui as indicações dela, entrando num labirinto de estradinhas secundárias, nenhuma das quais me levou ao rio. Então vi uma trilha de terra batida que conduzia a um dique de terra. No alto da barragem havia uma placa que dizia: "Proibido Disparar Armas ou Portar Armas Carregadas". À medida que a estradinha descia para a outra margem do dique, o Huck Finn em mim despertou. O Poderoso Mississípi, Pai das Águas, estava logo ali adiante.

Quem me dera eu pudesse vê-lo. Minha vista estava obscurecida por uma nuvem negra jorrando de uma picape estacionada na margem do rio. Aproximei-me para ver se alguém precisava de ajuda, e encontrei dois homens com roupas imundas, de tecido de camuflagem, postados junto da caçamba da picape. Estavam enfiando alguma coisa dentro de uma lata de lixo cheia de mossas da qual se erguiam chamas e uma fumaça fedorenta.

— O que vocês estão fazendo? — perguntei.

— Cozinhando cabos — disse um deles. Ele mexeu na lata com a ponta de uma vara e levantou um emaranhado de arame de cobre. — Os negociantes de ferro-velho não compram quando ainda tem a borracha isolante. De modo que a gente vem aqui e queima o plástico. As pessoas não gostam que se faça isso perto da cidade, por causa do cheiro. — Depois de tirada a borracha, disse ele, o arame rendia 75 cents o meio quilo — o que me pareceu uma maneira difícil e desagradável de ganhar a vida.

— E o que *você* está fazendo? — perguntou o homem.

— Estou procurando pelo lugar onde De Soto atravessou o Mississípi.

Ele carregou e enfiou outro rolo de arame dentro da lata.

— Pode ter sido aqui, pode ter sido em qualquer lugar. É um rio grande.

Contemplei a água. O rio tinha águas turvas e rápidas, e tinha 1.600 quilômetros ou mais de largura, exatamente como os espanhóis haviam descrito. Mas a margem era pavimentada com feias lajes de concreto, fixadas por malha de arame reforçada: revestimento, explicaram os homens, para proteger contra a erosão. Uma barcaça carregada de carvão passou ruidosamente. O vento virou e nos envolveu na fumaça de cheiro acre do arame em chamas. O meu Huck interior murchou.

A caminho de Walls, eu havia concebido um vago plano de cruzar o rio numa embarcação pequena, de modo que pudesse ter uma ideia melhor do que os espanhóis haviam vivido em suas balsas. Mas os queimadores de arame disseram que tinham vivido a vida inteira na margem do Mississípi e raramente se aventuraram em suas águas.

— Nessas águas agora, de jeito nenhum, não senhor — disse um deles. — Não se entra em nada menor que um rebocador.

Tentei a sorte mais abaixo no rio, só para ouvir o mesmo refrão a cada ponto de embarque e desembarque. A água estava alta demais, agitada demais, imprevisível demais, um vórtice de perigos ocultos. Barcos eram apanhados em redemoinhos ou eram esmagados contra molhes submersos; eram virados por ondas enormes criadas por barcaças que passavam; eram espetados por árvores afundadas, chamadas "azuis", que se enchiam de gás e explodiam saindo das profundezas como torpedos.

— Parece um velho rio preguiçoso, olhando daqui — advertiu-me um pescador de cabeça grisalha —, mas, creia-me, a água vai engolir você.

Eu tinha quase me resignado a ir num falso vapor de um dos cassinos do Delta, quando conheci um homem chamado Bubba, que me falou de um "rato do rio" chamado John Ruskey, que "quem sabe, talvez possa levá-lo". Eu não sabia o que "rato do rio" queria dizer — minha primeira ideia foi "afogado" —, mas acabei por encontrá-lo no porão de uma antiga fábrica de pneus que ele usava como oficina para talhar canoas de cipreste. Um homem magro de barbas fartas, cabelos cacheados na altura dos ombros, com uma pena enfiada faceiramente no chapéu de aba larga, John Ruskey parecia um intendente confederado. Na verdade, era do Colorado, o que explicava o motivo por que estava disposto a me levar de barco no Mississípi quando mais ninguém aceitava.

— As pessoas aqui acham que sou louco — comentou ele, enquanto púnhamos a canoa em seu caminhão. — Ouviram tantas histórias de horror desde que nasceram que não entram no rio a menos que seja em uma embarcação motorizada e as condições estejam perfeitas. — Ele me passou um colete salva-vidas. —Agora, eu tenho que avisá-lo, se você cair dentro da água, provavelmente não vai conseguir nadar até a margem. A correnteza é forte demais, levaria uma hora, e a essa altura a hipotermia e a exaustão darão cabo de você. De modo que fique com a canoa e não largue seu remo.

Enquanto dirigíamos em meio às plantações de algodão, John me falou sobre sua primeira viagem no Mississípi, várias décadas antes. Apaixonado pela aura romântica do rio, ele e um amigo de colégio do Colorado tinham construído uma jangada de madeira e barris de gasolina. Eles a lançaram na água em Winsconsin e tinham flutuado até Memphis, quando, na metade de um jogo de xadrez, a balsa se chocou com um pilone submerso.

— Parecia que alguém tinha esmigalhado biscoitos e espalhado no rio. — Ele e seu amigo foram salvos por um barco de patrulha.

John mais tarde veio morar no Mississípi para tocar guitarra com os legendários músicos de blues do Delta. Mas não conseguia ficar longe do rio. De modo que começara a fazer canoas e a trabalhar como guia de viagens de verão.

— Você está muito mais seguro em uma canoa do que num barco a motor — disse ele —, porque nunca estará indo em velocidade demais para se meter em encrenca grossa se bater em alguma coisa.

Nós chegamos a Friar's Point, uma das muitas cidades na margem do rio que dizem ter sido de onde De Soto saiu. O cenário, pelo menos, combinava muito mais com minha imagem do Mississípi do que outros pontos de embarque que eu havia visitado. A margem era livre de revestimentos de proteção de concreto, não havia cassinos em vapores de roda de pá nem homens queimando cabos — apenas um banco de areia cheio de madeira flutuante.

Levamos apenas um minuto para lançar a canoa e sair flutuando pela água. Então remamos rio acima, ao longo da margem, como os homens de De Soto haviam feito. Eu tinha pouca experiência com canoas, exceto por passeios em grupo de colônias de férias em lagos em Pocono. Mas com John na popa, fazendo o trabalho mais difícil, tudo o que eu tinha de fazer era remar e ficar de olho na água à minha frente.

Da terra, a superfície do rio tinha parecido enganadoramente uniforme. De perto, com a orientação de John, vi suas variações. Trechos vítreos, aparentemente calmos, denotavam turbulência, redemoinhos invertidos subindo em espiral das profundezas. Trechos revoltos revelavam redemoinhos ao redor de rochas ou de ramagens de árvore submersas. Lâminas como as de tesouras curvas se formavam no ponto onde a corrente batia num redemoinho.

— Vai dar um certo trabalho ultrapassar essa curva — disse John a cada vez que a margem se curvava. Ao contrário do que eu havia imaginado, a correnteza era mais forte ao redor das curvas do que no meio do rio.

Não havia comportas nem diques na parte baixa do Mississípi, deixando aquela extensão do rio relativamente indomada. A costa parecia igualmente selvagem. Embora a terra tivesse sido desmatada muitas vezes, o solo de aluvião do Delta era tão rico que a natureza rapidamente retomava os campos abandonados. John disse que os terrenos das margens eram repletos de veados-de-virgínia, perus, castores, javalis e até os raros pumas. Também havia uma dúzia de diferentes espécies de árvores — uma densa floresta luxuriante muito semelhante à que os espanhóis descreveram.

— O baixo Mississípi outrora foi a Amazônia da América — disse John —, quase nove mil hectares de floresta de grandes árvores de madeira de lei. — Como construtor especialista na feitura de canoas, ele calculava que algumas árvores deviam ter tido 1,80m ou mais, de diâmetro, para que os índios pudessem fazer barcos de um único tronco como os que os homens de De Soto viram, cada um cheio de dúzias de guerreiros.

Depois de remar por vários quilômetros, puxamos a canoa para uma praia estreita de barro profundo e grudento — que a gente do lugar chama de *gumbo*, ou lama do Mississípi. John disse que a maior parte dos sedimentos vinha do rio Missouri, que dragava as planícies antes de desembocar no Mississípi.

— Eu calculo que haja mais de Montana no Delta do que do Mississípi — disse ele. Aquele era um espantoso lembrete da imensidão do rio; quase quatro mil quilômetros de comprimento e servia como uma bacia de drenagem para perto da metade do continente.

O rio era também uma importante artéria fluvial para três quartos da produção de grãos da nação. Ficamos observando as grandes chatas de 76 metros de comprimento passar quase se arrastando, amarradas umas às outras para formar flotilhas maciças.

— Se você chegar perto demais delas, não poderão sequer ver você — disse John. — No radar delas, uma canoa é apenas mais um tronco.

Depois que as chatas passaram, partimos de novo e remamos direto para atravessar o rio. Empoleirado na proa da canoa, de olhos cravados na margem do Arkansas, me dei conta de que estávamos descendo o rio rapidamente, impelidos pelo vento e pela correnteza. Troncos e uma árvore inteira passaram velozes por nós, com as ramagens se debatendo em meio às águas espumantes. Levamos vinte minutos remando vigorosamente para alcançar uma ilha a apenas meio caminho na travessia do rio.

A travessia deve ter sido muito mais perigosa para os homens de De Soto, que cruzaram o rio durante a noite.

— As coisas ficam um bocado estranhas aqui na água quando está escuro — observou John. — Você perde o sentido de direção e fica desorientado. Tem que se localizar e manter a rota pelas formas das árvores e pontas de galhos, e a relação deles uns com os outros. — Isso dito por um rato de rio que remava canoas pelo Mississípi havia 15 anos. Quando os espanhóis o cruzaram, foi a viagem de estreia deles no rio.

Depois de um breve descanso, remamos até nos aproximar da margem baixa do lado de Arkansas e então viramos rio abaixo. John levantou seu remo e a canoa ficou à deriva na correnteza, levando-nos de volta ao meio do rio. Durante as horas seguintes tivemos o Mississípi só para nós, sem chatas nem qualquer outro tráfego, apenas florestas, céu e água.

Ao pôr do sol, puxamos a canoa para um banco de areia coberto de pedacinhos petrificados de lama do Mississípi, negros e duros, moldados em formas esculturais. Estendendo meu corpo agradavelmente cansado na areia, observei as nuvens esfiapadas acima se tingirem de escarlate e malva. A água também mudou de cor, de seu tom lamacento habitual para tons de rosa e laranja e de azul-claros. Eu só precisava de um cachimbo de fornilho de espiga de milho para tornar minha fantasia de rio completa.

Refestelado indolentemente naquele lindo banco de areia, refleti e impressionei-me mais uma vez por ver como era raro que os espanhóis descrevessem a beleza e a imponência do continente que atravessaram. No máximo, comentariam o potencial agrícola da terra ou a chamariam de "atraente". Muitos dos soldados de De Soto haviam feito jornadas pelos trópicos e pelos Andes; em comparação, a selva e a natureza menos espetaculares de La Florida devem ter parecido inexpressivas. Ou talvez, há cinco séculos, viajantes considerassem normal ver panoramas naturais estonteantes.

Quando comentei isso com John, ele ofereceu uma teoria diferente.

— Eles devem ter estado aterrorizados demais durante a maior parte do tempo para pensar na América como qualquer coisa que não fosse ameaçadora — opinou. — Estavam lutando pela sobrevivência.

Isso com certeza era verdade com relação aos homens de De Soto por ocasião da travessia do Mississípi, no verão de 1541. Ao alcançar a margem oposta, os soldados desmontaram as balsas para economizar pregos, que escasseavam, e então deram início ao percurso difícil e penoso pelo "pior caminho em meio a pântanos e água que já tinham visto". Num povoamento indígena, eles avidamente caíram em cima de "peles de veado, de leão e de urso", e cortaram-nas em gibões, perneiras e mocassins. Seis meses antes, os homens haviam zombado de um nobre vestido com um cobertor indígena. Agora, todos estavam impelidos por necessidade a viver como os indígenas.

Ao crepúsculo, deixamos o banco de areia e seguimos deslizando por um canal secundário do rio. Tarde da noite, disse-me John, os castores ao roer as árvores criavam um coro tão alto que parecia um exército mastigando milho na espiga. Quando voltamos para a parte principal do rio, uma faixa de lua e algumas estrelas apareceram. A costa do Arkansas desenhava uma linha baixa, escura, apenas ligeiramente visível.

— Vai ser um pouco trabalhoso ultrapassar esse ponto — disse John pela enésima vez, enquanto lutávamos com a correnteza para ultrapassar mais uma curva. Além dela ficava o desembarcadouro de onde havíamos partido oito horas atrás. Agradecido, eu me deixei cair em terra, como os homens de De Soto depois da travessia do Mississípi.

— Este passeio de hoje foi mole, mole — comentou John, arrastando a canoa para além de onde eu estava. — Você vai ter que voltar no verão para que possamos fazer canoagem a sério.

A OESTE DO Mississípi, as *De Soto Chronicles* se tornavam difíceis de seguir. As coordenadas geográficas ficam indistintas e do mesmo modo ficam os nomes das cidades índias: Quixila, Quipana, Quitamaya, Quiquate, Chaguate, Coligua, Catalte. O exército de De Soto avançou aos trancos assim, ora correndo atrás de boatos de riquezas, ora em busca de um "distrito populoso" para saquear. Primeiro para o nordeste do Arkansas, depois para o salto de bota do Missouri, então para as Ozarks, onde De Soto de novo teve esperanças de que as montanhas pudessem render ouro e prata. Então rumo ao oeste para uma planície onde a população era "dispersa" e os guerreiros combatiam os espanhóis com a ferocidade de "cães feridos".

Depois de um combate, os nativos entregaram cobertores lanosos feitos com "peles de vaca", e falaram de uma terra estéril a pouca distância mais adiante, onde "gado" andava à solta. De Soto havia alcançado o limite entre os povos assentados do sul, que tinham por base o cultivo de milho, e os caçadores nômades das planícies dos búfalos. Também havia cruzado uma fronteira linguística. Nenhum na cadeia de uma dúzia de intérpretes que De Soto havia reunido desde a Flórida conseguia se comunicar com os nômades tatuados, exceto por sinais.

Com o inverno se aproximando, o exército marchou de volta das planícies e montou acampamento no leste central do Arkansas, quase fechando o círculo torto que De Soto havia traçado desde a travessia do Mississípi seis meses antes. O inverno demonstrou ser rigoroso e muitos homens morreram, inclusive o intérprete Juan Ortiz. Essa foi uma perda que De Soto "sentiu profundamente", escreveu um de seus homens, uma rara menção das emoções do conquistador.

Sem Ortiz, De Soto ficou obrigado a confiar para tradução num jovem índio capturado há dois anos que tinha aprendido um pouco de espanhol. De acordo com as *Chronicles*, o rapaz levava um dia inteiro para transmitir o que Ortiz "dizia em quatro palavras", e "na maioria das ocasiões ele compreendia exatamente o oposto do que era perguntado". Em resultado disso, os espanhóis com frequência ficavam perdidos, por vezes marchando por trilhas que os levavam de volta para o lugar de onde tinham saído.

Na verdade, De Soto estava perambulando cego, surdo e mudo no meio do continente. Tinha perdido mais de um terço de seus homens e todos exceto quarenta de seus 220 cavalos; os que restavam estavam desferrados por falta de ferro. Impossibilitado de continuar a exploração com uma tropa tão esgotada, De Soto concebeu um plano desesperado. Ele voltaria ao Mississípi, construiria barcos e seguiria o rio até o golfo do México. Então "mandaria um aviso a Cuba de que estavam vivos", na esperança de receber suprimentos. Depois que estivesse equipado com homens descansados e provisões, De Soto retomaria sua marcha para o oeste, para entrar no território árido onde Cabeza de Vaca e seus companheiros errantes tinham ouvido vagos rumores de riquezas.

No princípio da primavera de 1542, os espanhóis recuaram em direção ao leste através de pântanos gelados, por vezes com águas tão fundas que tinham de nadar. Por fim montando acampamento às margens do Mississípi, De Soto sentia-se seguro de que o golfo estava a apenas uma pequena distância descendo o rio. Mas um chefe local o contradisse, afirmando que não tinha conhecimento nenhum "do mar", nem de um povoado indígena grande o suficiente para sustentar o exército durante o tempo que eles precisariam para construir barcos.

Convencido de que o chefe estava mentindo para manter os espanhóis longe de seu povoado, De Soto enviou seu melhor capitão e seis cavaleiros para fazerem o reconhecimento da região sul ao longo da margem do rio. Os homens retornaram uma semana depois, relatando que tinham visto apenas "bambuzais e densas florestas" e braços de água do grande rio largos demais para atravessar. Não havia saída.

Pela primeira vez, até De Soto ficou desanimado. Seu "pesar foi intenso ao perceber a remota perspectiva que ele tinha de chegar ao mar", escreveu um de seus homens. "E pior, tendo em vista a maneira como seus homens e cavalos estavam diminuindo, não poderiam ser mantidos na terra sem socorro."

Em seu desespero, o conquistador "caiu doente". As *Chronicles* não dão nenhum detalhe de sua doença, apenas que era grave. Mesmo assim, De Soto continuou maquinando tramas. Um chefe poderoso governava o outro lado do rio; talvez ele pudesse ser amedrontado para dar-lhes auxílio. De Soto enviou um emissário, dizendo ao chefe que o conquistador "era o filho do sol e que onde quer que ele fosse todos lhe obedeciam". O chefe não se impressionou. Se De Soto fosse o filho do sol, respondeu, "que ele secasse o grande rio e acreditaria nele". Quanto à exigência de De Soto de que o chefe atravessasse o rio para prestar obediência, o índio declarou que "não estava acostumado a visitar ninguém". Em vez disso, todos costumavam prestar homenagens a *ele*.

Quando De Soto recebeu essa notícia, estava confinado ao leito, "gravemente acometido de febre". Enfurecido ao ver sua autoridade desafiada, queria atravessar o rio e punir o chefe por sua impudência. Mas ele e seu exército estavam fracos demais, o rio corria "profundo e com águas muito furiosas", e os índios que viviam perto dos espanhóis pareciam estar preparando um ataque.

De seu leito de morte, De Soto atacou uma última vez. Enviou uma tropa para matar todos os homens num povoado próximo, "de modo que ao tratá-los cruelmente, nem uma aldeia nem a outra ousassem atacá-lo". Seus homens obedientemente massacraram cem índios, permitindo que alguns feridos escapassem vivos, "de modo a transmitir o terror aos outros que não tivessem estado ali".

Tendo cometido sua atrocidade final, De Soto convocou seus tenentes ao seu leito de morte. "Pediu-lhes que rezassem a Deus por ele e que em Sua Misericórdia perdoasse seus pecados, e levasse sua alma em glória." Também manifestou a "dor que sentia por deixá-los em meio a tão grande confusão como estava fazendo, numa terra em que eles não sabiam onde estavam". De Soto ungiu seu sucessor, Luis de Moscoso, que havia servido com ele no Peru. Um dia depois o conquistador morreu, aos 42 anos, não em combate, mas na cama, "numa terra e numa ocasião em que sua doença tinha muito pouco consolo".

Seu passamento, contudo, deu alívio a seus homens. "Houve alguns que se regozijaram com a morte", escreveu um, uma vez que o sucessor de De Soto era um homem "apreciador de levar uma vida alegre", e "preferiria estar vivendo com conforto numa terra de cristãos a continuar com as privações da guerra de conquista e descobrimento, da qual todos há muito estavam exauridos".

Mas a morte de De Soto também criava um perigo, uma vez que poderia encorajar os nativos circundantes a atacar. Moscoso escondeu o cadáver do conquistador por três dias e então o enterrou à noite, dizendo aos índios que De Soto "tinha ido para o céu como com frequência fizera antes" e que brevemente voltaria. Mas os índios sabiam que De Soto estivera doente e perceberam um pedaço de terra cujo solo havia sido cavado no acampamento espanhol. De modo que Moscoso ordenou que o corpo de De Soto fosse desenterrado na escuridão.

"Uma quantidade considerável de areia foi posta com os cobertores que tinham sido usados como mortalha para envolvê-lo", escreveu um integrante do exército, "e ele foi levado para uma canoa e lançado no meio do rio".

De acordo com outro cronista, os espanhóis entalharam o tronco de um carvalho, puseram o corpo de De Soto no interior e fecharam com tábuas pregadas nas extremidades para criar um tosco caixão. Então lançaram o caixão na água, "para dar-lhe o rio Rio Grande como sepulcro", e observaram a caixa de madeira afundar rapidamente.

NA MANHÃ SEGUINTE à minha viagem de canoa, acordei com as mãos esfoladas, os ombros doloridos e uma estranha coceira causada ou pelas águas lamacentas do rio ou pelo motel pulguento em que havia me hospedado. Deixando com dificuldade a cama do motel para embarcar em meu carro enlameado e sujo de restos de comida, verifiquei o hodômetro: 4.830 quilômetros desde meu ponto de partida em Naples, Flórida, e mais biscoitos e caldo de carne do que eu queria lembrar.

Abri meu Atlas rodoviário manchado de café para mais um estado — o Arkansas, meu oitavo — e peguei uma rota para mais um monte índio. Desde Etowah eu havia visitado dúzias de antiquíssimas corcovas, montículos e outeirinhos. Eu estava farto de montes: "exaurido", como os homens de De Soto, de descobrimento. O conquistador não conseguira acompanhar até o fim a caminhada de seu exército. Nem eu, decidi, o faria.

Cruzando o rio no arco sobre o Mississípi feito pela ponte Hernando De Soto, fiz um tour abreviado do caminho percorrido pelo exército antes de tentar encontrar o local da morte de De Soto. Sua localização, como a de Mavila, era um mistério instigante. Das muitas pistas a respeito das quais eu havia lido, a mais intrigante era um pequeno artigo numa publicação maçônica dos anos 1950 com o relato de um caixão muito antigo que dera à terra num campo na margem do rio contendo um esqueleto, uma espada e restos de uma armadura. A matéria dizia que o caixão, supostamente de De Soto, estava numa loja maçônica em Arkansas City. Esta calhava de ser a sede do condado ribeirinho que Charles Hudson havia identificado como o local mais provável do último acampamento do conquistador.

De modo que eu dirigi para o sul pelo Delta do Arkansas, passando por infindáveis campos de arroz, e entrei numa pequena estrada defronte a Bayou Boggy. A estrada acabava numa cidade decadente com uma placa perto do dique: "Bem-vindo à Histórica Arkansas City." Ao lado dessa placa havia outras exibindo fotografias granuladas da grande enchente do Mississípi de 1927, que havia inundado o porto fluvial. Antes dessa catástrofe, Arkansas City se gabava de ter 12 mil habitantes e dúzias de lojas e hotéis de luxo, e até uma arena esportiva que havia sido palco de uma luta de Jack Dempsey. Agora seu nome era uma piada triste. A cidade não existia mais, apenas uma comunidade de algumas centenas de pessoas e nenhum comércio, exceto por uma loja de bebidas, uma lavanderia Laundromat e uma mercearia.

— A história é tudo que nos resta — disse-me um velho sentado junto ao dique. — Não há muito presente e nenhum futuro que eu vá viver para ver.

Fiquei surpreendido, portanto, ao descobrir que a cidade moribunda ainda tinha duas lojas maçônicas — uma para cada raça, explicou o homem. A loja dos negros havia sido aberta muito depois da suposta descoberta do caixão de De Soto, de modo que localizei um mestre da loja branca. Roy McCallie nunca tinha ouvido falar sobre o caixão, mas me levou para ver se estaria guardado em algum canto da antiga ópera que servia de quartel-general da loja.

O primeiro andar tinha símbolos maçônicos nas paredes, mas quando perguntei seu significado, Roy disse:

— Não tenho permissão para revelar, é segredo. — Ele me conduziu ao segundo andar, ao aposento que tinha servido de salão de reuniões da loja nos anos 1950, quando o caixão fora encontrado. Procuramos pelo salão inteiro e uma sala de depósito adjacente, mas só encontramos janelas revestidas de tábuas, cadeiras quebradas e um teto quase desmoronando.

— Quando você faz a iniciação na loja, eles lhe dizem todas as coisas que você deve fazer, e parece que parte disso envolvia um caixão — disse Roy. Ele não havia mencionado isso antes.

— Então o caixão era parte de uma iniciação maçônica? — perguntei.

— Estou chegando à conclusão de que é isso — prosseguiu Roy em voz baixa, pondo em ordem os pensamentos. — Há algum tempo eu tive um derrame. Não consigo me lembrar de coisas que aconteceram ontem. — Ele me conduziu de volta para o andar de baixo. — Se *era* alguma iniciação, seria assunto secreto. Mesmo se eu lembrasse, não poderia lhe contar.

Eu não tive melhor sorte nem na prefeitura da cidade nem em seu museu cheio de teias de aranha. Minha última parada foi na casa de uma mulher muito idosa chamada Dorothy Moore. Roy me disse que ela era "uma senhora realmente muito conversadeira". Ela me recebeu sussurrando em tom ameaçador através da porta de tela:

— Eu ainda tenho uma pistola e sei como usá-la. — Depois me convidou para entrar, serviu bolo de rum e me contou todas as lembranças que tinha de seus 95 anos, nenhuma das quais tinha relação com o caixão do conquistador.

— Eu sou a pessoa mais velha de Arkansas City, viva, diga-se de passagem — declarou ela. — Já vi muitos caixões, mas não esse que você está procurando. — Ela sorriu, embrulhando o último pedaço de bolo para que eu levasse para viagem. — Meu rapaz, eu creio sinceramente que você foi levado a acreditar numa lorota. Igualzinho àqueles espanhóis sempre correndo atrás de ouro.

Ao pôr do sol, comprei uma Budweiser na loja de bebidas e subi no dique. De fato eu não havia encontrado o caixão, mas Arkansas City parecia um lugar apropriado para fazer um brinde ao fim da viagem de De Soto e à minha. A rota do conquistador atravessando La Florida o conduzira às cidades-estado mais ricas e mais populosas da América do Norte do século XVI. Retraçando seu caminho nos dias de hoje, eu havia cruzado incontáveis quilômetros de áreas rurais arruinadas e de cidadezinhas decadentes que nunca tinham sido grande coisa. Desses muitos lugares atrasados, do Cinturão Negro às Apalaches ao Delta, o local da morte de De Soto me parecia o mais desconsolado.

Enquanto meninos apostavam corrida descendo o dique em suas motos de enduro, tirei minha cópia gasta das *De Soto Chronicles* e reli relatos do enterro do conquistador em águas com "19 braças" de profundidade (cerca de 35 metros). Além de uma orla de árvore eu conseguia apenas distinguir um canal do rio e tentei imaginar De Soto no fundo, dormindo com os peixes-gato. O frade dominicano Bartolomé de Las Casas consignara De Soto a um túmulo ainda mais profundo. Chamando-o de "comandante supremo dos açougueiros", Las Casas escreveu: "Não pode haver dúvida de que ele agora se encontra nas profundezas do Inferno recebendo o pagamento merecido por sua maldade."

Como os soldados exaustos de De Soto, eu não conseguia lamentar a morte daquele homem monstruoso. Mas ainda assim sentia-me assombrado por sua busca condenada ao fracasso. No festival histórico da Flórida, Tim Burke havia comparado De Soto a um chefão de cartel de drogas, viciado em risco e em grandes lucros de maneira fatal. Depois de ter seguido o conquistador por 4.800 quilômetros, eu havia passado a vê-lo de maneira diferente: como um Ahab espanhol, sanguinariamente perseguindo o inatingível até que este o devorasse. Vítima de uma febre, tanto real como figurativa, até ser engolido no final pelo grande rio que ele havia "descoberto".

De Soto, pelo menos, afundara antes de levar todo mundo ao fundo consigo. Depois de sua morte, o fragilizado exército espanhol havia marchado para oeste, na esperança de chegar ao México. No centro leste do Texas, ficaram sem comida e se deram conta de que era impossível "fazer a travessia de uma terra tão miserável". Retornando ao Mississípi mais uma vez, fizeram pregos de correntes, âncoras de estribos, cabos de casca de amoreira e velas com cobertores. Então embarcaram em suas embarcações improvisadas e flutuaram descendo o rio, sob ataque de índios armados de arcos e maças cravejadas de espinhas de peixe.

Ao chegar ao golfo, os espanhóis seguiram navegando por 52 dias até que chegaram a uma costa e viram índios "vestidos de acordo com o costume espanhol, aos quais perguntaram em que terra estavam". Os nativos perplexos responderam em espanhol que a terra era o México. Naquele ponto os sobreviventes "saltaram para terra e beijaram o solo". O exército de De Soto, que estivera fora por mais de quatro anos, há muito tempo fora dado por morto. Metade de seus homens estava.

A MARCHA FRACASSADA DE DE SOTO também pôs fim ao sonho de 30 anos dos conquistadores em La Florida. Ponce de León, Narváez, De Soto, uma porção de figuras de menor envergadura — todos tinham sofrido o mesmo destino. A terra e seu povo os derrotaram. Depois de um hiato de várias décadas, outros tentaram penetrar a terra que De Soto havia explorado, apenas para serem de novo repelidos. Embora os espanhóis tivessem sucesso em colonizar a costa da Flórida, o vasto interior que De Soto havia explorado ficou excluído como território hostil e árido, um cemitério para europeus.

Também havia se tornado um cemitério para índios. Mesmo antes de escapar da Flórida, os homens de De Soto viram as cicatrizes que sua marcha deixara para trás. Durante a retirada para o Mississípi, em 1542, os espanhóis não puderam encontrar alimentos porque anteriormente haviam incendiado aldeias e campos e "a terra ficara devastada". Quando retornaram, um ano mais tarde, os nativos da margem do rio não tinham milho para colher; os derradeiros ataques de De Soto, antes de morrer, na primavera anterior os deixaram incapazes de plantar as sementes. "Fracos e debilitados", os índios se ofereceram como escravos em troca das espigas de milho que os espanhóis haviam levado. Muitos desses nativos logo morreram, do mesmo modo que "quase todos os índios da criadagem" — aqueles que os espanhóis tinham capturado anteriormente em sua marcha — sucumbiram a doenças e exposição aos elementos.

Nos anos 1560, espanhóis que retornaram ao interior de La Florida, inclusive veteranos da marcha de De Soto, ficaram estarrecidos ao encontrar campos tomados pelo mato e cidades desertas onde antes haviam viajado por províncias populosas. De poderosos chefes e seus domínios como o de Tascalusa, nada restava exceto ruínas.

Desde meu encontro com Charles Hudson, eu tinha lido tudo o que podia para preencher a lacuna que ele chamara de Era da Escuridão na história dos índios que se seguira à marcha de De Soto. Embora muito permanecesse incerto, o rápido colapso das sociedades indígenas provavelmente se deveu a múltiplos traumas, e não apenas a doenças epidêmicas. Os milhares de índios massacrados e escravizados por De Soto eram em sua maioria homens jovens, mortos em combate ou postos a ferros como carregadores. Essas perdas privaram os domínios dos grandes chefes de força de trabalho e de vitalidade, de importância crítica, tornando-os vulneráveis à escassez de alimentos e a ataques. Uma vez que os governantes e sacerdotes não podiam mais sustentar nem defender seus povos famintos e doentes, a coesão social e religiosa também deve ter se desfeito.

À medida que cidades-estado se desintegraram também se desintegrou o equilíbrio de poder entre as sociedades nativas. Um historiador chama o sul pós-De Soto de "zona fragmentada", um vale-tudo darwiniano no qual os índios se matavam uns aos outros para sobreviver. Com o passar do tempo, grupos remanescentes e recém-chegados se uniram em tribos como a dos creeks e dos choctaws. Mas, comparadas com os impérios agrícolas que substituíram, essas eram confederações fracas.

Foi nesse mundo radicalmente alterado que os mercadores ingleses e franceses se aventuraram no final dos anos 1600 e princípio dos anos 1700, redescobrindo as terras pelas quais De Soto havia marchado tanto tempo atrás. Um século depois deles, vieram os pioneiros americanos, para quem o interior parecia uma mata virgem esperando para ser conquistada por seus machados, seus arados e espingardas de pederneira. A essa altura, já haviam desaparecido os arqueiros apalaches, os guerreiros reunidos em paliçadas fortificadas como Mavila, as armadas de duzentas canoas patrulhando o Mississípi. Embora muitos dos índios que ainda restavam tenham lutado bravamente, a maioria, por fim, acabou subjugada pelas armas, pelo comércio, álcool e a remoção forçada para o oeste, onde o processo se repetiria.

A famosa pintura de De Soto no Capitólio do Congresso americano, cavalgando imperiosamente em meio aos índios, era mais verdadeira do que eu havia me dado conta. Não com relação à chegada do conquistador ao rio em 1541, mas com relação à transformação a que sua marcha deu início. De Soto não descobriu o Mississípi; ele fez muito mais que isso. Sua louca e fracassada busca abriu a ferro e a fogo um caminho para o novo mundo que a América iria se tornar.

Parte III
COLONIZAÇÃO

Colonos franceses desembarcando na Flórida em 1564, de um desenho de um artista da expedição, Jacques le Moyne de Morgues.

Capítulo 10

FLÓRIDA
Fonte da juventude, rio de sangue

Quem quer ir para a Flórida?
Ele que vá para onde eu estive,
Para voltar magro e de mãos vazias.
— Nicolas Le Challeux,
colono francês e poeta (1565)

A obra mais antiga conhecida feita por um artista europeu na América do Norte é uma aquarela retratando um gigante quase nu, com o braço ao redor dos ombros de um minúsculo janota. O gigante é bem delineado, como um halterofilista, e coberto de tatuagens. Ele usa braceletes e tornozeleiras feitas de bagas, uma franja de asas de besouro debrua suas coxas musculosas. O homenzinho ao seu lado parece vestido para uma farsa elisabetana: meias azuis, jarreteiras escarlates, gibão bem cortado, borlas de veludo e um chapéu de penacho tão extravagante quanto seus bigodes retorcidos.

Descobri esse estranho par num livro de história da arte, perto do início de meu curso de estudo intensivo sobre os primórdios da América. Por mais espantosa que fosse a figura, o texto que a acompanhava me surpreendeu mais ainda. Dizia que a aquarela retratava o encontro de um chefe da Flórida com um capitão francês, em 1564. O capitão acabara de desembarcar para fundar uma colônia de huguenotes, ou franceses protestantes, que sofriam perseguição religiosa em sua pátria.

Espere um pouco, pensei. Esse historiador da arte confundiu os fatos. O primeiro refúgio protestante da América do Norte foi fundado por peregrinos ingleses em Plymouth, em 1620. Não por um dândi francês na Flórida, em 1564. Qualquer aluno do ensino fundamental sabe *disso*.

É claro, eu estava errado. E dessa vez minha reeducação me levou até o outro lado do Atlântico, para um terreno que eu havia visitado pela última vez quando estudara para os exames no colegial: a Reforma. Os huguenotes eram seguidores de João Calvino, um exilado francês radicado em Genebra que buscava livrar a fé cristã do cerimonial, da superstição e da "abominação" da hierarquia eclesiástica e domínio absoluto do papa. Essa purificação se estendia ao comportamento pessoal. Os huguenotes formaram conselhos de moral para punir o consumo de bebida, a prática de danças e a fornicação, e aboliram todos os feriados, inclusive o do Natal. Os puritanos ingleses mais tarde tomaram como modelo os protestantes franceses.

Mas os huguenotes também eram, bem, franceses. O capitão na aquarela era René Laudonnière, que aparece pela primeira vez em registro histórico em 1561, quando os espanhóis capturaram um navio sob seu comando. Ao catalogar o conteúdo de seu guarda-roupa, encontraram um "colarinho de couro trabalhado do Marrocos, um gibão de tafetá branco adornado com seda carmesim, uma capa longa cinza com uma barra de veludo de sessenta centímetros de largura e um par de sapatos de tecido de lã preto com borla de veludo". O austero calvinismo de Laudonnière, evidentemente, deixava espaço para a vaidade gaulesa — bem como para uma "pobre criada de quarto", que ele mais tarde trouxe consigo para o outro lado do Atlântico como sua amante.

Os huguenotes também eram flexíveis em seu relacionamento com a monarquia francesa. O líder protestante na França, almirante Gaspard de Coligny, pretendia uma reforma radical da Igreja estabelecida e pegou em armas contra os católicos. Contudo, manteve sua posição de membro permanente na corte real e conselheiro íntimo da rainha católica da França, Catherine de Médici. Em 1562, Coligny conquistou apoio real para a criação de uma colônia na costa atlântica da América do Norte (uma tentativa anterior na América do Sul havia fracassado).

A colônia daria aos huguenotes um refúgio em ultramar e aos católicos uma maneira de se livrar deles. Mas também dava uma causa em comum aos protestantes mercantilistas e à Coroa francesa, que acabara de emergir de uma década de guerra com a Espanha. Já na metade do século XVI, a Espanha se tornara inflada e arrogante às custas de ouro e prata americanos, que vinham para a Europa a bordo de galeões que seguiam a corrente do golfo, ao longo da costa da Flórida e das Carolinas. Essa costa era, portanto, altamente estratégica e potencialmente lucrativa: uma base para incursões marítimas, para operações de salvamento dos frequentes naufrágios e para contestar a suserania da Espanha sobre as Américas.

Como líder da expedição, o almirante Coligny escolheu um capitão huguenote, Jean Ribault. Acompanhando-o estava o dândi René de Laudonnière, e outros em torno de 150 protestantes. No dia 1º de maio de 1562, os franceses chegaram a um largo rio que Ribault batizou de Rivière de Mai em honra à data de seu desembarque. Ele erigiu uma coluna de pedra gravada com a flor de lis, então seguiu costeando rumo ao norte, batizando os rios pelos quais passava com os nomes dos de sua terra natal: o Sena, o Somme, o Loire e assim por diante. O melhor de todos chamou de Port Royal; sua embocadura, perto de Beaufort, na Carolina do Sul, ainda é conhecida como Port Royal Sound.

Em contraste com as viagens espanholas que a precederam, a de Ribault foi pacífica. Os franceses, naquela época como hoje, preferiam a conciliação ao confronto e pareciam possuir habilidades sociais que faltavam aos outros europeus. Seus relatos de encontros com os índios são entremeados de frases como "não desejando parecer ingrato", "conhecendo os sentimentos deles", e "nós procuramos apaziguá-los" — sentimentos desconhecidos de conquistadores de mão pesada.

Os franceses também correspondiam ao estereótipo nacional em sua apreciação sensual dos nativos. Admiravam mulheres "bem-feitas" usando saias de musgo; peles de veado pintadas "tão naturalmente atraentes e ainda assim consistentes com as regras da arte"; e pratos da cozinha nativa tais como a carne de jacaré, que um francês comparou à vitela.

Em Port Royal, Ribault escolheu um local para um forte e fez para seus homens um discurso emocionante. Todos os que se apresentassem como voluntários para ali ficar "para sempre seriam reverenciados como aqueles que tinham sido os primeiros a viver naquela terra desconhecida", declarou. "Vossa fama doravante brilhará inapagável no coração da França." Trinta homens responderam a seu chamado, e Ribault partiu prometendo voltar dali a seis meses com suprimentos e reforços.

Em vez disso, ao chegar à França, Ribault se viu envolvido na guerra civil entre católicos e protestantes que havia irrompido durante sua ausência. Nesse meio-tempo, os colonos em Port Royal também lutaram entre si, finalmente acabando por assassinar o oficial que Ribault deixara no comando. Depois de esperar em vão por auxílio da França, construíram uma pequena embarcação e partiram de volta para casa.

Apanhados por uma calmaria a meio caminho da travessia do Atlântico, os franceses ficaram sem comida e comeram os sapatos e casacos; "quanto à bebida, alguns usaram água do mar, outros a própria urina". Desde o desembarque de Colombo, em 1492, os europeus haviam manifestado horror ao canibalismo que acreditavam ser prática comum entre os nativos. Naquele momento lançaram mão da prática eles próprios, escolhendo um homem para ser sacrificado para que os outros pudessem viver. "A carne dele foi dividida em partes iguais entre eles. Depois beberam seu sangue quente."

Os sobreviventes por fim foram salvos por um navio inglês. Ribault, a essa altura, também estava em mãos inglesas, tendo fugido da luta na França e oferecido seus serviços à rainha Elizabeth. Como não confiava no capitão francês, ela mandou prendê-lo na Torre de Londres. De modo que, quando os combates cessaram na França e o líder huguenote, almirante Coligny, retomou seus planos de colonização, ele escolheu René de Laudonnière.

Dessa vez, cerca de trezentos huguenotes partiram, inclusive mulheres, artesãos, um farmacêutico e um pintor. Retornando ao rio de Maio no verão de

1564, encontraram a coluna que Ribault havia erigido dois anos atrás. Os índios a haviam enfeitado com guirlandas de magnólias e adornado a base com cestos de frutas, vasos de óleo perfumado e fardos de milho. Também saudaram os franceses ao beijar a coluna e levantar os braços como se em oração. A aquarela que eu havia visto, de um chefe alto com o braço ao redor de Laudonnière, retratava essa saudação de adoração.

"Ficando encantado com esse bom tratamento", Laudonnière escolheu a margem do rio para o local de uma nova colônia. "O lugar era tão agradável que os melancólicos seriam obrigados a mudar seu temperamento", escreveu ele. Uma floresta de cedros, palmeiras e magnólias "exalava uma fragrância tão deliciosa que nenhum perfume poderia tornar melhor sua fragrância". A margem do rio também era abundante em trepadeiras carregadas de uvas suculentas. "A pedido de meus soldados", afirmou o capitão, ele batizou a parte mais bonita dessa paisagem com seu nome: "vale de Laudonnière".

Os colonos construíram um forte chamado La Caroline, em homenagem a seu rei, e erigiram o patrimônio hereditário de todo francês: uma padaria. Fizeram vinho e usaram-no para trocar com os índios por milho. Laudonnière tinha um falcão como animal de estimação. Os franceses também despacharam para a França sassafrás, uma pele de jacaré e tabaco, que tinha acabado de ser introduzido na França por um embaixador de Portugal, Jean Nicot, cujo sobrenome é a origem da palavra *nicotine*.

Mas os franceses em La Caroline, como tantos dos primeiros colonos da América, demonstraram ser incapazes de se sustentar. Poucos sabiam como cultivar terras ou apanhar os peixes e a caça da região. Em todo caso, preferiam sair à caça de metais preciosos. Os índios possuíam pequenas quantidades de ouro, que diziam ser abundante no interior. Na realidade, os pratos e joias de ouro dos índios vinham de navios espanhóis, muitos dos quais afundavam na costa da Flórida a caminho do México e da América do Sul.

Não demorou muito e os franceses esgotaram as mercadorias para trocar por alimentos. Então começaram a roubar as colheitas dos nativos e sequestraram um chefe índio para trocar por um resgate pago em milho. Laudonnière, um diplomata desastrado, dedicou-se a intrigas, pondo um chefe contra o outro até acabar com a boa vontade de todos. Também perdeu a confiança dos colonos, alguns dos quais partiram às escondidas por mar para fazer incursões contra navios e postos avançados espanhóis no Caribe. Quando um grupo de piratas retornou, Laudonnière mandou matar os chefes e exibir os corpos enforcados em público. Como colonizadores, os franceses protestantes estavam demonstrando ser tão gananciosos e violentos quanto os espanhois católicos que tanto desprezavam.

Os franceses construíram um forte na Flórida, baseado no original de um artista da expedição, Jacques le Moyne de Morgues.

No verão de 1565, um ano depois de sua chegada, os franceses estavam vivendo à base de espigas de milho, bagas e raízes. Alguns "comiam às escondidas os corpos de filhotes de cães recém-nascidos", escreveu Laudonnière. Ele decidiu abandonar a colônia. Mas justo quando os franceses se preparavam para partir, três frotas muito diferentes apareceram no rio de Maio, em rápida e inesperada sucessão.

A primeira era comandada por John Hawkins, um corsário inglês. Pasmo ao ver que os colonos de La Caroline estavam passando fome numa terra de tamanha abundância, um dos homens de Hawkins escreveu desdenhosamente sobre o desejo preguiçoso dos franceses "de viver graças ao suor da testa de outros homens". Esse era um comentário extremamente irônico, visto que os ingleses estavam no caminho de volta para casa depois de uma expedição de comércio de escravos nas Índias Ocidentais.

Hawkins, contudo, apiedou-se de seus companheiros protestantes, dando-lhes alimentos e trocando um de seus navios por canhões do forte. Depois que ele se foi, Laudonnière mais uma vez se preparou para partir de volta para casa — ponto em que a segunda frota chegou. Esta trazia Jean Ribault, que comandara a viagem anterior dos franceses à Flórida. Libertado da Torre de Londres, ele havia sido enviado pelos franceses para reaprovisionar a colônia e destituir Laudonnière. Relatos haviam chegado à França de que o comandante de La Caroline estava escamoteando alimentos e que fizera da criada de quarto sua amante, enquanto ameaçava executar qualquer de seus homens que coabitassem com mulheres nativas. Laudonnière negou todas as acusações e então adoeceu, "deprimido pelos falsos boatos que haviam sido espalhados a respeito de mim".

Foi nessa conjuntura que a terceira frota apareceu no rio. A nau capitânia se aproximou de um dos navios de Ribault e um homem a bordo do navio recém-chegado gritou a pergunta:

— São de que nação?

— Da França — respondeu um oficial no navio de Ribault, que então perguntou a identidade de seu interrogador. A resposta deve tê-lo deixado chocado.

— Pedro Menéndez de Avilés, capitão do Estado-Maior do rei da Espanha, que veio para enforcar todos os calvinistas que encontrar aqui.

Por ser um francês com um apuradíssimo sentido de estética, René de Laudonnière teria se sentido horrorizado com as condições dos dias atuais da colônia que havia fundado. O "grande e bonito rio" que os franceses chamaram de Rivière de Mai agora estava tomado por algas, esgoto e dejetos industriais. Suas margens outrora tão aromáticas, que Laudonnière afirmara que nenhum perfume poderia melhorar sua fragrância, emitiam o cheiro forte e desagradável de fossas sépticas e de indústrias da grande Jacksonville, uma cidade que era qualificada com troça por seus detratores como "um crime contra o olfato" e uma "versão Dixie de Newark".

Portanto, minhas expectativas eram modestas enquanto eu avançava a passo de cágado no tráfego de Jacksonville em busca do forte de La Caroline, que ficava próximo de um local assinalado em meu mapa como ilha da Draga de Refugos (Dredge Spoil Island). Encontrando com dificuldade meu caminho em meio a um mar de subdivisões, cheguei a um parque às margens do rio chamado Memorial Nacional Fort Caroline: não mais um refúgio dos huguenotes, mas um agradável refúgio para a expansão urbana e o tráfego da Flórida moderna.

O centro de visitantes estava vazio, e não vi ninguém enquanto seguia uma trilha para um forte triangular de toras de madeira e terra, com alguns canhões se espetando acima de suas defesas. Um guarda florestal do parque estava nas proximidades sentado num carrinho de golfe, fumando um cigarro. Perguntei a ele se aquele era o La Caroline histórico.

— Quer dizer o Forte Falsificação? — disse ele gesticulando para a fortificação de toras. — O Serviço de Parques o construiu em 1964. — Nenhum vestígio do forte original jamais fora encontrado, disse ele; nem ninguém tinha certeza de se aquela fora sua localização. A reconstrução tinha sido "na melhor das hipóteses, uma suposição bem informada", baseada em descrições francesas do forte e em um desenho do artista da expedição.

O guarda, Craig Morris, era um homem de óculos com cabelos claros, começando a escassear, e uma visão irreverente da história do Fort Caroline.

— A gente tem que amar os franceses — disse ele acendendo um Camel. — Eles escrevem sobre como cortavam os peixes em filés e o temperavam com folhas de louro. E fizeram dois mil galões de vinho aqui. Isso é muita birita! — Até os nomes dos navios franceses pareciam característicos: um se chamava *Truta*, o outro *Pernil de Carneiro*.

Craig disse que poucos visitantes do parque compartilhavam de sua admiração pelos franceses. A maioria chegava sem nenhum conhecimento da história de Fort Caroline, e muitos ficavam decepcionados ao saber que os huguenotes e não os peregrinos tinham sido os primeiros a buscar liberdade religiosa em território dos Estados Unidos.

— Os americanos adoram fazer pouco dos franceses — disse ele. Isso era particularmente verdadeiro durante períodos de tensão entre franceses e americanos, como o que havia sido provocado pela guerra no Iraque.

— Jacksonville é uma cidade militar, patriota e conservadora — continuou ele. — Tivemos visitantes que vieram aqui e, quando se deram conta de que era um sítio histórico francês, viraram as costas e voltaram para seus carros revoltados. Alguns deles disseram coisas tipo: "Como vocês podem homenagear a memória dos franceses? Eles estão sempre contra nós." Ou: "Os franceses são uns perdedores, eles sempre se rendem." — Craig sacudiu a cabeça. — Eu digo a eles: "Já ouviram falar de Lafayette?" Mas não me dão ouvidos.

Craig me convidou a entrar em seu carrinho de golfe para um tour pelo resto do parque, em sua maior parte uma área de terras altas, à beira-mar, fértil em carvalhos, nogueiras, pinho e palmito. Acabamos no alto de um costão coroado por um pilar de concreto de três metros: uma réplica da coluna que Ribault havia erigido em 1562. A vista se estendia por quilômetros em direção ao mar, um panorama de salinas, terrenos expostos a inundações marítimas e ilhas baixas. Nenhum navio poderia ter se aproximado de La Caroline sem ser rapidamente avistado.

— Eu tento dizer às pessoas que a história americana é incompleta, a menos que você tenha conhecimento do que aconteceu aqui — observou Craig. — Associamos a liberdade com os peregrinos, mas os franceses tentaram antes e quase foram bem-sucedidos.

Se tivessem conseguido, a história do continente poderia ter-se desdobrado de maneira muito diferente.

— Você teria tido os franceses na Flórida e no Canadá pressionando os ingleses por ambos os lados. E Jacksonville hoje seria como Nova Orleans. Estaríamos comendo *beignets* em vez de churrasco. — Ele deu uma gargalhada. — E a França teria sido poupada da Euro Disney.

Nós nos demoramos até as cinco horas, quando Craig tinha que fechar o portão do parque. Ele havia sido criado nas vizinhanças e com frequência vinha ao costão quando adolescente, quando o parque ficava aberto depois do anoitecer.

— Isto aqui era o melhor lugar para namorar, a "corrida de submarino" de Jacksonville — explicou ele. — Talvez seja essa coluna fálica, que deixava todo mundo ligado e cheio de tesão. Se você não chegasse aqui até as seis e meia numa noite de sábado, não conseguia lugar para estacionar.

Naquela época, disse Craig, o parque era um magneto de um tipo muito diferente. A grande comunidade evangélica de Jacksonville realizava sessões de orações ali, homenageando os franceses como os primeiros protestantes do país. De vez em quando eles erguiam cruzes na margem do rio.

— Isto aqui é propriedade do governo — disse Craig. — Igreja e estado têm de se manter separados. — De modo que os guardas florestais rapidamente derrubavam e tiravam as cruzes. Mas isso só fazia fortalecer o ânimo daqueles que as erguiam. — Eles acham que Jacksonville é a cidade escolhida de Deus e que tudo começou em Fort Caroline.

Pela primeira vez Craig se mostrou reticente. Através de sua igreja conhecia uma mulher que tinha um profundo interesse pelos huguenotes, e recomendou que eu conversasse com ela.

— Fui criado na Igreja Batista sulista, embora já tenha visto de tudo — observou. — Mas esses sujeitos são sérios. *Realmente* sérios.

Pedro Menéndez, o comandante da frota espanhola que surpreendeu os franceses em La Caroline, era um exímio homem do mar, soldado veterano e um devoto cruzado da Contrarreforma. Isso o tornava perfeito para a missão para a qual embarcou no verão de 1565. Anteriormente naquele ano, Menéndez havia sido contratado pelo rei Filipe II para colonizar e fortificar a Flórida, e converter seus habitantes. Então, quando chegou à Espanha a notícia da presença crescente de franceses em La Caroline, o rei reforçou o efetivo militar de Menéndez e lhe ordenou que expulsasse os intrusos:

— Liberte aquelas terras e não dê quartel ao inimigo nem permita que se fixe nelas.

Quando Menéndez afinal alcançou os franceses, a frota recém-desembarcada de Ribault tinha transformado La Caroline num formidável bastião de oitocentos soldados e colonos, praticamente igual, em número, à força espanhola.

Além disso, as embarcações de Ribault eram mais ágeis de manobras que os pesados navios espanhóis. Depois de um breve combate no rio de Maio, Menéndez se retirou para um braço de mar que havia descoberto e feito o reconhecimento 64 quilômetros ao sul. Lá, numa praia que Menéndez batizou de St. Augustine, os espanhóis montaram acampamento.

Ribault, entusiasmado por ter conseguido repelir os espanhóis, decidiu dar perseguição e derrotar Menéndez antes que ele pudesse levantar defesas ou receber reforços. O líder deposto de La Caroline, Laudonnière, se opôs ao plano. Advertiu Ribault sobre as condições de tempo inconstantes e traiçoeiras — era setembro, o auge da temporada de furacões —, e sobre o perigo de deixar o forte desguarnecido.

"Tendo mais consideração por sua própria opinião do que pelos conselhos que eu dera", escreveu Laudonnière, Ribault fez-se ao mar com quase todos os navios e soldados à sua disposição. Deixou Laudonnière, ainda convalescente, no comando de apenas algumas dúzias de homens capazes de empunhar armas, bem como mais de cem outras pessoas, muitas das quais mulheres e crianças.

A ousada manobra de Ribault quase foi bem-sucedida. Ele surpreendeu vários navios espanhóis logo na saída de St. Augustine e estava prestes a atacar quando a maré virou, obrigando os franceses a se afastarem do braço de mar de águas rasas. Então um furacão atingiu a costa, impelindo os navios franceses para longe em mar aberto.

Como Ribault, Menéndez era um tático audacioso e um "amigo de suas próprias opiniões", escreveu seu capelão. Apostando que a tempestade impediria Ribault de retomar o ataque ou de retornar a La Caroline, Menéndez deixou St. Augustine indefesa e levou quinhentos soldados para tomar o forte francês por terra.

Na costa da Flórida, "terra" é um termo relativo. O terreno que Menéndez tinha que atravessar era pantanoso e estava muito alagado pelas chuvas. Empunhando mosquetes, lanças, espadas e escadas portáteis, os espanhóis avançaram com dificuldade, em meio ao tempo borrascoso, com água até a cintura. Ao amanhecer do terceiro dia, eles se aproximaram o suficiente para avistar o forte francês e fizeram uma pausa para rezar por "vitória sobre aqueles luteranos", como os espanhóis se referiam de maneira geral a todos os protestantes.

A maioria dos franceses estava dormindo. Até mesmo o oficial encarregado do serviço de sentinela tinha se retirado, "acreditando que os espanhóis não viriam em condições de tempo tão excepcionais", escreveu Laudonnière. Os espanhóis rapidamente penetraram as defesas do forte e atacaram os homens quando saíam da cama.

Laudonnière levantou-se de seu leito de enfermo e lutou brevemente antes de fugir do forte, com sua criada de quarto e várias dúzias de outros. Eles se esguei-

ST. AUGUSTINE e LA CAROLINE

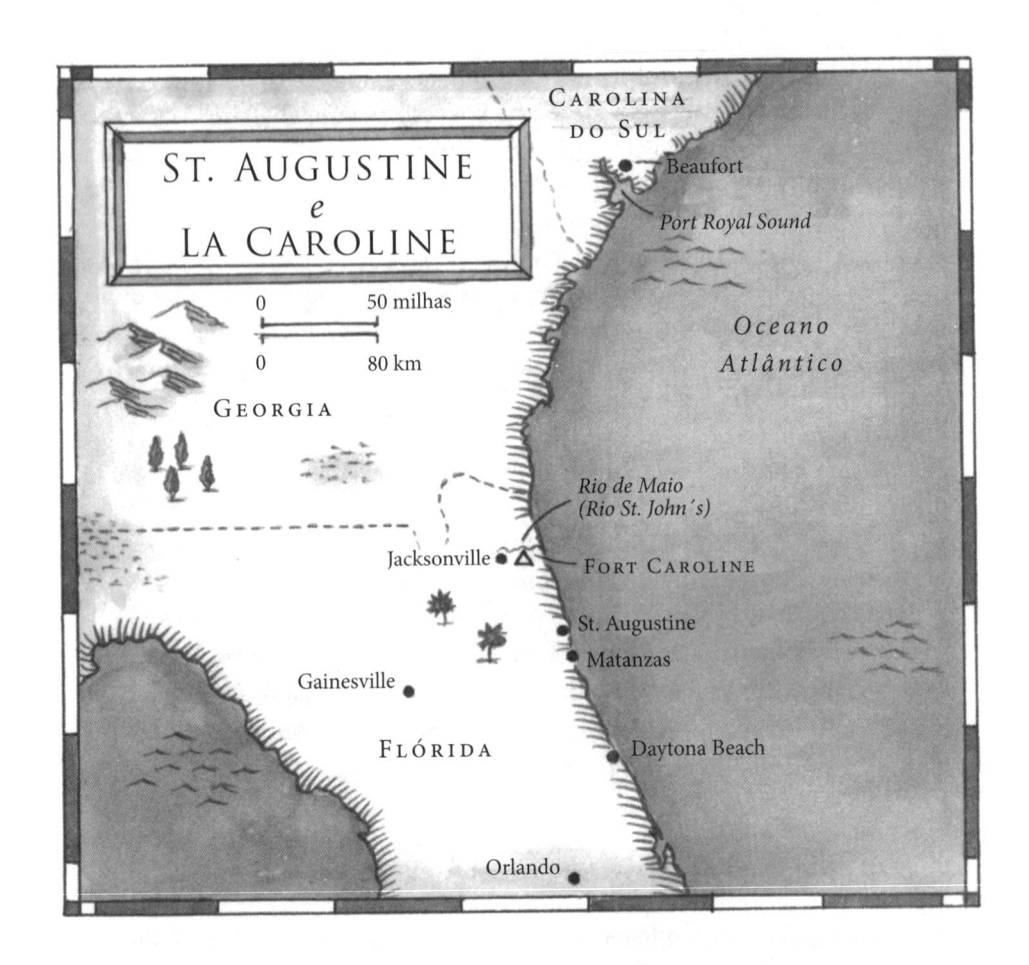

raram pela costa alagadiça e alcançaram os poucos navios franceses que permaneciam no rio. Não vendo outra opção, Laudonnière escreveu, "nós decidimos voltar para a França". Seis semanas mais tarde os refugiados chegaram à Europa. "Durante a travessia não tínhamos nada para comer exceto biscoitos e água."

Os que ficaram para trás em La Caroline tiveram um destino muito pior. Os poucos que Laudonnière julgara capazes de empunhar armas incluíam um cozinheiro, um velho carpinteiro, um cervejeiro, dois sapateiros, um tocador de espineta e quatro jovens "que serviam o capitão Ribault cuidando de seus cachorros". Eles não opuseram muita resistência. "Alguns saíram nus e outros de camisa, dizendo: 'Eu me rendo'", escreveu um padre espanhol. "Não obstante isso, houve um massacre de 142 pessoas."

Menéndez só precisou de uma hora para tomar o forte e não perdeu um único homem. Um sobrevivente francês escreveu que os espanhóis "arrancavam os olhos dos mortos, enfiavam-nos na ponta de suas adagas e, com exclamações e zombarias", atiravam-nos sobre os huguenotes em fuga.

Menéndez poupou a vida de cerca de cinquenta franceses, em sua maioria mulheres e crianças, embora o fizesse com relutância. "Causa-me profundo sofrimento vê-los em meio a meus comandados devido à sua odiosa seita religiosa", escreveu. Também ficou horrorizado pelas provas materiais de heresia que encontrou no forte: "livros luteranos", cartas de baralho "ridicularizando coisas da Igreja" e "um milhar de outras coisas ruins" pertencentes a um sacerdote protestante. "Tudo isso foi saqueado pelos soldados", escreveu Menéndez. "Nada lhes escapou."

Deixando uma guarnição para proteger o forte, ele marchou de volta para sua base em St. Augustine, onde foi recebido por um padre que vestiu sua melhor sotaina e ergueu uma cruz para abençoar o conquistador de retorno. Em um relato intitulado *Memoir of the Happy Result*, o padre escreveu sobre Menéndez: "O ardor e o desejo que ele tem de servir a Nosso Senhor através da derrubada e destruição dessa seita luterana, inimiga de nossa Sagrada Fé Católica, não lhe permitem sentir-se cansado."

A capacidade de Menéndez de se manter infatigável logo seria posta à prova de novo. Alguns dias depois de seu retorno, soube através dos índios que centenas de franceses da frota semidestruída pela tempestade haviam desembarcado na costa logo ao sul de St. Augustine.

No dia seguinte à minha visita a Fort Caroline telefonei para Lyn Corley, a mulher que Craig Morris me dissera que era estudiosa devotada dos huguenotes. "Desejo-lhe um dia cheio da presença de Jesus", disse sua secretária eletrônica, pedindo-me que deixasse "uma mensagem alegre". Quando Lyn me ligou de volta, combinamos de nos encontrar em Fort Caroline. Eu a encontrei na loja de presentes do parque comprando capacetes de plástico para uma peça em sua igreja sobre o massacre dos franceses.

Uma mulher alta na casa dos 50 anos, com olhos cor de melaço, Lyn era uma defensora improvável da história huguenote. Não falava francês, tinha detestado história em seus tempos de estudante e fora criada na Igreja Batista sulista, cujos princípios diferiam do calvinismo em questões de doutrina como a predestinação. Ela também vivera em Jacksonville durante quase 20 anos antes de descobrir a história de Fort Caroline. Seu momento de iluminação havia ocorrido em 2001, quando um palestrante de visita em sua igreja relatara o massacre dos protestantes pelos espanhóis.

— Apenas fiquei sentada ali e chorei — recordou Lyn, de olhos marejados ao se recordar. — E perguntei a mim mesma: Por que essa história foi escondida de nós? Aquelas pessoas morreram por sua fé e nós as esquecemos.

Aquilo não era exatamente verdade; estávamos sentados num banco em um parque nacional com o nome do forte francês. Mas para Lyn, o parque era parte do problema: era um local do governo secular e suas placas e museu lidavam com as questões religiosas de maneira muito delicada. Além disso, ninguém sabia se o parque ocupava a localização verdadeira do La Caroline original.

Lyn sentiu que era seu dever retificar isso.

— Deus me pediu que reivindicasse uma terra de modo que a cidade de Jacksonville pudesse recordar o sacrifício dos huguenotes — disse ela. Então um dia, enquanto acompanhava seus netos a um parque recreativo no centro, tinha olhado para o outro lado da rua e visto o lugar ao qual havia sido guiada. — O terreno que Deus me disse para reivindicar era uma usina elétrica.

De início Lyn pensou que tivesse se enganado ao ouvir Deus. Uma usina elétrica? Mas então descobriu que a usina ocupava o sítio de Cow Ford, um lugar de passagem dos pioneiros do século XIX que havia crescido e se tornado Jacksonville.

— Na Bíblia existem portões, locais de entrada para cidades — disse ela —, e aquele era o portão da nossa.

Pouco tempo depois de sua visão, a usina foi demolida, deixando um grande terreno baldio. De modo que Lyn, uma decoradora de interiores, assumiu uma segunda carreira, fazendo lobby junto às autoridades públicas para criar um parque no local da usina e homenagear os fundadores da cidade. Ela me mostrou um portfólio elegante de fotografias e desenhos que havia montado para aquela tarefa.

— Deus me disse como fazer.

O parque era apenas parte da missão de Lyn. Alguns meses antes de minha visita, ela também havia ajudado a organizar uma cerimônia denominada "arrependimento por identificação". À medida que ela começou a me contar sobre a cerimônia, usando termos como "intercessores" e "pactos de sangue", confessei que não conseguia imaginar o ritual que ela descrevia.

— Bem, então vamos assistir a ela em vídeo — disse Lyn. Seguindo de carro para a sua igreja, Rei dos Reis, lá nos encontramos com seu marido, Ted Corley, um pastor de cabelos grisalhos, penteados para trás, que ali trabalhava em regime de meio expediente. Ele nos levou à sala de audiovisual e pôs um vídeo intitulado "Reconciliação". Na tela de tevê apareceu uma mulher de saia longa, falando de um altar sobre os horrores da conquista espanhola e a "escuridão" que impôs à América.

— Essa é Ana Mendez — disse Lyn. — Ela é uma mulher espanhola de uma família judia que se tornou sacerdotisa de vodu na Cidade do México e se converteu ao cristianismo enquanto estava internada num asilo de loucos. Ela conduziu arrependimentos por identificação no mundo inteiro.

A câmera fez uma tomada panorâmica da igreja até se deter em vinte pessoas mais abaixo na nave, segurando Bíblias e bandeiras huguenotes. Eram protestantes franceses que tinham vindo a Jacksonville para a cerimônia. Estavam reunidas no altar com hispânicos da congregação. Ana Mendez ajoelhou-se ao lado delas e disse:

— Trago um grande sofrimento em meu coração, venho aqui e não consigo levantar a cabeça por causa do que fizemos. Nós matamos sonhos, matamos esta terra sagrada. — A voz dela se elevou, tornando-se um lamento. — Não posso mais viver com isso! Perdoem-nos! Perdoem-nos!

Um dos franceses então falou.

— A todos vocês de descendência espanhola, nós perdoamos. Jesus pagou o preço. Perdoamos como Ele nos perdoou, hoje declaramos aqui, nesta terra, o perdão dos huguenotes franceses a todos os descendentes dos espanhóis na América.

Até aquele ponto a cerimônia parecia um ato emocional de arrependimento e absolvição. Então se tornou algo diferente, mais semelhante a um exorcismo.

— Agora ordenamos a eles que partam — gritou Ana Mendez. — Todos os poderes das trevas que os espanhóis trouxeram para este país, partam! Todos os espíritos religiosos trazidos aqui para destruir o trabalho de Deus, partam! Deixem as costas da América!

Enquanto os congregantes choravam e agitavam os braços, Ana Mendez trouxe a história para os tempos modernos.

— Há 40 anos, a oração foi tomada dos Estados Unidos. Nós declaramos extinto o trabalho do diabo contra a oração! Renunciamos a esses espíritos e os expulsamos, e damos as boas-vindas à fé, acolhemos o Espírito Santo como rei. Para ser o soberano da América!

Lyn desligou o aparelho.

— Isso é arrependimento por identificação — disse ela. — Falar a palavra de Deus para o futuro, para redimir a terra daquilo de que o inimigo se apoderou de modo que possamos retomar o que havia sido extirpado.

Eu não tinha muita certeza de quem era "o inimigo" a quem ela se referia — a Espanha? O catolicismo? O governo dos Estados Unidos? — ou o que precisamente deveria ser "retomado".

Ted pacientemente explicou. Jacksonville fazia parte de um movimento chamado "combate espiritual" ou "mapeamento espiritual", que afirmava que os cristãos deveriam atacar "espíritos territoriais" enviados por Satã. Os cristãos precisavam localizar a fonte do mal de sua comunidade e expulsá-lo através da oração. Eu depois li a literatura que ele recomendou, que falava de golpear "o comando e os centros de controle satânicos" com "uma bomba inteligente, a oração". Em certas cidades, a oração tinha por alvo uma gangue, ou um culto não cristão, ou o ensino de uma faculdade liberal. Em Jacksonville, estava apontada para o massacre de tão longa data de protestantes franceses por católicos espanhóis.

— O sangue de mártires pelos Evangelhos foi derramado aqui, muitos anos antes de os peregrinos chegarem ao Rochedo de Plymouth — disse Ted. — O próprio fruto de nossa nação foi sacrificado pelo que a América é.

— E qual é o fruto? — perguntei.

— Uma nação construída na fé. Os franceses queriam que isto fosse o Sião. Acreditavam que iriam fundar no Novo Mundo o que não podiam no Velho. — Ted fez uma pausa, sorrindo radiante para mim. — Isaías, no versículo 62, diz que Jerusalém é o Sião. Nós acrescentamos Jacksonville.

Eu tinha estado em Jerusalém; não se parecia em nada com Jacksonville. Na qualidade de judeu não praticante, eu também não tinha certeza de onde me encaixava naquele quadro. Mas, principalmente, me sentia como um espectador. Nos anos 1560, as guerras religiosas da Europa haviam transbordado e atravessado o Atlântico. Agora haviam avançado e transbordado para o futuro no tempo, inspirando santos guerreiros na Flórida dos dias atuais.

— Filipe II foi o homem mais malévolo que jamais viveu — declarou Lyn. — Ele queria que a Igreja Católica controlasse o mundo, e isso ainda não acabou.

St. Augustine estava às vésperas de celebrar uma missa anual comemorando a fundação por Menéndez da cidade espanhola. Um dia depois a igreja de Lyn iria realizar seu próprio culto de recordação, em memória aos huguenotes massacrados pelos católicos.

— Eu costumava adorar ir a St. Augustine, mas isso foi antes de conhecer sua história — disse Lyn. — Agora fico longe de lá. Aquilo é terra do inimigo.

Quando Pedro Menéndez descobriu que marinheiros franceses tinham desembarcado nas proximidades de St. Augustine, rapidamente se pôs em marcha para ir ao encontro deles. Seguindo a costa rumo ao sul, encontrou um grupo francês abrigado na margem de um rio profundo demais para vadear. Menéndez escondeu seus soldados atrás de dunas e foi até a beira da água com um intérprete. Um dos franceses atravessou a nado e disse que os navios de Ribault tinham sido destruídos pela tempestade. Ele pediu salvo-conduto de modo que os 125 náufragos franceses em sua companhia pudessem voltar para La Caroline.

Menéndez respondeu dizendo que tinha tomado o forte francês e executado seus protestantes. "Eu tinha que fazer guerra com fogo e sangue", declarou, "contra todos aqueles que vieram semear essa odiosa doutrina". Também se recusou a prometer salvo-conduto aos náufragos.

Os franceses ofereceram entregar as armas — e, um relato afirma, pagamento de resgate — em troca de suas vidas. Mais uma vez Menéndez recusou. Os soldados franceses deveriam "se entregar à minha misericórdia", declarou ele, "de modo que eu possa fazer com eles o que Nosso Senhor ordenou".

Exaustos, meio famintos e desconhecendo o fato de que soldados espanhóis os esperavam de tocaia, os franceses se renderam à misericórdia de Menéndez. "Uma vez que eram todos luteranos", escreveu um padre do grupo espanhol, "sua Senhoria decidiu condenar todos à morte."

Esse padre, contudo, conseguiu convencer Menéndez a poupar quaisquer franceses que se declarassem "cristãos" — isto é, católicos. Uma dúzia afirmou sê-lo. Menéndez, numa carta para o rei Filipe, disse apenas que havia poupado "homens grandes e fortes", carpinteiros e pedreiros "dos quais temos muita necessidade". Quanto ao resto, contando cerca de 110, "mandei amarrar-lhes as mãos atrás das costas e que fossem mortos a punhaladas".

Doze dias depois, no mesmo rio e nos mesmos termos, outro grupo de náufragos franceses se rendeu, inclusive o comandante da frota, Jean Ribault. Mais uma vez foram levados de barco até a outra margem, amarrados e interrogados se eram "católicos ou luteranos". Jean Ribault respondeu "que todos os que ali estavam eram da nova religião", e começou a entoar um salmo. Foi esfaqueado, golpeado com uma lança curta e depois decapitado. Mais de cem outros foram executados da mesma maneira.

"Ele só poupou os tocadores de pífano, os tocadores de tambor e os de trompa", escreveu um espanhol sobre Menéndez, "e mais quatro que disseram que eram católicos." Um sobrevivente francês mais tarde relatou que os músicos "foram mantidos vivos para tocar para danças". O rio onde Menéndez massacrou os dois grupos de franceses se tornou conhecido como Matanzas, "as Matanças" em espanhol, um nome que ainda tem até hoje.

"Ele agiu como um excelente inquisidor", escreveu um espanhol sobre Menéndez em 1567, louvando a execução de hereges desavergonhados. "Foi muito misericordioso em conceder-lhes uma morte nobre e honrosa, ao cortar-lhes a cabeça, quando legalmente poderia tê-los queimado vivos."

Menéndez, em seu próprio relato, enfatizou o valor prático de suas ações. "Creio que é muitíssimo afortunado que esse homem esteja morto", escreveu sobre Ribault. "Ele poderia fazer mais em um ano que qualquer outro em dez, pois era o mais experiente dos corsários e navegadores conhecidos."

Lúgubres relatos dos massacres da Flórida não tardaram a circular na França, incitando ultraje e chamados à vingança. Em 1568, uma tropa francesa atacou a guarnição espanhola no antigo La Caroline, surpreendendo os soldados que "ainda estavam palitando os dentes" depois do jantar. Os franceses massacraram centenas de espanhóis, enforcando alguns nas mesmas árvores em que Menéndez havia enforcado prisioneiros três anos antes.

Esse massacre acalmou a fúria e o orgulho dos franceses, mas não fez nada para deter a reconquista da Flórida pela Espanha. Menéndez, ao contrário de De Soto, era tão eficiente como colonizador quanto o era como matador. Recrutou famílias de fazendeiros espanhóis, pagando-lhes a passagem e fornecendo-lhes terra, animais domésticos e escravos — os primeiros escravos africanos importados para uma colônia norte-americana. Conseguiu fazer a paz com várias tribos guerreiras da Flórida, em um caso aceitando a irmã de um chefe como esposa, embora já tivesse uma esposa na Espanha. Poucos anos depois, Menéndez havia fundado uma série de povoados fortificados ao longo das costas do Atlântico e do golfo, e apoiado a criação de missões avançadas ao norte, algumas tão distantes quanto a baía de Chesapeake, a apenas alguns quilômetros da futura Jamestown.

A maioria dessas cabeças de ponte teve vida curta, do mesmo modo que Menéndez, que morreu em 1574 enquanto preparava uma armada para atacar o norte da Europa. Mas o acampamento que ele havia construído apressadamente em St. Augustine, em 1565, cresceu até tornar-se uma importante guarnição. Já no fim dos anos 1500, várias décadas antes da fundação de Plymouth, St. Augustine possuía uma fortaleza, uma igreja, um monastério, um hospital, lojas e mais de cem residências, tudo construído rigidamente de acordo com as regras espanholas de planejamento urbano.

Mesmo assim, era um posto avançado precário, constantemente afligido por motins, ataques de piratas, praga, incêndios, hostilidades por parte dos índios e outros infortúnios. Em grande medida o mesmo ocorria com todas as primeiras colônias do continente. Entre a "descoberta" da Flórida por Ponce de León, em 1513 e a fundação de Jamestown em 1607, os europeus criaram dúzias de povoações espalhando-se pelos futuros estados continentais. Nem St. Augustine nem nenhuma das outras vicejou. Mas, entre todas elas, a cidade da Flórida foi a única que sobreviveu.

St. Augustine hoje é quase uma exúrbia de Jacksonville, com uma população com o tamanho de um centésimo da metrópole sua vizinha de crescimento exuberante. Mas as histórias muito diferentes das duas cidades deram a St. Augustine uma certa arrogância e à "nova" Jacksonville uma medida de ressentimento. Desde o princípio do século XIX, St. Augustine atraiu artistas, titãs da Era Áurea e milhões de turistas. Jacksonville conquistou indústrias e um time de futebol profissional. Escritores especializados em viagens acorreram em bandos para St. Augustine para louvar os encantos pitorescos da mais antiga povoação europeia do país. Jornalistas esportivos visitaram Jacksonville para o Super Bowl e fizeram troça da cidade anfitriã declarando-a tão desprovida de charme que "faz com que Tampa pareça Paris".

Como se esse insulto não fosse cruel o suficiente, deu a St. Augustine uma primazia histórica não merecida. Como o guarda florestal do parque, Craig Morris, havia assinalado, tinha sido a colônia francesa em Fort Caroline que levara Menéndez a desembarcar em St. Augustine em primeiro lugar. E a colônia que lá havia crescido era mal localizada, junto a um porto muito inferior ao de Jacksonville.

— Se não fosse pelos franceses terem vindo aqui — disse ele —, St. Augustine não existiria. Seria apenas mais um braço de mar insignificante como tantos outros, um vilarejo de pescadores sem importância numa porcaria de uma entrada para o mar. — Craig também detestava o que a cidade espanhola havia se tornado. Ele a chamava de Santa Arapuca para Turistas.

Em minha primeira aproximação de St. Augustine, o apelido de Craig me pareceu tristemente adequado. Os muros de pedras que outrora cercavam a cidade velha, em sua maioria, tinham desmoronado, cedendo caminho para um valado de atrações vagabundas para turistas: minigolfe, fazenda de criação de jacarés, fábrica de chocolate, museu de cera e a franquia Ripley's Acredite se Quiser! O tráfego ao redor do bairro histórico era lento, atravancado por trenzinhos com apito de locomotiva, tirados do desenho animado *Thomas e seus Amigos*, e ônibus com faixas "Trolley dos Condenados", uma das 12 excursões para ver fantasmas em oferta em St. Augustine. "Nós Levaremos Você ao Túmulo antes da Hora!"

Depois de conseguir abrir uma brecha nesse perímetro espalhafatoso, entrei numa grade de ruas estreitas, de aproximadamente 2,5 quilômetros quadrados. Em termos arquitetônicos, o bairro espanhol conservava uma agradável atmosfera de Velho Mundo, os prédios de fachadas de pedra pintados em alegres tons pastel e adornados com varandas no segundo andar — muito semelhante ao equivocadamente chamado Quarteirão Francês, de Nova Orleans, que em sua maior parte foi construído durante um período de ocupação espanhola no fim do século XVIII.

Mas o ambiente das ruas na mais antiga cidade europeia do país era indelevelmente americano moderno. A principal avenida colonial, St. George, havia se tornado uma via só para pedestres, coalhada de um comércio que fazia da história da cidade um festival de besteiras: Old Tyme Photo (Foto de Tempos Antigos), albergue Casa do Pirata, Fonte da Juventude, Heritage Walk ("21 Lojas Singulares") — qualquer coisa que evocasse o passado, por mais anacrônica que fosse. Minutos depois de entrar na St. George, eu me vi aprisionado num engarrafamento de gente com sacolas de compras, meninos de capacetes com cornos agitando espadas de plástico e guias turísticos abrindo caminho aos safanões, fantasiados de godos, xerifes do Velho Oeste, e rufiões cockneys.

Finalmente me libertando, fugi para a praça da cidade velha, com os sinos repicando na catedral. Em um belo prédio de pedras, encontrei o escritório de Bill Adams, diretor de patrimônio histórico e turismo da cidade, que me levou para uma caminhada pela antiga St. Augustine, me apontando os muitos prédios que tinham sido salvos das escavadeiras e restaurados nos últimos anos.

— A história da preservação aqui é um triunfo — observou ele, encerrando nosso tour em uma taverna espanhola reconstruída na St. George. — Mas a história, a verdadeira história, é uma perdedora nesta cidade. — Ele contemplou tristemente a horda passando devagar pela rua do lado de fora. — As pessoas não vêm aqui para conhecer e aprender sobre o passado. Tudo que St. Augustine lhes dá é uma ambientação histórica para fazer compras.

A taverna era parte de um museu com uma área de menos de um hectare que Bill supervisionava o chamado Bairro Colonial Espanhol, um conjunto de prédios reconstruídos onde homens e mulheres, vestidos em trajes de época, demonstravam artes, ofícios e culinária. "Nós Fazemos História Todo Dia!", proclamava seu lema. Bill tinha sentimentos contraditórios com relação à "história viva", mas a considerava uma maneira de atrair dólares de turistas para a conservação de propriedades históricas.

— Infelizmente, também não tem dado muito certo — comentou ele, enquanto uma mulher de saia longa e corpete justo nos servia cerveja de um barril. O bairro colonial só atraía uma pequena fração do um milhão e meio de pessoas que enchiam as lojas ao longo da St. George a cada ano. E um quarto do número das que afluíam em bandos para a franquia Ripley's Acredite se Quiser!

Bill atribuía a culpa disso à Disney World e Epcot Center, que muitos turistas visitavam antes de vir para St. Augustine.

— As pessoas esperam que a história seja divertida e rápida em termos de ação, algo que é o oposto da vida colonial espanhola. — Ele acabou com sua cerveja enquanto os atores entravam para um intervalo de descanso de seu trabalho nos ofícios de tecelões e ferreiros. — Por vezes acho que deveríamos vestir essa gente com máscaras de couro e transformar isso em uma câmara de tortura da Inquisição. Então teríamos que afastar os turistas a varadas.

A St. Augustine histórica tinha outro problema, que datava de 1821, quando a Espanha havia cedido a Flórida aos Estados Unidos. Os americanos começaram a visitar a cidade atraídos por seu clima quente e exotismo. Em sua maioria protestantes da Nova Inglaterra, eles tinham ficado chocados e excitados com o "papismo" de St. Augustine, descrevendo folias de mascarados e um festejo costumeiro das Sextas-feiras da Paixão conhecido como "matança dos judeus", quando os habitantes locais enforcavam efígies e as enchiam de balas. Ralph Waldo Emerson, que viajara para St. Augustine, em 1827, para se recuperar de tuberculose, era um dos muitos que apreciara os "tênues vestígios de um passado romântico" e as velhas pedras fragrantes "de um milhar de tremendas histórias".

Os pilantras oportunistas aprenderam rápido a tirar vantagem dessa nostalgia ao envolver a cidade em venerandas histórias de ficção. Em determinada ocasião, quatro prédios diferentes reivindicavam para si a honra de ser a casa mais antiga da cidade, inclusive uma supostamente construída por monges franciscanos em 1565 (a Flórida não tinha quaisquer monges franciscanos naquela época, e não há casas sobreviventes em St. Augustine anteriores a 1700). A "fonte da juventude" de Ponce de León também surgiu em locais que competiam entre si, muito embora o conquistador não tenha desembarcado em St. Augustine, muito menos encontrado uma fonte restauradora da juventude. A cidade começou a realizar uma comemoração anual de sua "descoberta", e o barão do petróleo Henry Flagler construiu o famoso Hotel Ponce de León, um grande edifício em estilo mourisco falsificado, com uma réplica da fonte e murais do conquistador.

Já em 1930, o passado de St. Augustine tinha se tornado tão obscurecido por lendas que a cidade nomeou uma "comissão para descoberta e apuração dos fatos", a fim de distinguir a verdade da ficção. Mas os moradores locais resistiram às sugestões da comissão, deixando intactos o que um escritor da Sociedade Histórica da Flórida denunciou como escandalosos "disparates e imposturas", inventados "para atrair por engodo com fins mercenários os turistas". Sete décadas depois, ainda era difícil distinguir história verdadeira da falsificada. A velha St. Augustine era, efetivamente, uma atração tipo "tome cuidado comprador", um anexo em escala maior do Acredite se Quiser! de Ripley.

Comprando um bilhete para o "pacote histórico" do passeio de trem, passei sacolejando pela "Casa mais Antiga", pela "Mais Antiga Escola Construída em Madeira", e pela "Autêntica Botica mais Antiga", então desembarquei na "Fonte da Juventude de Ponce de León". Aquela era uma das maiores atrações de St. Augustine e uma Meca para grupos escolares estudando a história da Flórida. Uma placa ao lado da bilheteria anunciava que o parque era o lugar onde Ponce de León havia descoberto a América do Norte e bebera de uma antiga fonte de água dos índios.

— Quer água da juventude? — me perguntou um guia, me oferecendo uma caneca de plástico enquanto eu entrava com dificuldade num recinto fechado chamado de casa da fonte. A água sulfurosa vinha de um poço construído sobre a nascente. — Quando Ponce de León desembarcou era um tanque natural transbordante — disse o guia, apontando para um diorama com imagens do conquistador e dos índios em "tamanho natural" ao lado de um laguinho. — O chefe que vocês veem ali tinha 2,5 metros de altura, Ponce tinha 1,5 metro. E isso era com as botas e o capacete.

Então ele direcionou nossa atenção para uma cruz de pedra no solo "deixada aqui por Ponce de León". A cruz tinha 15 pedras no comprimento e 13 na transversal, significando 1513, o ano em que o conquistador desembarcara. O guia também nos mostrou uma réplica de um antiquíssimo saleiro que fora encontrado nas vizinhanças, com um pedaço de pergaminho dentro relatando a descoberta da fonte por Ponce.

— Eu já estou me sentindo mais jovem — gracejou a mulher ao meu lado, levantando sua caneca. — Estou de volta a uma aula de história no ensino médio!

A origem da maior parte dessa "história" era uma vitoriana excêntrica, Louella Day McConnell, que abriu o parque da fonte como atração turística no princípio dos anos 1900, por volta da mesma época em que encontrou a fonte e o saleiro de prata. Na Sociedade Histórica de St. Augustine eu havia lido um estudo que cuidadosamente demolia as muitas afirmações que ela fizera. O estudo citava, entre outras coisas, uma declaração juramentada atestando que a "fonte" datava apenas de 1875. A cruz era feita de um tipo de pedra que não existia em St. Augustine no século XVI. O saleiro original, desde então desaparecido, era adornado com um índio usando um ornato de cabeça das planícies datando do século XIX.

Tudo isso era bem conhecido dos especialistas locais em história de St. Augustine. Mas nenhum se dispunha a contradizer publicamente o mito da fonte, uma vez que a família que era dona do parque e outras atrações históricas havia processado detratores. De modo que visitantes continuavam bebendo a água da fonte, ouvindo relatos sobre cruzes de pedra e índios de dois metros de altura, aprendendo em um show num planetário que Colombo havia circum-navegado "um mundo que ainda não se provara ser redondo", e detendo-se no caminho de saída na Loja de Presentes Don Juan para comprar copinhos de uma dose da Fonte da Juventude e garrafas do elixir.

Tudo isso poderia ter sido diversão inofensiva, não fosse pelos grupos escolares e pela história verdadeira e muito mais sórdida do sítio. O tour acabava no planetário, deixando os visitantes livres para perambular pelo terreno do parque, um belo e amplo espaço de árvores envoltas em musgo, com patos e avestruzes, uma variedade de estátuas e canhões, e nos fundos um recinto fechado identificado por uma placa com os dizeres: "Cemitérios dos Índios Timucuans."

Três décadas depois que Louella Day McConnell "descobriu" a cruz e o saleiro, apareceram ossos na propriedade. Mais tarde, arqueólogos escavaram uma grande aldeia indígena, vizinha ao primeiro acampamento de Pedro Menéndez em St. Augustine e a uma missão construída pelos espanhóis. Em meio aos muitos túmulos, estavam os de alguns dos primeiros índios na América do Norte enterrados como cristãos, de braços cruzados no peito e envoltos em mortalhas, desprovidos das ferramentas e ornamentos com frequência encontrados com corpos enterrados pré-contato europeu.

Os primeiros europeus que estiveram na região escreveram que os índios timucuans da Flórida eram não apenas altos e de constituição muito forte, mas também excepcionalmente longevos; os franceses credulamente registraram que alguns tinham 250 anos. Mas a vida na missão espanhola trouxe doenças, trabalhos forçados e outros malefícios. Já na metade dos anos 1700, restavam apenas alguns timucuans.

Uma exposição ao lado do cemitério fazia um relato indiscutível dessa tragédia. Mas era decididamente uma atração secundária para visitantes, a maioria dos quais vinha pelas águas e alegremente engolia a ficção de uma fonte da juventude, ao lado de um cemitério para índios que tinham morrido prematuramente em resultado do contato com europeus.

— É triste e meio mórbido ter um praticamente em cima do outro — comentou um guia, quando eu o abordei, durante seu intervalo de descanso, do lado de fora da casa da fonte. — Mas ninguém parece se importar.

Chris Meier era um rapaz de 20 anos de cabelo cortado à escovinha que viera trabalhar em St. Augustine porque adorava história. Infelizmente, para suas perspectivas de trabalho, ele tinha um ódio de mentiras e falsificações à altura de Holden Caulfield, de *O apanhador no campo de centeio*.

— Trabalho para ganhar a vida contando mentiras — disse Chris —, e o que é pior, as pessoas acreditam em mim. — Alguns visitantes não apenas bebiam a água da fonte da juventude; eles se banhavam com ela. E poucos questionavam a história enlatada que ele relatava, exceto para perguntar: "Colombo também desembarcou aqui e bebeu da água da fonte?", ou "Pensei que tivessem sido os peregrinos que descobriram a América".

Chris estava procurando outro emprego na cidade. Mas havia perdido as esperanças de encontrar um que lhe permitisse contar uma narrativa mais verdadeira da fundação da Flórida.

— Ponce de León veio em busca de ouro e de escravos, não de uma fonte — disse ele. — Pedro Menéndez matou todos os franceses, exceto os músicos para sua orquestra particular. Que tal isso como exemplo de perversidade? — O rosto de Chris se franziu com repugnância. — Aqueles sujeitos eram malucos psicopatas, e homageá-los é como idolatrar Charles Manson.

Um trole tocou a sineta ao chegar aos portões do parque, desembarcando mais um grupo de novos visitantes. Chis voltou para a casa da fonte para encher canecas de plástico.

— Água da fonte da juventude, alguém quer?

SE PONCE DE LEÓN era o mítico fundador de St. Augustine, o verdadeiro era homageado bem na porta ao lado da Fonte da Juventude, na Missão Nombre de Dios. Acreditava-se que esse fosse o lugar do desembarque de Menéndez em 8 de setembro de 1565, e servia como local da celebração anual do chegada dos espanhóis. Geralmente, a cerimônia ocorria em setembro, no dia do aniversário do desembarque, mas um furacão a adiara até meados de novembro.

A missão havia ocupado uma costa relvada com um altar e uma cruz gigantesca à beira da água. Fiquei agradavelmente surpreso ao descobrir que o aniversário era um evento local, patrocinado pela prefeitura e pela Igreja Católica, e não uma festividade turística. Também fiquei surpreso ao encontrar Lyn Corley, minha guia evangélica em Jacksonville, que a despeito de considerar St. Augustine como "território inimigo", tinha vindo assistir à cerimônia com uma amiga.

— Existe um setor protestante? — perguntou Lyn de caçoada, enquanto cerca de uma centena de pessoas se acomodava em assentos diante do altar ao ar livre.

— Existe, aqui atrás — respondeu a amiga, apontando para um cemitério nas proximidades.

A cerimônia se iniciou com recriadores históricos remando para a costa, um homem calvo e corpulento vestindo um manto negro desempenhando o papel de Menéndez. Ao chegar à praia, ergueram uma bandeira e gritaram:

— ¡Viva Menéndez! ¡Viva España!

Um padre estendeu uma cruz para o conquistador beijar e um narrador explicou que o homem no papel de Menéndez era um nativo de St. Augustine de 13ª geração e sócio fundador da Sociedade Los Floridanos, um grupo de descendentes espanhóis.

— E ele se orgulha disso? — sibilou Lyn.

O prefeito de St. Augustine proclamou formalmente o aniversário da fundação da cidade e um historiador local fez um breve discurso.

— As crianças que desembarcaram aqui já teriam netos quando Jamestown foi fundada — observou ele. — Esta aqui foi a primeira cidade europeia da América do Norte, o lugar onde a cristandade teve início em nossa nação.

Nenhum dos oradores mencionou o massacre dos franceses. Mas Lyn se empertigou quando o historiador assinalou que durante seis anos os espanhóis haviam se transferido para Anastasia Island, nas proximidades, antes de retornar ao atual local da cidade.

— Ouviu isso? — cochichou Lyn para a amiga. — Isto aqui *não* era uma colônia permanente. — Então, quando a missa começou, as duas deixaram seus assentos e foram se acomodar num banco no cemitério.

Depois da comunhão, o padre convidou a plateia a vir comer o bolo de aniversário com a "família real" de St. Augustine. Isso era uma referência às três pessoas em trajes de realeza que, como o Menéndez honorário, pertenciam à Sociedade Los Floridanos.

— Nós somos um grupo de elite de espanhóis que sempre estiveram aqui — explicou um dos membros da sociedade.

Como tantas outras coisas em St. Augustine, essa afirmação exigia um certo truque de prestidigitação com a história. Em 1763, quando a Grã-Bretanha conquistou por um breve período o controle da Flórida, todas exceto três famílias espanholas em St. Augustine fugiram para Cuba. A cidade mais tarde foi repovoada por centenas de refugiados de uma plantação fracassada que havia importado trabalhadores da Grécia, Itália e da ilha de Minorca. Esse grupo misto — conhecido coletivamente como minorcanos — cresceu e se tornou a população não inglesa de St. Augustine.

— Na vida real eu sou uma massoterapeuta licenciada e me considero minorcana — disse Missy Hall, membro da família real, usando luvas brancas e um vestido de cauda longa. — Mas hoje sou a rainha Mariana da Espanha.

Ela estava acompanhada por uma garota adolescente num vestido feito de tapeçaria e um emburrado garoto também adolescente, vestido com calções até os joelhos e meias.

— Minha mãe me obrigou a fazer isso — confidenciou ele. — Ela leva isso aqui a sério. — Ele endireitou a coroa, por ordem da rainha. — Hoje eu tenho duas mães, a minha verdadeira e a rainha. Um grande dia. Realmente, maravilhoso.

O que tornava ainda maior sua mortificação era o papel que lhe fora dado para representar. A mulher que dera início à tradição de se vestir como a realeza espanhola queria recriar uma família como a sua, com uma mãe e dois filhos adolescentes. A única família histórica que combinava com isso era a da rainha Mariana, que foi regente no final do século XVII, e chefiou o governo em lugar de seu filho ainda criança, o rei Carlos II. Infelizmente a família era fruto de casamento consanguíneo e Carlos, conhecido como El Hechizado (O Enfeitiçado), era deficiente mental e tinha um maxilar tão deformado que não conseguia mastigar nem falar corretamente.

— Não devemos contar isso a ninguém — disse o Carlos moderno —, mas sou um retardado babão. — Uma banda começou a tocar "Parabéns para Você", e ele puxou a espada para cortar um bolo gigante ornado com o brasão de St. Augustine. Quando voltou para o "trono", a rainha lhe disse que sentasse direito.

— Um retardado com duas mães. Grande dia. Realmente maravilhoso.

No dia seguinte fui assistir a uma representação teatral histórica muito diferente, realizada na igreja de Lyn Corley, em Jacksonville. Na Rei dos Reis, os congregantes estavam vestidos em trajes informais e gritavam alegremente enquanto o pastor circulava pelo salão falando num microfone sem fio em estilo Madonna.

— Deus é incorruptível, isso não é boa notícia? Ah, isso é tão bom! — gritou ele, tendo em resposta um grande coro de améns. — Essa é a grande alegria, saber que algum dia nós seremos libertados deste mundo de pecado. Deus, o Grande, o Criador, diz que tudo vai dar certo no final.

Então as crianças assumiram o comando. Ensaiados em casa sob a orientação da igreja, haviam preparado uma peça baseada no material que Lyn havia coletado.

— É uma história de liberdade religiosa — disse uma professora no papel de narradora. Adotando um sotaque francês, ela falou sobre os huguenotes, enquanto um grupo de crianças com fantasias feitas em casa arrastava barcos de papelão passando por um lençol pintado de azul-mar.

— O mundo era católico, e se você era um protestante querendo cultuar Deus na Europa, era objeto de perseguição — entoou a narradora. Enquanto relatava as viagens francesas, as crianças trouxeram um forte de papelão e trocaram apertos de mão com os índios, interpretados por crianças negras da congregação vestidas com saias cobertas de musgo colado. Então as crianças cantaram salmos.

Essa cena alegre foi interrompida pelos espanhóis, enviados pelo rei Filipe "porque o papa havia decretado que a Espanha tinha direito a tudo". Crianças vestidas de preto entraram correndo, agitando espadas de plástico. Os dois lados lutaram animadamente antes que os franceses caíssem derrotados. Então passaram para o massacre de Matanzas.

— Menéndez deu a Ribault e seus homens a chance de abjurar sua fé, mas eles preferiram morrer a renunciar ao Deus que amavam. — Enquanto as crianças representando os franceses se ajoelhavam e recitavam um salmo, as que faziam os espanhóis passaram-nas a fio de suas espadas de plástico. — Em Matanzas jaz o sangue de Jean Ribault e seus homens — concluiu a narradora. — O sangue tem uma voz, e a voz é uma de liberdade em Jesus Cristo.

Lyn sorriu radiante enquanto a congregação explodia em aplausos.

— Não seria maravilhoso — perguntou ela —, se pudéssemos nos apresentar em St. Augustine?

Depois de assistir às cerimônias das duas partes do conflito, decidi deixar as guerras de religião para trás e investigar uma controvérsia mais secular. O personagem em seu centro era Michael Gannon, a quem fui ver em sua casa em Gainesville. Um homem alto, encurvado, no fim da casa dos 70, Gannon tinha um currículo incomum. Ele havia trabalhado como locutor esportivo de rádio, oficial da Guarda Costeira, correspondente de guerra no Vietnã, padre da diocese de St. Augustine e historiador oficial da Igreja Católica da Flórida antes de abandonar o sacerdócio e se tornar professor de história na Universidade da Flórida.

Em 1985, pouco antes do Dia de Ação de Graças, Gannon recebeu um telefonema de um repórter da Flórida que estava procurando uma abordagem nova para uma matéria sobre o feriado.

— Eu disse a ele que conhecia uma *velha* abordagem — recordou Gannon. Enquanto lia relatos espanhóis sobre o desembarque em St. Augustine em 1565, ficara surpreendido com a menção de uma missa de ação de graças, depois da qual Menéndez "mandara dar de comer aos índios e ceiara ele próprio". Em outras palavras, 56 anos antes do banquete dos peregrinos em Plymouth, os espanhóis haviam realizado um ritual semelhante em St. Augustine.

Os espanhóis não deixaram detalhes sobre a refeição, mas Gannon fizera uma suposição bem informada, com base no que conhecia da dieta do século XVI e dos alimentos listados nos manifestos dos navios espanhóis.

— Provavelmente foi um ensopado chamado *cocido*: carne de porco salgada, grão-de-bico, temperados com alho e acompanhados por biscoitos duros de marinheiros e vinho tinto. — Gannon também fez um estudo detalhado dos timucuans e era de opinião que as contribuições deles para a refeição teriam incluído milho, carne de caça e de tartaruga.

Os comentários de Gannon para o repórter rapidamente chegaram às agências de notícia e circularam em nível nacional. "Teria o peru da primeira ceia sido na verdade carne de porco?", dizia um cabeçalho típico. Telefonemas jorraram do país inteiro, especialmente da Nova Inglaterra, onde Gannon foi apelidado de "o Grinch que roubou o Dia de Ação de Graças". O historiador não fugiu da controvérsia; pelo contrário, a estimulou. Quando um entrevistador de tevê em Boston lhe disse que autoridades de Plymouth haviam convocado uma reunião de emergência para debater seus comentários, o professor respondeu calmamente:

— Quando os peregrinos vieram para Plymouth, St. Augustine estava pronta para uma renovação urbana.

Nos anos que se passaram desde então, Gannon com frequência havia reinterpretado seu papel de agente provocador do Dia de Ação de Graças. Mas alegremente reconhecia que era muito barulho por nada. Outros europeus na América pré-*Mayflower* também haviam celebrado sua chegada oferecendo preces de graças. Alguns podem ter comemorado a ocasião com um banquete em companhia dos índios. Na melhor das hipóteses, a ação de graças de St. Augustine foi a primeira a ocorrer em um povoamento europeu permanente no continente.

Para Gannon, contudo, a controvérsia instigada por seus comentários dizia respeito a uma lacuna mais profunda e mais importante em nossa memória dos primórdios da América.

— Por tempo demais a Flórida foi um dedo de terra distante do cenário nacional, não era nem mesmo um estado que se sobrevoasse, apenas um destino para praias e Disney e todas as suas atrações satélite — declarou. — Nossa história não tem sido abordada seriamente. Existe uma resistência inata nos estados conservadores, os "perucas empoadas", a aceitar a primazia da Flórida e de St. Augustine na história da colonização da América.

Gannon achava que St. Augustine merecia uma parcela da culpa por essa negligência por ter deturpado e adulterado sua própria história e permitido que Ponce de León se tornasse "o mito de criação da cidade". Gannon ainda sabia cantar o slogan da estação de rádio onde havia trabalhado como jovem locutor: "WFOY, Wonderful Fountain of Youth, 1240 on your dial!" (Maravilhosa Fonte de Juventude, 1240 no seu dial). — Desde então ele havia instado a cidade a abraçar sua verdadeira história e exigir que os guias de excursões fossem submetidos a testes sobre seus conhecimentos.

— Demorou um pouco — disse ele —, mas a cidade finalmente se deu conta de que seu verdadeiro herói foi Menéndez.

Gannon era uma companhia adorável, um contador de história que destroçava mitos com erudição, espirituosidade e a voz maravilhosamente ressonante de um ex-padre e locutor de rádio. Ele me apresentou uma versão do Padre-nosso em timucuan, conforme fora escrita por um padre espanhol de tempos antigos. Mas quando questionei sua caracterização de Menéndez como herói, citando os massacres dos franceses em Matanzas, o tom de nossa conversa mudou.

— Menéndez tinha motivos para matá-los — declarou Gannon. — Ele mal tinha condições de alimentar sua própria colônia. E não tinha meios de manter todos aqueles homens sob guarda. Se tivesse tido AK-47s, poderia fazê-lo, mas não com espadas e bestas.

E quanto a La Caroline?, perguntei. Menéndez não havia declarado que viera matar todos os protestantes que encontrasse no forte?

— Aquilo não foi um ato de violência religiosa — respondeu Gannon. — Foi feito em autodefesa, para salvar sua colônia. Lembre-se, foram os franceses que partiram para atacar Menéndez seguindo até St. Augustine com tudo o que tinham.

Gannon também se irritava com a noção de que os huguenotes fossem mártires religiosos, como acreditavam os evangélicos de Jacksonville.

— Não podemos afirmar que os franceses tenham morrido por sua fé — declarou. — Eles calharam de ser calvinistas, mas Fort Caroline era um bastião militar. Pode ter sido um refúgio religioso, mas não creio que tivesse sido concebido para sê-lo.

Em sua opinião, a história religiosa emocionante na Flórida fora o que acontecera em St. Augustine.

— Tornou-se a primeira base de missão para disseminar a fé e ensinar a agricultura, os ofícios e a leitura e escrita europeus — argumentou. — Os espanhóis fizeram isso não se impondo pela força aos índios, mas vivendo entre eles como os integrantes do Corpo da Paz fazem hoje. Foi uma grande obra do espírito humano.

Os "verdadeiros mártires", prosseguiu ele, não foram os franceses huguenotes; foram os missionários espanhóis, muitos dos quais foram mortos pelos índios.

— Eles poderiam ter levado uma vida de algum conforto, mas vieram para cá, em meio às cobras, aos mosquitos e ao calor para melhorar a vida dos nativos, espiritual e materialmente. Os índios tiveram grandes rendimentos de suas colheitas depois disso.

É possível que isso tenha sido verdade. Mas não demorara muito e não restaram mais índios para colher as safras. Carecendo de animais de carga, os espanhóis fizeram pressão sobre os índios para trabalhar como carregadores, transportando as pesadas cargas entre as missões. A vida de aglomeração humana nas missões e a proximidade do convívio com os europeus também trouxeram doenças.

Mais uma vez, Gannon tinha uma visão diferente desses acontecimentos.

— Se havia uma desvantagem em termos de saúde para os índios de missões, era decorrente de uma relativa inatividade e de novos alimentos — disse ele. — Caçadores-coletores eram excelentes espécimes físicos, mas quando se fixaram na terra declinaram em tamanho ósseo e força.

Interrogando Gannon, comecei a me sentir como um estudante teimoso, tentando encontrar falhas numa palestra proferida por um respeitável professor. Sua defesa vigorosa, quase missionária, dos espanhóis também confirmava a opinião que eu havia formado durante minhas longas viagens na esteira deles, do Caribe ao sudoeste da Flórida. Quando se tratava dos espanhóis, não havia meio-termo. Era lenda negra ou lenda branca. Eram inquisidores bárbaros ou cavaleiros portadores do catolicismo e da civilização. Pela primeira vez me senti ávido para seguir adiante, para passar para a história da "peruca empoada" da América inglesa.

O telefone de Gannon tocou, interrompendo nosso debate. Estávamos na semana antes do Dia de Ação de Graças e o circo anual da mídia havia começado, com uma chamada de um jornal de Massachusetts.

— Queriam saber se eu tinha mudado de opinião — relatou Gannon, desligando o telefone. — Eu disse a eles que não posso mudar o que consta nos documentos.

Contente por me ver de volta a um terreno menos contencioso, fiz a Gannon uma última pergunta: como ele e sua família pretendiam comemorar o Dia de Ação de Graças?

— Da maneira tradicional, com peru assado — respondeu ele. — Carne de porco salgada não é uma de minhas favoritas. Grão-de-bico eu posso até deixar em meu prato. Biscoito de marinheiros? Não, muito obrigado. — Ele sorriu. — Mas vou tomar o vinho tinto e brindar a Menéndez. E espero sempre vir a ser lembrado como o Grinch que roubou o Dia de Ação de Graças.

Capítulo 11

ROANOKE
Perdidos na colônia perdida

> Concede uma licença à minha mão errante
> Para ir ao meio, em cima, embaixo, adiante,
> Minha América! Meu novo continente (...)
> Que abençoado sou por descobrir a ti!
> — John Donne, Elegia XIX,
> [À sua amante] "Indo para a cama"
> (trad. Augusto de Campos e Péricles Cavalcante)

Quando os americanos recordam seus antepassados ingleses, imaginam pessoas de recursos modestos que fugiram do Velho Mundo para viver e prestar culto a Deus como quisessem. Esses refugiados trouxeram virtudes típicas dos anglos — estoicismo, ética de trabalho, respeito pelos direitos do homem — e forjaram uma sociedade de liberdade e oportunidade que sustenta a nossa.

Essa exaltadora narrativa não é de todo verdadeira no que diz respeito aos colonos de Jamestown e Plymouth. Mas é ainda menos verdadeira no que diz respeito aos ingleses esquecidos que os precederam na vinda para a América: um bando variegado de mercadores de escravos, turistas, náufragos e cavaleiros Tudor mais semelhantes a conquistadores do que a virginianos famintos ou peregrinos piedosos.

Em 1558, quando a rainha Elizabeth ascendeu ao trono, a noção de que a Inglaterra deveria governar a América teria parecido tão improvável quanto a Nova Zelândia de nossos dias colonizar Marte. O reino ilha de Elizabeth ainda não incluía a Escócia, muito menos um império global. A Inglaterra havia acabado de perder Calais, seu último ponto de apoio no continente europeu, e não tinha absolutamente nenhuma presença na América do Norte, exceto por barcos de pesca de bacalhau da costa do Canadá.

A Inglaterra também tinha um longo histórico de futilidade no que dizia respeito à exploração do Novo Mundo. Em 1496, quatro anos depois da primeira viagem de Colombo, outro navegador italiano, John Cabot, ganhou uma licença do rei Henrique VII para "explorar, descobrir e encontrar" novas terras. Cabot alcançou a Terra Nova no ano seguinte, mas mal se aventurou em terra, descobrindo apenas alguns excrementos de animais e uma vara perfurada ou instrumento de pesca. Ele deu o instrumento de pesca ao rei Henrique, que despachou Cabot numa segunda viagem para a América. O navegador jamais voltou. "Acredita-se que tenha encontrado novas terras somente nas próprias profundezas do mar", observou um contemporâneo.

Nas décadas que se seguiram, a maioria dos ingleses que tentaram viagens de descobrimento era diletante. Típico desses foi Richard Hore, um vendedor de couros e aficionado de cosmografia que partiu em 1536 com trinta cavalheiros "desejosos de ver as coisas estranhas do mundo". Ao avistar uma canoa remada "pelas pessoas naturais do país", os cavalheiros fizeram uma animada perseguição. Suas presas escaparam, deixando apenas uma bota e uma "mitene" como suvenires para os turistas.

Então a comida acabou, obrigando os ingleses a ir à forragem em busca de ervas e raízes. Alguns dos que foram à costa desapareceram misteriosamente. Um homem, atraído pelo "cheiro de carne cozida", encontrou um companheiro de carniçaria e perguntou por que não estava dividindo com os outros suas provisões. "Se vós precisais saber", respondeu o cozinheiro, "a carne cozida que comi era um pedaço das nádegas de um homem."

Os ingleses foram poupados de mais canibalismo pela chegada de uma embarcação de pesca francesa, da qual se apoderaram para substituir a deles e partiram de volta para casa. O rei, agora Henrique VIII, foi obrigado a pagar aos franceses furiosos "de seu próprio bolso". Depois disso, Henrique perdeu qualquer apetite que tivesse por aventuras americanas e retornou às suas atividades de dissolver casamentos e monastérios.

Elizabeth, como seu pai, estava preocupada com problemas domésticos e era cautelosa em violar as reivindicações espanholas à América. Mas encorajava secretamente o saque ao tesouro espanhol por homens do mar em "viagens de pilhagens". O mais rematado desses ladrões foi John Hawkins, o corsário que visitou os franceses em La Caroline, em 1565. O nicho de Hawkins era se apoderar de escravos de navios e portos portugueses na África, e depois vendê-los nas Índias Ocidentais, enquanto atacava e saqueava galeões espanhóis ao longo do caminho. A rainha emprestou a Hawkins um navio real chamado *Jesus of Lubeck*, e mais tarde o fez cavaleiro do reino. Seu escudo de armas ostentava um africano amarrado com cordas.

Em 1567, Hawkins perdeu um combate naval com os espanhóis e teve de abandonar uma centena de seus homens na costa do golfo do México. Alguns deles perambularam rumo ao norte, tornando-se o primeiro grupo inglês a viajar pelo interior americano. Três sobreviventes finalmente alcançaram o Atlântico e pegaram uma carona para casa numa embarcação francesa.

De início, a aventura deles atraiu pouca atenção. Mas nos anos 1570, um pequeno círculo de ingleses influentes começou a defender a colonização da América. De modo que chamaram para prestar informações o último dos náufragos ainda vivos: David Ingram, um marinheiro de Banking, em Essex. Bom contador de histórias, Ingram falou sobre índios usando cabaças sobre os pênis, canibais com "dentes como os de cachorro", e criaturas como elefantes, ovelhas vermelhas e "dragões lançadores de fogo". Mas o que fascinou seus interrogadores foram seus relatos sobre a riqueza da América: pérolas "enormes como uma bolota de carvalho", rios com pepitas de ouro "tão grandes quanto o punho de um homem", e uma cidade indígena com ruas mais largas que as de Londres e salões de banquetes erguidos sobre pilares de prata.

As vagas coordenadas de Ingram pareciam situá-lo numa terra lendária de riquezas chamada Norumbega, que havia aparecido em mapas europeus ao longo de 50 anos, aproximadamente, no local da Nova Inglaterra dos dias de hoje. Nessa região do norte, disse Ingram, um rio corria do oeste para o mar — evidência da há tanto tempo procurada Passagem de Noroeste. Também falou de índios que falavam galês. Isso se encaixava com mais outra lenda, sobre um príncipe galês chamado Madoc que havia partido para a América no século XII.

Para os proponentes da colonização, a mensagem do relato de Ingram era clara. A Inglaterra havia perdido a chance e sido excluída das riquezas fáceis das Índias, e suas viagens ao extremo norte da América até aquele momento haviam rendido pouco, exceto bacalhau salgado e pirita de ferro ou de cobre – o ouro dos tolos. Mas em algum lugar entre uma e outro ficava a Norumbega, uma terra rica com um atalho para o Oriente, e um território que, graças à viagem de priscas eras do príncipe Madoc e à breve visita de John Cabot em 1497, era por direito da Inglaterra.

O primeiro a pôr esse sonho em ação foi um cortesão impetuoso, Sir Humfrey Gilbert, que tinha por lema *"Quid non"*, "Por que não?" Gilbert conquistou a dignidade de cavaleiro ao impiedosamente submeter os irlandeses; entre suas outras atrocidades, obrigou prisioneiros a se aproximarem de sua tenda por um caminho ladeado pelas cabeças cortadas de seus familiares. A campanha brutal da Inglaterra para submeter e colonizar a Irlanda no século XVI se tornou um terreno de treinamento para muitos dos homens que foram para a América, onde compararam os índios aos "selvagens irlandeses".

Gilbert, contudo, era um assassino renascentista. Ele sonhava em fundar um colégio para ensinar esgrima, hebraico e outras matérias apropriadas a um cavaleiro instruído. Também escrevia tratados floreados sobre navegar até a China (o velho sonho de Colombo) e "Como Sua Majestade Pode Aborrecer o Rei da Espanha". Na década de 1570 ganhou da rainha uma carta de privilégio para descobrir "terras distantes, pagãs e bárbaras" ainda não "de posse de nenhum príncipe cristão", em outras palavras, não colonizadas pela França ou pela Espanha.

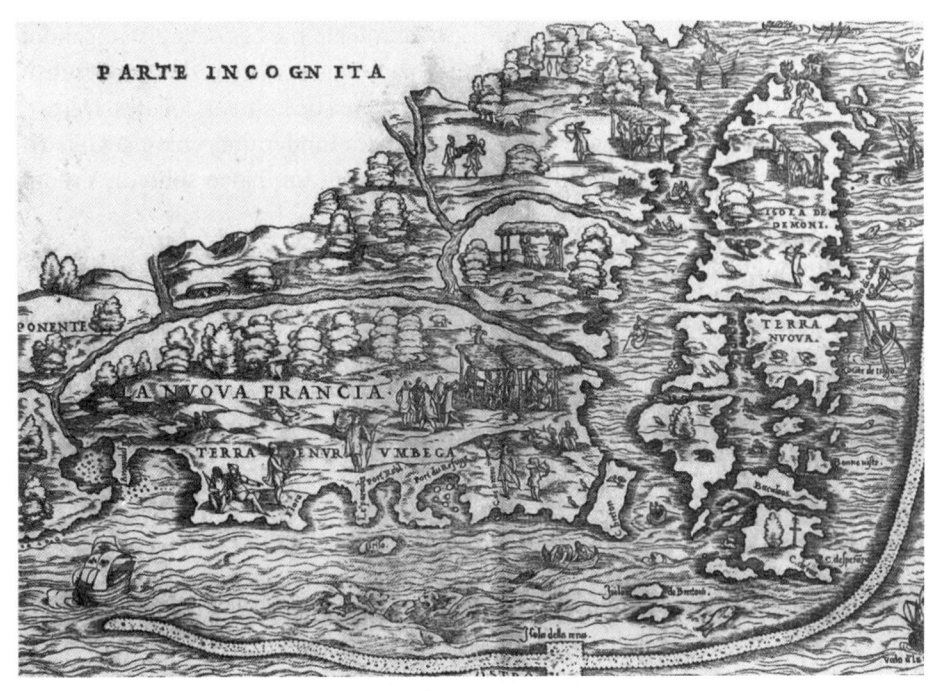

Um mapa antigo da costa da América do Norte, incluindo a "Terra Norumbega".

As primeiras empreitadas inglesas na América, como as espanholas, tiveram financiamento particular. Mas a fonte dos recursos foi diferente. De Soto pagou sua expedição com a fortuna em ouro que havia conquistado na América. Gilbert se voltou para a classe empresarial inglesa, concedendo um monopólio de comércio aos Aventureiros Mercantes de Southampton. Também vendeu a especuladores e amigos vastas concessões de terra americana a qual ainda não vira e muito menos possuía.

Deixando a rainha com um retrato de si mesmo. Gilbert partiu em 1583 com cinco navios, 260 homens e "para o conforto de nossa gente e fascinação dos selvagens", músicos, dançarinos Morris, cavalinhos de pau, e "peças de armarinho e camisaria baratas". Quatro dos navios chegaram à Terra Nova, onde Gilbert tomou posse com um arcaico ritual inglês: a apresentação a ele de um graveto e um torrão de grama. Também proclamou as primeiras leis inglesas na América, que incluíam uma velha ordenança de que qualquer um que insultasse a rainha "perderia as orelhas".

Mas Gilbert não tinha vindo colonizar a desolada Terra Nova. Seu objetivo era a terra áurea de Norumbega, em algum lugar ao sul. No caminho, em meio a chuva e neblina, o maior de seus navios soçobrou em bancos de areia afogando oitenta homens e levando consigo a maior parte das provisões da frota. Outro navio já partira de volta para a pátria com uma carga de homens doentes. Deixado com muito poucos colonos e suprimentos para fundar uma colônia, Gilbert relutantemente se virou em direção à Inglaterra em um navio sobrecarregado chamado *Squirrel*.

Ao se aproximar dos Açores, o *Squirrel* e seu último conserva, um navio comandado por Edward Hayes, viram-se diante de "mar grosso de ondas exorbitantes". Certa tarde, "oprimido pelas ondas", Hayes chegou à distância de alcance da voz do *Squirrel* e viu Gilbert na popa, calmamente lendo um livro. "Estamos igualmente perto do céu por mar como por terra", gritou Gilbert. Naquela noite, o *Squirrel* foi "devorado e engolido pelo mar".

A MORTE GALANTE DE SIR HUMFREY raramente merece mais que uma nota de rodapé na história dos primórdios da América. Mas seu fracasso, como o de De Soto, teve consequências de longo alcance para os futuros Estados Unidos. Sua carta de privilégio real foi herdada por seu meio-irmão, Walter Raleigh, que voltou os olhos para um território diferente, "não de posse de fato de nenhum príncipe cristão" — a costa pouco conhecida que ficava ao norte da Flórida sob o domínio dos espanhóis.

Raleigh, na época com cerca de 30 anos, era um personagem ainda mais extravagante que seu irmão mais velho. Em retratos, pérolas cravejam suas roupas de seda, seu manto de pele, suas orelhas e até seus cabelos escuros. Raleigh era um dos mais íntimos favoritos da rainha Elizabeth; seus títulos na corte incluíam "Escudeiro do Corpo Extraordinário". Escrevia poesia em louvor da beleza da rainha e conquistou fama duradoura por tê-la acompanhado na travessia de um atoleiro em Greenwich. Segundo "Meeting with a plashy place" ("Encontro com um lugar alagadiço"), título do único relato do passeio do par em meio à lama, "Raleigh lançou e abriu seu novo manto sobre o chão, e sobre ele a rainha andou com delicadeza". Elizabeth recompensou as atenções dele com propriedades e sinecuras vantajosas.

Raleigh, como seu irmão, era um cavalheiro-guerreiro que lutava em duelos e prestava serviços brutais na Irlanda. Mas era dado a sofrer de enjoos no mar e preferia os confortos da corte às privações de viagens a além-mar. Também era um planejador paciente, ao contrário de Gilbert. Em vez de rapidamente embarcar numa expedição para a América, despachou dois navios numa viagem de reconhecimento, da qual um de seus batedores, Arthur Barlowe, fez um relato eloquente.

No verão de 1584, os ingleses chegaram ao largo da costa da atual Carolina do Norte. Como outros viajantes da época, Barlowe sentiu o cheiro da América antes de vê-la: uma fragrância tão doce que era "como se tivéssemos estado em meio a algum delicado jardim". Ele achou a costa arenosa igualmente encantadora. Um bando de garças azuis, assustadas pelo disparo de um único mosquete, "levantou voo abaixo de nós, com tamanho grito redobrado por muitos ecos, como se um exército de homens tivesse gritado em uníssono".

Os nativos reunidos ao longo da costa aceitaram presentes de roupas e imediatamente saíram para pescar, oferecendo aos visitantes todo o pescado. Ainda mais hospitaleiras foram algumas mulheres nativas que receberam os ingleses molhados e cansados numa ilha que "eles chamam de Roanoak". As nativas "tiraram nossas roupas e as lavaram, e secaram novamente; algumas das mulheres tiraram nossas meias e as lavaram, algumas lavaram nossos pés em água morna". Os índios também se maravilharam "com a brancura de nossa pele, mostrando-se a todo instante ávidos para tocar nossos peitos e contemplá-los".

Depois de uma agradável estada de várias semanas, os ingleses partiram de volta para casa, levando peles, exemplares de plantas, e "dois dos selvagens, homens alegres e cheios de vigor, cujos nomes eram Wanchese e Manteo". Não há nenhuma indicação de se eles foram por vontade própria ou não.

Raleigh levou os homens para sua casa, os vestiu em trajes de tafetá e os colocou sob a tutela de um brilhante jovem estudioso, Thomas Hariot, de modo que ele pudesse aprender algonquiano e eles inglês. Barlowe acreditava que o nome indígena para a região cujo reconhecimento havia feito era Wingandacoa. Hariot logo descobriu que isso na verdade era uma frase significando: "Vocês vestem belas roupas."

Diante disso, Raleigh escolheu um novo nome para seu domínio americano. Ele o batizou de Virginia, em honra a Elizabeth, a Rainha Virgem. De acordo com os termos da carta de privilégios de Raleigh, sua concessão tinha 965 quilômetros de extensão desde o local da colônia por ele planejada, não incluindo, contudo, terras já de posse da Espanha. Portanto, "Virginia" denotava um território se estendendo aproximadamente das Carolinas até o Maine. A rainha fez Raleigh cavaleiro por ocasião da véspera do Dia de Reis, e Sir Walter elaborou um brasão proclamando a si mesmo "Senhor e Governador da Virginia", um reino que só existia no papel e que Raleigh jamais visitaria.

Também fez um apelo à rainha para que desse mais que seu nome à empreitada americana. Como principal lobista, contratou os serviços de "um excelente pregoeiro", Richard Hakluyt, um famoso cronista de viagens europeias de descobrimento e um homem que buscava despertar a Inglaterra de sua "segurança preguiçosa". Em um arrazoado que apresentou à rainha, o discurso de "Plantação

Ocidental", como os ingleses denominavam a colonização da América, Hakluyt enumerou 23 motivos em favor da colonização. Esse posicionamento pessoal era um pequeno artigo científico e um sumário do pensamento político obstinado que daria impulso ao expansionismo inglês e o distinguiria do de outras nações.

Em contraste com os espanhóis, Hakluyt não se engajava em debates jurídicos nem teológicos sobre os direitos do "povo natural" da América. Em vez disso, ressaltava os benefícios econômicos da colonização. A madeira, os minérios e outros recursos libertariam a Inglaterra da dependência de fontes europeias. E o intercâmbio de mercadorias entre a Inglaterra e sua colônia expandiria imensamente o comércio. A lã, por exemplo, encontraria um mercado imediato entre colonos americanos, "para quem roupas sob a forma de agasalhos serão mais que bem-vindas".

A colonização também "desoneraria" a Inglaterra de seu excedente de população. Esse excedente era fonte de uma grande ansiedade na Inglaterra elisabetana, onde o crescimento e as mudanças sociais rápidos tinham aumentado vastamente as fileiras de "vagabundos". Na América, escreveu Hakluyt, esses pobres errantes e desempregados encontrariam trabalho e prestariam serviço à Inglaterra, em vez de serem "devorados pelas galés". A colonização tinha, também, um valor estratégico, criando um contrapeso para a Espanha católica e uma base para atacar seus navios.

Mas a colonização inglesa, conforme concebida por seus pioneiros, era principalmente uma missão mercantil: girava em torno de comércio e não de convertidos, e de mercados em vez de conquista militar. "Quem quer que domine o comércio mundial", escreveu Raleigh mais tarde, "dominará as riquezas do mundo e consequentemente o próprio mundo."

A visão de Hakluyt e de Raleigh era presciente, mas estava além dos recursos da Inglaterra elisabetana. A rainha, temerosa do crescente poderio naval da Espanha, não tinha condições de financiar um grande projeto na América. De modo que Raleigh teve que se apoiar em seus próprios recursos e nos lucros resultantes da pirataria de homens do mar que enviou à Virginia. Embora fosse lucrativa, essa pilhagem de alto-mar causava atrasos e complicações que finalmente acabariam por selar a morte da colônia.

A PRIMEIRA FROTA COLONIAL DE RALEIGH fez-se ao mar em 1585, sob o comando de Sir Richard Grenville, um nobre rude que mascava vidro como truque de salão e que assassinara um homem numa briga de rua. A caminho da Virginia, Grenville atacou navios espanhóis; depois de desembarcar os colonizadores, logo partiu para se entregar a mais pilhagens. Durante sua breve estada em terra, também incendiou as casas e o milho de índios que deixaram de devolver uma caneca de prata roubada por "um dos selvagens".

Os 108 homens que ele deixou na ilha de Roanoke incluíam um merceeiro e um farmacêutico ávido para coletar amostras de plantas do Novo Mundo, um metalúrgico judeu de Praga e a primeira equipe científica a chegar à América: Thomas Hariot, o polímata formado em Oxford e tutor de Manteo e Wanchese (ambos os quais retornaram a Roanoke com os ingleses), e John White, um talentoso artista enviado para desenhar os espécimes que Hariot coletasse.

O comandante da colônia, Ralph Lane, era um engenheiro militar e, pelo menos inicialmente, foi um líder competente. Os ingleses logo construíram um forte e obtiveram, por meio de trocas, comida suficiente para passar o inverno. Embora sem sorte na caça e na pesca, conseguiram plantar algum milho. No total, apenas quatro dos 108 homens morreriam durante o primeiro ano na América, um recorde notável nos anais do princípio da colonização.

Os colonos, contudo, logo se mostraram inquietos. Como os espanhóis e os franceses antes deles, muitos dos ingleses tinham em vista riquezas fáceis e ficaram desapontados ao descobrir apenas pequenos vestígios de metais preciosos. A colônia também era assolada por um número excessivo de homens "de boa família e educação" escreveu Hariot, acostumados à "comida requintada e a camas macias de plumas". Não encontrando tais confortos na Virginia, "a terra para eles era miserável".

Hariot, em contraste, achou o Novo Mundo encantador e catalogou sua abundância sob cabeçalhos intitulados: "Das Raízes", "Dos Frutos", "Dos Animais", "Da Caça". Ele via valor em tudo, de abóboras a alcatrão de pinho. Sobretudo glorificava o tabaco, que acreditava ser um purgativo para o catarro e "outros humores vulgares, e abria todos os poros e passagens do corpo". Hariot acreditava que fumar explicava por que os "índios têm a saúde notavelmente bem preservada e não conhecem muitas doenças penosas".

Eles não iriam permanecer assim por muito tempo. Os quatro colonos que morreram enquanto estavam em Roanoke, escreveu Hariot, eram "pessoas dadas a doenças antes mesmo de virem para cá". Isso pode explicar o que aconteceu quando os ingleses visitaram as aldeias indígenas. "Passados poucos dias de nossa partida de cada uma dessas povoações, as pessoas começavam a morrer muito depressa, e muitas em espaço de tempo muito curto." Nem Hariot nem os índios sabiam a causa.

"Esse maravilhoso acidente", acrescentou ele, fez com que os índios tivessem grande temor e respeito pelos ingleses. Não só os estrangeiros pareciam intocados, como também não possuíam mulheres entre eles. Alguns índios, "portanto, eram de opinião que nós não éramos nascidos de mulheres", escreveu Hariot, "mas que éramos homens de uma antiga geração de muitos anos no passado, que então havia revivido para a imortalidade". Uma vez que os índios com frequência morriam de doença quando os colonizadores estavam a muitos quilômetros de distância, os nativos também acreditavam que os ingleses eram capazes de "disparar balas invisíveis contra eles" — algo que em certo sentido eles eram, com micróbios em vez de armas.

Os colonos também infligiam danos por meios mais visíveis. Como os franceses na Flórida, os ingleses azedaram suas relações com seus vizinhos ao roubar colheitas e pescado. Então, temendo represália por esses atos, Ralph Lane desencadeou um ataque preventivo e decapitou um chefe índio. Já no verão de 1586, um ano depois da chegada deles, os ingleses estavam enfrentando escassez de alimentos, antecipando um contra-ataque e esperando ansiosamente Sir Richard Grenville, que havia prometido voltar com mais homens e suprimentos.

Em vez disso, a frota que finalmente apareceu era comandada pelo famoso corsário Sir Francis Drake, que estava a caminho de casa depois de saquear navios e colônias espanholas, inclusive St. Augustine. Seu butim incluía centenas de escravos africanos e índios; alguns foram desembarcados para fazer lugar para os colonos de Roanoke, que decidiram aproveitar a oportunidade para voltar para casa com Drake. Pouco depois da partida deles, Grenville finalmente chegou, tendo sido retardado pelo conflito com a Espanha e saques a navios estrangeiros. Ele deixou 18 homens em Roanoke para guardar o forte que Lane acabara de abandonar.

A DESPEITO DA SAÍDA APRESSADA de seus fundadores, a primeira colônia em Roanoke não foi um fracasso absoluto. Lane e seus homens trouxeram relatos e amostras de mercadorias potencialmente valiosas, muito notavelmente o tabaco. Raleigh logo adotou a erva e popularizou "bebê-la", como os ingleses chamavam fumar. O mesmo fez Hariot, que conduziu "muitos raros e maravilhosos experimentos" demonstrando as virtudes medicinais do tabaco. Mais tarde ele morreria de câncer do nariz.

A primeira colônia de Raleigh também foi uma marcha de prova para um segundo esforço mais refletido. As águas ao redor de Roanoke tinham demonstrado ser rasas e perigosas demais para a navegação. Mas, 130 quilômetros ao norte, os homens de Lane haviam feito o reconhecimento de um porto de águas profundas e boas terras ao longo da "baía dos chespianos", uma tribo local. A baía de Chesapeake, como se tornou conhecida, parecia uma base ideal para assediar os espanhóis e desbravar o interior em busca de minerais e da tão sonhada passagem para o Oriente.

Depois de transferida, a colônia também seria reconfigurada. Lane havia fundado, essencialmente, um posto avançado militar: um contingente totalmente masculino de soldados e de cavalheiros aventureiros, dependente dos índios e de constante reabastecimento de casa. Uma colônia duradoura exigia colonos que fossem capazes de prover seu próprio sustento. O núcleo do próximo grupo, portanto, seria de famílias, pequenos fazendeiros e artesãos, liderados por John White, o artista na viagem de 1585.

Um ilustrador parece um líder pouco provável para uma expedição colonial. Mas White pertencia à Guilda de Pintores e Vitralistas, e conseguiu recrutar artesãos que compartilhavam suas ideias e objetivos, inclusive Ananias Dare, um fabricante de tijolos e cerâmicas que havia se casado com a filha de White, Elenor. No final, o grupo incluía 17 mulheres, nove crianças e dois ex-condenados que tinham cumprido pena de prisão por roubo. Raleigh forneceu navios e criou uma entidade corporativa, a imponentemente denominada "Cittie of Raleigh na Virginia". Ele também providenciou a concessão de escudos de armas para White e 12 "assistentes" governativos, efetivamente fazendo deles uma pequena nobreza na Inglaterra em miniatura que tinham esperanças de fundar.

A segunda frota colonial partiu no fim da temporada de navegação, em maio de 1587, e seu piloto passou semanas rondando pelas Índias, ostensivamente em busca de provisões, mas também na esperança de saquear navios espanhóis. Não encontrando nenhum dos dois, os navios seguiram viagem para Roanoke, onde os colonizadores haviam planejado fazer uma parada antes de seguir para Chesapeake. O piloto afirmou que o verão já estava por demais avançado para que ele levasse os colonos mais adiante para o norte. Mais provavelmente, estava impaciente para voltar a se dedicar à pirataria.

De modo que os colonos desembarcaram em Roanoke, que apresentava um cenário melancólico. Dos 18 homens que Grenville havia deixado no ano anterior, não restavam quaisquer vestígios, exceto ossos. As paredes do forte tinham sido completamente destruídas; cervos comiam os melões que haviam invadido e tomavam o local. John White descobriu que nativos haviam atacado a pequena guarnição, liderados por Wanchese, um dos índios que anteriormente viajara à Inglaterra. Apenas alguns dias depois da chegada dos novos colonos, os índios tinham emboscado um homem enquanto caçava caranguejos sozinho; eles lhe infligiram "16 ferimentos com flechas" e "arrebentaram-lhe a cabeça em pedaços".

Os únicos aliados que restavam aos colonos eram Manteo (o outro índio que viajara à Inglaterra) e seus familiares numa ilha de barreira chamada Croatoan. Em cumprimento às ordens de Raleigh, os ingleses batizaram "nosso selvagem Manteo" e o fizeram lorde de Roanoke. A semana seguinte trouxe mais um batizado. A filha de White, Elenor Dare, deu à luz "e como a criança era a primeira cristã nascida na Virginia, recebeu o nome Virginia".

Os ingleses ainda planejavam se mudar dali para Chesapeake, "onde pretendíamos criar nosso assentamento e forte", escreveu White. Mas a longa viagem havia lhes consumido os suprimentos e o verão já ia por demais avançado para que plantassem e colhessem safras. Os colonos decidiram que alguém deveria retornar à Inglaterra com os navios que os haviam trazido para obter mais auxílio. A escolha evidente era John White. Ele era influente, sabia para onde dirigir um navio de suprimentos, não teria a probabilidade de abandonar os colonos, uma vez que sua família permanecia entre eles.

White inicialmente se recusou, temendo por sua reputação e também por suas "coisas e haveres", que poderiam se "estragar" ou ser "furtados" durante sua ausência. De modo que os colonos assinaram uma carta de fiança, o primeiro documento cívico redigido na América inglesa. Juravam salvaguardar os haveres de White e declaravam que lhe haviam rogado que partisse, "contra sua vontade", para obter suprimentos "necessários para nosso bem e nossa boa colonização".

No fim de agosto de 1587, White fez-se ao mar deixando ficar a filha, a neta bebê, Virginia Dare, e 113 companheiros colonos. Nem White nem nenhum outro inglês jamais voltaria a ver os colonos.

A Ilha de Roanoke tem aproximadamente 15 quilômetros de comprimento e 3 de largura, em sua maior parte é baixa, coberta de vegetação rasteira e margeada por pântanos. Atualmente pontes ligam a ilha à Carolina do Norte continental e aos Outer Banks, 1.600 quilômetros de cadeias contínuas de bancos de areia e recifes se projetando pelo Atlântico. A ilha tem duas cidades, Manteo e Wanchese, ruas com os nomes de Sir Walter Raleigh e da rainha Elizabeth, e uma subdivisão chamada Colônia de Roanoke. É um lugar onde hoje é difícil se perder.

O novelista William Styron, que foi criado a cerca de 120 quilômetros ao norte de Roanoke, certa vez observou que a obra histórica de ficção funciona melhor quando é alimentada com "parcas rações" de fatos. Isso certamente tem sido verdadeiro com relação à história de Roanoke. A colônia de John White deixou uma fina trilha de papel e quase nenhum vestígio físico. Contudo, essas migalhas alimentaram um banquete de mitos, melodrama e especulações ao longo de séculos de duração, tudo pretendendo revelar o destino dos "colonos desaparecidos".

Eu dei início a meu tour pessoal pelo mistério em Fort Raleigh, o sítio histórico nacional homenageando a colônia desaparecida. Nos séculos que se seguiram ao abandono do forte inglês, ele foi virado e revirado por caçadores de artefatos, reciclado como bastião da Guerra Civil e enterrado sob uma atração turística elisabetana falsa que incluía cabanas de toras de madeira, um estilo de construção desconhecido pelos colonos iniciais. Jamais foram encontrados sítios de casas do século XVI. Devido à erosão costeira, os arqueólogos acreditam que grande parte da colônia possa se encontrar sob as águas da enseada de Roanoke.

ROANOKE
e
ARREDORES

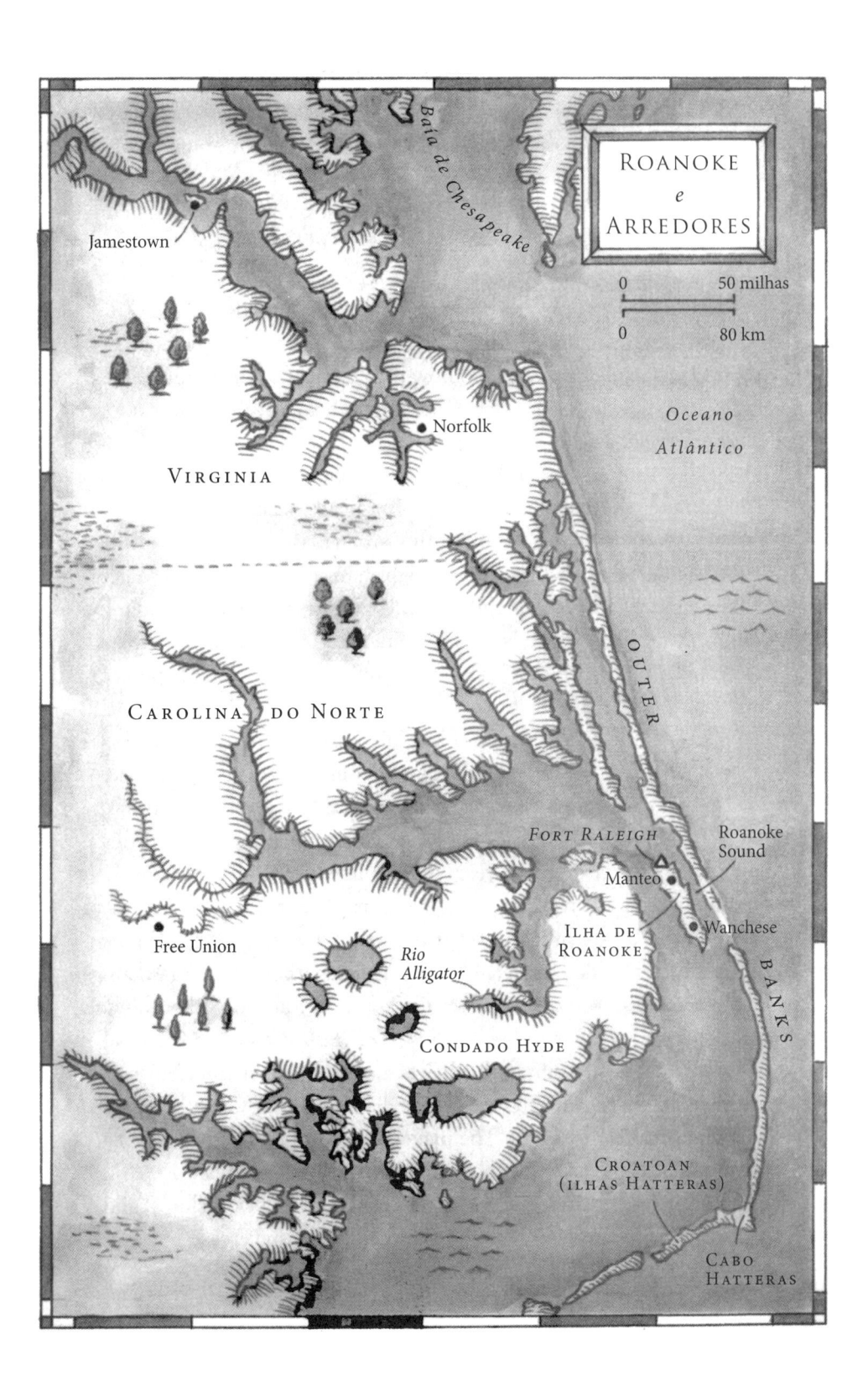

0 — 50 milhas
0 — 80 km

Baía de Chesapeake

Jamestown

Norfolk

VIRGINIA

Oceano Atlântico

CAROLINA DO NORTE

OUTER BANKS

FORT RALEIGH
Roanoke Sound
Manteo
Wanchese
ILHA DE ROANOKE

Free Union

Rio Alligator

CONDADO HYDE

CROATOAN
(ILHAS HATTERAS)

CABO HATTERAS

O pequeno parque nacional em Fort Raleigh é, todavia, uma Meca para detetives amadores — e para malucos.

— Recebemos 350 mil visitantes por ano, e quase o mesmo número de teorias — declarou um guarda florestal no centro de visitantes. — Uma teoria muito apreciada é que alienígenas abduziram os colonos e os levaram para Atlântida. Aparecem outros que falam sobre uma dobra no tempo transdimensional e como os colonos atravessaram um portal secreto. — O guarda deu de ombros. — Eu digo a eles: "Pois é, a gente perde um bocado de gente assim."

A fantasia também reinava nos terrenos contíguos a Fort Raleigh, os chamados Elizabethan Gardens (Jardins Elisabetanos). Esse parque, originalmente, havia sido concebido nos anos 1950 pelo Clube de Jardins da Carolina do Norte como uma recriação do tipo de jardim que um colono de Roanoke poderia ter plantado. Mas doadores e arquitetos paisagistas se haviam deixado levar demais pelo entusiasmo e introduzido cercas vivas impecáveis, canteiros abaixo do nível do solo, mirantes e fontes de mármore carrara, criando um jardim de lazer, domado e ordenado, que não apresentava nenhuma semelhança com o humilde lote de terra do morador de uma casa elisabetana.

Também fantasiosa era a estátua de Virginia Dare que ocupava um canto dos jardins. Retratava Virginia não como um bebê, mas como a garota sexy que o artista imaginava que ela teria se tornado na América: seios firmes, belo traseiro, quadris apenas tenuemente cobertos por uma rede de pesca. Os cabelos luxuriantes eram lindamente penteados, apesar de cerca de 20 anos passados no meio do mato. Colares e pulseiras trançadas em estilo índio envolviam-lhe o pescoço e braços. A estátua, conhecida como a "Vênus Dare", fora considerada ousada demais quando fora exposta nos anos 1920, e ficara escondida durante décadas antes de encontrar um lar definitivo nos jardins.

Ficção de um tipo diferente prevalecia no outro flanco de Fort Raleigh. Em 1937, uma montagem teatral, encenada ao ar livre, chamada *The Lost Colony* (A colônia perdida) havia estreado em Roanoke e recebeu tamanha aclamação que foi reencenada todo verão desde então, atraindo quatro milhões de visitantes e muitos atores de fama (Andy Griffith desempenhou o papel de Raleigh de 1949 a 1953). A peça tornou-se um sucesso tão grande que rendeu cria, uma "Lost Colony" paralela, muito mais abrangente que o parque histórico, incluindo uma imitação de um teatro Tudor, uma paliçada, workshops de teatro e uma historiadora oficial que era conhecida pelo nome teatral em letras minúsculas de lebame houston.

— Não há nada para ver em Fort Raleigh, é o parque nacional mais tedioso da América — disse-me lebame, quando a encontrei num café em Manteo. — A peça é o que mantém viva esta ilha. É um hino ao homem e à mulher do povo, à gente comum tentando vencer na América.

A própria Iebame de comum não tinha nada, a começar pelo cabelo branco oxigenado e os óculos escuros enormes que lhe escondiam metade do rosto. Em criança, ela havia desempenhado o papel de Virginia Dare em *The Lost Colony*; depois de adulta, se dedicara a escrever suas próprias peças. Ela também dividia uma casa em Manteo com uma atriz ruiva chamada por todo mundo de Queenie ou HRH (SAR), porque com frequência desempenhava papéis de rainha, inclusive Elizabeth I, em *The Lost Colony*.

Queenie — nome verdadeiro, Barbara Hird — era uma mulher grande, de porte imperial e sotaque de sua Yorkshire natal. Ela confessou ter conhecido muito pouco sobre a colônia perdida antes de migrar para a América, já adulta.

— Roanoke era ofuscada na memória inglesa pela Armada espanhola, que veio para a invasão um ano depois — explicou. — Além disso, ninguém gosta muito de Raleigh na Inglaterra. Ele era um oportunista, sempre procurando se passar por melhor do que era e levar vantagem. Características que os ingleses não admiram.

Barbara achava Roanoke agradavelmente diferente em comparação com a Inglaterra. As pessoas eram fascinadas pela monarquia e se divertiam com seus desempenhos de rainha.

— A gente tem que aturar um bocado de bajulação e cerimônia — comentou, enquanto uma garçonete de passagem tentava lhe fazer uma reverência. Barbara e Iebame também tinham um trono na sala de visitas, uma cadeira de espaldar alto e reto, folheada a ouro e encimada por uma coroa. — É medonhamente desconfortável — declarou Barbara —, mas é onde tenho que sentar quando estou usando meu grande vestido e peruca assustadores.

As duas mulheres também fugiam ao convencional de outra forma. Embora tivessem pesquisado e representado a história de Roanoke, nenhuma das duas queria que seu verdadeiro fim jamais fosse revelado.

— Se alguém solucionar o mistério, teríamos que mudar o nome da peça — disse Iebame. — Seria apenas *A Colônia*. Nem de longe teria o mesmo apelo.

Como todo mundo, contudo, as mulheres tinham sua explicação pessoal para o desaparecimento dos colonos. Barbara se inclinou e sussurrou em meu ouvido:

— Os mosquitos os levaram embora. No verão, eles são absolutamente aterradores por aqui.

— É claro — acrescentou Iebame —, se você contar a alguém, teremos que cortar fora sua cabeça.

— Por ordem da rainha — disse Barbara.

Depois de deixar Roanoke em agosto de 1587, John White foi detido por tempestades e pirataria; ao chegar à pátria, encontrou a Inglaterra se preparando para uma invasão espanhola. Elizabeth, precisando de todas as embarcações disponíveis para defender a costa, proibira os navios de deixar os portos. Mesmo assim, White, com a ajuda de Raleigh, conseguiu carregar suprimentos e mais uma dúzia de colonos em duas embarcações pequenas comandadas por corsários, que prometeram levar seus passageiros para Roanoke. Em vez disso, os marinheiros partiram para a pilhagem, perderam uma batalha naval ao largo da costa da Espanha e foram obrigados a voltar ao porto de origem, com White entre os feridos.

A Inglaterra derrotou a Armada espanhola no verão de 1588, mas os mares continuaram tensos e a navegação, restrita. White esperou uma ocasião mais oportuna, completando ilustrações de borboletas, vaga-lumes e cigarras que tinha visto na América. Finalmente, depois de muitas falsas largadas, zarpou mais uma vez para Roanoke em 1590, três anos depois de ter deixado a colônia, como passageiro em mais uma expedição de pirataria.

Os navios passaram meses no Caribe e só subiram muito lentamente a costa do Atlântico no auge do verão, em meio a "muito mau tempo, com muita chuva, trovões e vagalhões". Ao chegar aos traiçoeiros Outer Banks, White ficou animado ao avistar uma coluna de fumaça subindo das dunas. Mas, ao chegar a terra, ele "não encontrou nenhum homem nem qualquer sinal de que algum tivesse estado lá recentemente". No dia seguinte, um barco inglês emborcou nas ondas revoltas, afogando sete homens. White teve que implorar ao capitão para ficar mais algum tempo.

Ao chegar à ilha de Roanoke, ele e um grupo de marinheiros percorreram a costa em barcos pequenos, cantando "muitas canções inglesas bem conhecidas" e tocando uma trompa. "Mas não tivemos resposta", escreveu White. Indo a terra, encontrou paredes de troncos da paliçada ainda de pé, "com todo o aspecto das de um forte". Mas as casas da colônia haviam sido derrubadas e havia implementos metálicos, partes de armas pesadas e munição, espalhados pelo chão, "quase recobertos pela relva e vegetação rasteira". Os ingleses também encontraram baús que haviam sido enterrados e escavados, inclusive três pertencentes a White, seu conteúdo "estragado" e "minha armadura quase toda carcomida pela ferrugem".

Ao longo da costa, White encontrou outra coisa: uma árvore na qual "haviam sido gravadas curiosa e claramente as letras CRO". Um dos troncos da paliçada também tinha entalhada uma inscrição: "Em letras maiúsculas claras e nítidas estava gravada a palavra CROATOAN." Antes de partir três anos antes, White havia combinado com os colonos "um sinal secreto": caso necessitassem deixar Roanoke, antes de partir deveriam gravar "o nome do lugar de destino planejado". Se estivessem "em perigo e sob ataque em qualquer desses lugares", deveriam gravar também uma cruz de malta. Nenhuma das inscrições que encontrou em Roanoke ostentava a cruz indicativa de um SOS.

"Eu me alegrei enormemente por ter com certeza encontrado um sinal de que estavam em segurança em Croatoan", escreveu White, "que é o lugar onde Manteo nasceu e os selvagens da ilha são nossos amigos."

White convenceu o capitão a navegar para Croatoan no dia seguinte. Mas um cabo de âncora se partiu e o navio quase encalhou. "O tempo virou e se tornou cada vez pior", escreveu White. Com a comida e a água começando a escassear, ele concordou com o plano do capitão de velejar até Trinidad para passar o inverno e voltar na primavera. Mas a tempestade "se abateu com tamanha violência" que o navio deteriorado foi impelido para longe em alto-mar e "em rota direta para a Inglaterra", para onde retornou depois dos desvios necessários para a pirataria.

A viagem de 1590 não foi, observou White secamente, "minha primeira viagem frustrada" para a Virginia. Mas seria sua última. "Eu desisto", escreveu ele em 1593, "entregando a sorte de meus companheiros desconsolados, os colonos na Virginia, ao auxílio misericordioso do Todo-Poderoso a quem humildemente rogo que os ajude e conforte."

Nos séculos que se passaram desde então, o punhado de pungentes missivas de White serviu de ponto de partida para grupos em busca dos colonos perdidos de Roanoke. Mas os escritos de White apresentam tantas perguntas quanto pistas. Os entalhes nas árvores levaram-no a concluir que os colonos haviam partido para Croatoan, uma ilha de barreira quarenta milhas ao sul de Roanoke. Contudo, ele escreveu, no mesmo relato, que quando deixara os colonos em 1587, "eles estavam preparados para se mudar de Roanoke para um sítio oitenta quilômetros mais para o interior do continente". Em outras palavras, rumo ao *oeste*. Além disso, seu relatório anterior sobre a viagem de 1587 afirmava que os colonos planejavam ir para a baía de Chesapeake, cerca de 13 quilômetros ao *norte*. Não importa como se analise os escritos de White, eles conduzem em todas as direções, exceto direto ao mar.

Duas décadas depois de White ter visto os colonos pela última vez, os ingleses que colonizaram Jamestown encontraram outras pistas. Os índios falavam de vários brancos mantidos cativos no interior, trabalhando como artesãos em cobre e também de um lugar onde "pessoas têm casas construídas com paredes de pedras, e um andar acima do outro, ensinadas a fazer isso por aqueles ingleses" de Roanoke. Um grupo de busca e resgate enviado de Jamestown relatou ter encontrado cruzes entalhadas em árvores, mas não pessoas inglesas. De acordo com outro relato, os colonos haviam vivido pacificamente e sido absorvidos pelos chespianos, ou chesapeakes, uma tribo que vivia na entrada da baía, que havia sido dizimada pelo chefe Powhatan da Virginia por volta da época em que os colonos de Jamestown chegaram em 1607.

David Quinn, o principal estudioso de Roanoke, passou décadas peneirando os indícios disponíveis e concluiu que a última dessas hipóteses era a mais provável. Os colonos haviam seguido rumo ao norte para a baía, conforme originalmente tinham planejado, e sido acolhidos pelos índios chesapeakes, uma das raras tribos na Virginia oriental que resistira ao controle de Powhatan. Quando os colonos de Jamestown chegaram, Powhatan pode ter temido que os índios de Chesapeake e os sobreviventes de Roanoke prestassem assistência aos recém-chegados. De modo que ordenou que fossem mortos, exatamente como mais tarde foi relatado aos colonos de Jamestown.

Quanto aos entalhes que John White encontrou em Roanoke, Quinn teorizava que, ao abandonar a ilha, os colonos teriam enviado um pequeno grupo para Croatoan, para ficar de vigia à espreita de navios ingleses. Esse grupo pode ter sido assimilado pela população nativa local, ter ido se juntar aos outros em Chesapeake ou ter sido morto.

A tese bem ordenada de Quinn conquistou a maioria dos pesquisadores, mas é impossível de ser provada sem indícios arqueológicos, que até o presente não foram encontrados. A terra natal dos chesapeakes desapareceu sob a expansão do sudeste da Virginia, agora um movimentado centro naval e de navegação. Como o guarda do parque com quem falei em Fort Raleigh me disse:

— Se a tese de Quinn estiver correta, os colonos perdidos estão enterrados debaixo de um shopping em Norfolk.

Também é difícil encaixar o relato de Quinn com a declaração enigmática de White, ao retornar em busca da colônia, de que os colonos "estavam preparados para se mudar de Roanoke para oitenta quilômetros para o interior da costa". Quinn desconsiderou isso, presumindo que White tivesse confundido *"the main"*, o continente, a costa, com a região de Chesapeake. Além disso, a maior parte do território a oitenta quilômetros para o interior da costa de Roanoke é de mata cerrada pantanosa, distante do mar ou outras vantagens. Não teria feito nenhum sentido para os colonos de Roanoke ir para lá.

Mas havia um homem que discordava vigorosamente: Fred Willard, diretor do Centro para Ciência e Pesquisa Lost Colony (Lost Colony Center for Science and Research), a quem fui visitar em seu escritório em casa a pouco menos de 13 quilômetros a oeste de Roanoke. Homem de barriga protuberante, com cabelos grisalhos compridos e uma barba rala e esfiapada que parecia a planta barba-de-velho, Fred, um ex-proprietário de marina, agora trabalhava em tempo integral tentando solucionar o caso de Roanoke.

— A maioria das pessoas na ilha de Roanoke me detesta — declarou ele. — Dizem: "Você vai encontrar a colônia perdida e nos arruinar." Elas querem ser donas da história. — Ele também não tinha tempo para arqueólogos profissionais. — São uns chatos possessivos territorialistas — descrevia-os. — Têm um âmbito de visão muito estreito. — Fred havia optado por uma abordagem mais ampla. — O que nós fizemos — disse ele sobre o Centro Lost Colony — foi abrir uma escala completa, dar uma abordagem holística e multidisciplinar.

Para demonstrar sua técnica, Fred me levou no dia seguinte para fazer um pouco de pesquisa de campo. Saiu de casa carregando machetes, mapas, um sistema de posicionamento global – GPS — e outros equipamentos.

— Nossa área de estudo é de seiscentos mil hectares de terras pantanosas.

Para nossa motorista, Fred havia recrutado Susan Purcell, uma ruiva efervescente que o havia conhecido num iate clube local e sido convertida por ele em participante da busca.

— O Fred é brilhante — disse-me ela. — Se estivesse procurando por um cometa, eu também iria atrás dele nisso. — Enquanto ela dirigia em velocidade rumo ao leste pelo campo, Fred apresentou sua tese essencial. Os colonos abandonados de Roanoke tinham se mudado para oitenta quilômetros no interior da costa para fugir de índios inimigos e dos espanhóis, que enviaram vários navios à procura dos ingleses.

— Os colonos estavam fugindo para salvar a vida — disse ele. — O interior era o melhor lugar para se esconderem.

Em sua fuga juntaram-se a eles seus aliados croatoanos, cujos domínios se estendiam às terras na costa. As provas de que Fred dispunha disso eram uma emaranhada trilha de papel, que demonstrava que os últimos croatoanos — àquela altura conhecidos como índios hatteras — tinham migrado, no século XVIII, dos Outer Banks para o interior. Ele era de opinião que haviam feito isso para se juntar a um assentamento preexistente.

Fred também lançava mão de imagens de satélites e infravermelho, que, segundo ele, revelavam "anomalias" na paisagem do terreno a oitenta quilômetros para o interior de Roanoke. Sua missão agora era sondar esse território em busca de artefatos ou indícios de um forte, e também submeter a testes de DNA habitantes atuais da área, que ele acreditava que tivessem sangue croatoano.

Pelo menos isso foi o que consegui entender de seu monólogo de fogo contínuo, que envolvia em círculos séculos e condados e tribos, conectando pontos que pareciam óbvios para ele, mas nem sempre para mim.

— Você tem que ter fé no que Fred diz — disse-me Susan. — Eu nem sempre entendo para onde o raciocínio dele está seguindo, mas a gente sabe que no final ele vai chegar lá.

Depois de uma hora de viagem de carro, paramos para apanhar mais dois dos acólitos de Fred, Eddie e Vickie Squires. Eddie, um corpulento encarregado da manutenção de máquina e soldador de olhos castanhos fundos, ficara sabendo por Fred que sua família podia ser rastreada até um homem identificado em um documento de 1739 como um "rei" hatteras. Vickie era uma ávida genealogista que havia pesquisado a árvore genealógica da família de Eddie e encontrado retratos de ancestrais com cabelo escuro, pele morena e maçãs do rosto altas e proeminentes.

— Eu realmente me orgulho disso — disse Eddie de sua linhagem ancestral. — Sempre soubemos que minha avó era índia, mas era tudo meio às escondidas quando eu era criança nos anos 1950 e 1960. Naquela época, ser índio era quase tão ruim quanto ser negro.

Continuamos a viagem, atravessando o condado de Hyde, um dos mais pobres e menos populados da Carolina do Norte. Trailers e casebres de papel betumado se empoleiravam diante de campos de milho e algodão. Então, perto da cabeceira do rio Alligator, mergulhamos em tratos de terras estéreis pantanosas. Uma estrada de terra batida levava a um portão trancado; outra, a uma solitária plataforma de caça a veados; uma terceira, ao lugar de onde havíamos partido.

— O Fred é um gênio com mapas antigos e um desastre com os modernos — comentou Susan, pacientemente dirigindo em círculos. — A piada entre nós é que ele encontrou a colônia perdida e então a perdeu.

Finalmente, enveredamos por uma estradinha de terra poeirenta que serpenteava em curvas ao redor de campos e subia para o cume de um outeiro baixo coberto por densa vegetação.

— Um lugar perfeito para os colonos se esconderem — disse Fred. Ele nos conduziu para o meio do bosque, falando sobre todas as "anomalias" da paisagem. Uma fileira de nogueiras, por exemplo. — Alguém teve que plantá-las, mas não há nenhuma comunidade de que se tenha conhecimento que tenha vivido por aqui. — O solo era diferente também, e a terra se elevava quase 5,80m acima da planície circundante. — Os ingleses tinham que estar alto o suficiente fora da água para plantar milho — explicou ele.

Então nos levou para o que chamava de berma, uma passagem estreita quase indiscernível que se estendia por mais de noventa metros em meio às urzes brancas e trepadeiras.

— Eu penso nisso como parte de um bastião — disse Fred. Ele fez um esboço rápido do forte de Roanoke e o ergueu comparando-o com a paisagem.

— Essa berma poderia ser a linha de defesa mais longa do forte que eles construíram aqui.

— Ou poderia ser uma trilha de escorrega de madeireiro — assinalou Eddie.

— Teremos que fazer um sobrevoo com um magnetômetro perfilador tipo georradar — respondeu Fred. Ele examinou um mapa e pediu a Eddie para fazer uma tomada de posição no GPS. Balançando a cabeça com entusiasmo, Fred disse: — Estamos a exatamente oitenta quilômetros para o interior da costa.

Também estávamos, de acordo com o hodômetro do carro, 260 quilômetros de uma viagem de carro que nos levara a uma distância de apenas quarenta quilômetros da casa dos Squires, que havíamos deixado para trás há quatro horas. Levamos várias outras horas para voltar com longos desvios para visitar pequenos cemitérios distantes, onde Fred anotou nomes de famílias que acreditava terem alguma ligação com os índios que tinham se mudado de Croatoan para cá.

— Hoje conseguimos chegar tão mais perto! — exultou ele, enquanto Susan nos levava de volta para a casa de Fred em meio ao crepúsculo. A esposa dele, Carol, nos serviu frios variados e falou sobre sua paixão por furões. Então Fred me levou para o segundo andar para sua sala de computador, que dividia o espaço com os animais de estimação engaiolados de Carol. À medida que Fred abria e me mostrava imagens de satélite, eu não sabia como avaliá-las nem a ele. Apesar de toda a grandiosa conversa, o Centro para Ciência e Pesquisa Lost Colony me parecia uma orquestra de um homem só, tocando numa sala de computador cheia de furões.

Mas um aspecto da busca de Fred me intrigava. Qualquer que tivesse sido a direção para onde os colonos seguiram, era provável que tivessem se assentado entre os índios. A maioria dos ingleses era jovem e solteira, inclusive seis das mulheres; 11 outros eram crianças. Virginia Dare tinha uma semana de vida quando John White partiu em 1587 e, se tivesse sobrevivido, teria sido uma mulher de 20 quando os colonos de Jamestown chegaram. Criada na América, com a companhia muito próxima de índios, teria ela permanecido, em algum sentido real, uma pessoa inglesa? E seus filhos?

"Um país inteiro de ingleses está lá, nascido daqueles que foram abandonados", declara um personagem na peça londrina de 1605, *Eastward Hoe*, da qual um dos autores foi Ben Jonson. "Eles se casaram com índios e índias e fizeram-nos gerar rostos tão bonitos como os que temos na Inglaterra."

Em 1701, um naturalista chamado John Lawson retomou o tema de casamentos entre pessoas de raça diferente, embora o abordasse de um ponto de vista menos otimista. Durante uma visita aos Outer Banks e às ruínas do forte de Roanoke, Lawson conheceu índios da costa que diziam que "vários de seus ancestrais eram homens brancos e também podiam falar através de livros, como nós fazemos; a verdade do que é confirmada por se encontrar com frequência indivíduos de olhos cinzentos entre esses *índios*, e não entre quaisquer outros". Lawson concluiu que os colonos de Roanoke tinham sido obrigados a coabitar com nativos, "para consolo e conversa: e que com o passar do tempo haviam se submetido às condutas de relacionamentos *índios*. E assim vemos o quanto a natureza humana tende a degenerar".

No século XIX, quando sentimentalistas vitorianos reavivaram a história de Roanoke, a questão da raça mais uma vez ocupou o centro do palco. Uma escritora da Carolina do Norte, Sallie Southall Cotten, fundou uma associação para homenagear "a primeira criança branca nascida em solo americano" e escreveu um poema épico, "The White Doe" (A corça branca) que imaginava Virginia Dare como um bebê de "tenra brancura" que desabrochara numa donzela de tranças douradas e olhos de "azul límpido" — um contraste gritante com as "ameríndias de feições escuras" por toda parte ao seu redor. Ela era adorada pelos índios não só por sua alva beleza, mas também porque concedeu a eles "rudes selvagens ignorantes" a exaltação e sabedoria de "um tipo de ser superior".

Em outras palavras, Virginia Dare havia se tornado um símbolo de pureza racial e progresso. O nome dela foi adotado até como marca de uma essência de baunilha e, em anos mais recentes, por um grupo antiimigração que usa como emblema a corça branca.

Na Carolina do Norte, a celebração da tribo branca perdida de Roanoke também concentrava o interesse nos índios da parte sudeste do estado, muitos dos quais tinham olhos e pele claros, e sobrenomes ingleses que batiam com os dos colonos de Roanoke. Em 1885, a assembleia geral da Carolina do Norte os designou "índios croatoanos" — descendentes do povo de Manteo — e concedeu à tribo direitos ligeiramente maiores que ao resto da população não branca.

Os CROATOANOS, DESDE ENTÃO, HAVIAM mudado seu nome para lumbee, e poucos deles davam alguma importância à sua suposta ligação com Roanoke. Mas Fred Willard me deu o nome de um homem que estava investigando suas própria ligação com o povo de Manteo. Charles Shepherd vivia na comunidade rural de Free Union, a uma hora de carro para oeste de Roanoke. Ele trabalhava como mensageiro do FedEx e me convidou para visitá-lo em seu dia de folga na casa de tijolos onde morava com os pais.

— Olá, eu sou Charles Sweet Medicine — disse ele, me recebendo à porta vestindo shorts, camiseta e mocassins, e um boné "Native Pride". O que tornava isso um bocadinho espantoso era que Charles em tudo o mais parecia uma versão jovem do ativista afro-americano Al Sharpton: de pele escura, corpulento, com uma testa larga abaulada, e cabelos negros penteados para trás. Ele também tinha sotaque nova-iorquino.

— Originalmente, eu sou do Brooklyn — explicou Charles, conduzindo-me para uma varanda lateral. — Mas nunca senti que ali fosse realmente meu lugar. — Deu uma gargalhada, enxugando o suor da testa. — Eu na verdade não pertenço a lugar nenhum.

Aos 35 anos de idade, Charles ainda estava tentando entender sua complexa identidade. Free Union, o lar de longa data da família de sua mãe, ocupava terras assinaladas em mapas antigos como um assentamento indígena. Alguns de seus primeiros habitantes eram refugiados croatoanos da costa, que tinham sido reduzidos por guerras e doenças a um minúsculo bando. Mais tarde, membros remanescentes de outras tribos haviam se misturado com eles, bem como negros libertos. Ao longo do século XIX, a designação deles em censos tinha variado de "pessoas livres de outras origens" a "pessoas livres de cor" a "mulatas ou outras" a "negra". Alguns costumes e palavras índias ainda perduravam até cerca de 1900, mas as várias centenas de habitantes de Free Union gradualmente haviam perdido sua ligação com a história nativa.

— Nós sabíamos que éramos diferentes, mas apenas aceitávamos a maneira como éramos classificados pelos outros, que era como negros — disse a mãe de Charles, Pearl, uma mulher de pele cor de cobre que tinha se mudado para Nova York quando bem jovem e se casado com um estivador.

Tendo sido criado em Nova York e Connecticut, Charles nunca se adaptou muito bem. A maioria de seus colegas era de origem polonesa ou italiana. Seus colegas negros também eram diferentes, "ligados em rap e cultura urbana, que não fazia o meu gênero". Só durante as visitas da família a Free Union ele se sentia em casa. Adorava ouvir histórias sobre os ancestrais que caçavam com arcos e flechas, e tratavam doenças com ervas e emplastros. Quando tinha 16 anos, ao se candidatar ao seu primeiro emprego, Charles respondera à pergunta sobre a raça assinalando "Outras". Mais tarde, fora trabalhar como técnico de farmácia numa reserva indígena em Connecticut e começara a assistir a cerimônias de *powwow*.

— Da primeira vez em que ouvi alguém batendo um tambor, senti que meu coração ia explodir — relatou. — Aquilo era eu, o lugar de onde eu vinha. — Nos formulários ele começou a se identificar como índio americano, embora achasse que isso também era insatisfatório. — Eu provavelmente sou dois quintos africano, dois quintos índio e um quinto europeu — declarou. — As categorias neste país são rígidas demais. Eu sou tudo.

Há cinco anos Charles havia se mudado para Free Union, mas também não se enquadrava muito bem ali. Poucos dos moradores locais compartilhavam de sua paixão por resgatar sua herança índia oculta. Em cerimônias de *powwow* em outros locais do estado, Charles se sentia silenciosamente excluído.

— Eu percebo que eles não me consideram realmente um nativo — declarou. — Sou negro demais, ainda existe essa segregação, mesmo entre índios.

Então ouviu falar sobre a busca de Frank Willard pelas comunidades indígenas que poderiam ter laços com Roanoke. Charles havia entrado em contato com Fred e comparado informações: dois autodidatas envolvidos em buscas relacionadas.

— Free Union era um lugar isolado e não se misturava muito com o mundo exterior — disse Charles —, de modo que eles poderiam ser a chave do enigma.

Charles me levou a um quarto vago que ele havia convertido em escritório, atravancado de livros, relatórios de censo, velhos registros de igreja e estudos antropológicos. Desencavou um volume dos desenhos e aquarelas que John White havia feito dos índios da Carolina do Norte. Publicado pela primeira vez em 1590, os retratos sensíveis de White dos algonquinos haviam causado sensação na Europa. Ele retratava os índios não como "selvagens", mas como indivíduos simpáticos desempenhando tarefas domésticas ou desfrutando o lazer, dançando e sentados ao redor de uma fogueira. Os índios de White com frequência sorriem; em um retrato uma garota abraça alegremente uma boneca elisabetana que os colonos lhe deram.

— Gosto de pensar que essas pessoas são meus ancestrais — disse Charles. Ele usava suas roupas de pele de veado com franjas como modelos para os trajes de gala que usava nas cerimônias de *powwow*, onde adotava o nome Sweet Medicine em homenagem aos curandeiros tradicionais de sua família. Charles também tinha a esperança de usar a arte de White como plano básico para seu sonho supremo: a reconstrução em escala global de uma aldeia indígena, tendo por molde uma chamada Secotan que White havia desenhado.

— De certa maneira, já estamos a meio caminho disso — disse ele, levando-me para um passeio de carro pelo conjunto disperso de casas modestas de Free Union, separadas por grandes jardins e campos arados. — Aqui se planta principalmente tabaco, milho e feijão — disse Charles —, o mesmo que os índios plantavam. — O desenho de White de Secotan mostrava campos bem cuidados dessas plantações ao lado de malocas de habitação coletiva em forma de bisnaga de pão. — Também poderíamos construir algumas dessas.

Charles imaginava o reaparecimento dos secotans como uma atração para turistas e uma colônia de férias de verão para crianças que quisessem viver como viviam os índios. A aldeia também poderia inspirar suas vizinhas a reivindicar sua identidade nativa. Enquanto ele falava animadamente sobre os detalhes da vida no final do século XVI perto da costa da Carolina, apenas uma coisa ficava faltando: os colonos perdidos de Roanoke.

Dançarinos índios: gravura de um desenho de John White, artista inglês na Virginia, publicada em primeira edição em 1590.

— Para mim, pessoalmente, eles não têm assim tão grande significado, já sei que tenho sangue escocês e irlandês — disse ele. — Mas seria um prêmio enorme se acabasse por se revelar que temos relação de parentesco. — Charles deu uma gargalhada. — Eu adoraria ver um apresentador de tevê anunciando que a colônia perdida finalmente havia sido encontrada. Então a câmera faria uma panorâmica de Free Union. Você pode imaginar a reação? As pessoas estariam assistindo em seus aparelhos de tevê e pensando: "*Quê?* Os descendentes de Virginia Dare são *negros*? De jeito nenhum!"

Perguntei a Charles o que ele diria se a câmera se virasse para ele.

— Eu diria: "Sim, somos negros, e também brancos, e índios, uma miscelânea. Não é isso o que significa ser americano?"

EM 1591, UM ANO depois do retorno de John White de sua última viagem, Sir Walter Raleigh engravidou uma das aias da rainha Elizabeth e se casou em segredo com ela. A rainha ficou furiosa com o comportamento furtivo do casal e com

A aldeia indígena de Secotan, perto de Roanoke, de um desenho de John White publicado em primeira edição em 1590.

o fato de não terem lhe pedido permissão para o casamento. Ela parece também ter ficado enciumada com a união. Em sua fúria, ordenou a prisão de Raleigh e sua esposa na Torre de Londres.

Embora pouco depois fossem libertados, Raleigh levou anos para recuperar as graças da rainha. A atenção dele também se distanciou da colônia que batizara em homenagem a ela. Em vez disso, envolveu-se na busca por El Dorado, a lendária cidade de ouro na América do Sul. Mas ainda conservava sua concessão da Virginia e, mesmo depois, em 1602, despachou uma expedição para procurar pelos colonos de Roanoke e fazer o reconhecimento da costa em busca de possíveis postos de comércio.

Elizabeth morreu no ano seguinte, trazendo ao trono o rei James, que não gostava e não confiava em Raleigh — e desprezava a erva que ele popularizara na corte. James escreveu até um tratado chamado *A Counterblaste to Tobacco* (Contra o tabaco), no qual descrevia fumar como "um hábito repugnante ao olhar, detestável para o nariz, nocivo ao cérebro, perigoso para os pulmões e cujo fumo negro fedorento resultante" se assemelhava à fumaça do inferno.

Pouco tempo depois da ascensão de James, Raleigh foi preso por conspiração contra o rei e julgado e considerado culpado de traição, bem como de "nutrir opiniões pagãs, basfemas, ateístas e profanas". A sentença do juiz nos dá uma ideia geral e algum contexto da brutalidade que os ingleses e outros europeus impuseram aos índios. "Pendurado à forca e esquartejado vivo", disse o juiz a Raleigh, "seu corpo será aberto, seu coração e intestinos arrancados fora e suas partes íntimas cortadas fora, e atiradas ao fogo diante de seus olhos; então sua cabeça será decepada de seu corpo, e seu corpo dividido em quatro quartos, a serem expostos de acordo com a vontade do rei."

No dia de sua execução, Raleigh obteve uma suspensão da sentença, mas retornou à Torre, onde permaneceu durante a maior parte dos 15 anos que se seguiram. Então, em 1618, James encontrou uma desculpa para revalidar a pena de morte — dessa vez uma simples decapitação, em vez de estripamento e esquartejamento. Raleigh compôs um derradeiro poema, fumou um último cachimbo de tabaco, vestiu seus trajes mais finos (manto de veludo preto, calças de tafetá, meias de seda) e subiu ao cadafalso, implorando a seu carrasco hesitante: "Ataca homem, ataca!" Sua viúva mandou embalsamar sua cabeça e a guardou numa bolsa de veludo como lembrança.

Dezesseis anos antes de sua execução, quando Elizabeth ainda era rainha, e a concessão colonial de Raleigh ainda estava em vigor, ele havia escrito sobre a Virginia: "Ainda viverei para vê-la tornada uma nação inglesa." Em termos estritos, Raleigh jamais conseguiu realizar seu sonho: sua gloriosamente concebida

"Cittie of Raleigh na Virginia" desapareceu com os colonos de Roanoke, e ele perdeu a concessão ao ser condenado por traição.

Mas o fracasso de Raleigh, como o de seu meio-irmão Humfrey Gilbert, não obstante, rendeu frutos. Enquanto estava preso na Torre, outros envergaram seu manto colonial e rumaram, mais uma vez, para Chesapeake. Convocaram o "pregoeiro" de Raleigh, Richard Hakluyt, e consultaram os escritos e as obras de arte de Thomas Hariot e de John White. Em pouco tempo, os colonos na baía de Chesapeake também descobriram a safra cujo plantio lhes asseguraria a sobrevivência: o adorado tabaco de Sir Walter. Enquanto Sir Walter subia ao cadafalso em outubro de 1618, a Virginia amadurecia tornando-se um assentamento permanente, o princípio de uma nação inglesa na América.

De Free Union dirigi de volta rumo ao leste e passei sobre a ponte ligando a ilha de Roanoke aos Outer Banks, um mundo muito diferente das matas pantanosas e cidadezinhas precárias do interior. Aqui, havia poucas árvores, apenas grandes agrupamentos de condomínios de luxo e comércio: lojas de produtos e equipamento de praia, centros comerciais, gramados de minigolfe e uma grande loja de bebidas Brew Thru, onde comprei uma embalagem de seis latas de cerveja sem sair de meu carro. Tudo isso era construído literalmente na areia, uma linha fina de ilhas móveis golpeadas por ondas e ventos oceânicos.

Segui a autoestrada costeira rumo ao sul, para Croatoan, para onde tantos fios da trama da história de Roanoke pareciam conduzir. A estrada me levou a passar em meio a dunas vazias e túneis de vento tão violentos que sacudiram meu carro e salpicaram-no de areia. Ao chegar à ilha Hatteras, encontrei um motel para passar a noite e, então, saí em busca das ruínas do assentamento principal de Croatoan. Mas as coordenadas que Fred Willard me dera eram caracteristicamente vagas. Depois de rodar pela costa por uma hora sem sucesso, segui mais adiante pela estrada para pedir informações num lugar chamado Frisco Native American Museum.

Ao entrar, fui recebido pela música misteriosa e inesquecível dos índios das planícies e um cobertor navajo adornando uma parede. Um homem apareceu saído de um escritório nos fundos, apoiado numa bengala entalhada de um ramo nodoso. Ele vestia jeans, botas de caubói, cinto com fivela de prata, gravata de cadarço com um broche de turquesa, e seus cabelos compridos estavam presos num rabo de cavalo. Pela aparência dele e a do museu, calculei que fosse um migrante vindo do oeste, possivelmente um índio americano. A resposta dele à minha pergunta sobre Croatoan rapidamente demonstrou meu engano.

— Como foi que disse que era seu sobrenome? — perguntou.

— Horwitz.

— Então está procurando pela tribo perdida? Você é *meshugge*?

Eu dei uma gargalhada e disse a ele que podia ser louco, mas que queria ver todos os lugares relacionados aos colonos de Roanoke.

— Fico satisfeito que eles estejam perdidos — respondeu ele. — Os nativos deveriam tê-los matado antes que os ingleses respirassem em cima deles. Em vez disso, foram bobalhões idiotas e disseram: "Seja meu amigo." Se deram tão bem com isso.

Carl Bornfriend era tão índio quanto o chefe de Mel Brooks que falava iídiche em *Banzé no Oeste*. Mas em sua paixão por tudo que fosse nativo-americano ele era aparentado de Charles "Sweet Medicine" Shepherd.

— Não gosto de história branca — disse ele. — São as coisas índias que me interessam. — Filho de um peleteiro judeu em Filadélfia, havia descoberto sua vocação ainda bem jovem. — Fui criado cercado por animais mortos, catando ratos afogados e perguntando a meu pai: "O que é isso?" Quando afinal completei dez anos, já havia começado a colecionar e restaurar coisas e com o tempo acabou crescendo e resultando nesta bagunça.

Ele me conduziu por uma visita ao museu, uma loja de conchas convertida que agora era uma coutada de salas repletas do chão ao teto de peças em exibição, sem muita sequência aparente. Machados de guerra tomahawks, peles de cobra, peles de búfalo, jacarés empalhados, joias de turquesa, cachimbos, mocassins, tambores hopis — algumas peças valiosas, mas muitas não.

— Qualquer curador de museu lhe dirá para limitar o número de objetos em cada vitrine, e ampliar o tamanho de suas legendas, porque as pessoas não conseguem absorver toda a informação — disse Carl. — Eu ignoro por completo esse conselho.

Ele também ignorava o interesse de visitantes como eu no mistério de Roanoke.

— Isso é a primeira coisa que as pessoas me perguntam quando vêm aqui — disse. — "O que o senhor pode me dizer sobre a colônia perdida?"

Ele me acompanhou até a única seção relacionada a Roanoke: uma parede com reproduções dos desenhos de John White dos índios. Ao contrário de Charles Shepherd, Carl não demonstrava nenhuma reverência pela arte de White.

— Os nativos dele parecem lutadores de sumô ou uns bobalhões de Londres que White chamou para posar e disse: "Vistam tangas." Não creio que os nativos tenham tido um aspecto nada semelhante a esse. Tudo isso foi imaginação de White. — Ele deu uma risadinha. — Ou, talvez, eu devesse dizer, da imaginação de um branquela.

O desprezo de Carl se estendia aos colonos que White deixara para trás.

— Devemos sentir pena daquelas pessoas? *Oy vey*. Os ingleses vieram para fazer pilhagens e tiveram o troco que mereciam.

— Até Virginia Dare? — perguntei.

Carl sorriu.

— Talvez os nativos a tenham comido. Era novinha, roliça e macia. Aquele gringo, Colombo, os nativos também deveriam ter dado sumiço nele.

O museu de Carl tinha outra vitrine exibindo objetos com alguma ligação com a história de Roanoke. Ele me mostrou uma caixa cheia de fragmentos, ossos e conchas que Fred Willard havia encontrado depois de um furacão em 1993, no sítio do assentamento de Croatoan pelo qual eu estivera procurando. Desde então, os arqueólogos tinham descoberto um anel antigo inglês e outros artefatos ingleses, embora não tivesse ficado esclarecido se aqueles eram objetos de troca que foram adquiridos pelos índios ou abandonados em Croatoan pelos refugiados de Roanoke. Para Carl pouco importava, não fazia diferença.

— Eu quero mostrar o que resta dos nativos que estavam aqui antes que toda aquela horrenda história branca começasse — disse ele, encerrando as atividades do dia e fechando seu museu. — *Eles são* as pessoas perdidas por quem deveríamos nos interessar.

A caminho de casa, ele me levou ao sítio croatoano, escondido no final de uma estradinha de terra batida do lado abrigado da ilha. Apesar da amizade de Manteo, os colonos escreveram muito pouco sobre Croatoan, comentando apenas que os índios iam para lá para pescar e caçar. Já na metade dos anos 1700 restavam muito poucos nativos na ilha. Agora, havia apenas uma moita de carvalhos, roseiras bravas e urtigas. Grande parte da antiga aldeia indígena encontrava-se sob casas de praia.

— Lixo do homem branco — disse Carl, antes de dar partida no carro. — Como de hábito, é tudo o que resta.

D*epois de andar por* algum tempo a esmo pela praia, atravessei a estrada e fui para o lado oceânico da ilha. Ele era dominado pelo farol do cabo Hatteras, com sessenta metros de altura, o maior farol de construção de tijolos da nação. Um quadro de avisos ao lado do farol dava uma típica previsão de tempo: "Ensolarado. Nublado, também. Possíveis pancadas de chuva." O tempo instável e tempestuoso do cabo, aliado às correntes oceânicas que impeliam os navios para o banco de areia de 19 quilômetros logo ao largo da costa, tinha valido ao Hatteras seu apelido: "Cemitério do Atlântico." Era o último repouso de cerca de seiscentas embarcações, inclusive couraçados da Guerra Civil e grandes navios a vapor.

Em minhas leituras sobre Roanoke, eu com frequência havia querido saber por que os marinheiros do século XVI pareciam relutantes em aprovisionar ou prestar socorro à colônia, ou a permanecer por lá quando a ela chegavam. A cobiça era a explicação geralmente dada: tempo passado em terra era tempo afastado da pirataria. Mas contemplando do farol as ondas encapeladas ao largo do Hatteras, pareceu-me notável que homens do mar elisabetanos tivessem sequer se aventurado por aquela costa, em navios de madeira, sem previsão meteorológica, sem cartas náuticas apropriadas e sem equipamento de navegação moderno, e nem sequer um farol. Para completar os muitos perigos do cabo, os navios ingleses que visitavam Roanoke quase sempre chegavam ali no auge da temporada de furacões.

Corri sob a chuva em rajadas do farol até a larga praia que dava para o oceano. Ali, exatamente no canto dos Outer Banks, eu podia avistar 270 graus de oceano, de sul para leste para norte. Se algum dos colonos perdidos de fato tivesse vindo para Croatoan, esse ponto era onde os vigias teriam montado guarda, alertas para a aproximação de navios.

John Lawson, o naturalista inglês que visitara os nativos de olhos cinzentos da ilha em 1701, havia registrado "uma história agradável que é tomada por verdade incontestável entre os habitantes". O navio que trouxe os primeiros ingleses, escreveu ele, "com frequência aparece entre eles, à vela, em postura galante, e eles o chamam de navio de *Sir Walter Raleigh*". Se, como Lawson acreditava, os ilhéus fossem descendentes dos colonos perdidos, a lenda do navio fantasma poderia ter aludido ao anseio de seus ancestrais ingleses, que ficaram de vigia e esperaram em vão que Sir Walter viesse resgatá-los.

A história de Roanoke era cheia de sombras como essa: vestígios e rumores e pistas, todos nutrindo o mistério do destino dos colonos desaparecidos. Mas depois de me dedicar ao caso por dez dias, eu havia começado a me perguntar se tentar solucioná-lo não era apenas fútil, mas também um engano. Apesar de todos os fascinantes desconhecidos que cercavam Roanoke, o poder insólito da história se originava do que era *conhecido*.

Muito mais do que perdidos, os colonos tinham sido abandonados. Por seu patrono Raleigh; pelo piloto, que os deixara em Roanoke em vez de em Chesapeake; pelos muitos outros homens do mar, que tinham se deixado retardar ou desviar pela pirataria quando rumavam para a Virginia; pela nação inglesa, que deu baixa prioridade ao resgate deles; até mesmo por John White, que parece ter-se deixado facilmente intimidar e se resignado ao abandono deles.

Tampouco era o abandono de colonos incomum na América do século XVII. O continente estava cheio de pessoas desaparecidas: os caçadores espanhóis que partiram a cavalo de seu acampamento na ravina nas planícies do Texas e desapareceram num mar de relva. Marinheiros que vinham dar a terra pelos frequentes naufrágios de navios. Um garoto francês que os huguenotes deixaram para trás quando fugiram na primeira vez que tentaram fundar uma colônia. Os três homens que Ralph Lane enviou de Roanoke para o interior e então abandonou quando os colonos apressadamente pegaram uma carona de volta para casa com Sir Francis Drake. As centenas de escravos que Drake deixou em terra para liberar espaço para eles.

Muito poucas dessas pessoas desaparecidas jamais voltaram a ser vistas ou deram notícia. Nem ninguém lastimava muito sua perda. O abandono era um risco ocupacional nos primeiros tempos da América: um custo envolvido em fazer negócios, como carne de porco salgada ou pregos de ferro.

Os colonos de Roanoke, pelo menos, eram lembrados e homenageados. Séculos depois de seu desaparecimento, as pessoas ainda buscavam algum tipo de contato com eles, como ancestrais, de fato, ou espirituais. Como americanos seminais: os primeiros ingleses, o primeiro bebê branco, os primeiros a se casarem com índios, ou para Charles Shepherd, uma fonte de identidade trirracial. Eu tinha até encontrado um artigo no *Journal of Croatian Studies* que fazia a suposição de que marinheiros naufragados vindos de Dubrovnik teriam se mesclado com os índios dos Outer Banks "que então adquiriram o nome croatoano".

Por mais implausível que isso soasse, se assemelhava em um sentido às muitas outras fantasias tecidas sobre Roanoke: quase todas elas imaginavam os colonos pacificamente assimilando-se aos nativos e ao meio ambiente arcadiano que os circundava. Os elementos conhecidos da história de Roanoke tornavam difícil conjeturar um final tão romântico ou redentor. Em Fort Raleigh, eu havia lido que um estudo recente de cortes de troncos de ciprestes de 800 anos, para reconstruir a cronologia de precipitações e temperatura, demonstrava que o grupo de colonos de White chegara à Carolina do Norte no verão do pior período de seca em 800 anos. Os colonos famintos teriam tido que comerciar ou roubar dos índios cujas safras tinham sido parcas. Além disso, se a tribo chesapeake da Virginia de fato acolheu os ingleses, então os nativos provavelmente teriam sido dizimados por doenças muito antes de qualquer possível massacre por Powhatan.

E que dizer dos colonos que tinham vindo para cá, a terra natal de Manteo, para ficar de vigia à espera de navios ingleses? Agachado contra a areia em Hatteras, varri com o olhar do norte ao leste e ao sul, e depois de volta, como o feixe de luz do farol moderno. Estávamos na primavera, o tempo úmido e ventoso, mas ameno se comparado com as tempestades de inverno e os furacões do final do verão que com tanta frequência castigam esta costa. Mesmo assim, tive dificuldade de fixar o olhar no horizonte por mais de dez minutos, e duvidava que eu pudesse avistar um navio distante na vasta extensão cinzenta de mar túrbido e nuvens baixas.

Quanto tempo os colonos teriam mantido vigia, dia após dia, mês após mês? Em que ponto finalmente desistiram de qualquer esperança de resgate vindo pelo mar, e entregaram seu destino à terra e a seu povo?

Aquelas eram mais perguntas a que eu jamais poderia responder. À medida que o tempo virava para pior, abandonei a praia, me retirei para o abrigo de meu carro e o embiquei para norte, rumo a Chesapeake.

CAPÍTULO 12

JAMESTOWN
O CAPITÃO E OS NATURAIS

VIRGINIA —
O único paraíso da Terra!
— Michael Draytron,
"Ode to the Virginian Voyage" (1606)

John Smith foi o personagem central na fundação da América inglesa, e o mais vívido: um falastrão baixinho e barbudo, ex-condenado, artista da fuga e um exímio assassino. Smith salvou Jamestown e pôs os peregrinos no rumo para Plymouth. Ele demonstrou, tanto em palavras quanto em feitos, que o Novo Mundo exigia um novo tipo de homem — um tipo como ele. Feito por si mesmo, com desprezo pela hierarquia, e incessante em sua arte e habilidade de vendedor, Smith foi o apóstolo e o modelo original do Sonho Americano.

Se isso parece hiperbólico, deveria: tudo com relação a Smith era exagerado, geralmente por ele próprio. Escreveu uma das primeiras autobiografias da Inglaterra, na terceira pessoa, estrelada pelo capitão Smith como um super-herói primitivo, lutando contra malfeitores e desvantagens impossíveis. Os progressos da Inglaterra na América deviam-se todos a ele: as descobertas de outros, escreveu ele, "nada mais são que frutos de meu próprio trabalho".

E aí é que está o xis da questão, como um contemporâneo de Smith poderia ter descrito. A história do nascimento inglês da América depende de um fanfarrão de quem é fácil não gostar e ainda mais fácil duvidar.

O suposto salvamento de Smith por Pocahontas é a mais famosa de suas façanhas, mas estava longe de ser a primeira ou a mais incrível delas. Filho de um pequeno proprietário rural, ele fugiu durante seu período de serviço como aprendiz de um mercador, aos 16 anos, para "ir para além do mar". Tornou-se um soldado da fortuna, perito em artilharia, e juntou-se às tropas cristãs combatendo contra os turcos otomanos. Na Hungria, Smith foi promovido a capitão e premiado com um escudo de armas, adornado com a cabeça de três turcos que havia decapitado em duelos consecutivos.

Mais tarde, ferido e capturado na Transilvânia, foi vendido como escravo e levado a ferros para Constantinopla, onde encantou sua "bela senhora e dona" — a primeira de várias mulheres de alta linhagem que "mostraram muita compaixão por ele". Mas, quando ela enviou Smith para servir seu irmão na Tartária, o capitão se tornou um degradado trabalhador braçal. Certo dia, depois de maus-tratos excessivos, Smith arrancou os miolos de seu senhor a pancadas com um pau de mangual, roubou-lhe as roupas e o cavalo e cavalgou "para o deserto".

Ele perambulou rumo ao norte para Muscovy e para o sul pelo Sacro Império Romano, atravessando um atlas de antigos principados. "Desse modo satisfeito com a Europa e a Ásia", escreveu Smith, ele embarcou para a África e acabou num navio pirata ao largo da costa da Barbaria. Viveu tudo isso e muito mais aventuras até o meio da casa dos 20, quando retornou à Inglaterra e pouco depois embarcou para o seu quarto continente: América do Norte.

Em dezembro de 1606, quando Smith partiu para a Virginia, a Inglaterra ainda estava brincando de pegar com o continente dos Estados Unidos dos dias de hoje. A Espanha havia consolidado seu domínio na Flórida e no sudoeste. Os franceses estavam estabelecendo postos de comércio ao longo do rio St. Lawrence e explorando o Maine, Massachusetts e o interior do estado de Nova York. A Inglaterra detinha apenas sua vaga reivindicação de posse da Virginia e de um trecho da costa do Pacífico que Sir Francis Drake havia costeado em 1579, durante sua viagem de volta ao mundo no *Golden Hind*. Afligido por "medonhos, densos e malcheirosos nevoeiros", Drake havia desembarcado no norte da Califórnia, pregado com tachas uma chapa de latão a uma estaca e batizado a costa de Nova Albion. Nenhum inglês voltaria lá por dois séculos. Em 1606, nem um único colono inglês ocupava os futuros Estados Unidos, a menos que algum dos colonos de Roanoke ainda estivesse vivo depois de vinte anos no mato.

Na Inglaterra, contudo, muito havia mudado desde a empreitada fracassada de Raleigh nos anos 1580. A derrota da Armada espanhola engrandeceu a confiança e o poder marítimo da Inglaterra e, em 1604, o rei Jaime concluiu um incômodo acordo de paz com a Espanha. A filosofia colonial também havia amadurecido. Em lugar do modelo de Raleigh, que se apoiava na pirataria e na bolsa de um cavaleiro rico, mercadores formavam sociedades por ações para levantar capital e dividir riscos e lucros. A Virginia Company, Companhia da Virginia, constituída em 1606, tinha sucursais em Londres e Plymouth, a primeira voltada para Chesapeake e a última, para a "Virginia do Norte" — aproximadamente, a costa de Nova York ao Maine.

A despeito dessa constituição de base corporativa, e do apoio da Coroa, a empreitada da companhia em Chesapeake correu mal desde o princípio. Três navios transportando 105 colonos deixaram Londres em 1606 e imediatamente encontraram o tempo borrascoso, retardando a frota e deixando os ânimos exaltados. John Smith, acusado de tramar um motim contra os capitães dos navios, foi posto a ferros durante o resto da viagem e esteve perto de ser enforcado.

Nas Índias Ocidentais, onde a frota parou para reaprovisionamento, os ingleses sofreram a primeira das muitas medonhas perdas que estavam por vir. Um "cavalheiro" morreu em "meio a enorme sofrimento" quando sua "gordura se derreteu em seu corpo devido ao enorme calor e à estiagem do país". Ao finalmente chegarem a Chesapeake, no final de abril de 1607, os ingleses mal tinham desembarcado quando os índios os atacaram sorrateiramente, durante a noite, e feriram gravemente dois homens.

Os colonos se viram confrontados por outras surpresas quando abriram as ordens secretas da Companhia da Virgínia nomeando os sete homens que os governariam em terra. Seis eram figuras proeminentes e bem relacionadas, a maioria de seus quarenta e cinquenta anos. O sétimo era John Smith: um plebeu de apenas 27 anos, e ainda preso por motim.

Para seu "local de desembarque", os ingleses escolheram uma ponta de terra a 56 quilômetros da baía subindo pelo rio, onde a água profunda corria tão próxima da costa que os navios podiam fazer amarração nas árvores. Desabitada por índios e ligada à costa por um istmo que enchia e esvaziava com a maré, a península parecia fácil de defender. E na primavera, as cercanias pareciam "um paraíso", escreveu um colono, cobertas de "lindas flores", morangos e "as mais deliciosas bagas".

Os colonos erigiram um forte e enviaram uma expedição de reconhecimento em busca de riquezas e da tão sonhada Passagem de Noroeste. No final de junho, eles carregaram dois navios com uma amostra do que acreditavam ser ouro, uma partida de ripas de madeira e cartas exaltando o assentamento da Virgínia, que chamaram de Forte James, Vila James e finalmente James Towne. "Tu ainda poderás viver", escreveu William Brewster a um amigo, "para ver a Inglaterra mais renomada que qualquer reino na Europa."

Seis semanas depois, Brewster estava morto. Dezenas de seus companheiros colonos seguiram-no para covas rasas. "Nunca houve ingleses deixados em uma terra estranha", escreveu um sobrevivente, "que tenham tido tamanha desdita quanto tivemos nós que ficamos naquela recém-descoberta Virgínia."

A culpa da descida rápida de Jamestown do céu para o inferno tem sido tradicionalmente atribuída aos próprios colonos. O primeiro erro deles foi a má escolha de terreno. A península pantanosa de Jamestown era destituída de nascentes ou regatos, obrigando os homens a beberem a água do rio que era não só salobra, mas "na maré baixa cheia de limo e imundície". Isso causou doenças como disenteria, febre tifoide e envenenamento por sal.

"Nossos homens foram destruídos por doenças cruéis, tais como inchações, corrimentos e febre ardentes", escreveu o colono George Percy. "Pela manhã seus corpos saíam arrastados de suas cabanas como cães para serem enterrados." Outras doenças registradas em Jamestown incluíam insolação e calentura, um delírio tropical que fazia homens saltarem no mar, pensando que fosse uma verdejante e vasta pradaria.

O ataque da Virginia à saúde dos recém-chegados não só naquele primeiro verão, mas ao longo de anos por vir, foi tão impiedoso que os colonos se referiam a um processo de "sazonamento". Os ingleses desembarcavam, adoeciam e morriam, ou se tornavam "sazonados" com relação a seu ambiente. A maioria não sobrevivia a essa dura iniciação. Dos mais de vinte mil ingleses enviados para a Virginia durante as primeiras décadas da colônia, aproximadamente três quartos pereceram. Esse índice de mortalidade, destaca o historiador Edmund Morgan, só era "comparável ao encontrado na Europa durante os anos de pico da peste".

Os ataques dos índios contribuíam para as baixas. Os nativos não eram tolos de construir aldeias na península pantanosa de Jamestown, mas costumavam caçar por lá e consideravam-na como seu território. Durante o primeiro verão da colônia, os índios usaram a relva alta dos alagados como cobertura para se aproximarem sem serem vistos e atirar contra os colonos. Um homem foi abatido por flechas enquanto "saía para satisfazer uma necessidade natural", outro enquanto "andava separado dos outros fora do forte". Em um "ataque furioso" contra o forte, os índios mataram dois e feriram dez.

Os colonos também lutavam entre si. Quase que desde o momento de sua fundação, Jamestown se tornou uma corte de divórcio só de homens, abundante em enganos, traições e acusações mesquinhas. O presidente do primeiro conselho foi derrubado em meio a acusações de que havia negado a outro homem "uma concha de cerveja" e uma "faca barata". Também foi acusado de amealhar gêneros escassos, ao que respondeu: "Eu só comi um único esquilo tostado". Seu substituto não se saiu melhor; foi desmascarado, acusado de se esconder usando um nome falso. Seu acusador era um homem a quem ele havia condenado à morte por traição, o primeiro de muitos que seriam enforcados, mortos a tiros ou torturados em Jamestown.

Um dos motivos para essas disputas era a composição da colônia. No topo ficavam os cavalheiros, que esperavam deferência e confortos materiais mesmo enquanto os outros passavam fome. George Percy, um dos líderes do vai e vem da colônia, escreveu a seu irmão, o conde de Northumberland, pedindo um empréstimo de modo que ele pudesse ter dinheiro para mais do que a ração padrão de fubá. "Sendo essencial para minha reputação", explicou Percy, "manter uma mesa posta contínua e diariamente para cavalheiros da alta sociedade em minha companhia."

Percy e outros de sua laia consideravam os socialmente inferiores a eles em Jamestown como uma gentalha, e alguns evidentemente o eram: devedores, marinheiros e soldados beberrões, ex-condenados libertados da prisão e trabalhadores recrutados à força em portos ou nas ruas de Londres. Essa turba teria sido difícil de controlar e motivar para qualquer pessoa, e a pequena nobreza encarregada de fazê-lo se mostrou espetacularmente incompetente para se desincumbir da tarefa.

Já em setembro de 1607, apenas quatro meses depois da fundação da colônia, a maioria dos colonos originais estava morta. Restavam apenas algumas semanas de rações magras. Famintos, doentes e brigando uns contra os outros, os ingleses cercados estavam praticamente indefesos. "Nossos homens gemiam noite e dia em todos os cantos do forte", escreveu Percy.

Então aconteceu um milagre — a primeira de várias intervenções que salvariam Jamestown de uma tragédia iminente. "Aprouve a Deus", escreveu Percy, "enviar aquelas pessoas que eram nossas inimigas mortais para nos trazer alívio com provisões de boca, como pão, milho, peixe e carne em grande abundância, o que foi a salvação de nossos homens enfraquecidos; de outro modo, todos nós teríamos morrido."

Por que os índios, anteriormente hostis, decidiram salvar os ingleses não foi esclarecido. É possível que tenham julgado que os sobreviventes teriam mais valor vivos do que mortos. Navios ingleses traziam chaleiras de cobre, machados e outros utensílios, e a habilidade dos colonos com canhões e mosquetes poderia ser obtida para ser usada contra tribos inimigas. Além disso, europeus já tinham aparecido em Chesapeake antes: jesuítas espanhóis (massacrados nas proximidades de Jamestown uma geração antes), homens do mar em viagens de reconhecimento e possivelmente refugiados de Roanoke. Até aquele momento, aqueles intrusos não tinham constituído nenhuma ameaça e podiam ser facilmente levados à morte pela fome ou expulsos quando necessário. Ou se pode supor que assim os índios tenham pensado, de maneira bastante razoável, no final do verão de 1607, enquanto ficavam à espreita, vigiando os cinquenta homens moribundos que pareciam inteiramente ignorantes, uma vez que bebiam água suja e não sabiam arrumar o que comer.

O que os nativos não podiam saber é que seu salvamento dos ingleses desencadearia John Smith, o único homem capaz de mobilizar a colônia sitiada. Numa mudança de lideranças, Smith assumiu o comando do abastecimento do forte e, imediatamente, partiu para negociar comida, na primeira de muitas viagens que o levariam ao longo dos dois anos seguintes a percorrer o leste da Virginia, Maryland e, possivelmente, o Delaware. Dados os obstáculos que Smith enfrentou, suas viagens constituem uma das grandes sagas de sobrevivência e improvisação dos primórdios da América.

Um retrato de John Smith, frontispício de sua história da Virginia, 1624.

Em contraste com Roanoke, onde os ingleses se assentaram em meio a tribos relativamente pequenas que receberam os desconhecidos pacificamente, os colonos de Jamestown tinham plantado seu forte no meio da mais poderosa e populosa sociedade da Costa Leste. Powhatan, cuja capital ficava a 19 quilômetros de Jamestown, governava um império que se estendia da Carolina do Norte a Maryland. Ele cobrava tributos de dúzias de tribos e 15 mil ou mais índios.

A maioria dos nativos vivia em pequenos povoados às margens de quatro rios largos que fluíam para a baía de Chesapeake: o James, o York, o Rappahannock e o Potomac dos dias de hoje. Esses rios eram as supervias expressas da Virginia do século XVII e Smith viajou por todos eles, em um barco aberto, impelido por vela e remo, geralmente com não mais de uma dúzia de homens. Sua primeira parada, numa aldeia próxima de Jamestown, estabeleceu o padrão para dúzias de encontros que se seguiriam.

"Os índios, acreditando que estivéssemos à beira da inanição", escreveu Smith, ofereceram apenas "pequenos punhados de feijões ou trigo por um machado ou uma peça de cobre." Para evitar parecer desesperado — o que ele estava —,

Smith desdenhou a oferta e foi ancorar um pouco mais adiante. No dia seguinte, ele "disparou seus mosquetes e correu com o barco para a costa", então marchou sobre a aldeia. Os nativos rapidamente ofereceram carne de caça e milho a uma taxa de câmbio favorável.

A diplomacia de canhoneira de Smith violava as ordens da Companhia de Virginia em Londres, que determinava que os colonos "tivessem o maior cuidado para não ofender os naturais". Mas Smith "amava ações mais do que palavras", conforme escreveu, e dava mais valor à experiência direta do que às opiniões de "homens de fina educação" a quase seis mil quilômetros de distância. "Eu desconheço qualquer razão senão a de crer em meus próprios olhos, antes de na imaginação de qualquer homem."

Esse desprezo era um tanto quanto insincero, malicioso; homem de vasta leitura, Smith admirava a política de poder de Maquiavel. Ele acreditava que uma abordagem delicada para com os "naturais" daria margem ao desrespeito por parte deles e, por fim, resultaria num ataque. Ao intimidar os nativos, para obter objetivos claros, ele procurou conquistar o respeito deles e evitar um conflito generalizado. "Somente impondo-lhes medo", escreveu, "conseguimos o que eles tinham."

Para manter os nativos temerosos dos ingleses, Smith adaptou os talentos em artilharia, ilusionismo e engano que havia aperfeiçoado como soldado da fortuna. Ele disparava seu canhão contra uma árvore cheia de pingentes de gelo, para ampliar o impacto do tiro; usava os rios e matas circundantes para criar ecos aterrorizantes; e enfiava capacetes de soldados em galhos, "para fazer com que parecêssemos muitos". Também reempregou seus talentos de gladiador para derrotar vários chefes em combate solitário.

Mas Smith não teve sucesso lançando mão apenas de blefes e intimidação. Ele negociava com argúcia, distribuindo mercadorias entre várias aldeias de modo a incentivar a demanda sem baixar os preços. O tempo que vivera no exterior também fez dele um linguista de talento. Compilou um extenso léxico algonquino, incluindo palavras que perduraram como *mockasin* e *tomahack*, e um termo para amigo, *chammay*, que pode ser a origem de "*chum*" [em inglês].

Smith também tinha um dom para se desvencilhar de situações difíceis. Durante uma viagem exploratória no final de 1607, ele dividiu um pequeno contingente e saiu para fazer reconhecimento sozinho com um guia índio, apenas para ser apanhado de emboscada e atingido na coxa por uma flecha. Ele agarrou o guia, usando-o como escudo humano enquanto disparava suas pistolas, mas no tempo que precisou para recarregar foi cercado e obrigado a se render.

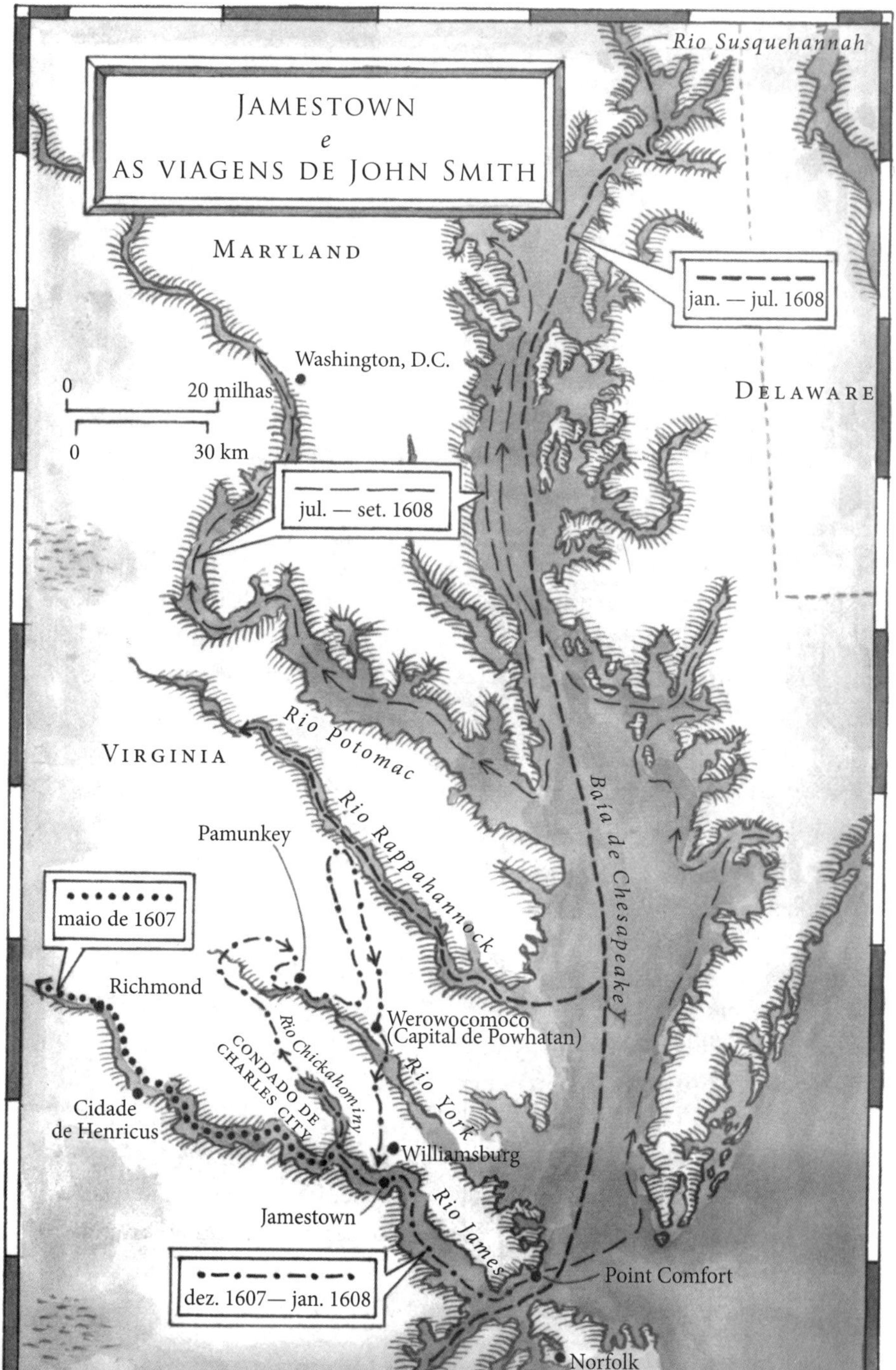
JAMESTOWN
e
AS VIAGENS DE JOHN SMITH
Rio Susquehannah
MARYLAND
jan. — jul. 1608
Washington, D.C.
0
20 milhas
0
30 km
DELAWARE
jul. — set. 1608
Rio Potomac
VIRGINIA
Rio Rappahannock
Pamunkey
Baía de Chesapeake
maio de 1607
Richmond
Werowocomoco
(Capital de Powhatan)
Rio Chickahominy
CONDADO DE CHARLES CITY
Rio York
Cidade de Henricus
Williamsburg
Jamestown
Rio James
Point Comfort
dez. 1607— jan. 1608
Norfolk

Pocahontas salva John Smith, do relato de Smith de seu salvamento, de 1624.

Quem capturara Smith fora o irmão de Powhatan, Opechancanough, um guerreiro orgulhoso que infernizaria a vida dos ingleses nas décadas por vir. Mas o capitão conseguiu atrair e cativar o chefe, pelo menos de acordo com seu próprio relato. "Eu o presenteei com uma bússola, descrevendo da melhor maneira que pude seu uso, diante do que ele se mostrou tão espantosamente admirado que me pediu que prosseguisse com um discurso sobre a redondeza da terra, o percurso do Sol, da Lua, das estrelas e dos planetas."

Smith foi levado para uma prolongada excursão por aldeias indígenas e trazido diante de Powhatan. O "sóbrio e majestoso" governante, de cerca de 60 anos, usava "cordões de enormes pérolas ao redor do pescoço" e se empoleirava num rico assento sobre plataforma, cercado por esposas e assistentes. No primeiro relato de Smith do encontro deles, publicado no ano seguinte, ele escreveu que

Powhatan o acolhera "com boas palavras e grandes travessas de provisões de coisas diversas".

Foi somente em 1624, 17 anos depois de sua captura, que Smith publicou a história conhecida por gerações de crianças americanas em idade escolar. "Duas enormes pedras foram trazidas e postas diante de Powhatan", escreveu ele. Então os ajudantes do chefe agarraram Smith e deitaram sua cabeça nas pedras. "Estando prontos com seus porretes para esmagar-lhe os miolos, quando nenhuma súplica convenceu Powhatan, Pocahontas, a filha mais querida do rei, tomou-lhe a cabeça entre os braços e deitou a sua sobre a dele para salvá-lo da morte."

O relato original de Smith sobre sua captura, em 1608, foi grandemente editado em Londres e publicado como propaganda da Companhia da Virginia. Sua quase execução não é mencionada, embora seja possível que a cena tenha sido censurada pelos editores. Também é possível que Smith tenha tirado sua história do relato espantosamente similar de Juan Ortiz, o espanhol cativo na Flórida que se tornou tradutor de De Soto. Em 1624, quando Smith publicou a dramática versão de seu salvamento, o relato de Ortiz estava disponível na Inglaterra e Pocahontas havia se tornado uma figura muito conhecida e admirada.

Mesmo que Smith realmente tivesse passado pela provação que descreveu, pode ter interpretado equivocadamente seu significado. Ele era novo na Virginia, os outros integrantes de seu grupo tinham acabado de ser massacrados, e os guerreiros de Powhatan, de acordo com todos os relatos, eram homens grandes e temíveis. Eles raspavam a cabeça de um lado, deixando o cabelo ficar comprido do outro e adornando-o com "a mão seca de seu inimigo", e enfeitavam as orelhas furadas com garras, ratos mortos e cobras vivas. Os guardas pessoais de Powhatan também eram "os homens mais altos que existiam em suas terras", escreveu Smith. Quando esses "sinistros cortesões" o agarraram e puseram-lhe a cabeça sobre uma pedra, ele tinha todos os motivos para esperar que estivessem prestes a esmagar-lhe os miolos a porretadas.

Mas é possível que Powhatan jamais tenha tido a intenção de matar seu cativo. Acredita-se que encenações de falsas execuções fossem parte de um ritual nativo, para testar a coragem de prisioneiros antes de adotá-los. De acordo com o relato do próprio Smith, tão logo Pocahontas interveio, Powhatan — que momentos antes parecia determinado a matar seu cativo — "mostrou-se satisfeito em deixar que vivesse para fazer machadinhas para ele e sinos, contas e cobre para ela".

Se a "salvação" de Smith por Pocahontas é questionável, existe ainda menos fundamento para a lenda do romance entre os dois. Na versão de desenho animado para cinema de Disney, Pocahontas é uma Barbie de seios fartos e feições vagamente asiáticas e Smith um boneco Ken louro. Em um filme recente para adultos, *O novo mundo*, o moreno bonito Colin Farrell se diverte com uma voluptuosa jovem atriz vestida em exíguas peles de gamo.

O verdadeiro Smith, a julgar por retratos, era hirsuto e sem graça. De Pocahontas existem muitas descrições, a começar pela de Smith: "Uma criança de 10 anos", escreveu ele, ela era linda de "traços, semblante e proporções", e possuía "espirituosidade e esperteza" que a tornavam a "pessoa incomparável" da Virginia.

Esse é um retrato lisonjeiro — de uma *criança*. Outro colono mais tarde a descreveu como uma "jovem garota" andando nua às cambalhotas por Jamestown, ainda sem idade para vestir o avental usado por índias na puberdade. Seu verdadeiro nome era Matoaka, e Pocahontas era um apelido de garotinhas significando "Pequenina Vivaz". A única sugestão de que Smith a viu sob uma luz mais madura foi a menção feita por ele, anos depois, de que seus inimigos em Jamestown espalharam o boato infundado de que ele planejava se tornar rei da Virginia ao se casar com Pocahontas. Na verdade ela se casou com outro John. Smith morreu solteirão.

Quer Pocahontas tenha ou não salvado Smith da execução, ela *de fato* salvou Jamestown. Certa noite, ela veio ao forte para avisar os ingleses de uma cilada que Powhatan estava lhes preparando. Em outras ocasiões, ela escondeu um mensageiro inglês e salvou um menino cativo cujos companheiros prisioneiros foram mortos. Também serviu de intermediária e visitante frequente ao forte, trazendo alimentos desesperadamente necessários em troca de bugigangas. O léxico algonquino de Smith inclui uma frase que se traduz como: "Peça a Pocahontas para trazer até aqui duas pequenas cestas e eu darei a ela contas brancas para fazer um cordão."

Com a ajuda de Pocahontas, a iniciativa de Smith e a chegada de mais colonos, a colônia problemática começou a tomar pé. À medida que outros membros do conselho morreram ou foram depostos, Smith ascendeu até se tornar presidente e agiu rapidamente para mobilizar os colonos indiferentes. "Aquele que não trabalhar não comerá", disse o capitão numa famosa declaração, "pois a labuta de trinta ou quarenta homens honestos e industriosos não será consumida para manter 150 vadios ociosos."

Sob o comando severo de Smith, os colonos realizaram treinamentos militares e escavaram um poço de "excelente água doce". Mas o que tornava Smith excepcional era sua percepção de que a sobrevivência na América significava viver como *americanos*. Os colonos plantaram 16 hectares de milho, sob a orientação de dois prisioneiros índios que "nos ensinaram como ordenar e plantar nossos campos". Os nativos também lhes mostraram como desmatar a terra cortando chanfros nos troncos de árvores e arrancar a casca de modo que as árvores apodrecessem. A certa altura, Smith dispersou seus homens entre as aldeias para viver da terra e aprender com os índios "como colher e usar os frutos tão bem quanto eles". Durante seu mandato de um ano como líder, quase não morreram ingleses, um sucesso sem precedentes.

Smith também foi o primeiro colono inglês a ver a tolice de seguir em busca de "áureas esperanças" de riquezas minerais e do sonho de uma passagem para o Pacífico. A verdadeira promessa da América, em sua opinião, estava em seu solo, madeiras, peixe, caça e outros recursos. E ganhar acesso a essa riqueza exigia mão de obra humilde e paciente, não os "donairosos" ociosos, os refinadores de metal, perfumistas e outros supernumerários que a Companhia da Virginia vivia enviando.

"Eu vos rogo", escreveu Smith a seus superiores em Londres, "enviem não menos que trinta carpinteiros, agricultores, jardineiros, pescadores, ferreiros, pedreiros e homens para cavar árvores, raízes, e bem equipados; depois um milhar desses como os que temos."

Smith não era um democrata; ele governava despoticamente e prezava muito seu escudo de armas feudal. Mas acreditava que poder e privilégio deveriam provir de mérito, não do nascimento. É "um alegre acontecimento", escreveu ele, herdar riqueza e honras. "Mas aquilo que é obtido por proeza e magnanimidade é o mais verdadeiro esplendor."

A opinião sobranceira que Smith tinha de si mesmo e seu desdém por superioridade de posição herdada o punham em desacordo com os homens bemnascidos que a Companhia da Virginia enviava para Jamestown. Um exemplo típico foi George Percy, o filho do conde, que insultava o capitão rebelde como "um sujeito ambicioso, indigno de confiança e vanglorioso, tentando se apoderar de toda a autoridade dos homens". Em 1609, os inimigos de Smith tramaram sua deposição como líder e podem ter tentado matá-lo. Durante uma viagem pelo rio, Smith estava dormindo em seu barco quando alguém "acidentalmente" ateou fogo à sua bolsa de pólvora, "que arrancou a carne de seu corpo e coxas, em 58 a 64 centímetros quadrados de uma maneira realmente terrível". Levado de volta para o forte, ele "não tinha condições de ficar de pé e quase perdeu a razão". Um navio estava prestes a partir para a Inglaterra e Smith zarpou de volta para casa, para nunca mais voltar a Jamestown.

AQUELES QUE FICARAM PARA administrar a colônia no lugar do capitão rapidamente a levaram à beira da ruína de novo. Pouco depois da partida de Smith, eles deram início a uma campanha de terror contra os índios, incendiando aldeias, pilhando os túmulos de "reis mortos", e decepando a cabeça e membros de nativos para obrigar as tribos a lhes dar alimentos. Smith, a despeito da dureza de seus métodos, sabia que esse tipo de tática resultaria em retaliação. Não deu outra, os nativos responderam massacrando grupos de mercadores, em um caso enchendo a boca dos cadáveres dos ingleses de comida, como advertência para quaisquer outros que "viessem em busca de pão e conforto entre eles".

George Percy, o novo líder da colônia, também fracassou em armazenar grãos, deixou as redes de pesca apodrecerem e enfureceu de tal modo os índios que eles mataram as centenas de porcos que Smith criava como suprimento de comida de reserva. Em resultado disso, os ingleses se viram, no final de 1609, de volta onde tinham estado dois anos antes, cercados e mal aprovisionados dentro de seu desafortunado forte. Exceto que agora havia cinco vezes mais colonos, competindo pela comida escassa durante um longo inverno que ficou conhecido como "o tempo da fome".

Quando as rações acabaram, os colonos comeram cavalos, cães, gatos, ratos e camundongos. Comeram sapatos, cozinharam a goma de seus colarinhos "num mingau gosmento" e devoraram excrementos. Quando não restou mais nada, comeram uns aos outros. "Alguns lamberam o sangue que havia caído de seus companheiros mais fracos", escreveu Percy. Outros desenterraram cadáveres. O nadir foi alcançado quando um homem matou a esposa grávida, "picou a mãe em pedaços e a salgou para servir-lhe de alimento". Percy executou o homem depois de extrair dele uma confissão pendurando-o pelos polegares.

De quinhentos colonos em Jamestown quando Smith partiu, no outono de 1609, apenas sessenta continuavam vivos em maio seguinte, quando uma frota de abastecimento chegou. Os recém-chegados tinham enfrentado seu próprio trauma depois de terem sofrido um naufrágio e ficado retidos em Bermuda durante quase um ano por causa de uma grande tempestade (uma estadia forçada que inspirou a peça de Shakespeare *A tempestade*). Em Jamestown, eles encontraram o portão do forte pendurado nos gonzos, paredes destruídas para servir de lenha e sobreviventes enlouquecidos, "tão magros que pareciam anatomias", correndo nus pelo forte e gritando: "Estamos famintos. Estamos famintos."

O governador recém-chegado concluiu que não havia esperança de ressuscitar Jamestown e ordenou sua evacuação. Essa notícia foi recebida com "uma aclamação geral e gritos de alegria". Em 7 de junho de 1610, apenas pouco mais de três anos depois da fundação de Jamestown, os ingleses abandonaram o forte, "com uma salva de chumbo miúdo". Como tantas outras empreitadas do Novo Mundo antes dessa, a Virginia tinha fracassado.

Então veio mais um *deus ex machina*. Depois de navegar um pequeno trecho em direção ao mar, Percy escreveu: "Subitamente avistamos um navio vindo em nossa direção." Seu capitão era inglês e ele anunciou a chegada de uma frota trazendo 150 novos colonos e um suprimento de provisões para um ano. "Diante do que", escreveu Percy, "todos nós voltamos para James Town."

Mal concebida, abandonada e miraculosamente salva há quatro séculos, Jamestown ainda passa a impressão de ser uma órfã dos primeiros tempos da América. Plymouth, fundada 13 anos depois, é uma estrela de rock para turistas. Do mesmo modo o é Williamsburg, que fica a apenas pouco mais de 18 quilômetros de Jamestown, e é o assentamento que a suplantou como capital da Virginia em 1699. Mesmo as parcas ruínas em Roanoke Island, predecessora fracassada de Jamestown, atraem mais turistas anualmente do que a primeira colônia inglesa permanente na América.

Um dos motivos para esse relativo abandono é a surra que Jamestown tomou de gerações de historiadores, em particular os da Nova Inglaterra do século XIX. Ansiosos para ungir Plymouth como o local do nascimento da América, eles apresentam os primórdios da história inglesa como um drama popular moralista regional. Os peregrinos, no frígido estado de Massachusetts, venceram com dificuldade por meio da força da piedade religiosa e do trabalho coletivo devotado. Os virginianos, seus gêmeos sulistas degenerados, eram gananciosos, ímpios, dominados pela hierarquia rígida de classes e indolentes, jogando boliche nas ruas enquanto o assentamento apodrecia ao seu redor.

Na opinião dos ianques, não só Jamestown era uma desgraça; mas seu fundador era um mentiroso colossal, conforme se evidenciou pelas muitas versões de seu salvamento por Pocahontas. Henry Adams, que disparou uma famosa banda de artilharia contra Smith pouco depois da Guerra Civil, viu sua salva de artilharia como "um ataque contra a aristocracia da Virginia", que ele tanto desprezava. Embora as paixões regionais mais tarde esfriassem, muitos historiadores do século XX foram igualmente duros. Em 1975, Edmund Morgan classificou Jamestown como um "fiasco" que resistiu, a despeito dos piores esforços de seus colonos.

Os despojos físicos de Jamestown se saíram tão mal quanto sua reputação. Semiabandonado ao final dos anos 1600, a maior parte do sítio onde se localizara a colônia foi coberto por plantações, e depois enterrado sob um forte confederado. O istmo ligando a península à costa foi levado pelas águas, transformando Jamestown numa ilha. Só em 1893 foi que a graciosamente denominada Associação para a Preservação de Antiguidades da Virginia comprou um canto da ilha, que se tornou um pequeno parque histórico que ainda evoca suas origens vitorianas.

A estátua de Pocahontas do parque retrata a garota índia nua como uma mulher de cerca de vinte anos, modestamente trajada em um vestido de pele de gamo. Nas proximidades, ergue-se uma estátua gigantesca de John Smith, de mão no punho da espada, olhando com expressão resoluta em direção ao rio. A igreja restaurada da colônia tem as paredes cobertas por placas comemorativas bolorentas colocadas por grupos como a National Society of Colonial Dames homenageando os "Antigos Plantadores da Virginia".

Até recentemente, não havia muito mais para ver. Quando o arqueólogo William Kelso a visitou pela primeira vez nos anos 1960 e perguntou pelo forte inglês, um guarda do parque apontou para um cipreste no rio e disse:

— O senhor chegou tarde demais, está lá no meio. — Acreditava-se que a ponta de terra onde o forte ficava tivesse sido erodida e levada pelo James.

Quarenta anos depois, encontrei Kelso, um homem esguio de cabelos brancos, de shorts e sapatos esporte, peneirando areia numa escavação à beira do rio.

— Creio que sou uma pessoa com uma tendência para questionar o que ouve — disse ele. Nascido e criado em Ohio, Kelso havia aprendido na escola os ditames da linha convencional: — Jamestown foi um fracasso — recitou ele —, uma nota de rodapé do triunfo de Plymouth. — Mais tarde, quando se tornou arqueólogo na Virginia, Kelso vivia ouvindo afirmações de que o sítio de Jamestown era um buraco vazio, exatamente como lhe tinham dito em sua primeira visita. Mas, nos anos 1990, ele e uma equipe de colegas decidiram escavar para dar mais uma olhada.

Ao longo de uma década, eles haviam desenterrado linhas de valas e buracos de mourões delineando as fundações do forte de Jamestown, das quais apenas 15% haviam sido levadas pelas águas. Também encontraram sítios de casas, dúzias de túmulos e milhares de artefatos. Conforme acabou por se revelar, havia mais da Jamestown histórica do que jamais havia sido encontrado de Roanoke ou da colônia original de Plymouth. Para o olhar contrariador e obstinado de Kelso, a arqueologia também contradizia grande parte do saber convencional a respeito dos primeiros tempos da Virginia.

— É fácil encontrar fracasso por aqui — observou —, mas isso não é a história inteira. Também houve gente capaz e trabalhadora e boas decisões foram tomadas.

Usando sua espátula como apontador, Kelso desenhou um plano e a silhueta do forte. Era triangular, ocupava o terreno mais alto da ilha e fora construído com baluartes, um fosso e um arco de fortificações defensivas, tudo de acordo com a última palavra em engenharia militar do princípio do século XVII. Os colonos haviam construído o forte em três semanas — espantosamente depressa, porque tiveram que cavar uma trincheira de 305 metros e cortar estacas e erigir uma paliçada de cerca de 4,5m.

— Homens que estivessem de vadiagem e desorganizados — declarou Kelso — não poderiam ter feito isso.

Também havia sinais indicativos de que os colonos se adaptaram rapidamente ao ambiente. Despindo-se de suas armaduras quentes e pesadas, eles as fundiram e reutilizaram para fazer baldes e outros artigos. Fizeram as paredes laterais de suas casas com telhas finas de casca de madeira em estilo índio, que eram mais frescas que as paredes de barro comuns na Inglaterra. E os arqueólogos encontraram vestígios consideráveis de trabalho de artesanato e indústria, inclusive tijolos, vidro, pregos e barris fabricados localmente.

— As ordens deles eram de produzir mercadorias para exportação — disse Kelso —, e com certeza fizeram uma bela tentativa coletiva.

Se a suposta ociosidade dos colonos havia sido exagerada, o sofrimento deles não foi. Kelso me mostrou marcações de terra delineando locais de covas, como riscas feitas com giz numa cena de crime. Até o momento, os despojos de 72 pessoas haviam sido encontrados, com frequência, empilhadas umas sobre as outras em covas rasas sem roupas nem mortalha. Metade estava na casa dos vinte ou era mais jovem. Seus ossos apresentavam sinais de trabalho braçal, má alimentação e violência. Uma mulher tinha cinco dentes na cabeça. O joelho de um rapaz tinha sido despedaçado por uma bala, a perna de outro, perfurada por uma flecha. Um pedaço de crânio, fraturado por trauma violento, foi encontrado numa cova de lixo, descartado depois de uma tentativa fracassada de perfurá-lo para salvar a vida do homem. Os arqueólogos também tinham encontrado instrumentos médicos rústicos tais como a *spatula mundani*, uma colher estreita usada para tratar casos de extrema constipação intestinal por meio da extração das fezes duras.

Em 1610, no final do tempo da fome, os sobreviventes em Jamestown ocupavam uma virtual necrópole: os mortos superavam em número os vivos em aproximadamente dez para cada um.

— Se você estiver procurando por indicações de fracasso — disse Kelso, agitando a espátula sobre as covas coletivas cheias —, lá estão elas.

Mas, mais uma vez, a pesquisa de campo no sítio dava diferenças sutis à história. Análises de cortes de troncos de árvores para reconstruir a cronologia de precipitações e temperatura, mostravam que Jamestown, como Roanoke, fora colonizada durante o início de um rigoroso período de estiagem. Apenas duas enxadas haviam sido encontradas, indicação de que a Companhia da Virginia havia falhado ao equipar os colonos para a atividade agrícola. Quaisquer safras que os ingleses tivessem plantado teriam fracassado, aumentando a pressão para tomar alimento dos índios, cujas colheitas também teriam sido prejudicadas; Smith observou em 1608 que os nativos tinham pouco com que negociar: "Suas plantações de milho naquele ano foram mal." O conflito entre colonos e índios era, pelo menos em parte, uma desesperada luta darwiniana.

— O essencial e o mais importante é que Jamestown resistiu — disse Kelso, retornando a seu trabalho. — Isso é sucesso, mesmo que não tenha sido bonito. E, se considerarmos o que as pessoas aqui tiveram que superar, é um milagre que quaisquer delas tenham sobrevivido.

A FROTA DE ABASTECIMENTO que preveniu o abandono de Jamestown em 1610 trouxe um novo governador, lorde De La Warr, e uma dura mudança de diretrizes. Para pôr fim ao caos, o conselho da colônia de Londres autorizou a supressão impiedosa de dissidências internas e ameaças externas. De La Warr e seus sucessores introduziram a lei marcial, o açoitamento de colonos por infrações, tais como faltar à igreja. Uma segunda ofensa no caso de blasfêmia era punida com ter uma lanceta enfiada através da língua. Colonos que desertassem ou roubassem do armazém eram enforcados, queimados, "submetidos ao suplício da roda", e amarrados a árvores até morrerem de inanição. Até roubar flores do jardim de outro colono se tornou uma ofensa de pena capital.

Para os índios o novo regime era ainda mais cruel. Logo depois da chegada de De La Warr, os ingleses atacaram uma tribo vizinha que havia importunado a colônia desde a sua fundação. Uma tropa liderada por George Percy "passou em torno de 15 ou 16 à espada", incendiando casas e milho. Depois de decapitar um prisioneiro, Percy levou a "rainha" da tribo e seus filhos para bordo de um barco inglês. Mas seus soldados começaram a "murmurar" por conta do fato de serem poupadas. "Ficou acertado", escreveu Percy, "matar as crianças, o que foi levado a efeito atirando-as pela borda e arrebentando-lhes os miolos à bala quando estavam na água."

Quando Percy retornou a Jamestown, lorde De La Warr ficou descontente; a "rainha", disse ele, deveria ser queimada. De início, Percy refugou. "Tendo visto tanto derramamento de sangue naquele dia", escreveu ele, "eu não queria ver mais e quanto a queimá-la eu não achava apropriado." No que se passava por misericórdia em Jamestown, Percy deu à rainha "um fim mais rápido". Os soldados levaram-na para o meio da mata e "passaram-na à espada".

Vários anos de combates selvagens se seguiram. Então, em 1613, Pocahontas veio resgatá-los mais uma vez, embora não por vontade própria. Um homem do mar chamado Samuel Argall soube que ela estava visitando uma tribo no Potomac e decidiu "tomar posse dela por não importa qual estratagema", para oferecê-la em troca de prisioneiros, armas e ferramentas que Powhatan havia tomado dos ingleses. Com ameaças e subornos, Argall convenceu o chefe do Potomac a trazer Pocahontas para bordo de seu navio, onde ele lhe ofereceu um banquete e depois a confinou. "Ela começou a ficar extremamente pensativa e descontente", escreveu um colono. Argall enviou um mensageiro a Powhatan para informá-lo do sequestro e exigir a entrega de cativos e propriedades ingleses e uma grande quantidade de milho. "Então ele teria sua filha de volta; caso contrário, não."

Powhatan devolveu sete prisioneiros, algumas ferramentas e armas e uma pequena quantidade de milho. Mas os ingleses não ficaram satisfeitos. Durante quase um ano esperaram o resgate completo. Então levaram Pocahontas e 150 homens para ir receber pessoalmente. Depois de um tenso impasse e nenhuma resposta de Powhatan, Pocahontas foi a terra e se encontrou com vários de seus parentes informando-os secamente: "Se seu pai a tivesse amado, ele não lhe daria menos valor que a velhas espadas, peças [armas] ou machados: portanto, ela continuaria a morar com os homens ingleses, que a amavam."

Um dos colonos com certeza a amava. Durante o cativeiro de Pocahontas ela vivera com um ministro que lhe ensinara inglês e o catecismo cristão. Na época com cerca de 16 anos, ela também acabara por conhecer John Rolfe, um colono já bem entrado na casa dos 20 anos que recentemente enviuvara. Desde a sua chegada à Virginia, alguns anos antes, Rolfe vinha fazendo experiências com sementes de tabaco do Caribe. Ele também se apaixonara perdidamente.

Numa extraordinária carta para o governador da colônia, Rolfe escreveu que seus sentimentos por Pocahontas "já por muito tempo se tornaram tão emaranhados e enfeitiçados num labirinto tão complexo, que eu já me exauri de dele tentar me libertar". Ao confessar "essas paixões de minha angustiada alma", Rolfe se expunha a algum perigo. Os ingleses consideravam a união com nativos pagãos um grave pecado. Rolfe, um homem devoto, sabia "do terrível desagrado que Deus todo-poderoso concebia contra os filhos de Levie e Israel por se casarem com esposas estrangeiras". Seu amor por uma mulher que era membro de um povo "bárbaro" e "maldito" também o expunha ao desprezo dos colonos, que iriam "me reprovar ou me insultar".

Mas Rolfe estava fascinado, incapaz de controlar "as muitas paixões e sofrimentos pelos quais todos os dias, todas as horas e anos, e durante meu sono tenho suportado". Seu tormento, ele assegurou ao governador, não era "o desejo irrefreado de afeição carnal". Em vez disso, ele se sentia obrigado a se casar com Pocahontas para salvar a alma dela e a dele. Ela queria se tornar cristã, escreveu ele, possuía a "capacidade de entendimento" para fazê-lo, e dava "fortemente a aparência de me amar".

Nós só temos as palavras de Rolfe como indicação da afeição de Pocahontas. De acordo com outro colono, Pocahontas já era esposa de um guerreiro índio chamado Kocoum, de quem nada mais se sabe. Quaisquer tenham sido os sentimentos dela por Rolfe, a perspectiva do casamento deles era atraente para todo mundo. Tanto os índios quanto os ingleses estavam esgotados por guerras e buscavam uma saída que salvasse as aparências. Não tendo conseguido receber o resgate inteiro por Pocahontas, o governador, "pelo bem da plantação", aprovou seu casamento, e Powhatan fez o mesmo.

Em abril de 1614, ela foi batizada "Rebecca" (como a noiva bíblica de Isaac, a quem Deus disse, "duas nações *há* no teu ventre, um povo será mais forte do que o outro povo, e o maior servirá o menor") e se casou com Rolfe, com dois de seus irmãos e um tio presentes. "Desde então", escreveu um colono mais tarde naquele ano, "temos tido negociações e comércio amistosos não apenas com o próprio Powhatan, mas também com seus súditos por toda parte ao nosso redor; de modo que agora não vejo nenhum motivo por que a colônia não deva prosperar."

A colônia de fato começou a prosperar, graças não só à paz que se seguiu ao casamento, mas também à introdução feita por Rolfe de tabaco das Índias Ocidentais. A variedade da erva nativa da Virginia, escreveu um colono, era "fraca e de um sabor amargo", e rendia apenas uma pequena folha por planta. As espécies importadas tinham um sabor mais rico e doce, e cresciam em pés de ramos, altos e folhosos. Passados alguns anos, os colonos estavam plantando tabaco e mais nenhum outro produto agrícola e exportando-o às toneladas, com lucros imensos. O tabaco foi o ouro que os europeus tinham por tanto tempo procurado na América do Norte e nunca encontraram.

Em 1616, os Rolfe partiram para Londres com o filho de um ano, Thomas. A viagem foi patrocinada pela Companhia da Virginia para alardear o sucesso da colônia e a "civilização" dos seus nativos. A viagem também deu a Powhatan uma oportunidade de espionar a Inglaterra. Ele enviou junto um sacerdote de sua confiança, Tomocomo, dizendo-lhe que registrasse o número de pessoas que visse na Inglaterra com "riscas numa vara", de modo que Powhatan pudesse julgar se as "multidões" a respeito das quais ouvira falar realmente existiam. O sacerdote logo teve que abandonar seu censo, e ficou igualmente estarrecido diante das plantações abundantes e árvores da Inglaterra; ele disse que os índios acreditavam que os colonos "vinham para a terra deles para se abastecer dessas deficiências".

Tomocomo também estava encarregado de descobrir que destino tivera John Smith, a quem Powhatan e seu povo, evidentemente, admiravam. Por meses depois da chegada dos Rolfe, o capitão se manteve distante. Quando ele finalmente apareceu, seu encontro com Pocahontas foi uma experiência constrangedora. A garota índia nua, que Smith havia conhecido uma década antes, agora era uma esposa, mãe e cristã, "e havia se tornado muito formal e bem-educada à nossa moda inglesa". Ao reencontrar Smith, escreveu ele, ela lhe ofereceu uma "modesta saudação" e "sem nem uma palavra lhe deu as costas, escondendo o rosto, como se parecendo não muito satisfeita".

Retrato de Pocahontas (também conhecida como Matoaka e Rebecca Rolfe) em Londres, 1616.

Só mais tarde ela por fim falou, recordando Smith das muitas promessas que ele fizera a Powhatan. "O que era seu deveria ser dele", disse ela. "O senhor o chamou de pai, estando na terra dele e sendo um estranho." Entretanto Smith deixara a Virginia e depois disso os ingleses "sempre nos disseram que o senhor estava morto". Os índios duvidaram disso, acrescentou ela, "porque seus compatriotas mentem muito". E com esse comentário amargo, Smith concluiu seu breve relato da visita.

Ele observou com prazer, contudo, que Pocahontas causara grande impressão em "diversos cortesãos" que a conheceram em Londres. "Eles já viram muitas damas inglesas menos favorecidas e bem-proporcionadas fisicamente, e menos apropriadas em termos de comportamento." Ela foi a bailes e peças de teatro em companhia de lordes e ladies, inclusive o baile de máscaras da véspera da Noite de Reis em Whitehall Palace.

Pocahontas também posou para um retrato, a única imagem dela que sobrevive nos dias de hoje. O artista, ou seu patrono, quis deliberadamente retratar Pocahontas como uma dama inglesa completa. De semblante sério e postura rígida, formal, ela é apresentada em trajes palacianos — mangas bufantes, capa de veludo bordada, gola de renda engomada e um chapéu alto de feltro —, empunhando um leque de plumas de avestruz. Exceto pelas maçãs do rosto altas e olhos amendoados penetrantes, é quase irreconhecível como uma índia.

Àquela altura, é possível que ela não se sentisse mais índia. Pocahontas conhecera os ingleses ao longo da metade de seus vinte anos e vivera entre eles, como Rebecca Rolfe, durante os últimos três. Mulher excepcionalmente intrépida — a imagem espelhada de John Smith —, ela havia habitado três mundos distintos no breve espaço de tempo de sua vida: Tsenacomacoh (o nome índio do reino de Powhatan), a Virginia colonial e a Inglaterra da dinastia Stuart. Depois de ter cruzado o Atlântico, Pocahontas deu sinais de querer ficar. Em janeiro de 1617, um londrino escreveu que John Rolfe estava se preparando para voltar para a Virginia com sua esposa "muitíssimo contra a vontade dela".

Então, enquanto esperavam por ventos favoráveis, Pocahontas e Thomas adoeceram. Não há registros de quaisquer sintomas, mas os Rolfe anteriormente haviam se mudado de Londres para um vilarejo no campo: "Sentindo-se incomodados pela fumaça da cidade." Pocahontas e seu filho podem ter sofrido de uma doença respiratória, possivelmente tuberculose.

Depois de finalmente partirem, os Rolfe haviam percorrido apenas um pequeno trecho descendo o Tâmisa em direção ao mar quando o estado de Pocahontas se agravou demais para que seguisse viagem. Ela foi levada para terra em Gravesend, para um chalé ou taberna próximo ao embarcadouro. De acordo com o registro de uma igreja local: "21 de março. — Rebecca Wrothe esposa de Thomas Wroth cavalheiro. Dama nascida na Virginia, aqui foi enterrada em Chauncell."

Essa breve entrada, a grafia errada de seu sobrenome e a confusão entre o nome de seu marido e o de seu filho, é o único registro da morte de Pocahontas em Gravesend. Filha de um rei índio e uma celebridade em Londres, ela era apenas mais uma viajante no movimentado porto fluvial. A igreja em que foi enterrada se incendiou um século depois e seus muitos túmulos se misturaram. Até os dias de hoje, ninguém sabe precisamente onde se encontram os despojos de Pocahontas.

"A morte de minha esposa é muito lamentada", escreveu John Rolfe numa carta dois meses depois de seu enterro. Ela fora consolada no final, dizia ele, pela aparente recuperação do filho de dois anos. "Todos têm que morrer", disse ela ao marido, "mas bastava-lhe que seu filho vivesse."

O menino quase não sobreviveu. Antes que o navio deixasse a costa da Inglaterra, a saúde de Thomas piorou. Rolfe relutantemente o deixou em Plymouth, aos cuidados de um almirante, e providenciou para que um de seus irmãos viesse buscá-lo. Rolfe então retornou à Virginia, onde se tornou um alto funcionário, se casou uma terceira vez com uma inglesa e teve uma filha antes de morrer em 1622, sem nunca mais ter voltado a ver Thomas.

Thomas Rolfe recuperou a saúde e se mudou de volta para a Virginia com cerca de 20 anos, para uma grande plantação que havia herdado do pai. Ele parece ter assumido uma identidade inteiramente inglesa e ter sido aceito como tal. Thomas se casou com a filha de um importante colono e fez apenas uma única visita aos seus parentes índios, em 1641. Pouco tempo depois, tornou-se oficial na milícia colonial, que sufocou uma rebelião índia em 1644, efetivamente destruindo o mundo em que sua mãe fora criada.

Thomas Rolfe morreu por volta de 1675, tendo se tornado, como escreveu um historiador de época, "uma pessoa de fortuna e distinção neste país".

JOHN ROLFE, MARIDO de Pocahontas e cultivador de tabaco pioneiro, foi tão importante para a sobrevivência da Virginia quanto sua esposa ou o capitão que ela supostamente salvou. Ao fazer experiências com sementes e técnica de cultivo de tabaco, Rolfe transformou Jamestown de uma empreitada incipiente, em dificuldades, num negócio vicejante. Seu casamento propiciou um período de calma que deu à colônia espaço e tempo para tomar fôlego, crescer e prosperar. A união também deu esperança aos ingleses de que seus vizinhos índios pudessem ser pacificamente "civilizados" e cristianizados.

Mas, nos séculos que se seguiram à morte de Rolfe, ele foi gradualmente apagado da memória americana. Quando afinal escritores nos recém-nascidos Estados Unidos começaram a celebrar Jamestown, muitos estados haviam proibido o casamento entre índios e brancos, o que tornava a união dos Rolfe embaraçosa. John Smith, por outro lado, parecia um modelo perfeito para o papel de herói americano: homem de ação e ousadia, que se fez por seus próprios méritos, individualista, iconoclasta. Seu "salvamento" por Pocahontas também amenizava a história da subjugação dos índios pelos europeus. Na arte e na escrita, Pocahontas desabrochou, transformando-se numa donzela núbil, abraçando o bravo capitão contra o peito. O que aconteceu depois — seu sequestro, casamento com outro homem e morte prematura — foi praticamente esquecido.

"John Rolfe não é nosso ancestral", escreveu Vachel Lindsay num poema de 1917, "Our Mother Pocahontas" (Nossa mãe Pocahontas). "É da alma dela que nós nascemos."

No parque histórico de Jamestown não há nenhuma estátua de Rolfe, apenas de Smith e de Pocahontas. Dentro da igreja nas vizinhanças, memoriais em bronze e mármore a Smith e Pocahontas ficam dispostos lado a lado, como pedras tumulares de cônjuges. Uma pequena placa comemorativa em homenagem a Rolfe, erigida pela Associação de Tabaco dos Estados Unidos, observa da parede oposta.

Quando voltei ao parque no Dia do Desembarque, a comemoração anual da fundação de Jamestown em maio de 1607, uma das atividades era um tour conduzido por Richard Cheatham, em trajes coloniais, desempenhando o papel de John Rolfe. Somente três outros visitantes o seguiram através do parque.

— Na melhor das hipóteses, você encontrará Rolfe em alguns livros de colorir para crianças — queixou-se Richard mais tarde, enquanto comíamos um sanduíche no Jamestown's Starving Time Café. — Rolfe era um inovador, um homem receptivo no trabalho e no amor. Seria de se imaginar que essas sejam qualidades apreciadas pelos americanos, mas o único John em Jamestown em quem as pessoas estão interessadas é Smith.

Havia uma exceção para essa regra. Uma vez que Smith morreu sem deixar filhos, ele era de interesse reduzido para americanos que prezavam seus laços de sangue com os primeiros tempos da Virginia. Esses descendentes eram uma presença conspícua no Dia do Desembarque: elegantemente vestidos, formavam um grupo fechado junto a um monumento aos fundadores de Jamestown, animadamente trocando credenciais genealógicas enquanto examinavam os broches nos ternos e vestidos uns dos outros.

— As origens de minha família remontam aos Rolfes, Paines, Wares e Woodsons.

— É mesmo? Eu descendo da linhagem da família Winston. Também tenho parentesco com a família Bolling.

— Você está no DAR, o registro de Filhas da Revolução Americana?

— Benzinho, não tenho busto para usar todos aqueles broches.

Enquanto discretamente ouvia a conversa daquelas pessoas, me recordei dos maoris na Nova Zelândia, que se apresentam em cerimônias recitando trinta gerações de ancestrais. A genealogia da Virginia parecia, se é que isso fosse possível, ainda mais labiríntica.

— Nós temos as nossas damas coloniais, os descendentes de antigos plantadores, a sociedade de Jamestowne, e as primeiras famílias da Virginia — explicou uma das presentes ao Dia do Desembarque, Betty Fitzgerald, enumerando uma breve lista de sociedades de ancestrais. Cada grupo tinha suas regras próprias de qualificação para aceitação, geralmente relacionadas à data de chegada e status do ancestral do indivíduo. Algumas associações exigiam um "duplo legado", ou laço de sangue com duas famílias de distinção da Virginia, muitas das quais tinham se casado entre si em tempos coloniais. — São como caminhos de ratos silvestres no quintal — comentou Betty. — As linhagens passam por cima e por baixo umas das outras e fazem túneis em círculos.

A linhagem mais reverenciada era a que remontava a John Rolfe e Pocahontas. O filho único deles, Thomas, também tivera apenas um descendente, uma filha chamada Jane. Ela se casara com um rico plantador, Robert Bolling, e tivera um filho antes de morrer no mesmo ano, provavelmente de complicações do parto. Bolling se casara de novo e tivera mais sete filhos. Isso significava que alguns Bolling descendiam de Pocahontas e muitos não.

— Você tem de perguntar às pessoas: "Você é um Bolling pele-vermelha" ou um "Bolling branco"? — explicou Sam Tarry. A linhagem dele era Bolling pele-vermelha.

— Eu também! — exclamou uma mulher. — Pocahontas é minha bisavó em oitavo grau. — Isso significava botar oito "bisavós" antes de "avó" para abranger as gerações entre ela e Pocahontas.

Falando em termos genéticos, um laço de família atenuado a esse ponto é quase insignificante: levantar dez gerações para trás resulta numa coleção de genes de milhares de ancestrais. Mas mesmo uma tênue ligação com Pocahontas há muito tempo tem sido reverenciada na Virginia. Em 1924, o estado aprovou "uma lei para preservar a integridade racial", que segregava qualquer indivíduo com algum vestígio de herança "não caucasiana". Os legisladores inseriram uma cláusula conhecida como a Exceção de Pocahontas, isentando virginianos com "um 16 avos ou menos" de sangue índio e "nenhum outro sangue não caucasiano".

Ainda mais barroco era o Grau de Pocahontas (*Degree of Pocahontas*), um grupo que realizava anualmente um Dia em Memória da Princesa Pocahontas em Jamestown. Pouco depois do Dia do Desembarque, fui visitar uma líder local do grupo em sua casa, a 32 quilômetros do parque histórico. Uma mulher alta, esguia, de olhos escuros, de pouco mais de 60 anos, Sandra Dye trabalhava durante o dia num parque de trailers, mas passava muitas noites cuidando de seus deveres de "Pocahontas Empossada" do Conselho Onawa Número 38.

— Meu pai e meu avô eram peles-vermelhas (*Red Men*) — disse ela, enquanto nos acomodávamos no sofá em sua sala de estar. — De modo que creio que Pocahontas esteja em meu sangue.

Sandra não afirmava isso de maneira literal. Com o livro de novecentas páginas em sua mesinha de frente de sofá *History of the Improved Order of Red Men and Degree of Pocahontas*, eu descobri que a Ordem dos Peles-Vermelhas era uma associação secreta, fundada em 1813, e descendia de grupos coloniais que adotavam as insígnias e os trajes cerimoniais indígenas como símbolo de liberdade e desafio (os Filhos da Liberdade tinham feito isso de forma renomada durante o incidente conhecido como a Boston Tea Party ou a Festa do Chá).

Só brancos de sexo masculino pertenciam à Ordem dos Peles-Vermelhas. Eles formavam "tribos" e "wigwams" lideradas por um "Sachem" ou "grande cacique sênior". No final do século XIX, a ordem criou uma seção para mulheres, o Grau de Pocahontas, que adotou seus próprios títulos.

— Eu já fui uma "grande Pocahontas" e "grande guardiã do Wampum" — disse Sandra. Isso significava que ela havia ocupado os cargos de chefe do conselho de estado e tesoureira. Na hierarquia se incluíam outros postos, como grande profetisa e grande Minnehaha. Novos membros eram iniciados com rituais e sinais "índios". Sandra não podia me dizer nada mais que isso.

— É secreto.

Até recentemente a Ordem dos Peles-Vermelhas e o Grau de Pocahontas também tinham uma face pública. Os conselhos participavam de desfiles e outros eventos cívicos, os homens usando cocares índios e peles de gamo e as mulheres trajadas em vestidos de pele de veado e faixas na cabeça. Então, em 1990, os índios de verdade começaram a reclamar.

— Eles não gostam de caras pálidas usando seus trajes cerimoniais, porque têm significado especial — disse Sandra. Funcionários do parque de Jamestown pediram às mulheres membros do Grau que parassem de usar peles de gamo no Dia em Memória da Princesa Pocahontas. Elas agora usavam vestidos brancos.

— É triste, porque quando usávamos nossos trajes cerimoniais atraíamos uma multidão de gente — disse Sandra. — Os turistas costumavam perguntar: "Que tipo de índia você é?" E eu respondia: "Não sou índia, sou descendente de alemães e ingleses." Mas eu achava que estávamos atraindo atenção para os problemas dos índios. Não estávamos sendo desrespeitosos.

Perguntei a Sandra se ainda tinha sua fantasia.

— Ah, é claro. — O rosto dela se iluminou. — Eu vou buscar. — Ela foi para o segundo andar e voltou alguns minutos depois usando colares de contas, mocassins e um vestido de couro franjado com uma abertura até o alto da coxa. — Tenho esta linda fantasia e nunca mais tive oportunidade de usá-la — comentou, girando num círculo. — Quando eu tinha cabelo mais comprido, costumava usá-lo num rabo de cavalo.

Sandra sentou no sofá e retomamos nossa conversa. Um tanto constrangido por sua transformação em donzela índia, perguntei se ela se identificava com Pocahontas.

— Totalmente. Liberdade, amizade e caridade são os preceitos do Grau, e essa lição é que nos foi ensinada por Pocahontas.

— Por que a senhora acha que ela ajudou os ingleses?

— Ela era fascinada por John Smith, e por justo motivo — disse Sandra. — Sou romântica o bastante para imaginar que ela não quisesse ver aquele belo desconhecido ter a cabeça cortada fora.

O Grau tinha dado continuidade aos princípios do espírito benevolente de Pocahontas. Até certa época fornecia alimentos e roupas para crianças índias; atualmente a maior parte de seu fundo de caridade ia para a Make a Wish Foundation. Os membros também contribuíam para a manutenção da igreja e do cemitério em Gravesend, onde Pocahontas estava enterrada.

Mas os peles-vermelhas e sua seção feminina vinham enfrentando dificuldades. Desde seu auge na década de 1920, quando contavam meio milhão de membros, a Ordem e o Grau haviam minguado para menos de 20 mil integrantes. O conselho de Sandra contava, agora, apenas com 25 mulheres, de duzentas da época em que ela havia entrado para o grupo nos anos 1970. Os peles-vermelhas locais "não tinham mais uma tribo operando", disse ela.

Sandra atribuía esse declínio à vida doméstica moderna.

— Nós não podemos competir com *Survivor* e *American Idol* — comentou. — E tantas mulheres trabalham e têm atividades adicionais em casa. Ninguém tem tempo nenhum. O Lions e outros grupos de associação têm todos o mesmo problema.

Sandra pressionou as palmas das mãos contra o vestido franjado.

— Pelo menos, se comparados com os clubes Moose and Shriners — observou —, temos as roupas mais bonitas.

No dia seguinte, fui me encontrar com outra mulher num vestido de pele, e ela, realmente poderia ter passado por Pocahontas. Em 1611, ansiosos por estabelecer uma base melhor do que a fétida Jamestown, os colonos fundaram a Cidade de Henricus nas terras altas e próximas à cabeça do rio James, 128 quilômetros a oeste. Eles construíram um grande assentamento, que incluía o primeiro hospital e fundava o primeiro estabelecimento de ensino superior na América inglesa um ano antes de os peregrinos desembarcarem. Foi em Henricus que John Rolfe fez suas experiências com tabaco e conheceu Pocahontas.

Em 1622, uma revolta dos índios destruiu a cidade incipiente e ela nunca se recuperou. Tudo que ainda resta hoje é um forte reconstruído e uma aldeia índia. Quando cheguei, numa manhã fresca de primavera, a única pessoa à vista era uma bela jovem de pele morena, longos cabelos negros e olhos castanho-escuros. Trajada num vestido de pele de veado franjado e com colares de contas, ela estava ajoelhada numa horta, cuidando de pirâmides de terra.

— Eu sou uma índia creek e nós éramos construtores de montes — galhofou ela, indicando as pilhas de terra. Na verdade, estava plantando produtos agrícolas como os índios da Virginia faziam antigamente, em pequenos cones de terra para conservar a umidade. Também espalhava os montes, uma vez que os índios não tinham animais de tração nem arados para formar fileiras ordenadas. — Eu não tenho o direito de fumar isso... só os homens tinham e, na maior parte das vezes, cerimonialmente — declarou, arrancando uma folha de tabaco em forma de polegar. — Mas, quando você faz a colheita manual, ele penetra em seus poros e lhe dá uma ligação das boas.

Melanie Wright tinha sido criada nos arredores de Jamestown, numa família de descendência creek da Georgia. Mas se sentia mais à vontade desempenhando o papel de índia da Virginia, primeiro em Jamestown e agora em Henricus.

— É difícil interpretar sua própria história: é pessoal demais, especialmente os fracassos — comentou ela. — Aqui eu sou outra pessoa, e tenho esta aldeia só para mim.

Ela me conduziu para além dos montes de milho, abóbora e feijões, dos quais cuidava junto com o tabaco. Poucos visitantes demonstravam grande entusiasmo pela agricultura indígena.

— Mas, quando estou limpando peles e fico coberta de sangue e tripas — disse ela, fazendo uma pausa ao lado de uma vara com couros crus —, isso realmente deixa os rapazes ligados. Ficam todos ao meu redor e babam.

O ardor deles tinha a tendência de esfriar quando ela curtia as peles, usando miolos de veados. Além disso, seu vestido de pele até os joelhos e o manto franjado, que lhe cobria os ombros, eram muito mais modestos do que os trajes nativos do século XVII.

— Eles não me pagam para usar apenas um aventalzinho de couro — observou. — De qualquer maneira, eu sou uma indiazinha moderna. Por aqui faz frio e não tenho nenhuma gordura de urso.

Nós nos abaixamos e entramos numa *yehawken*, uma estrutura oval feita de galhos de árvore, com esteiras tecidas cobrindo o chão de terra. Melanie atiçou o fogo com um abano de penas de peru, a fumaça subindo e saindo por um alçapão no teto.

— Bem-vindo à minha casa longe de casa — disse ela, acomodando-se numa pele. — Para todos os efeitos e propósitos eu passo meus dias no século XVII.

Melanie gostava de seu trabalho, mas não idealizava os índios que retratava nem tinha por eles admiração reverencial.

— Eles, na verdade, gostavam muito de exibição e fanfarra — observou ela. — Powhatan vivia tentando impressionar os ingleses com todas as suas mulheres e aparatos. E você tinha que ter uma aparência formidável quando saía para o combate, não podia usar a mesma coisa que usava dentro de sua *yehawken*. — Ela também achava graça do apreço dos índios por espelhos ingleses, que com frequência haviam sido encontrados em túmulos índios. — Adoro a vaidade daquela gente! Vamos nos esforçar para não transformá-los em espécimes perfeitos e tediosos.

Essa atitude simples e franca se estendia a Pocahontas. Melanie suspeitava que a filha de Powhatan tivesse sido atraída para Jamestown pela chance de coletar contas e outras bugigangas. Pocahontas também devia ter apreciado a atenção desvairada dos ingleses, que não tinham meninas entre eles.

— Powhatan tinha oitenta filhos. Eles sempre dizem que Pocahontas era a favorita dele. Mas, puxa vida, até quando? Até a semana seguinte? — Melanie deu de ombros. — Quando os ingleses a sequestraram, papai não pareceu ficar muito transtornado. Ela deve ter pensado: "Não importa o que acontecer, eu vou ficar com os brancos. Eles acham que sou especial e me dão uma porção de presentes."

Essa não era uma imagem enobrecedora: mais para Paris Hilton do que para mãe Pocahontas. Mas parecia tão plausível quanto as fantasias de grupos como o Grau de Pocahontas ou as muitas teorias que estudiosos haviam tecido a partir de parcos fatos históricos conhecidos.

Contudo, apesar de toda a irreverência de Melanie, havia uma coisa que ela não tolerava: visitantes que lhe perguntavam, como acontecia com frequência: "Você é uma índia de verdade?"

— Eu digo a eles: "Não. Sou inteiramente de matéria plástica." Se eu digo que sim, eles perguntam se sou "puro-sangue". Tenho vontade de dizer que "não, eu doei meio litro na semana passada de maneira que agora está me faltando um pouco".

A avó de Melanie *era* puro-sangue, mas dizia aos vizinhos que sua família era cubana, porque trazia menos estigma do que ser índia.

— Agora as pessoas querem que você seja "de verdade", não uma mistura como todo mundo é na América. Ninguém nunca vai ao forte e pergunta a um dos representantes dos colonos: "Escute, você é um inglês puro-sangue?"

Ela atiçou a fogueira.

— Quando tenho de preencher um formulário e me perguntam qual é minha raça, escrevo "humana".

Um ônibus escolar estacionou do lado de fora e Melanie se acalmou. Enquanto caminhávamos de volta passando pela horta, ela se abaixou para apanhar uma lata de refrigerante.

— Eu sou índia, nós adoramos coisas reluzentes — declarou, sorrindo novamente. Então, enquanto eu me encaminhava para o forte, me acautelou: — Não deixe aqueles ingleses imundos tossirem em cima de você!

De Henricus eu circulei por tortuosas estradas secundárias em busca do verdadeiro povo de Pocahontas. O fato de que algum deles ainda sobreviva é tão miraculoso quanto a sobrevivência da Jamestown dos primeiros tempos. Logo depois da morte de Powhatan, em 1618, seu irmão Opechancanough se tornou governante e, em 1622, liderou a revolta que destruiu Henricus e matou 350 ingleses na Virginia, quase um terço do total de colonos. Mas o equilíbrio de forças havia se alterado desde 1607, quando os primeiros colonos jaziam passando fome e doentes no forte de Jamestown.

Rapidamente novos colonos substituíram os mortos na rebelião, e eles revidaram duramente o ataque dos índios. O apetite dos colonos por tabaco (um produto agrícola que rapidamente esgota o solo) e a introdução de animais de pasto também invadiam os campos e territórios de caça dos índios. Opechancanough liderou mais uma revolta de grande escala, em 1644, na qual acabou morrendo, ocasionando a destruição do império que ele e seus irmãos haviam controlado.

"Sob pena de morte", declarou a assembleia da Virginia em 1646, os índios estavam proibidos de entrar no território entre os rios York e James. Desapossada de grande parte de suas terras, e esgotada por combates e doenças, a antiga confederação de Powhatan se reduziu a bandos, superados em número e cercados, como os ocupantes de Jamestown outrora haviam sido. No princípio dos anos 1600, John Smith havia registrado os nomes de cerca de quarenta tribos que encontrara durante suas viagens. Um século depois, um colono chamado Robert Beverly encontrou sobreviventes de apenas oito. "Os índios da Virginia estão quase acabados", escreveu ele. Seu censo estimado de aldeias índias incluía notas como "um pequeno número ainda vive", ou "número muito reduzido recentemente devido à varíola". Ele incluiu em seus registros muitas das tribos visitadas por Smith, classificando-as como "extintas".

Dentre as que sobreviveram, estava a dos pamunkeys, a tribo principal dos domínios de Powhatan e a que se acredita que ele tenha pertencido por nascimento. Em um tratado de 1677 com o "Venerável Soberano Carlos II", os pamunkeys asseguraram seu direito de permanecer sem serem molestados nas terras que ainda detinham. Bem como o direito de colher aveia, juncos e outras plantas silvestres "sem utilidade para os ingleses". Em troca, os índios juraram amizade e sujeição ao rei e concordaram em pagar uma renda anual de vinte peles de castor, a serem entregues pelos líderes tribais ao governador da colônia.

Essa tradição se manteve desde então, embora os pamunkeys agora substituam peles de castor por peles de veado, entregues ao governador nos degraus do capitólio do estado. Os pamunkeys também continuam a ocupar as terras que lhes restam às margens do rio, em um cangalho 32 quilômetros a leste de Richmond. Para chegar à reserva, segui por uma estrada rural até que ela acabasse num povoado de casas modestas. Exceto por um pequeno museu, havia pouco que distinguisse o enclave pamunkey das centenas de outras comunidades rurais na Virginia. Tampouco as primeiras pessoas que encontrei — vestindo blue-jeans, de pele ligeiramente morena e falando com o sotaque arrastado suave da Virginia — me pareceram muito diferentes de seus vizinhos.

Uma delas apontou para mim a casa de Warren Cook, o chefe representante da tribo, um homem de bela figura, grande e forte com cabelos negros começando a ficar grisalhos e olhos verdes de cílios longos.

— Essa reserva é diferente da maioria — disse ele. — Não nos foi dada, é um lugar que nunca nos foi *tomado*. — Nesse sentido, os pamunkeys se assemelhavam aos zunis: uma das raras tribos que ainda permaneciam na mesma terra que haviam ocupado quando os europeus chegaram.

Conversando com Warren, percebi outro paralelo. Como os zunis, os pamunkeys mantinham uma certa distância tanto dos não índios quanto das outras tribos. Seu relativo isolamento, geográfico e social era um dos motivos pelos quais os pamunkeys tinham sobrevivido.

— Nós, na maior parte do tempo, nos mantemos reservados, evitamos outras companhias — disse Warren —, e nos dias de hoje, o resto do mundo nos deixa em paz.

Parecia claro que ele queria que eu fizesse o mesmo. Mas quando Warren disse que tinha uma tarefa a cumprir, perguntei se podia acompanhá-lo e conhecer a reserva. Ele deu de ombros.

— Isso não vai demorar muito tempo.

Seguimos de carro passando pelas casas bem espaçadas revestidas de tábuas e campos plantados com trigo na altura dos joelhos. Os residentes eram donos de suas casas, mas não da terra, que revertia à tribo por ocasião da morte deles. Apenas 85 pessoas moravam na reserva, cerca de um décimo do número total dos pamunkeys.

— Isso é sem contar todo o bando de gente que *pensa* que é pamunkey — observou Warren. — A maior tribo do mundo é a dos "gostariam de ser".

Pessoas do mundo inteiro escreviam para os pamunkeys afirmando que descendiam de Pocahontas e que, portanto, se qualificavam como membros da tribo — com frequência porque acreditavam que isso fosse acompanhado de algum benefício econômico. Os pamunkeys, contudo, não possuíam nenhum cassino e recebiam apenas uma modesta subvenção do estado. Além disso, para vir integrar a tribo, era preciso que se provasse que um ancestral recente fosse pamunkey.

Warren parou ao lado de um antigo monumento a Pocahontas com uma inscrição com as seguintes palavras: "Gentil e humana, ela foi amiga dos primeiríssimos colonos ingleses em dificuldades a quem nobremente salvou, protegeu e ajudou." Um baixo-relevo retratava uma mulher de cabelo comprido com uma faixa na cabeça. Um artista local, na década de 1920, havia modelado seu rosto numa fotografia de estúdio da avó de Warren, Pocahontas Cook.

— Eu gosto do trabalho artístico, mas, pessoalmente, demoliria o monumento — declarou Warren. — Pocahontas era uma moça excepcional, inteligente e adaptável, mas ela se deixou levar pelo entusiasmo com os ingleses. — Ele disse que a maioria dos pamunkeys sentia a mesma ambivalência. Alguns consideravam Pocahontas uma traidora por ajudar os invasores e depois se casar com um deles. — Contudo, mais que qualquer coisa, nós apenas estamos cansados de ouvir falar dela o tempo todo — disse ele —, em vez de personagens mais representativos de nosso povo.

Warren me levou de carro até junto do rio, até um monte coberto de grama adornado com penas e um saquinho de couro de tabaco. Ali os pamunkeys acreditavam que Opechancanough tivesse enterrado os ossos de seu irmão Powhatan, e mais tarde tivesse sido ele próprio enterrado depois de ter sido capturado e então baleado pelas costas em Jamestown. Um colono descrevia Opechancanough como "um homem de grande estatura, nobre presença e partes íntimas extraordinárias". Mas, em 1644, ele estava tão velho e fraco que, quando liderou o levante, teve que ser carregado para a batalha numa liteira.

— Seria agradável que todos os visitantes a Jamestown prestassem mais atenção a Powhatan e a Opechancanough — disse Warren. — Eles não estavam no barco que veio para a América, eles o receberam e fizeram tudo o que puderam para empurrar os ingleses de volta para o mar.

O legado de sua derrota era mais do que aparente de nosso recanto retirado na beira do rio. Warren tinha levado vinte minutos para me mostrar o que restava do reino, outrora poderoso, de Powhatan: um cantinho de pouco menos de quinhentos hectares, a maior parte terrenos alagadiços inabitáveis.

— Você tem que sair para a água e olhar de longe para realmente ter uma ideia de quanto a reserva é restrita — observou.

Ficamos sentados em silêncio por algum tempo, antes que eu perguntasse sobre o barco que tinha visto no pátio de sua casa. Pela primeira vez Warren sorriu.

— É difícil a gente se livrar de você — disse ele. — Igualzinho àqueles malditos ingleses.

Alguns dias mais tarde, no leme de seu esquife de nove pés, Warren começou a se abrir, e o mesmo aconteceu com a paisagem. Estávamos no final de maio, quando os bosques e a vegetação de capoeira da Virginia começam a ficar cerrados, transformando grande parte do estado num inferno abafado e cheio de insetos. Mas, à medida que navegávamos a motor para o meio do rio Pamunkey, a mata cerrada cedeu lugar a uma amplidão de plácidas águas pardacentas. Warren bordejou ilhotas pantanosas, apontando os talos altos de arroz-silvestre e uma variedade de lírio-d'água chamada nenúfar. Uma planta que florescia mais tarde no ano era a alteia, da qual os nativos costumavam extrair um xarope doce gelatinoso que deu origem ao marshmallow de nossos dias.

Uma águia-pescadora levantou voo de seu ninho, arqueando as asas maciças e planando sobre a água antes de mergulhar para apanhar um peixe com suas garras. Também havia garçotas, águias e gansos canadenses voando em círculos acima.

— Peixes, aves, plantas, campos, caça... tudo de que os índios precisavam para viver bem — observou Warren. — Se a terra nos tivesse sido dada pelo governo, como foi para a maioria das tribos, jamais estaríamos em um lugar tão bom quanto este.

Warren pilotou o barco para o ponto mais largo do rio e desligou o motor. Em um ângulo de 360 graus não havia nenhum sinal humano exceto pelo nosso barco.

— Isso aqui deve ter tido mais ou menos o mesmo aspecto há cerca de quatrocentos anos — disse ele —, quando os ingleses começaram a despejar lixo por aqui.

Pela primeira vez na Virginia, eu tive uma ideia de como deve ter sido difícil para John Smith navegar naquela imensidão de águas agrestes, que era quase que destituída de marcos para orientação. A vegetação folhosa cerrada obscurecia a costa, formando uma faixa de verde que se estendia por quilômetros. Juncos altos camuflavam os córregos que desembocavam no rio. Eu não teria sabido que os canais existiam se Warren não me tivesse dito.

Aquela paisagem uniforme, bem encoberta, tornava o sudeste da Virginia o local ideal para armar emboscadas. A certo ponto, Smith descrevia índios, disparando "mais de um milhar de flechas" contra seu barco, que ele havia aprendido a proteger com um escudo feito de varas trançadas bem fechado, cânhamo e relva. Perto de onde Warren e eu agora estávamos à deriva, seu grupo de 16 homens havia sido surpreendido por setecentos pamunkeys sob o comando de Opechancanough. Smith havia desafiado o chefe para um duelo numa ilha no rio, apostando cobre contra milho. "Nosso jogo será quem vencer leva tudo", declarou ele com a bravata característica, antes de agarrar uma longa mecha de cabelo do chefe e pressionar uma pistola contra o seu peito. O "rei trêmulo" ordenou a seus guerreiros que baixassem seus arcos e entregassem os cestos de milho. Ou pelo menos foi o que Smith mais tarde afirmou.

Ele não foi tão hábil em escapar de outro perigo de viagens naquela região, os bancos lodosos só descobertos durante a maré baixa, aos quais ele chamava de "a exsudação", eram uma armadilha lamacenta que aprisionava os ingleses e seus barcos. Durante uma viagem pelo rio Pamunkey, Smith ficou "tão completamente atolado e preso na exsudação", que teve de ser retirado pelos nativos que vieram "me carregar na cabeça".

Ele não contava como eles o alcançaram, mas um antropólogo nos anos 1920 descreveu os pamunkeys correndo em meio à lama, de pernas dobradas e com o peso nas canelas, sem nunca deixar uma perna se apoiar no solo por mais que um instante. No lodo mais fundo e pegajoso, chamado lodo flutuante, eles se arrastavam deitados sobre a barriga.

— Se você se puser de pé ereto em cima do lodo, como os ingleses faziam, vai afundar direto até as nádegas — disse Warren. — Meu pai sabia como cruzar os bancos, mas eu nunca consegui.

O pai dele, que havia sido chefe por 42 anos, também estava entre os últimos pamunkeys que sabiam capturar animais da maneira tradicional. A reserva ainda tinha uma abundância de criaturas peludas que Smith descreveu como "tourões, doninhas e martas", e animais estranhos que ele só conhecia pelos nomes indígenas: *Aroughcun* (semelhante ao guaxinim), *Opassom* (sarigué) e *Mussascus*, um animal que ele comparava a um "rato-d'água" que tinha um cheiro "extremamente forte de almíscar." O pai de Warren caçava todos esses animais, mas o rato-almiscarado mais que todos. Na maré baixa, com a ajuda de Warren, ele armava uma engenhoca de madeira chamada armadilha de mundé quebra-cabeça. Quando o rato-almiscarado ia abocanhar a isca de pastinaca, um cepo caía de um galho forcado, abatendo o animal contra a lama. Ao contrário de uma armadilha de metal, o "quebra-cabeça" não enferrujava nem rasgava a pele do animal, que o pai de Warren vendia por três dólares, com a carne ao preço de 25 cents.

— Ele dava o dinheiro da carne para nós, quando garotos — disse Warren. — Eu comprei meu primeiro carro com dinheiro de rato-almiscarado, cerca de 250 dólares que juntei aos poucos.

Ninguém usava mais armadilhas do tipo "mundé de quebra-cabeça", nem fazia canoas com troncos de ciprestes, como o avô de Warren fizera. Mas os pamunkeys apanhavam savelhas em redes feitas a mão e mungiam suas ovas e esperma na incubadora de peixes da reserva, para repor os estoques de peixe no rio. Eles também caçavam veados e patos em antiquíssimas trilhas, e escavavam as margens do rio para tirar o barro do qual faziam potes.

— Não resta mais nada da tradição mística, nem dos rituais, nem da língua, tudo isso já havia desaparecido na época de meus avós — disse Warren. — Para eles, ser índios era apenas um modo de vida, viver dos frutos da terra e da água. O pouco que fazemos disso, agora, é tudo o que resta.

Warren deu partida no motor e retornou para a cabeceira do rio. Depois de tirar o barco da água, me convidou para comer corvina assada na grelha em sua casa. Enquanto o peixe assava, ele me mostrou as fotografias da família, começando com retratos em preto e branco, feitos em estúdio, de ancestrais sisudos de cabelos negros e acabando com fotos coloridas de suas cinco filhas sorridentes, várias delas louras.

— O sangue índio está começando a desaparecer — observou.

Ao longo das várias últimas gerações, os pamunkeys haviam se casado com outros índios. Não havia mais muitos na Virginia entre os quais escolher. A esposa de Warren era branca e todas as suas filhas se casaram com não índios.

— Está se tornando cada vez mais difícil nos definirmos pelo sangue — disse Warren.

Também estava se tornando difícil manter a identidade índia à medida que os membros da tribo se mudavam deixando a reserva ou tomavam o trem diariamente para trabalhar na cidade. Warren havia trabalhado em Richmond como terapeuta de arte e conselheiro vocacional, entre outros empregos.

— As pessoas querem parar o quadro e dar um *freeze-frame*, uma pausa, nos índios. Elas não querem me ver dirigindo um belo carro e morando numa bela casa — observou. — Mas meu pai não queria que eu pescasse e caçasse com armadilhas. Ele queria que eu tivesse uma boa formação e que saísse para o mundo.

Warren foi até uma prateleira e retirou um volume de desenhos de John White dos algonquinos do século XVI. Folheando os retratos de nativos tatuados vestindo tangas, disse:

— Eles fazem parte de minha história; eu me interesso por eles. Mas não tenho como me relacionar com essas pessoas. Estamos falando da Idade da Pedra. Como eu poderia me identificar com isso?

Mesmo assim, Warren havia reproduzido um dos desenhos de White em seu cartão de visitas. Artista de talento, ele fazia joias com desenhos de corujas, aranhas e tartarugas, e pintava nativos em trajes cerimoniais de gala. Quando eu assinalei que isso parecia sugerir uma forte identificação com seus ancestrais distantes, Warren assentiu.

— Talvez eu seja mais índio do que me dou conta — declarou. — É parte de mim e ao mesmo tempo não é. Todos nós somos confusos, vivemos divididos entre dois mundos.

As chuvas torrenciais da primavera chegaram, de modo que interrompi meu tour pelo território de Powhatan e fui acampar nos arquivos estaduais em Richmond. Não precisei de muito tempo para compreender por que Warren e outros índios que eu havia conhecido inicialmente pareciam tratar com desconfiança estranhos fazendo perguntas. Enquanto os zunis se ressentiam de antropólogos intrometidos, as oito tribos sobreviventes da Virginia haviam sido vitimizadas por uma espécie muito mais mortífera: brancos que procuravam negar que elas sequer fossem índias. O ataque mais virulento havia ocorrido em tempos ainda recentes, sob o disfarce de ciência, e quase fora bem-sucedido.

"Os aborígines selvagens", escrevera Walter Plecker em um periódico médico em 1925, tinham sido "um fracasso completo" na tarefa de explorar a abundância natural da América. Somente a "grande raça nórdica" era capaz disso. Mas os primeiros colonos haviam cometido um "erro fatal" ao introduzir "outros selvagens, muitos sendo até recentemente canibais". Com o passar do tempo, a miscigenação de sangue africano, índio e caucasiano havia enfraquecido a América, e ameaçado sua pureza e progresso. "O suicídio da raça" era iminente, "a menos que medidas radicais e rigorosas sejam adotadas antes que se torne tarde demais".

O artigo de Plecker, "Racial Improvement" (Aprimoramento Racial), não era obra de um maluco solitário. Ele era o líder de um movimento conhecido como eugenia, um ramo aberrante do darwinismo que buscava fortalecer o pool genético através da exclusão de raças "inferiores". Plecker também era um tabelião oficial de registros de estatísticas vitais da Virginia, guardião de suas certidões de nascimento, morte e casamento, e outros registros oficiais. Isso lhe deu poder e meios de fazer do estado um laboratório para seu fanatismo de limpeza racial.

Para Plecker, os índios constituíam a ameaça mais grave. A Lei de Integridade Racial da Virginia de 1924 negava status de branco a qualquer indivíduo com algum vestígio de sangue não caucasiano, mas permitia o casamento entre brancos e índios. Plecker era de opinião que os índios do estado, na verdade, eram mestiços com ancestrais africanos, o que os tornava "virginianos miscigenados" e agentes ocultos da "infecção" racial.

A solução que ele propunha era denunciar, perseguir e expurgar qualquer indivíduo que considerasse impuro, chegando até a alertar administrações de cemitérios a considerar racialmente suspeitos cadáveres que tivessem sido enterrados ao lado de caucasianos. Plecker também desenterrou registros anteriores à Guerra Civil, que com frequência incluíam nativos e negros alforriados como sendo "de cor". Usando essa e outras "provas", ele se dedicou a reclassificar os índios da Virginia como "negros". Alterou certidões de nascimento e obrigou tabeliões, obstetras, e parteiras locais a fazerem o mesmo, de modo que crianças nascidas de pais índios não fossem mais índias. Em essência, Plecker promoveu um genocídio estatístico contra as poucas tribos da Virginia que haviam sobrevivido ao morticínio anterior de guerra, às doenças e à desapropriação.

"O estudo genealógico de Hitler dos judeus não é mais completo", gabou-se Plecker, em 1943, de seus arquivos de "integridade racial", que rastreavam os "pedigrees" dos virginianos até mais de um século antes.

As atrocidades dos nazistas desacreditaram a eugenia, e em 1946 Plecker finalmente se aposentou aos 86 anos. Mas seu reinado de terror de 34 anos teve uma sobrevida muito longa. Ao alterar ou destruir registros, ele havia danificado a trilha de documentos de que os índios precisavam para obter reconhecimento federal. Muitos nativos fugiram do estado para escapar da perseguição e a maioria deles jamais voltou. Outros esconderam sua descendência índia e se mesclaram com a população branca. No final do século XX, restavam apenas alguns milhares de índios na Virginia: três décimos de 1% da população.

Ainda mais insidiosa foi a ruptura que Plecker criou entre índios e negros, que com frequência moravam lado a lado na Virginia. Para se proteger da mais ligeira suspeita de "impureza", que os submeteria à cidadania de terceira classe dos negros, durante a primeira metade do século XX os índios haviam se colocado sob quarentena. Formaram suas próprias igrejas e escolas (ou enviaram seus filhos para escolas indígenas em outros estados), evitavam contato social com negros e decretaram estatutos tribais que proibiam índios de se casarem com eles.

— Você precisava ter muito cuidado com as suas companhias — disse-me Gertrude Custalow. Uma índia idosa mattaponi, ela morava numa reserva não muito distante da dos pamunkeys. — Se fosse muito íntimo de uma pessoa negra, seria posto no ostracismo pela tribo porque isso daria ao estado uma desculpa para tomar nossas terras.

As cicatrizes da campanha de Plecker ainda permaneciam vívidas nos dias atuais e, do mesmo modo, o hábito e a tradição. Muitos índios ainda se mantinham distantes dos negros e algumas tribos continuavam a proibir casamentos mistos. Nenhuma proibição desse tipo se aplicava ao contato com brancos. O resultado era um estranho realinhamento. Índios cujos ancestrais haviam guerreado contra os europeus pela sobrevivência agora se encontravam com seus perseguidores históricos. E embora as leis e tabus restringindo o contato entre brancos e negros tivessem afrouxado, os que separavam nativos e negros se mantinham.

Essa divisão era extremamente vívida no condado de Charles City, logo a oeste de Jamestown, para onde rumei depois que a chuva passou. Os índios chickahominys, que habitavam o condado nos anos 1600, tinham sido inteiramente expulsos de suas terras, ao contrário dos pamunkeys. Mas alguns haviam retornado nos anos 1800, para o que se tornara um condado de grandes propriedades agrícolas, onde os negros superavam os brancos em número de dois para cada um. Os nativos reconstituíram formalmente a tribo chickahominy no final dos anos 1800, auxiliados por brancos que queriam dividir a maioria não branca do condado. Mas não era inteiramente claro quem se qualificava como chickahominy. Famílias se dividiram, com alguns membros integrando a tribo e outros, não.

— Esse é o primo de minha avó; ele era chefe dos chickahominy — disse Richard Bowman, mostrando-me fotografias no aparador de sua sala de visitas. — E esse é meu sogro, o que está de cocar. A avó dele e a avó de meu pai eram irmãs.

O que tornava isso estranho era que Richard também tinha ali uma placa de louvor e agradecimento da NAACP. Ele havia chefiado o escritório local do grupo de direitos civis, nos anos 1960, e liderara a luta pela integração racial nas escolas do condado, um esforço em que os índios haviam se unido aos brancos para combater.

Atualmente um homem esguio, careca, na casa dos oitenta, Richard tinha pele moreno-clara, olhos castanhos e as maçãs do rosto proeminentes — não muito diferente das pessoas retratadas usando cocares e peles de gamo que ele tinha na sala. Mas se identificava com uma tribo diferente.

— Minha avó nasceu escrava, em 1860, numa grande fazenda perto daqui — disse ele. — Os outros membros de minha família já eram negros livres. Eu me orgulho de ser descendente deles também.

Richard me levou para um passeio em sua picape, passando pelo centro tribal dos chickahominys e local das cerimônias de *powwow*. A maioria das pessoas que viviam em sua comunidade rural eram membros da tribo, inclusive o chefe atual, mais um parente de Richard.

— Eu não poderia desejar melhores vizinhos — disse ele. Mas nós não nos vemos socialmente. Eles ainda receiam que alguém vá chamá-los de "negros".

Richard reconhecia que também pudesse ter sangue índio.

— Eu provavelmente tenho sangue de todos os grupos principais — comentou. — Raça é uma questão de postura mental. Você é quem você pensa que é. A América é um país livre. — Mas nem sempre havia sido, e ele queria assegurar que a memória da Virginia dos primeiros tempos incluísse seu legado. — Jamestown não dizia respeito apenas a ingleses e índios — declarou. — As raízes de muitos outros povos também são profundas por lá.

Esse era um aspecto da história de Jamestown que, até recentemente, havia atraído pouca atenção. Apenas um ano depois da fundação da colônia, uma frota de suprimento havia trazido oito poloneses e alemães para o forte. Recrutados por sua habilidade de produzir produtos acabados para exportação, eles fundaram uma fábrica de vidro em Jamestown, a primeira empresa industrial do continente. Esses alemães e poloneses esquecidos foram, em certo sentido, os precursores da maré de imigrantes que encheria as fábricas da América no século XIX.

Em 1619, outra nova força de trabalho chegou. Um navio sob comando combinado holandês e inglês desembarcou em Point Comfort, a leste de Jamestown. A embarcação, escreveu John Rolfe, "não trazia coisa nenhuma exceto vinte e alguns negros", que o governador da colônia havia adquirido em troca de alimentos. Em outro despacho, Rolfe se referia à carga como "*Negars*", o primeiro registro de uso desse termo depreciativo na América.

Os africanos foram tomados por pirataria de um navio negreiro português, vindo de Angola, a caminho do México. Pouco se sabe do destino deles na Virginia, que só começou a sistematizar a escravatura em 1661. Alguns dos africanos podem ter sido escravizados pelo resto da vida, outros mantidos como criados sob contrato como se fazia com brancos pobres, trabalhando por sete ou mais anos antes de conquistarem a liberdade. Alguns dos primeiros africanos se tornaram grandes proprietários de terras; uma família se mudou para Maryland e deu à sua propriedade do século XVII o nome de Angola.

Mas à medida que a economia de *plantation* da Virginia prosperava em ritmo acelerado, o status dos negros se deteriorou. Em 1705, a colônia declarou que escravos "devem ser possuídos, mantidos e julgados, como sendo bens de raiz". Já em 1790, quando os recém-criados Estados Unidos fizeram seu primeiro censo, havia quase 300 mil escravos na Virginia — 40% da população do estado.

Se Point Comfort, o primeiro lugar onde os africanos foram vendidos na Virginia, era o rochedo de Plymouth da escravidão, o condado de Charles City representou o primeiro grande centro de distribuição comercial. Richard me levou de carro por um passeio ao longo da margem do James, onde os primeiros colonos fundaram vastas propriedades agrícolas, usando africanos para plantar tabaco e construir algumas das mais antigas e imponentes plantações do sul. Uma dessas foi transmitida por herança para um dos signatários da Declaração de Independência, que fez um cuidadoso inventário de seus 110 escravos, inclusive vários arrolados como "loucos", "aleijados" ou "sem nenhum valor". As propriedades às margens do rio mais tarde seriam o berço de presidentes que caíram no esquecimento, William Henry Harrison e John Tyler. Várias das mansões senhoriais atualmente são atrações turísticas, com excursões guiadas conduzidas por mulheres com saias de crinolina.

— Hoje em dia as pessoas pagam para ver o que os escravos construíram — comentou Richard. — Não que você vá ouvir muito a respeito disso nas excursões. Eles falam principalmente sobre o mobiliário.

Dirigindo de volta para o interior, ele entrou numa avenida que conduzia a uma mansão de tijolos com uma colunata mais modesta do que as à margem do rio. No pátio lateral, encontramos um homem corado, de cabelos brancos se digladiando com uma cobertura de piscina. Richard foi até junto dele e estendeu a mão.

— Eu sou Richard Bowman — apresentou-se. — Minha avó nasceu nesta propriedade.

— Não é extraordinário? — respondeu o homem, sorrindo largamente enquanto apertava a mão de Richard. — Eu sou James Bailey, é um prazer conhecê-lo.

James era um corretor de ações de Richmond aposentado que havia comprado quatrocentos hectares do que outrora fora uma plantação de 4.850 hectares.

Ele nos mostrou um belo jardim de buxeiros e depois nos conduziu até uma construção externa de madeira com um único aposento e um sótão para servir de dormitório.

— Isso aqui era um dos alojamentos de escravos — disse. — Nós encontramos registros que o datam de pelo menos 1720.

Richard entrou, detendo-se diante da lareira de pedra.

— Minha avó pode ter estado aqui — observou —, seus pés podem ter pisado neste chão.

James assentiu.

— A gente pode quase estender a mão e tocar no passado.

Se houve algum constrangimento no encontro deles, eu não percebi. Conversaram amavelmente sobre caça e pesca e conhecidos em comum. Então Richard disse que fazia parte do comitê que estava planejando a comemoração dos quatrocentos anos de Jamestown que teria lugar dentro de pouco tempo. Ele perguntou se poderia trazer pessoas ali para ver a plantação onde seus ancestrais tinham nascido e trabalhado.

— Essa é uma magnífica ideia! — exclamou James. Os dois homens trocaram números de telefone e Richard enveredou de volta pela longa avenida e através da floresta até sua modesta casa de madeira.

— Uma geração atrás eu não sei se teria tido a ousadia de fazer aquilo, e ele não teria respondido daquela maneira — comentou Richard. — Os tempos com certeza mudaram.

Aquele último comentário de Richard ficou em minha cabeça enquanto eu completava meu tour dos domínios desaparecidos de Powhatan. Os tempos de fato tinham mudado no sentido em que Richard havia indicado com o movimento de direitos civis e a transformação que trouxera ao estado. Mas, examinando a mesma paisagem através das lentes dos primórdios da Virginia e de minha longa e estranha viagem através da América, eu continuava vendo, a todo instante, sombras lançadas por acontecimentos muito mais distantes.

Quatro séculos depois do casamento de John Rolfe com Pocahontas, casamentos "mistos" ainda eram uma questão delicada no sudeste da Virginia. A maior parte do tabaco que Rolfe plantara desaparecera, mas a escravidão das grandes propriedades agrícolas a que seu cultivo dera origem havia deixado três raças ainda em conflito entre si, tanto com relação ao passado quanto com relação ao presente. Cada pessoa e cada grupo que eu havia encontrado — Richard Bowman, os pamunkeys, os descendentes de antigos plantadores — reivindicavam cada qual para si o mesmo terreno histórico. Como se querendo dar à famosa canção de Woody Guthrie sobre a América ("This land is your land" — Esta terra é sua terra) um novo refrão: "Esta terra é *minha* terra."

Eu tinha ouvido um coro semelhante ao longo de todas as minhas perambulações: de espanhóis e *pueblos* no Novo México, de católicos e protestantes na Flórida, de negros, brancos e peles-vermelhas na Carolina do Norte. Quando se tratava da lembrança da fundação do país, a faixa de estrada de Guthrie se enrolava em espirais e voltava a uma terra que foi feita por *mim* [só por cada um deles].

Como americano apenas de terceira geração, eu não tinha nenhum cavalo disputando aquela corrida. Ellis Island era o rochedo de Plymouth de minha família. Isso me dava a liberdade, em minha opinião, para vasculhar os sótãos de outras pessoas sem preconceitos. Talvez, de maneira indireta, eu também estivesse prestando homenagem à minha própria herança. Alguns de meus ancestrais na Rússia czarista tinham sido dissidentes "atiradores de bombas" ou pelo menos era o que minha família afirmava. Em homenagem a isso, eu gostava de explodir os ícones e mitos americanos.

Mas na Virginia, o papel de revelador da verdade começou a azedar para mim. Alguns dias depois de visitar Richard Bowman, fui a Richmond para uma palestra num museu sobre Pocahontas. Em meio à multidão de brancos idosos usando gravatas borboletas e grandes chapéus, avistei três mulheres que pareciam diferentes. Depois de me sentar com elas, descobri que eram chickahominys. Nós conversamos agradavelmente sobre a tribo, até que me dei conta de que uma das mulheres era uma pessoa que Richard Bowman me dissera ser sua parenta distante. Mas, quando mencionei isso, o sorriso dela desapareceu.

— Tem muita gente que é índia e que não quer admitir isso — declarou ela.

— Mas ele *é* seu parente? — perguntei.

— Alguns se passaram para o outro lado, viraram negros. Foi a escolha deles.

Eu estava a ponto de, sem rodeios, como um repórter farejando sangue, pedir que ela esclarecesse, quando o interrogador em mim perdeu o ímpeto. Ela não era uma funcionária pública nem uma criminosa corporativa. Era uma senhora de 87 anos que havia sobrevivido a uma perversa caçada às bruxas racial. Se havia um malfeitor na sala, era eu: um Plecker de tempos modernos querendo saber quem tinha um 16 avos de sangue disso, um 32 avos daquilo.

— Tudo se resumia em papel — sussurrou ela, justo quando a palestra se iniciava, gentilmente concluindo a entrevista para mim. — E papel podia matar você.

Depois da palestra, decidi deixar a Virginia e seus fantasmas para trás. A partir dali, a história dos primeiros tempos da América apontava para o norte, o ponto de partida da narrativa convencional, e a última etapa da minha.

Mas Jamestown também obscurecia essa história com sua sombra. Dos muitos lapsos na memória americana a respeito de seus princípios, um dos mais gritantes é esse. O pai fundador da Nova Inglaterra não era William Bradford nem Myles Standish, ou outros, a bordo do *Mayflower*. Era um homem de longa data difamado por historiadores ianques: o peripatético John Smith.

Em 1614, cinco anos depois de sua partida de Jamestown, Smith viajou para a costa nordeste do Atlântico e fez o reconhecimento da costa em um pequeno barco, como tantas vezes fizera nos arredores de Chesapeake. "Poucos arriscaram muito para fazê-lo", escreveu sobre essa região do norte. Sua descrição da costa explicava por quê. Rochosa e deserta, era "uma região mais assustadora do que encantadora". Ele também passou por extensões de praias de dunas que pareciam igualmente desoladas. "Colinas altas", escreveu, "recobertas de arbustos de pinheiros, arvoredo e refugos desse tipo."

Mesmo assim, Smith via promessa nessa paisagem assustadora. Suas rochas poderiam fornecer material para construção; gêneros alimentícios, tais como bacalhau, mariscos e lagostas, abundavam; havia madeira para construção e terra de sobra. "Gente de fina educação" poderia "se queixar do frio penetrante", escreveu Smith, mas para "a saúde e a fertilidade" a região era bem adequada aos ingleses. Ele se tornou um ardente defensor de sua colonização e escreveu vários tratados sobre como realizar isso. Tudo de que se precisava para que um assentamento prosperasse era "trabalho dedicado honesto" e a liderança de um homem como ele.

O território precisava de outra coisa: um novo nome. Embora conhecido de maneira geral na Inglaterra como "a parte norte da Virginia", a costa fria e acidentada não tinha nenhuma semelhança com Chesapeake. Além disso, em 1614, na mente dos ingleses "Virginia" ainda era sinônimo de doenças, escassez de alimentos e fome, e índios hostis.

Enquanto explorava a costa norte, Smith observou que sua latitude era a mesma que a da costa do Pacífico por onde Sir Francis Drake havia navegado em 1579 e chamado de Nova Álbion. E assim num magistral golpe de marketing que rivalizava com o batismo de Eric, o Vermelho, da Groenlândia, Smith anglicizou o nome dado por Drake e o deu à região fria e rochosa que esperava vender a seus conterrâneos. Ele a chamou de "Nova Inglaterra".

Smith nunca realizou seu sonho de desbravar o lugar. Outros seguiram seu conselho e seus mapas benfeitos, mas partiram sem o obstinado capitão. Deixado para trás e obrigado a assistir de longe, ele se intrometeu até o fim, intitulando sua última obra de *Advertisements for the Unexperienced Planters of New-England, or Any-where* (Anúncios para os plantadores inexperientes da Nova Inglaterra, ou de qualquer lugar.)

Em 1631, aos 51 anos, Smith morreu na pobreza, deixando em testamento a maior parte de suas magras posses para cobrir os custos de seu funeral. "Aqui jaz um conquistado, que conquistou reis", diz o seu epitáfio. "Submeteu grandes territórios, e fez coisas / Que ao mundo pareceriam impossíveis."

Capítulo 13

PLYMOUTH
Um conto de dois rochedos

> A rocha fica sob a superfície em toda a América,
> Só aqui é que ela aflora.
> — Wendell Phillips,
> discurso à Sociedade dos Peregrinos
> de Plymouth (1855)

Quando retornei a Plymouth, três anos depois de minha primeira breve visita, o lugar me perecia totalmente diferente. O rochedo de Plymouth, a réplica do *Mayflower*, os monumentos cravejando a linha da costa — tudo me era conhecido e ao mesmo tempo não, como recantos favoritos da infância que eu tivesse revisitado quando adulto, apenas para descobrir que a memória estava me pregando peças.

Levei um bom tempo para descobrir por quê. Plymouth não havia mudado. *Eu* havia. Antes, eu tinha entrado na cidade como um viajante de passagem, um motorista do século XX fazendo uma pausa para ter uma visão de relance da costa onde os peregrinos de tempos passados haviam desembarcado de um navio de madeira para fundar um novo país. Agora, chegando ao final de uma longa jornada avançando no tempo, eu via Plymouth através de olhos preconceituosos, não como a pedra fundamental da América dos primeiros tempos, mas como sua cumeeira, colocada em cima de um monte de pedras sobre um túmulo erigido por todos aqueles que tinham vindo antes.

Durante um ou dois dias, isso fez de mim um turista mal-humorado. Eu tinha que me esforçar para resistir à vontade de fazer trocadilhos para os comerciantes cujas camisetas ostentavam o lema de Plymouth: "O Berço da América." *Não para os virginianos, não é mesmo. Nem para os hispânicos, nem para os índios.* No Pilgrim Hall, mal olhei para o tesouro de relíquias coloniais do museu, em vez disso procurei até encontrar um pequeno painel numa parede dedicado aos visitantes da América pré-*Mayflower*. *Só isso?*

Retornando ao rochedo, eu queria fazer discursos para os turistas tentando acertar uma moeda em sua superfície irregular, algo que de acordo com a lenda de Plymouth era um sinal de boa sorte. *Conversa fiada, como tudo o mais a respeito dessa pedra.* Então me retirei para um pub na rua principal de Plymouth, e fiquei espezinhando o homem sentado no banco alto ao meu lado, um motorista de ônibus de excursões locais, vestindo uma jaqueta vermelha, branca e azul. E o que me diz de Jamestown, perguntei. Ou de St. Augustine?

— Esqueça todas as outras! — gritou ele finalmente, batendo com a mão no tampo do bar. — *Aqui* é onde a América começou.

Eu me retirei do bar para meu quarto no Governor Bradford Motor Inn. Fazer sermões críticos para os habitantes locais sobre os erros em sua versão da história era fútil, para não mencionar detestável. Melhor seria apenas aceitar o espetáculo de Plymouth como todo mundo, e tentar compreender o que tornara a história dos peregrinos tão duradoura.

Eu também tinha algum trabalho de pesquisa a concluir sobre as primeiras viagens inglesas para Massachusetts, que prepararam o caminho para a chegada e a sobrevivência dos peregrinos em Plymouth. Essa, pelo menos, foi uma fonte de consolo despeitado, que me ofereceu outra história que era mais pitoresca que o mito dos devotos peregrinos. A Massachusetts inglesa, a mais puritana das colônias, havia sido inicialmente criada por causa da sífilis.

No século XVI, os europeus acreditavam que o remédio para uma doença podia ser encontrado na origem geográfica da moléstia. Uma vez que se acreditava que a sífilis tivesse vindo da América, seu antídoto também deveria vir. Em 1577, o maior especialista da Europa em plantas do Novo Mundo exaltava as virtudes do sassafrás, uma planta aromática que os índios usavam para uma variedade de propósitos medicinais. "A raiz dessa árvore", escreveu o médico espanhol Nicolás Monardes, curava muitas doenças, a principal delas "o mal-americano".

O ebuliente livro de Monardes sobre ervas, intitulado *Jubilosas notícias vindas do recém-descoberto novo mundo*, ajudou a elevar o preço do sassafrás para vinte shillings uma libra (453 gramas). Quando os colonos de Roanoke encontraram a árvore em abundância, foram às alturas as esperanças de que também vicejasse na "parte norte da Virgínia". Uma vez que aquele território, na mente dos ingleses, estava ligado à Norumbega, a terra lendária de tesouros, a região também poderia render riquezas minerais.

E assim, em 1602, Bartholomew Gosnold fez-se ao mar da Inglaterra com 31 homens, inclusive um farmacêutico e vinte colonos para fundar um entreposto comercial que funcionasse o ano inteiro. Seus marinheiros "não eram dos melhores", escreveu um cavalheiro a bordo do navio de Gosnold, o *Concord*. Depois de fazer a travessia do Atlântico, eles fizeram sondagens ao longo de dias antes de fazer um desembarque "numa costa desconhecida". Ou pelo menos assim pareceu o litoral rochoso e encoberto pela neblina do Maine para seus primeiros visitantes de registro.

Poucas horas depois da sua chegada, outra embarcação surgiu, aparelhada com mastro e velas, que pareceu aos ingleses um barco de pesca europeu. Ainda mais surpreendente era sua tripulação: índios de caras pintadas, um deles vestindo calções de sarja preta, colete, calças estreitas e sapatos. Os nativos subiram "audaciosamente a bordo" do *Concord*, sem manifestar nenhum sinal de medo ou espanto. "Eles falavam várias palavras cristãs", escreveu um inglês estarrecido, "e pareciam compreender muito mais do que nós."

Com palavras e sinais, os índios explicaram que haviam comerciado com pescadores bascos, cujos barcos circulavam pela costa nordeste do Atlântico há décadas. Como ocorrera tantas vezes antes, uma terra "desconhecida" para os ingleses retardatários não o era para outros europeus.

Gosnold, sensatamente "não confiando nas condições do tempo" no Maine, decidiu tentar a sorte em outra parte. Navegando para o sul, chegou a um promontório arenoso onde os marinheiros pescaram tanto peixe que Gosnold o batizou de Cape Cod. Sua parada seguinte foi uma linda ilha envolta em trepadeiras que ele chamou de "Marthaes vineyard", em homenagem à sua filha. Ainda mais tentadora era uma ilha próxima que Gosnold batizou de Elizabeth. "Abundavam árvores de sassafrás pela ilha inteira", exultou um passageiro, "uma árvore de alto preço e grande lucro." Foi ali que os ingleses decidiram construir seu entreposto comercial e forte.

Os nativos da ilha — hoje em dia Cuttyhunk, a ilha mais ao largo de um arquipélago ainda chamado Elizabeth — trocaram peles por bugigangas, e ajudaram a cortar e embarcar sassafrás até que mais de uma tonelada tivesse sido posta na carga do *Concord*. Nesse ponto, alguns dos colonos que haviam concordado em ficar para trás com Gosnold mudaram de ideia; estavam mal aprovisionados e temiam que os outros lhes tomassem sua parte nos lucros da carga. De modo que depois de uma estadia de apenas algumas semanas, Gosnold relutantemente abandonou a ilha e seus nativos acolhedores, que escoltaram o navio de partida em suas canoas.

"Eles deram grandes berros e gritos de alegria em nossa homenagem", escreveu um dos ingleses. "Nós, com nossas trompas e cornetins, lançando ao alto nossos mantos, demos-lhes a mais bela despedida que pudemos."

Como tantos encontros dos primeiros tempos, o agradável cruzeiro do *Concord* pelas ilhas rapidamente cedeu lugar a um contato muito mais violento. As ambições de Gosnold se voltaram para Jamestown, onde ele morreu durante o primeiro verão da colônia. Os que fizeram a travessia do Atlântico para a Nova Inglaterra em sua esteira se apoderaram de uma nova mercadoria que os marinheiros carregavam para bordo, como partidas de lagosta ou de bacalhau.

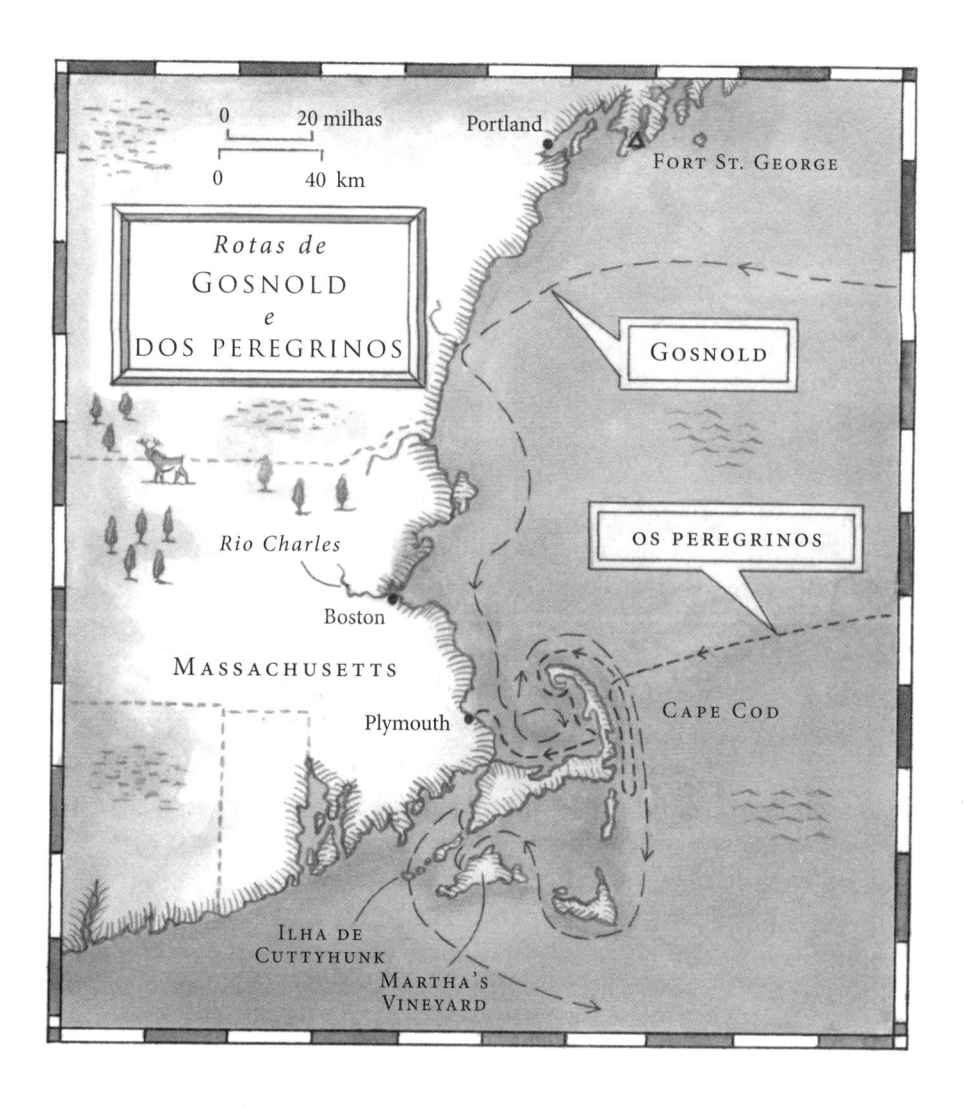

"Eles eram fortes e tão nus que a melhor maneira de segurá-los era pelos longos cabelos", escreveu um homem do mar sobre cinco nativos que os ingleses sequestraram em 1605. Um capitão desfilou com sua exótica presa pelas ruas de Londres para recuperar parte do custo de sua viagem. Outro levou os índios para a Espanha para vender como escravos; entre esses, estava um jovem nativo de Massachusetts chamado Tisquantum.

Capturado em 1614, Tisquantum de alguma forma escapou da escravidão na Espanha e conseguiu chegar a Londres e de lá para a Terra Nova, onde embarcou em um navio inglês para sua terra natal. Durante sua ausência de cinco anos, a costa da Nova Inglaterra havia sido assolada por uma praga devastadora

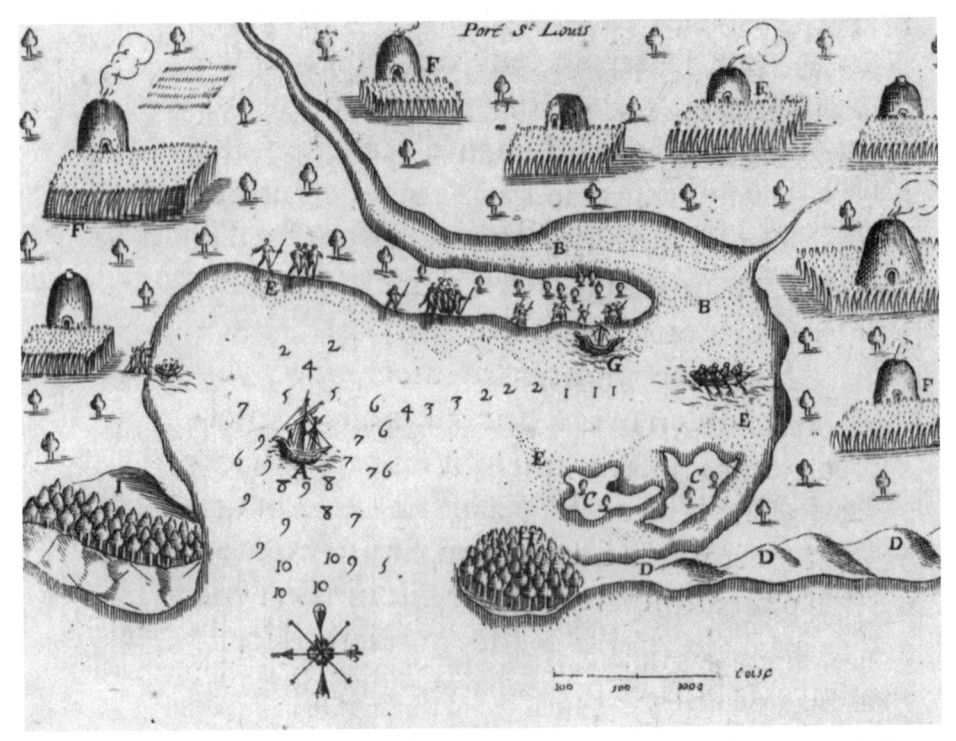

A carta de Samuel de Champlain de Port St. Louis (Patuxet) em 1605, mostrando os campos e habitações dos nativos antes que a epidemia dizimasse a aldeia.

provavelmente introduzida por pescadores ou marinheiros europeus. Thomas Dermer, capitão do navio que transportou Tisquantum para o sul, em 1619, descreveu aldeias que "há não muito tempo eram populosas agora estão absolutamente vazias", ou habitadas por nativos cobertos de "feridas" e "manchas". Ao chegar ao lar de Tisquantum, anteriormente um grande e próspero povoado chamado Patuxet, Dermer encontrou seus habitantes "todos mortos".

Foi para essa costa devastada que os passageiros do *Mayflower* vieram no final do ano seguinte. Inicialmente rumando para a foz do rio Hudson, eles foram impelidos por ventos para Cape Cod e começaram a explorar a costa de Massachusetts em busca de um lugar para se fixar. Em Patuxet, encontraram água potável e a mata já limpa pelos índios agora ausentes. Descarregando seu navio, construíram abrigos no local da aldeia extinta.

Em março, depois de um rigoroso inverno que matou metade dos ingleses, um índio solitário apareceu, nu, exceto pela tanga de couro. Para espanto dos colonos, "ele nos saudou em inglês e nos deu as boas-vindas". Samoset, como ele chamava a si mesmo, era um refugiado do Maine, onde havia encontrado ingleses antes, aprendendo algumas palavras de sua língua e adquirindo uma paixão por cerveja.

Cinco dias depois, ele retornou com um personagem ainda mais surpreendente: "o único nativo de Patuxet". Esse era Tisquantum, cujo sequestro pelos ingleses em 1614 permitira que fosse poupado da epidemia que matara sua tribo. Como com tanta coisa com relação à América, a chegada desse sobrevivente miraculoso pareceu aos colonos devotos obra da providência. Uma praga lhes dera Patuxet como lar, e agora o último representante de seu povo havia aparecido para guiá-los em meio à selva. Tisquantum falava inglês, estava disposto a servir de intérprete e intermediário com outros índios, e ensinou aos colonos como plantar milho e fertilizá-lo com peixe.

"Squanto", escreveu o líder dos colonos, William Bradford, usando uma abreviação do nome de Tisquantum, "foi um instrumento especial enviado por Deus para o bem deles além de qualquer expectativa."

Dezoito meses depois, Squanto "caiu doente com uma febre índia, sangrando muito pelo nariz", escreveu Bradford. Ele morreu poucos dias depois. Embora Squanto permaneça gravado na memória americana como o salvador dos peregrinos, o nome de sua terra natal desapareceu com seu povo. Um capitão inglês que visitou Patuxet em 1603 a chamou de Whitson Bay; dois anos mais tarde o explorador Samuel de Champlain a rebatizou de Port St. Louis. Então veio John Smith, cujos nomes para lugares tendiam a perdurar. Em seu mapa de 1614 da Nova Inglaterra, a costa se tornou "Plimouth". Os peregrinos mantiveram o nome de Smith, embora também se referissem a seu lar como "Nova Plimoth" ou "Plimoth Plantation".

Como St. Augustine e Jamestown antes dela, Plimouth foi uma má escolha para um assentamento permanente. Seu porto era raso, difícil de navegar, e a terra arável se limitava aos campos costeiros. Quando os colonos puritanos chegaram em grande número uma década depois do *Mayflower*, eles se estabeleceram num porto muito melhor 64 quilômetros ao norte, na foz de um rio que John Smith chamara de Charles. Essa colônia rapidamente eclipsou o assentamento dos peregrinos e cresceu para se tornar a grande Boston, da qual Plymouth (como afinal acabou por ser grafada) se tornou um satélite. Continua sendo satélite hoje, anteriormente uma cidade industrial, Plymouth encontrou uma nova vida como cidade dormitório da metrópole que fica a uma hora de distância de carro.

POR OCASIÃO DE MEU RETORNO, depois que superei minha irritação inicial com as reivindicações de Plymouth à primazia histórica, a cidade aos poucos começou a me conquistar. Ao contrário de St. Augustine, seu antigo distrito comercial não havia recebido uma plástica facial de franquia. Plymouth também não era arrumadinha demais nem pitoresca, destino de tantas cidades da Nova Inglaterra. Casas centenárias aparentavam sua idade, habitadas e com sinais de muito uso, com a pintura descascando e tábuas empenadas. A maioria dos locais históricos da cidade eram igualmente antigos e não haviam passado por melhorias, memoriais não só aos peregrinos, mas a uma sensibilidade turística de outros tempos.

No alto de Cole's Hill, com vista panorâmica para o rochedo e para o porto, enfiei moedas de quarto de dólar em um velho telescópio para "trazer ao alcance do olhar pontos de interesse distantes". O museu de cera nas vizinhanças havia fechado negando-me a oportunidade de ver peregrinos de parafina plantando milho. Mas o resto de Cole's Hill permanecia sendo uma peça de museu, com cada um de seus pedregulhos, bancos e bronzes com placas inscritas com extravagância de sentimento.

"Leitor!", exortava uma inscrição em um sarcófago contendo os ossos de colonos que tinham morrido durante os primeiros meses da colônia. "A história não registra aventura mais nobre em busca da fé e da liberdade do que a deste grupo de peregrinos." Invocando a "exaustão e o sofrimento", a "fome e o frio", que os colonos haviam enfrentado, o epitáfio concluía: "Que o exemplo deles vos inspire a fazer vossa parte ao perpetuar e disseminar os elevados ideais de nossa república por todo o mundo!" Essa mensagem, parecia-me, tinha a probabilidade de ser total e absolutamente ignorada pelos turistas bem alimentados que passavam em seus carros climatizados.

Na crista de Cole's Hill ficava o maior de todos os monumentos, um bronze gigantesco de Massasoit, "Grande Cacique dos Wampanoags" e "Protetor e Defensor dos peregrinos". A estátua havia sido erigida em 1921 pela Ordem dos Peles-Vermelha, a associação de homens brancos que eu havia encontrado na Virginia. Com três metros de altura e empoleirado num pedregulho maior do que o rochedo, o cacique esculpido tinha músculos abdominais bem delineados e rijos, e glúteos musculosos. Uma estátua companheira de William Bradford, abaixo da colina, tinha de minúscula o que a de Massasoit tinha de grande: um peregrino de 1,37m encolhido por um corte no orçamento do memorial.

A maioria dos moradores da cidade, descobri, tratava com um bocado de senso de humor a coleção variegada de mármores e granitos de Plymouth. Eles faziam troça do pomposo dossel neoclássico do rochedo e de seu fosso de areia, apelidando-o de "Retrete Grega." Tampouco os locais defendiam ferrenhamente o status de Plymouth de primeira da América, como fizera o motorista de ônibus de excursões no pub. Em vez disso, apontavam as iniciais do principal relicário da cidade.

— R.P. — disse Roger Silva. — É por isso que as pessoas se lembram de nós. Tivemos gente boa de relações públicas no *Mayflower*. Eles divulgaram nossa história.

Eu conheci Silva num café onde as pessoas do lugar se reuniam todas as manhãs para o desjejum. Como a maioria dos nativos de Plymouth, ele não era descendente dos peregrinos. Filho de um imigrante português, havia seguido o pai no trabalho numa fábrica de cordas em Plymouth e, desde então, fora eleito e era membro do conselho municipal da cidade. A indústria da cidade também havia atraído irlandeses, italianos, alemães e finlandeses. Plymouth, apesar de toda a sua fama de *Mayflower*, era mais classe trabalhadora que aristocrata.

O único homem na cafeteria com ancestrais peregrinos era alvo de piadas delicadas.

— Everett é tão velho que *veio* no *Mayflower* — gracejou um de seus amigos.

— Everett — berrou outro homem —, você não deixe de contar a ele como aquele primeiro inverno foi duro!

Como cidade, Plymouth também se esforçava para esvaziar os mitos românticos que haviam crescido ao redor de seus fundadores. As pinturas e lendas retratam os peregrinos desembarcando do *Mayflower* direto para o rochedo, e muitos visitantes ainda acreditam que isso de fato tenha acontecido. Mas um marco histórico próximo do rochedo e um livreto vendido em lojas de museu explicavam em detalhes a verdade cômica por trás da transformação do pedregulho em relíquia.

Os primeiros passageiros do *Mayflower* a pisar em terra tinham sido batedores, que chegaram em um barco pequeno. Quando o *Mayflower* o seguiu, o navio ancorou um quilômetro e meio ao largo na baía rasa e os ingleses haviam sido trazidos em levas para a costa. Em todo caso, os peregrinos jamais mencionaram o rochedo — nem nenhuma outra pedra costeira — em seus copiosos escritos sobre Plymouth. Em vez disso, a história da reverenciada pedra se originava de testemunho oral, registrado muitas gerações depois, ao estilo das sagas islandesas.

"Por volta do ano 1741", dizia a história, um religioso idoso chamado Faunce pediu para ser carregado até a costa onde um desembarcadouro brevemente seria construído. Apontando para um grande pedregulho, afirmou que era a mesma pedra que "recebera os passos de nossos pais por ocasião de sua chegada". Faunce então "banhou-a de lágrimas e disse-lhe adeus para sempre".

O ancião Faunce tinha 95 anos na época. Mesmo que sua memória estivesse intacta, ele havia nascido um quarto de século depois do desembarque dos peregrinos. Seu pai, de quem ele tinha ouvido a história, também não fora testemunha do fato; ele viera para Plymouth três anos depois do *Mayflower*. E a história da identificação da pedra por Faunce era, ela própria, baseada numa lembrança de infância, a de um diácono que se lembrava, muitas décadas depois, de ter estado "presente na ocasião interessante", da despedida em lágrimas do velho.

Na época da despedida de Faunce, mais ninguém deu importância ao rochedo, que prontamente foi enterrado sob o novo desembarcadouro. Mas às vésperas da Revolução Americana, "animados pelo glorioso espírito da liberdade", os habitantes de Plymouth tentaram retirar o rochedo com trinta parelhas de bois. Ao fazê-lo, eles o partiram. Não conseguindo liberar a metade inferior, levaram a parte de cima para a praça da cidade, onde se tornou um símbolo venerado e muito vandalizado da liberdade, com pessoas em busca de suvenires cortando lascas para levar para casa.

Quando os locais transferiram a pedra mutilada para terreno mais seguro, atrás de uma cerca no Pilgrim Hall, eles a deixaram cair de uma carroça, acrescentando uma nova rachadura. Por fim, passado algum tempo o pedregulho errante foi juntado à sua outra metade no cais e cimentado. O desembarcadouro foi derrubado e a Retrete Grega foi construída, criando o local de onde os turistas passaram a contemplar o tão maltratado rochedo desde então.

— Eu sempre digo aos turistas que costumava ser maior — disse Dan Cuetera. — De qualquer maneira, marinheiros não aportam navios num rochedo. Eles estão sempre tentando *evitar* rochedos.

Dan trabalhava como intérprete histórico a bordo da réplica do *Mayflower*, que ficava atracada perto do rochedo. Como parte de seu trabalho, ele desempenhava o papel de um dos muitos "estranhos", ou passageiros não peregrinos, que viajaram no *Mayflower* em busca de oportunidades econômicas e não de liberdade religiosa.

— Eu não sou um daqueles separatistas da Holanda — declarou Dan, assumindo sua voz de época —, embora a graça de Deus e o lucro andem juntos.

Como outros profissionais, Dan fizera estudos de dialeto no Plimoth Plantation, um parque de história ao vivo nos arredores da cidade. Havia muitos sotaques a aprender, uma vez que os colonos vinham de diferentes regiões da Inglaterra. O favorito de Dan era o da Ânglia Oriental, península no leste da Inglaterra, origem do sotaque dos piratas de maneira geral.

— Eu engulo os r's e praticamente não os pronuncio. — Ele deu uma gargalhada. — Essa é a parte divertida do trabalho. Ninguém estaria fazendo isso se não fosse por *Monty Python*.

Dan não achava tanta graça na parte de usar o vestuário de época, que também tinha sido meticulosamente pesquisado. O estereótipo do peregrino de sexo masculino — trajes negros, chapéu alto de abas duras adornado com uma fivela — era o vestuário das pessoas ricas, material para pinturas de retratos, não para a vida do dia a dia. Os colonos de Plymouth eram em sua maioria gente modesta do campo, e quando Dan representava um deles, usava chapéu mole, calças largas e um casaco disforme da cor de folhas mortas.

— Não é uma aparência nada lisonjeira — comentou. — Os calções são bem largos nas nádegas e o paletó faria até Adônis parecer corcunda.

O estilo modesto dos peregrinos se estendia à música, que Dan tocava como integrante de uma trupe de época. Na igreja, os peregrinos cantavam somente salmos e nunca em perfeita harmonia.

— Um salmo é a palavra de Deus, não deve ser ornamentado por obra do homem — explicou Dan. — Isso é o que os papistas fazem. — De modo que seu grupo cantava principalmente cantigas camponesas inglesas sem acompanhamento musical. Os cantores se autodenominavam os Puritones.

Embora Dan gostasse de fazer troça dos peregrinos, era de opinião que o calvinismo rígido deles explicava por que Plymouth, e não Jamestown, fora ungida o local de nascimento do país.

— A história da Virginia é muito mais interessante, mas como mito fundador não serve, é inapropriada — declarou. — Ninguém quer construir uma história nacional em torno de um homem matando e comendo sua esposa grávida ou de colonos preguiçosos demais para cultivar sua própria comida. A inépcia não faz parte da autoimagem americana.

Plymouth, em contraste, trazia em seu bojo uma mensagem que era adequada a uma nação de imigrantes esforçados.

— Aqui, o resumo do sentido da história é: "Viva em dolorosa pobreza ao longo de anos e trabalhe duro, e por fim sua família prosperará."

Essa narrativa edificante exigia uma edição cuidadosa. Depois do primeiro desembarque em Cape Cod, os ingleses famintos saquearam os depósitos enterrados de milho dos índios. Além disso, a epidemia que precedera a chegada dos ingleses a Plymouth não lhes proporcionara apenas um abrigo, água potável e campos desmatados para semear; também lhes dera uma oportunidade de se assentarem sem imediatamente provocar a hostilidade dos nativos, como havia acontecido com tanta frequência em cabeças de ponte anteriores. Os vizinhos mais próximos dos peregrinos, o povo de Massasoit, viviam a quilômetros no interior e haviam sido destroçados por doenças. Não estavam em posição de resistir aos recém-chegados, mesmo se estivessem inclinados a fazê-lo, e haviam recebido os peregrinos pacificamente.

— Se não fosse pela praga — observou Dan —, a história aqui poderia ter sido um bocado mais violenta desde o princípio, como a de Jamestown.

Mas não demorou muito para que assim se tornasse. Poucos anos depois da chegada do *Mayflower*, os colonos entraram em choque com os índios e enfiaram a cabeça ensanguentada de um inimigo derrotado numa lança no alto do forte de

Plymouth. Mas a história dos peregrinos conhecida pela maioria dos americanos havia sido radicalmente resumida, abrangendo apenas o primeiro ano da colônia: os peregrinos partiram, assinaram o Pacto de Mayflower, desembarcaram no rochedo de Plymouth, sofreram muito durante o inverno e celebraram a primeira colheita com índios gentis.

— Dia de Ação de Graças, não tenho palavras para vos agradecer — disse Dan enfiando seu chapéu velho e casaco marrom desbotado para se apresentar com o Puritones em um banquete de outono com todos os ingressos vendidos. — Isso é o que nos mantém, peregrinos exaustos, empregados.

O Dia de Ação de Graças era a terceira e mais exaltada entidade da trindade de Plymouth, mais sacrossanta até do que o *Mayflower* e o rochedo. Continha a história da fundação da América a partir de Plymouth e para dentro de milhares de lares, renovando a lembrança dos peregrinos a cada outono enquanto se comia peru, batata-doce e torta de abóbora.

As únicas pessoas que poderiam se surpreender com isso seriam os próprios peregrinos. Eles escreveram milhares de palavras sobre os primeiros anos da colônia, e apenas dois parágrafos sobre o famoso repasto. Não registraram sua data nem o chamaram de ação de graças, que para calvinistas significava solene observância religiosa. E nem sequer especificaram que peru tivesse sido um dos pratos servidos.

"Nossa safra tendo sido colhida", escreveu um colono, "nosso governador enviou quatro homens para caçar aves, de modo que pudéssemos depois ter uma maneira especial de celebrar juntos." Os caçadores tiveram grande sucesso. Mas não há nenhuma menção de se abaterem perus em vez de gansos ou patos.

Tampouco os peregrinos inicialmente pretendiam que os índios participassem do banquete. Massasoit e noventa homens apareceram sem aviso, quase triplicando o número de bocas para alimentar. Os índios saíram e caçaram veados, acrescentando carne de caça ao cardápio durante os três dias de festejos que se seguiram. Peixe também era abundante, e milho, sob alguma forma, certamente foi consumido. Mas dos muitos acompanhamentos que nos são conhecidos — torta de abóbora, batatas-doces, molho de oxicoco — não existe nenhum registro escrito.

Como o rochedo de Plymouth, o banquete dos peregrinos também foi esquecido ao longo de muitas gerações. Os colonos da Nova Inglaterra continuaram a realizar banquetes por ocasião do fim da colheita e dias de ação de graças religiosos — para marcar, entre outros acontecimentos, suas sangrentas vitórias sobre os índios. Mas foi somente no princípio do século XIX que escritores redescobriram a refeição de 1621, recriando-a como a "primeira Ação de Graças", um antecedente do que havia se tornado uma tradição ianque de banquetes de fim de colheita e retorno ao lar, com peru quase sempre oferecido como prato principal.

A figura central desse renascimento foi Sarah Josepha Hale, uma nativa de New Hampshire que escreveu a canção de ninar "Mary Had a Little Lamb". Como editora de um influente periódico feminino, iniciou uma longa campanha para transformar o ritual da Nova Inglaterra em feriado nacional. Finalmente, em plena Guerra Civil, Abraham Lincoln proclamou a última quinta-feira de novembro de 1863 como feriado de Ação de Graças: um dia para agradecer solenemente os sacrifícios feitos em prol da União e oferecer "humilde penitência por nossa perversidade nacional". Ele não fez nenhuma menção a peru nem a peregrinos.

O feriado foi adotado — a despeito da resistência dos sulistas — e evoluiu para uma celebração secular da abundância americana. A história de Plymouth também se tornou uma pedra de toque para imigrantes. De acordo com um manual de cidadania de 1934, "todo novo americano precisava conhecer" a história dos peregrinos, que exemplificavam o caráter típico do povo de dedicação ao trabalho e liberdade.

Fazer compras também fazia parte do sonho americano. De modo que em 1939, a pedido de comerciantes, FDR adiantou o Dia de Ação de Graças em uma semana de modo a encompridar a temporada de compras de Natal. E lá ele permaneceu: um dia de glutonaria nacional, ostentação a varejo, futebol na TV e lembrança dos peregrinos, uma gente tão austera que considerava o Natal um feriado corrupto papista.

Embora os peregrinos e seus costumes abstêmios tenham desaparecido do cenário americano, a tribo índia com quem eles comeram em 1621 permanece presente. Em 1970, no 350º aniversário do desembarque dos peregrinos, um líder Wampanoag organizou um protesto de Ação de Graças ao lado da estátua de Massasoit no alto de Cole's Hill. Depois de declarar a quarta quinta-feira de novembro um "Dia de Luto" e fazer discursos denunciando os peregrinos, os manifestantes baixaram a bandeira inglesa da réplica do *Mayflower*, atiraram areia no rochedo e viraram mesas no jantar de Ação de Graças para o qual tinham sido convidados em Plimoth Plantation. Um feriado destinado a celebrar a harmonia entre recém-chegados e nativos havia se transformado no oposto.

O Dia de Luto se tornou um rito anual. Em 1996, os manifestantes o sublinharam ao desbaratar uma tranquila tradição de Plymouth, uma procissão local para uma igreja chamada Pilgrim Progress. Quando os nativos tentaram repetir isso no ano seguinte, a polícia entrou em ação com spray de pimenta e algemas, provocando uma escaramuça embaraçosa e muito divulgada. Em sua esteira, a cidade reconheceu oficialmente o Dia de Luto e erigiu mais uma placa em Cole's Hill, admitindo que para os índios, "o Dia de Ação de Graças é um lembrete do genocídio de milhões de suas nações, do roubo de suas terras e do ataque impiedoso contra a sua cultura".

Desde então as tensões haviam se abrandado, e os habitantes de Plymouth agora marcavam o fim de semana antes do feriado de outono com um esmerado "desfile de Ação de Graças da cidade berço da América". Quando cheguei, encontrei milhares de pessoas aglomeradas nas ruas enquanto carros alegóricos e participantes iam passando agrupados, representando cada era e cada organização num raio de quilômetros. Peregrinos acenando alegremente de uma imitação do *Mayflower* disputavam espaço com monociclistas, carros antigos, bandas marchando, soldados da Guerra Revolucionária e policiais de Boston, vestindo kilts e tocando gaitas de fole, aplaudidos por espectadores vestidos de casacos impermeáveis e bonés do Red Sox.

Nesse cenário alegre e espalhafatoso, um grupo de participantes do desfile se destacava. Constituído exclusivamente de homens, os integrantes vestiam ternos pretos e cartolas e andavam de dois em dois, arrastando um canhão e uma bandeira com a inscrição "Old Colony Club". Pareciam participantes de um velório vitoriano que haviam feito uma curva errada e ido parar no meio de uma multidão carnavalesca de moradores de Plymouth.

— Esse não é o nosso grande dia — comentou um dos homens de terno preto, enquanto eu me esforçava para avançar por uma curva apinhada de gente, tentando acompanhá-los.

— Qual é? — perguntei.

— O Dia dos Primeiros Colonos. Muito mais antigo que o Dia de Ação de Graças e mais significativo.

Aquilo para mim era novidade. Mas não consegui obter mais informações em meio ao empurra-empurra e ao barulho do desfile. O homem me deu o endereço do clube e me convidou para me juntar ao grupo no Dia dos Primeiros Colonos, dali a um mês. Estranhamente, a concentração para o desfile começava às 5:30 da manhã.

— Vista roupa agasalhada e traga protetores para as orelhas — aconselhou ele, tirando a cartola numa saudação e seguindo adiante.

As semanas de intervalo que se seguiram me deram oportunidade de pesquisar o enigmático clube e seu feriado. Ambos datavam de 1769, quando sete homens em Plymouth haviam formado um clube privado para evitar "as muitas desvantagens e inconveniências que decorrem de se misturar com a companhia das pessoas que frequentam as tavernas nesta cidade". A data que escolheram para sua reunião anual era 22 de dezembro, aniversário do desembarque dos primeiros colonos ingleses em Plymouth.

Para marcar a ocasião, em 1769, os membros do clube dispararam um canhão, hastearam uma bandeira de seda blasonada com "Old Colony 1620", e se retiraram para apreciar um "repasto decente" de mariscos, ostras, bacalhau, enguia, carne de veado, *succotash* (prato de milho verde e feijão cozidos juntos), pudim de fubá de milho e melaço, tortinhas de oxicoco e torta de maçã. Embora fosse uma refeição substancial, os pratos foram escolhidos para refletir a refeição que fora consumida pelos primeiros colonos, e eram "apresentados da forma mais simples... em imitação aos nossos ancestrais". Repetida nos anos que se seguiram, a tradição se tornara conhecida como Dia dos Primeiros Colonos (o termo "peregrinos" só veio a ser aplicado aos passageiros do *Mayflower* no século XIX).

— Muitíssimo bom dia! — disse o homem que me recebeu no saguão do prédio do Old Colony Club na rua principal de Plymouth. Eram 5:15 da manhã e o clube já estava repleto de homens de smoking. Dado o traje formal e as origens esnobes do clube, eu havia esperado encontrar descendentes tipo WASP do *Mayflower* tomando chá em xícaras de porcelana fina, em salões ricamente decorados saídos das páginas da *Yankee Clipper*. Em vez disso, o interior do prédio de madeira pintado de branco tinha pisos irregulares, papel de parede manchado de água e mobília simples. Retratos de presidentes do clube pendurados nas paredes estavam tortos. As paredes, prateleiras e vitrines de vidro eram cheias de objetos empoeirados doados ou abandonados por antigos sócios: cachimbos, latas de tabaco, presas de elefante.

— Nós somos um clube de homens; nossas esposas não estão aqui para nos obrigar a nos comportar nem fazer limpeza — disse-me um dos sócios, me mostrando uma antiga sala de carteado com cinzeiros de pedestal e cartazes amarelados na parede com as regras do único jogo do clube, chamado *bestia*. — É um jogo que está extinto por toda parte, exceto aqui — comentou meu guia. — Creio que é bem apropriado.

Se o clube era um exemplo de atavismo, não era mais o estabelecimento de sangue azul de séculos anteriores. Os sócios tinham que ser cidadãos respeitáveis de Plymouth ou da vizinha Duxbury, e podiam ter a filiação recusada se um único sócio lançasse um cubo negro na velha caixa de madeira que servia de urna de votação. Mas muitos dos homens que conheci tinham sobrenomes irlandeses, italianos ou portugueses, inclusive o sócio mais eminente do clube, o reverendo Peter Gomes, um homem de pele mulata, cabelos grisalhos usando óculos de armação de osso e uma bengala. Um clérigo de renome que havia sido pregador da Harvard Memorial Church em Cambridge, ele usando frases bombásticas mesmo às 5:30 da manhã.

— Uma reunião a essa hora exsuda um odor de atividade antiquíssima — comentou ele. — E é uma forma agradável de travessura que nos permite nos gabar pelo resto do ano sobre acordar em meio ao frio e à escuridão.

A linhagem de Gomes era uma mistura de afro-americano e português da ilha do Atlântico de Cabo Verde. Isso fazia dele um celebrante bastante incomum da chegada do *Mayflower*. Como Malcolm X havia observado: "Nós não descemos no rochedo de Plymouth; aquele rochedo desceu sobre nós." Mas tendo sido criado próximo da famosa pedra, Gomes via os peregrinos de maneira diferente.

— Eu sempre gostei deles, ainda que não necessariamente de seus descendentes — comentou. — Eram cheios de ousadia, um pouco ingênuos, não totalmente bem-sucedidos, ao contrário dos puritanos de Boston. Deram o melhor de si, mas não eram realmente incansáveis. Mas mesmo assim os americanos escolheram guardá-los na lembrança.

Aquela era uma avaliação curiosa, e eu queria ouvir mais detalhes. Mas eram quase seis da manhã, hora de dar início aos rituais do Dia dos Primeiros Colonos. Um homem levantou a voz:

— Vamos lá, peregrinos. — E todo mundo botou cartolas, echarpes e sobretudos. Ainda estava escuro lá fora, o finalzinho da noite mais longa do ano.

— Está agradável — declarou um dos homens, sua respiração fazendo uma nuvem de vapor no ar frígido.

Segundo os padrões do final de dezembro na Nova Inglaterra, o tempo estava de fato ameno; apenas ligeiramente abaixo do ponto de congelação, sem vento nem neve. Os homens, em torno de cem no total, enfileirados atrás de porta-bandeiras, com uma pequena banda de músicos e, na frente, o sócio mais velho do clube, um senhor encurvado de 90 anos com uma bengala e uma capa longa. Diante da ordem: "Em frente, marcha!", eles avançaram pela rua principal e depois por uma alameda até a crista de Cole's Hill. Quatro homens vieram empurrando o pequeno canhão que eu tinha visto no desfile do Dia de Ação de Graças.

O presidente do clube recitou uma versão resumida da proclamação tornada pública em 1769, invocando a lembrança dos primeiros colonos de Plymouth, mas omitindo as manifestações de lealdade à pátria mãe da original. Então o capitão do grupo de artilharia gritou:

— Carregar! Acender a mecha! Fogo!

Uma explosão ensurdecedora rugiu, ecoando pelo porto onde os primeiros colonos haviam chegado, seguida por uma nuvem de fumaça. O canhão foi disparado uma segunda e uma terceira vez, com os sócios do clube agitando as cartolas e gritando:

— Hip, hip, hurrah!

Isso foi em parte uma manifestação de alívio. Tinham me contado que o canhão às vezes falhava; numa ocasião no desfile de 4 de Julho, havia disparado prematuramente, ferindo a mão de um dos artilheiros e lançando uma vareta, que voou pelos ares acima da cabeça dos participantes do desfile. Dessa vez os disparos tinham sido inofensivos, embora sem dúvida tenha acordado qualquer um que estivesse dormindo num raio de 1,5 quilômetro da colina.

— Eles não se esquecerão dos peregrinos, com certeza — gracejou o reverendo Gomes, puxando a corrente do relógio. Eram 6:16 da manhã e a luz estava apenas começando a tingir de rosa a orla do porto. Os homens retomaram a marcha, passando pelo sarcófago de ossos dos peregrinos, subindo pela rua Leyden, a mais antiga de Plymouth e assim chamada em homenagem à cidade holandesa de onde os peregrinos haviam partido, e então de volta pela rua principal, passando pelo pub Sean O'Toole e pela Di Marzio Insurance e a Bangkok Thai Cuisine.

— Nossos trabalhos estão concluídos — disse Gomes, enquanto voltávamos para o clube, depois de uma marcha de não mais que oitocentos metros. — O que eu adoro no Old Colony é que ele não tem um mérito que o redima. Se você quiser fazer boas ações, pode entrar para os Kiwanis. Nós fazemos isso em nossos outros caminhos da vida. Aqui, nada é exigido, apenas a observância dessa solenidade anual.

Como os fundadores do clube, os homens se retiraram para "um repasto decente", embora não exatamente o empanzinamento ao longo de um dia inteiro de 1769. Depois de um desjejum de linguiças, ovos, feijão e presunto assados, eles se dispersaram para ir para casa ou trabalhar, e retornaram no final do dia para um jantar tradicional de *succotash*.

No século XVII, *succotash* — o nome do prato se origina de uma palavra algonquiana, possivelmente significando "mistura" — significava uma sopa de milho verde, feijão e carne cozidos juntos. Um dos pratos principais da dieta dos índios, *succotash* não era apreciado pelos primeiros colonos. "É um caldo", sentenciou William Wood em 1634, "engrossado com peixes, aves e animais todos fervidos juntos, alguns permanecendo crus e o resto convertido por excesso de cozimento num mingau detestável."

Nos séculos que se passaram desde então, *succotash* havia se tornado um rótulo abrangente para uma variedade de pratos americanos, mas em Plymouth ainda era feito de acordo com a tradição nativa e colonial.

— A velha receita diz para cozinhar carne de boi em conserva numa panela e carne de aves em outra — disse Cynthia Sykes, mexendo uma sopa de cor marrom-clara na cozinha no porão do Old Colony. — Eu faço isso, mas não a outra parte, que diz para botar os caldeirões do lado de fora, pendurados em cabos de vassoura para esfriar.

Ela havia cozinhado a carne de boi e de galinha, bem como carne de veado, durante quatro horas, então misturara seus sucos com feijão comum, nabo e angu de milho descascado e grosseiramente moído.

— Sirvo esse mingau marrom em tigelas, com as carnes separadas num prato ao lado — disse ela. — Essa é a maneira tradicional. E não leva sal nem tempero.

Originalmente, *o succotash* era apenas o prato de sopa no Dia dos Primeiros Colonos, mas agora era o prato principal, seguido por torta de maçã.

— Nos velhos tempos as pessoas faziam trabalho físico do raiar do dia ao anoitecer e podiam comer refeições de dez pratos sem se matar — comentou Cynthia. — Essa turma aqui não.

Às sete da noite, ela tocou uma sineta e os homens, que tinham estado bebendo no andar de cima, desceram ruidosamente a escada estreita como estudantes secundários esfomeados. Eles se sentaram ao redor de pequenas mesas de madeira, as mãos mergulhando direto nas cestas de pão antes mesmo que alguém se levantasse para dizer a oração de graças.

— Este é um lugar sem Deus — murmurou o reverendo Gomes, em cuja mesa eu estava sentado. — Está fora do alcance de orações.

Então os homens passaram os pratos de carnes e serviram-se, empurrando-as para dentro das tigelas de sopa que Cynthia havia distribuído. O resultado não era especialmente apetitoso: basicamente nacos de carne bem cozida flutuando numa porção de sopa marrom. Mas tinha um gosto muito melhor do que a aparência. A carne em conserva dava o sal, e o feijão, o nabo e o angu de milho formavam uma suave espécie de mingau.

— Na minha juventude todo mundo comia isso no Dia dos Primeiros Colonos — comentou Gomes. — Era uma maneira de esvaziar a geladeira antes do Natal.

O rochedo era outra constante de sua infância em Plymouth, e uma que ele considerava instrutiva.

— Pelo fato de termos sido criados aqui, aprendemos a fazer uma distinção útil entre símbolo e realidade — disse ele. — O rochedo, como muitos ícones, é importante não porque é grande e impressionante, mas por causa do que representa.

Enquanto Gomes fazia uma pausa para se servir de mais carne, fiz a ele a mesma pergunta que tinha feito a outros habitantes de Plymouth. Deixando de lado o orgulho local, por que elevar os peregrinos a um status icônico e ignorar todos os outros que vieram para a América antes deles?

Gomes respondeu me relatando sua participação, alguns anos antes num debate na televisão com o dono da Berkeley Plantation na Virginia. Não apenas

Jamestown havia precedido Plymouth, observara o virginiano; havia documentos que mostravam que, em 1619, colonos que tinham desembarcado na cidade próxima de Berkeley haviam designado a data de sua chegada como um dia anual de graças.

— Aquele homem era energicamente anti-ianque — recordou Gomes. — De modo que decidi que a magnanimidade era a melhor resposta. Eu disse: "É claro que o cavalheiro da Virginia está absolutamente correto. Mas não importa. *Nós somos quem os americanos amam*".

Eu não tinha certeza de ter compreendido o argumento dele.

— Então o senhor está dizendo que deveríamos respeitar e homenagear o mito e não o fato? — perguntei.

— Exatamente. — O reverendo sorriu benignamente, como imaginei que costumasse fazer com um paroquiano confuso. — O mito é mais importante que a história. A história é arbitrária, uma coleção de fatos. O mito nós escolhemos, criamos e perpetuamos.

Ele tomou a última colherada de seu *succotash*.

— A história contada aqui pode não estar correta, mas transcende a verdade. É como a religião, fica além dos fatos. O mito supera o fato, sempre supera, sempre superou e sempre superará.

O PRATO DE SOBREMESA chegou, e mais vinho. Homens se levantaram para fazer brindes inebriados ou apenas para bradar: "Nós somos a mesa número um!" Cansado pelo longo dia, fui embora antes dos discursos, das cartas e dos charutos, e fui andando até o porto digerindo minha conversa com Gomes bem como o *succotash*. Em dezembro, a zona do cais estava deserta e escura, exceto pelos holofotes iluminando o rochedo e as moedas espalhadas na areia ao redor.

Gomes havia formulado uma tese pela qual eu estivera procurando, tateando, ao longo de toda a duração de minhas viagens, mas à qual sempre insistira em resistir. Agora, enquanto tremia de frio ao lado do rochedo de Plymouth, ela me parecia inescapável. Eu podia correr atrás de fatos por toda a América dos primeiros tempos, descobrir "verdades" ocultas ou esquecidas, explodir fantasias sobre a fundação do país. O mito permaneceria intacto, tão teimosamente engastado quanto o pedaço de granito no fosso diante de mim.

Talvez eu tivesse abordado minha pesquisa de maneira totalmente errada. Em vez de pesquisar os detalhes e a letra miúda da história, como um jornalista investigativo, eu devesse ter estudado os clássicos gregos, ou antropologia, ou psicologia elementar. O mito não dominava apenas os americanos modernos; ele se apoderara dos europeus dos tempos antigos cujos passos eu estivera seguindo.

Um atalho para a China, cidades de ouro, Norumbega, o paraíso terrestre de Colombo — essas eram visões que eu havia descartado como superstições medievais. Mas elas haviam impelido europeus por toda parte nas Américas, com consequências não intencionais e devastadoras. Mesmo Bartholomew Gosnold, à procura de uma árvore que curaria a sífilis, ajudara a desencadear os acontecimentos que conduziram ao sequestro de Squanto, seu auxílio aos peregrinos, e a colonização bem-sucedida por eles da costa onde eu me encontrava quase quatro séculos depois. Mitos não apenas superavam os fatos; ajudavam a criá-los.

O mapa moderno da América ratificava miragens antiquíssimas. Rhode Island, que era ligada à terra e não uma ilha, ganhara seu nome devido a uma confusão geográfica com Block Island, que Giovanni da Verrazzano achara que se parecia com a ilha grega de Rodes. Acredita-se que "Califórnia" seja derivado de Calafia, a rainha das altas e negras amazonas que os espanhóis do século XVI conjuraram como as ocupantes do Golden State de nossos dias. E dois continentes levavam o nome de Américo Vespúcio, que escreveu fantasias sobre terras que nunca viu. Todos esses nomes agora estavam consagrados e provavelmente continuariam os mesmos.

Como jornalista preso aos fatos, eu diligentemente havia registrado as lendas que obstruíam meu caminho através da América. Mas havia falhado em apreciar por que esses mitos persistiam. As pessoas precisavam deles. Em St. Augustine, eu havia duvidado que muitos de meus companheiros visitantes da "Fonte da Juventude" realmente acreditassem que Ponce de León tivesse encontrado um elixir, ou que a água sulfurosa que eles bebiam de copos plásticos fosse fazer recuar os anos. Mas era uma ficção inofensiva, portanto, por que estragar a diversão com fatos?

Como todo mundo, eu tinha engolido a água com um sorriso, até com uma ligeira esperança de que os sais minerais, de gosto ruim, pudessem fazer algum bem, como óleo de bacalhau ou vitamina C. De todo modo, a fonte era o raro capítulo da história do conquistador que oferecia esperança, renovação e algum divertimento, em vez de conquista e crueldade. Será que era assim tão surpreendente que visitantes preferissem o mito da fonte à realidade sinistra em exibição nas vizinhanças, de índios exterminados pelo contato com europeus?

Em St. Augustine, e no festival de história da Flórida, onde turistas tinham mantido distância de minha armadura de conquistador, eu havia percebido outra coisa. Os americanos não exatamente estudavam história, e sim saíam para comprá-la. Eles faziam isso em Plymouth também, ticando sítios visitados como itens de uma lista de mercado: o rochedo, o *Mayflower,* o Pilgrim Hall, a Plimoth Plantation.

O passado era um artigo de consumo, sujeito à preferência nacional por produtos conhecidos. E a história, na América, é um prato que é mais bem servido com simplicidade. O primeiro prato podia incluir um bocado de italiano de 1492, mas não tempero espanhol, nem molho francês, nem milho índio demais. Nada que fosse muito substancial ou requintado em excesso antes do peru e da torta de abóbora, exatamente como a vovó costumava preparar.

EU TINHA MEU TIPO ESPECIAL DE alimento de consolo que consumia quando a ocasião permitia. Depois de longos dias rastreando o século XVI, eu ligava um aparelho de TV de motel para assistir a partidas de beisebol ou cochilava enquanto lia as tabelas de pontos no jornal. Apesar do uso de esteroides e de outros escândalos, o beisebol era para mim imutável e de forma imbatível um poço de deliciosas recordações de infância. Uma tranquilizadora cantiga de ninar, como os versos que eu havia aprendido na escola fundamental sobre a história da América. *O beautiful for pilgrim feet... When in the course of human events... our fathers brought forth on this continent...* *

Certa noite, enquanto lia sobre beisebol, percebi uma ligação entre minha nostalgia com relação ao jogo e a busca histórica. Em seu ensaio "The Creation Myths of Cooperstown", Stephen Jay Gould refletia sobre por que Abner Doubleday era festejado por ter "inventado" o beisebol um belo dia em 1839. Doubleday jamais afirmou tê-lo feito, e o homem que lhe deu crédito póstumo por ter criado o esporte mais tarde foi julgado criminalmente insano. Em todo caso, existiam indicações claras de que nosso "passatempo nacional" evoluíra ao longo de décadas a partir de jogos ingleses com nomes engraçados como *rounders* (jogo de bola e palheta) e *stool ball*. Contudo, a lenda romântica do jovem Abner, um futuro general da Guerra Civil, ter criado um jogo inteiramente novo e americano num campo de pasto de vacas, no norte do estado de Nova York, era tão poderosa que a humilde Cooperstown se tornou o lar do Corredor da Fama do beisebol.

Gould atribuía isso à "necessidade psíquica de um mito de criação autóctone". Os seres humanos, quando contemplam a gênese de seus costumes ou de sua espécie, anseiam por localizar "um ponto de origem explícito", em vez de aceitar que a maioria dos começos seja gradual e complexa. "Mitos de criação", concluía ele, "identificam heróis e lugares sagrados, enquanto histórias evolucionárias não

---

* Versos da canção tradicional *America the Beautiful*, poema de Katherine Lee Bates, música de Samuel A. Ward. (N. da T.)

oferecem nenhum objeto palpável, em particular, como símbolo para reverência, adoração ou patriotismo."

Como no beisebol, o mesmo princípio se aplicava ao nascimento da América. A fundação europeia do país foi lenta e confusa: um limo primordial de falsas largadas e mutações que evoluiu, ao longo de gerações, para colônias inglesas e os Estados Unidos. Uma vez tendo se erguido sobre seus próprios pés, a recém-nascida nação americana havia olhado para o passado em busca de suas origens, e localizado seus herois e lugares sagrados na costa rochosa do Massachusetts. Os Pais Peregrinos de 1620 se tornaram os Pais Fundadores de 1776. Cooperstown tinha o campo de pasto de Doubleday; Plymouth, seu sagrado rochedo.

E foi lá que eu acabei. Enquanto caminhava para digerir meu jantar do Dia dos Primeiros Colonos, me vi atraído pelas luzes dentro da Retrete Grega. Numa noite no final de dezembro, banhado pela maré cheia gelada com algas do mar e restos de isopor, o rochedo parecia ainda mais lastimável do que em minhas visitas anteriores. Mas pela primeira vez eu contemplei a pedra maltratada com um respeito relutante. Você poderia deslocá-la com trinta parelhas de bois, rachá-la, arrancar-lhe lascas ou enterrá-la em areia, como os manifestantes índios tinham feito em seu protesto. Mas não conseguiria desalojá-la da memória americana.

Enfiei a mão no bolso e tirei um penny. Com os dedos gelados, atirei-o desajeitadamente, e observei a moeda bater na rocha e quicar indo parar em meio à espuma. Fiquei parado ali por um momento, pensando em sorte, e em pés peregrinos, e em meus próprios pés, dormentes de frio, então me virei e os pus a caminho de casa.

NOTAS SOBRE FONTES

Quando navegamos em meio ao material de fontes originais sobre os primeiros tempos da América é fácil nos sentirmos como os vikings com frequência se sentiam no Atlântico Norte: *hafvalla*, perdidos no mar. A literatura sobre a descoberta da América pela Europa abrange dez séculos, vinte e alguns países e aproximadamente o mesmo número de estilos, da saga à ficção científica. Não há duas traduções ou edições de escritos de exploradores que tenham uma mesma leitura. Também existem incontáveis cartas, runas, túmulos e outros despojos para decifrar. Ajuda ter algum conhecimento básico de islandês, algonquiano e datação por radiocarbono.

Como eu não possuía nenhum desses conhecimentos, de maneira geral me apoiei no trabalho de escavação de historiadores e na generosidade de arqueólogos, arquivistas, linguistas e outros especialistas que consultei ao longo de minha pesquisa. Este livro reflete minha formação de jornalista. "Quando em dúvida", aconselhou-me um editor durão de caderno de cidade certa ocasião, "exclua o material." Tentei trazer essa mesma cautela e ceticismo a um tema histórico que é repleto de controvérsias, fantasias e falsificações descaradas. Por esse motivo, dei pouco ou nenhum espaço ao intitulado Mapa de Vinland, à descoberta da América pelos chineses, ao criptojudaísmo de Colombo e outras ideias bastante conhecidas, mas mal providas de fontes sobre o hemisfério e seus primeiros exploradores.

O amor típico de repórter pela documentação também influenciou minha seleção de quais entre as dezenas de expedições eu iria retraçar. As viagens de Coronado, De Soto, John Smith e outros, na presente obra, geraram centenas de documentos que sobrevivem até os dias de hoje. Infelizmente, as viagens de homens como Henry Hudson e do português Corte-Reales não o fizeram.

Isso posto, minha decisão de enfocar em torno de dez episódios históricos, em vez de tentar um levantamento mais abrangente, resultou inevitavelmente na exclusão de um número significativo de figuras históricas — mais notavelmente, Samuel de Champlain, o francês que explorou a costa e rios da Nova Inglaterra e escreveu vividamente sobre suas aventuras (inclusive a fundação da Order of Good Cheer, a primeira sociedade gastronômica da América do Norte). Para os leitores interessados nas viagens de Champlain, ofereci algumas sugestões, citadas a seguir.

Finalmente, antes de mergulhar nas fontes específicas, uma palavra sobre nomes próprios. Os nomes dos exploradores, e das pessoas e lugares que eles encontraram, variam tremendamente dependendo da língua, tradução, ortografia idiossincrática e alfabeto (ou a falta dele). Hernando de Soto, numa segunda referência, de acordo com as regras deveria ter sido chamado Soto, não De Soto. O governante chamado Powhatan pelos ingleses era conhecido por seu próprio povo como Wahunsenacawh. Contudo, tendo em vista a clareza, quase sempre optei pela forma de uso mais comum. Além disso, quando não especifiquei os nomes de tribos, com frequência usei o termo "índios", como os nativos americanos geralmente fazem.

As notas referentes a cada capítulo apresentadas aqui têm a intenção de servir como as indicações das linhas principais de minha pesquisa. Citações completas dos livros mencionados e informações sobre outras obras que consultei encontram-se na bibliografia apresentada a seguir.

Prólogo

A história do descobrimento e da colonização da América pelos europeus se estende por uma tamanha vastidão de tempo e território que a maioria dos estudiosos investigou partes dela em vez de o seu todo, do mesmo modo que os próprios exploradores. Uma notável exceção é Samuel Eliot Morison, o grande historiador, homem do mar e misógeno de Harvard (ele se recusou a lecionar para mulheres em Radcliffe). Morison é para a exploração dos primeiros tempos da América o que Shelby Foote é para a Guerra Civil: um contador de histórias à moda antiga que escreve com verve, abrangência e agudeza de espírito excepcionais. A obra de Morison, assim como a de Foote, pode parecer obsoleta, especialmente em seu tratamento desdenhoso dos nativos. Mas, para uma visão global da exploração do Novo Mundo, não existe melhor lugar para começar que o trabalho magistral de Morison *The European Discovery of America*, uma obra em dois volumes dividida em viagens pelo norte e pelo sul.

Outras obras gerais que achei particularmente úteis durante a fase inicial onívora de minha pesquisa foram *American Colonies: The Settling of North America*, de Alan Taylor, *The Eyes of Discovery* e *The Discovery of North America*, de John Bakeless, editado por W. P. Cumming, R. A. Skelton e D. B. Quinn. Uma das melhores compilações de escritos de e sobre exploradores se encontra online: *American Journeys*, uma biblioteca digital patrocinada pela Wisconsin Historical Society. Esse site amigo do usuário inclui mapas, dados e contexto histórico para cada seleção. Entre em www.americanjourneys.org.

Um recurso geográfico indispensável é o *The Atlas of North American Exploration*, de William H. Goetzmann e Glyndwr Williams, que combina sumários de quase todas as expedições de exploração na história da América do Norte com mapas curiosos e de fácil leitura.

Sobre a história e cultura nativo-americana, eu me voltei na maioria das vezes para o *Handbook of North American Indians*, uma publicação de vinte volumes editada pelo Smithsonian Institution. Embora com frequência complexo e por vezes datado (o primeiro volume foi publicado em 1978), o *Handbook* examina cada região, era e tribo da América do Norte de todas as perspectivas: arqueológica, linguística, política, religiosa, musical e assim por diante.

Existe uma variedade de livros excelentes sobre a história ambiental e o intercâmbio de plantas, animais e micro-organismos conhecidos como o Intercâmbio Colombino. Obras pioneiras nesse campo incluem *Ecological Imperialism: The Biological Expansion of Europe, 900-1900*, de Alfred Crosby, e *Changes in the Land: Indians, Colonists, and the Ecology of New England*, de William Cronon. Mais recente é a obra de Charles Mann *1491: New Revelations of the Americas Before Columbus*, um excelente e equilibrado panorama geral das pesquisas atuais sobre o Intercâmbio Colombino, doenças e demografia do Novo Mundo.

Meu material sobre Verrazzano foi extraído principalmente de *The Voyages of Giovanni da Verrazzano*, de Lawrence Wroth, que inclui não apenas os escritos do navegador, mas também uma abordagem ampla do que é conhecido a respeito de sua vida e viagens, bem como o pensamento geográfico em sua época.

Capítulo 1

A mais abrangente tradução das sagas nórdicas é *The Complete Sagas of Icelanders*, uma obra de cinco volumes publicada na Islândia que inclui quarenta sagas e 49 narrativas relacionadas. O último volume se encerra com uma seção de referências de inestimável valor, incluindo mapas, uma cronologia dos eventos históricos relevantes para as sagas, ilustrações dos navios e residências, e um glossário definindo termos tais como *"Althing"*, *"berserk"*, *"scorn-pole"* e *"sworn brotherwhood"*.

A maioria dos leitores, contudo, encontrará mais do que o suficiente no resumo de *Complete Sagas* da Penguin, intitulado *The Sagas of the Icelanders*. Essa edição de um volume se inicia com excelentes ensaios da novelista Jane Smiley e do historiador Robert Kellogg. Como observa Smiley, a mescla das sagas, de prosa oral simples com imaginação fantástica, nos apresenta a "um mundo mil anos distantes do nosso, ao mesmo tempo intensamente familiar e intensamente estranho". Para leitores interessados no descobrimento da América pelos nórdicos, a Penguin também publicou uma versão bem reduzida, *The Vinland Sagas*, com uma introdução vívida e informativa escrita por Magnus Magnusson e Hermann Pálsson.

Para um conhecimento mais amplo dos nórdicos e de seu mundo, me baseei especialmente em *Vikings: The North Atlantic Saga*, uma ampla e bem ilustrada coleção de ensaios escritos por grandes especialistas nos povos nórdicos editada por William Fitzhugh e Elisabeth Ward. Uma das autoras do volume, Birgitta Linderoth Wallace, foi especialmente prestativa comigo ao me dar acesso ao seus arquivos e seus conhecimentos sobre tudo relacionado com os nórdicos durante minha visita a Halifax, Nova Escócia. Meu muito obrigado também ao Gísli Sgurdsson do Árni Magnússon Institute, em Reykjavik.

Quanto à história e cultura nativas, tenho uma dívida de gratidão para com Ruth Holmes Whitehead, que se encontrou comigo em St. John e cuja obra inclui *Stories from the Six Worlds*, *The Old Man Told Us* e *Elitekey: Micmac Material Culture from 1600 AD to the Present*. Meu entendimento do registro arqueológico também foi esclarecido por outros especialistas que entrevistei na Terra Nova: Priscilla Renouf, Kevin McAleese, Gerald Penny e Martha Drake.

Sobre os beothuks, eu me baseei principalmente em *The Beothuks or Red Indians*, de James P. Howley, *The Beothuk*, de Ingeborg Marshall, e *Shanawdithit's People: The Archaeology of the Beothuks*, de Ralph T. Pastore. Um excelente resumo e visão global da história da Terra Nova, tanto a nativa quanto a europeia, é a obra de Kevin Major *As Near to Heaven by Sea: A History of Newfoundland and Labrador*.

O relato da busca e descoberta por Helge Ingstad do sítio de L'Anse aux Meadows é contada em suas próprias palavras em *Westward to Vineland*. Embora Ingstad tenha recebido (e reivindicado como seu) a maior parte do crédito por ter encontrado o sítio viking, antes dele outros haviam levantado a possibilidade de que o norte da Terra Nova havia sido o lar dos nórdicos, inclusive W. A.

Munn, um refinador de óleo de bacalhau na Terra Nova, e Jorgen Meldgaard, um arqueólogo dinamarquês.

O ensaio de Thomas McGovern que eu cito ao final deste capítulo é "The Vinland Adventure: A North Atlantic Perspective", publicado em *North American Archaeologist*, vol. 2 (4), 1980-81.

Capítulo 2

A melhor coletânea de fontes primárias relativas a Colombo é *Journals and Other Documents on the Life and Voyages of Christopher Columbus*, traduzida e editada por Samuel Eliot Morison. Outra excelente fonte é *New Iberian World: A Documentary History of the Discovery and Settlement of Latin America to the Early 17th Century*. Para uma edição abreviada com informações sobre navegação e geografia, ver *The Log of Christopher Columbus*, traduzida por Rober Fuson.

Admiral of the Ocean Sea: A Life of Christopher Columbus, de Morison, é a biografia moderna padrão do navegador, e é particularmente útil por suas observações náuticas (Morison refez as viagens de Colombo num iate). Mas o livro foi publicado em 1942, meio século antes da nova voga de trabalhos de pesquisa que acompanharam os 500 anos da viagem de Colombo. Uma das melhores obras recentes é *The Mysterious History of Columbus*, do escritor especializado em ciência do *New York Times* John Noble Wilford, que escreve com raro equilíbrio e clareza sobre o navegador e seu legado. Também notável e merecedora de menção é a biografia do historiador Felipe Fernández-Armesto, *Columbus*, um retrato elegante, erudito e conciso do explorador e suas crenças.

Outras obras relativas a Colombo que achei úteis foram *Marvelous Possessions: The Wonder of the New World*, de Stephen Greenblatt, *The Conquest of America*, de Tzvetlan Todorov, e *Imagining Columbus: The Literary Voyage*, de Ilan Stavans, um levantamento erudito de escritos sobre o navegador. Para críticas mordazes a Colombo e seu impacto, ver *The Conquest of Paradise: Christopher Columbus and the Columbian Legacy*, de Kirkpatrick Sale, e *American Holocaust: Columbus and the Conquest of the New World*, de David Stannard.

Um subgênero fascinante de literatura sobre Colombo é o debate erudito sobre o impacto intelectual de suas viagens no Velho Mundo. Suas descobertas transformaram a imagem da Europa de si mesma e do universo, ou foram as viagens de Colombo filtradas através de uma visão de mundo medieval e clássica tão bem defendida que sua exploração serviu principalmente para apoiar crenças preexistentes? Anthony Grafton examina esse e outros aspectos do cosmo europeu em *New Worlds, Ancient Texts: The Power of Tradition and the Shock of*

Discovery. Equilibrado, acessível e belissimamente ilustrado, esse é um dos livros mais esclarecedores que li durante a minha pesquisa.

A citação que é a base do título de meu livro, sobre Colombo agradecendo a Deus pelo fim de "uma viagem tão longa e estranha", vem de "To the Indies", um ensaio em *The Aztec Treasure House,* de Evan Connell.

Capítulos 3 e 4

Além das fontes citadas anteriormente, me baseei em *The Dominican Republic: A National History,* de Frank Moya Pons, *Why the Cocks Fight: Dominicans, Haitians, and the Struggle for Hispaniola,* de Michele Wucker, e *Colonial Santo Domingo*, um guia publicado na República Dominicana. Também me foram úteis para compreender a R. D. moderna minhas conversas com Hamlet Hermann, um escritor, analista político e ex-ministro de governo em Santo Domingo.

Para a história dos nativos de Hispaniola, ver *The Tainos: Rise and Fall of the People Who Greeted Columbus,* de Irving Rouse, e *Columbus's Outpost Among the Tainos: Spain and America at La Isabela, 1493-1498,* de Kathleen Deagan e José Maria Cruxent.

Minha principal fonte sobre Vespúcio foi *Letters from a New World: Amerigo Vespucci's Discovery of America,* editado por Luciano Formisano. Para um comentário indignado e incisivo sobre Vespúcio, ouçam o ensaio radiofônico de Jack Hitt, que foi transmitido no programa da PBS, *This American Life,* em 12 de julho de 2002. Hitt compara as cartas de Vespúcio às publicadas no *Penthouse Forum* e considera o italiano o primeiro grande homem de vendas da história americana. "O nome América não foi devido a um erro", conclui Hitt. "Foi uma profecia." Um link para o programa, "Give the People What They Want", se encontra em www.thislife.org.

O trabalho pouco conhecido do padre Ramón Pane pode ser encontrado em "Columbus, Ramón Pane and the Beginnings of American Anthropology", de Edward Gaylor Bourne, em *Proceedings of the American Antiquarian Society*, 1906. Os escritos de Pane também estão incluídos em *The Life of the Admiral Christopher Columbus by his Son Ferdinand,* traduzido por Benjamin Keen.

Para Bartolomé de Las Casas, me voltei para a edição da Penguin Classic de *A Short Account of the Destruction of the Indies,* traduzido por Nigel Griffin, com uma excelente introdução de Anthony Pagden.

Capítulo 5

Os livros que achei mais úteis para obter um conhecimento geral da Espanha e da conquista espanhola são *Imperial Spain 1469-1716* e *Empires of the Atlantic World: Britain and Spain in America, 1492-1830*, de J. H. Elliott, *Imperial Spain 1469-1716*, de Henry Kamen, e *Rivers of Gold: The Rise of the Spanish Empire*, de Hugh Thomas. Um estudo provocador e revisionista é *Seven Myths of the Spanish Conquest*, de Matthew Restall. Meus conhecimentos sobre os espanhóis também foram ampliados pelo professor Douglas Cope, a cujas palestras sobre a América Latina colonial assisti na Brown University no outono de 2007.

Para a história da exploração e colonização espanhola do que hoje são os Estados Unidos, a obra excepcional é *The Spanish Frontier in North America*, de David J. Weber, que aborda tudo desde as origens da lenda negra no século XVI ao revival da arquitetura espanhola no século XX. Weber é excepcionalmente equilibrado, evitando a visão romantizada ou demonizada dos espanhóis que caracteriza grande parte das obras sobre o tema. Para uma visita à livraria e uma única compra sobre os espanhóis na América do Norte, não existe livro melhor que esse.

Numa abordagem totalmente diferente, a obra de Carlos Fuentes *The Buried Mirror: Reflections on Spain and the New World* é uma meditação literária espontânea, escrita por um dos maiores novelistas latino-americanos. "O mundo hispânico não veio para os Estados Unidos", observa Fuentes. "Os Estados Unidos vieram para o mundo hispânico. Talvez seja um ato de justiça poética que agora o mundo hispânico deva retornar."

A narrativa de Cabeza de Vaca de sua viagem pela América foi publicada em várias edições, sob diferentes títulos. Entre as muitas traduções, uma das mais recentes e fluidas é a de Martin A. Favata e José B. Fernández, *The Account: Alvar Núñez Cabeza de Vaca's Relacion*. A tradução anterior de Cyclone Covey, *Adventures in the Unknown Interior of America*, é útil por sua introdução, anotações e epílogo bem elaborado de William Pilkington.

Para estudiosos devotos de Cabeza de Vaca, a obra indispensável é *Alvar Núñez Cabeza de Vaca: His Account, His Life, and the Expedition of Pánfilo de Narváez*, traduzido e editado por Rolena Adorno e Patrick Pautz. Esse estudo de três volumes apresenta *The Account* em espanhol e inglês, e inclui um exame de tudo relacionado com a expedição de Cabeza de Vaca e de Narváez.

Uma obra menos acadêmica é *Brutal Journey: The Epic Story of the First Crossing of North America*, de Paul Schneider. Bem compassado na narrativa e meticulosamente pesquisado, *Brutal Journey* também é notável por seu tratamento diferenciado de Narváez, que costuma acabar por parecer um conquistador de história em quadrinhos humorística em muitas obras sobre Cabeza de Vaca.

Capítulos 6 e 7

Como mencionei no texto, os pesquisadores do Novo México Richard Flint e Shirley Cushing Flint são incomparáveis em seus conhecimentos de Coronado e sua expedição. Utilizei muito as obras deles, em particular *Documents of the Coronado Expedition, 1539-1542*, uma meticulosa e exaustivamente anotada tradução de cartas, rol de tropas, relatos e outros documentos relacionados não só às viagens de Coronado, mas também às de Fray Marcos, Estevanico e Hernando de Alarcón. O *Documents* inclui os mapas espanhóis originais, um glossário, e informações biográficas e geográficas sobre as pessoas e lugares mencionados nos documentos. Essa é a bíblia dos estudos sobre Coronado.

Richard Flint é também autor de *Great Cruelties Have Been Reported: The 1544 Investigation of the Coronado Expedition*, e ele e Shirley editaram duas coleções de ensaios: *The Coronado Expedition to Tierra Nueva: The 1540-1542 Route Across the Southwest* e *The Coronado Expedition from the Distance of 460 Years*. Para uma abordagem menos detalhada da expedição, ver *The Journey of Coronado*, traduzido e editado por George Parker Winship. Tem uma introdução histórica concisa e fluida, traduções ligeiramente anotadas das cartas do conquistador e relatos de seus homens.

Os Flint e seus colegas do Center for Desert Archaeology também estão na vanguarda da busca por sítios ao longo da trilha de Coronado. Durante meu próprio percurso, assisti a palestras sobre essa busca proferidas por John Madsen, Gayle Hartmann e William Hartmann, um cientista planetário da Universidade do Arizona. "A viagem de Coronado foi a expedição Apolo de sua época", diz ele, "e a Cidade do México era um centro de controle de missão do século XVI, despachando homens para explorar o desconhecido." Hartmann escreveu uma novela sobre os espanhóis no sudoeste, *Cities of Gold*, e criou um excelente web site sobre Coronado, http://www.psi.edu/coronado/coronado.html.

Para uma abordagem diferente, vejam *To the Inland Empire: Coronado and our Spanish Legacy*, de Stewart Udall, ex-secretário do Interior e renomado ambientalista. Udall faz uma defesa apaixonada do reconhecimento dos primeiros espanhóis e chama 1542 — quando Coronado, De Soto e outros espanhóis estavam vagando em explorações pela América pelo Pacífico — de "um momento himalaico" em termos de descobrimentos geográficos. "Nunca mais país nenhum teria um ano — nem mesmo um século! — em que seus exploradores iriam tão longe e acrescentariam tanto às reservas de conhecimento sobre os lugares desconhecidos da terra."

Outra abordagem extraordinária de Coronado é a de Douglas Preston em *Cities of Gold: a Journey Across the American Southwest*. Esse livro combina história e uma viagem em busca de aventura, bastante semelhante com a minha, exceto que Preston é muito mais intrépido: ele retraça a rota de Coronado pelo Arizona e Novo México a cavalo. Alternadamente cômico e pungente, *Cities of Gold* é especialmente forte em sua evocação das culturas pioneira e de rancho do sudoeste.

Uma excelente visão global das sociedades nativas pelos espanhóis dos primeiros tempos é a obra de Edward H. Spicer, *Cycles of Conquest: The Impact of Spain, Mexico, and the United States on the Indians of the Southwest*. Para uma visão provocadora do impacto dos espanhóis nos povos de *pueblo*, ver a obra de Ramón A. Gutiérrez, *When Jesus Came, the Corn Mothers Went Away*. Sobre os zunis, consultei quase sempre *A Zuni Atlas*, de T. J. Ferguson e E. Richard Hart. Para a história do controverso antropólogo do Smithsonian a que me refiro no texto, ver *Zuni: Selected Writings of Frank Hamilton Cushing*, editado por Jesse Green.

Capítulos 8 e 9

As principais fontes sobre a expedição de De Soto são os escritos de três homens que acompanharam o conquistador: Luis Hernández de Biedma (um ecônomo da coroa), Rodrigo Rangel (secretário de De Soto) e um português conhecido apenas como "um cavalheiro de Elvas". Tem havido muito debate de especialistas sobre a precisão desses relatos e quanto eles se baseiam uns nos outros. Mas, se vistos juntos, fornecem uma narrativa rica e plausível da expedição.

O mesmo não pode ser dito de uma quarta fonte, amplamente utilizada, que com demasiada frequência é posta ao lado das outras. Muito depois de De Soto ter morrido, o historiador metade espanhol metade inca Garcilaso de la Vega se baseou nas memórias dos sobreviventes para escrever uma longa narrativa sob forma de livro da expedição. Ele também lançou mão de sua imaginação literária, alongando cenas que merecem apenas algumas linhas nos relatos dos outros até transformá-las em capítulos inteiros que mais parecem romances de cavalaria. Usei o material de Garcilaso muito pouco, nas poucas situações em que ele está citando diretamente as informações dos outros ou escrevendo sobre eventos corroborados nos três relatos principais.

Traduções de Biedma, Rangel, Elvas e Garcilaso, bem como outros documentos relativos à vida e à expedição de De Soto, estão reunidos em *The De Soto Chronicles: The Expedition of Hernando de Soto to North America in 1539-1543*. Essa obra indispensável, de dois volumes, inclui ensaios de muitos dos principais especialistas em De Soto e na conquista espanhola. Para uma desconstrução cautelosa das fontes sobre De Soto, ver *The Hernando de Soto Expedition: History, Historiography, and "Discovery" in the Southeast*, editado por Patricia Galloway.

A melhor biografia do conquistador é *Hernando de Soto: A Savage Quest in the Americas*, de David Ewing Duncan. Duncan abarca a história popular e acadêmica, escrevendo uma biografia que é cuidadosamente pesquisada, equilibrada e também uma leitura acessível e estimulante. Quase metade do livro é dedicada à vida de de Soto antes de sua chegada a La Florida. *Knights of Spain, Warriors of the Sun: Hernando De Soto and the South's Ancient Kingdoms*, de Charles Hudson, focaliza quase que exclusivamente a expedição de La Florida, e é especialmente forte no que diz respeito às sociedades nativas que De Soto encontrou. A pesquisa anterior de Hudson sobre esse tema pode ser encontrada em *The Southeastern Indians*.

Como observei no texto, Hudson também devotou mais tempo e estudo do que qualquer outra pessoa a reconstruir a rota de De Soto. Embora a rota de Hudson ainda seja motivo de controvérsia, é a que melhor se enquadra nas evidências documentais e geográficas de que dispomos atualmente. A história da busca de Hudson é relatada por sua esposa, Joyce Rockwood Hudson, em seu interessantíssimo livro de viagens *Looking for De Soto: A Search Through the South for the Spaniard's Trail*.

Enquanto seguia De Soto, mais do que em qualquer outro ponto de meu livro, tive de excluir um tesouro de material obtido com historiadores, arqueólogos e funcionários de parques históricos ao longo da rota do conquistador; se eu não o tivesse feito, contar a história da expedição teria consumido dois volumes em vez de dois capítulos. Contudo, minha abordagem de De Soto e seu impacto sobre o sul contou com a contribuição de muitas dessas fontes, em particular Charles Fenwick, ex-superintendente do De Soto National Memorial, em Bradenton; Bonnie McEwan, diretora da Missão San Luis, em Tallahassee; Jeff Mitchem, arqueólogo responsável no Parkin Archaeological State Park, no Arkansas; Dave Moore, arqueólogo no Warren Wilson College, na Carolina do Norte; e John Connaway, arqueólogo do Departamento de Arquivos e História do Mississípi, em Clarksdale. Também sou muitíssimo grato a dois professores que consultei na Universidade do Mississípi, Jay Johnson e Robbie Ethridge (a cuja tese de "zona de despedaçamento" me refiro no texto), bem como a Vernon Knight na Universidade do Alabama.

Não existe melhor maneira de compreender a sofisticação e a grandeza da cultura de montes do que visitar suas ruínas, não apenas em grandes complexos como Moundville no Alabama e Ocmulgee na Georgia, mas também em pequenos parques como o de Parkin, no Arkansas. Para mais leituras sobre a cultura dos montes, ver o livro de Robert Silverberg *The Mound Builders*, e *1491*, de Mann, que é especialmente bom quando trata do grande centro de Cahokia.

Capítulo 10

As fontes mais acessíveis para os escritos de René de Laudonnière e outros franceses na Flórida do século XVI são dois livros de Charles Bennett, *Laudonnière and Fort Caroline: History and Documents* e *Three Voyages*. Eles incluem uma história da colônia francesa e documentos relativos à sua fundação e destruição, inclusive relatos espanhóis.

Sobre a obra artística do pintor francês Jacques le Moyne de Morgues, na Flórida, ver *Discovering the New World*, editado por Michael Alexander, e *The New World: The First Pictures of America*, editado por Stefan Lorant. A aquarela à qual me refiro, retratando Laudonnière e um chefe timucuan, encontra-se na Biblioteca Pública de Nova York. Alguns estudiosos acreditam que essa não seja a obra original de Le Moyne, e sim uma cópia feita a partir de uma gravura pintada de seu desenho que foi impressa por Theodore de Bry em 1591. O melhor livro sobre os nativos que os franceses e outros encontraram no nordeste da Flórida é *The Timucua*, de Jerald Milanich.

Para os espanhóis na Flórida, a melhor obra moderna é a de Eugene Lyon *The Enterprise of Florida: Pedro Menéndez de Avilés and Spanish Conquest of 1565-1568*. Lyon tem uma abordagem revisionista, enfatizando os aspectos comerciais da missão de Menéndez. Também me foram úteis *A New Andalucia and a Way to the Orient: The American Southeast During the Sixteenth Century*, de Paul E. Hoffman, e *The Spanish Settlements within the Present Limits of the United States*, de Woodbury Lowery.

Muito pouco se conhece a respeito de Juan Ponce de León, e os relatos de testemunhas de suas viagens não sobreviveram. Uma história antiga da exploração de Ponce de León pode ser encontrada no site *American Journeys*. Ver também Morrison, *Southern Voyages*, e Leonard Olschiki, "Ponce de León's Fountain of Youth: History of a Geographical Myth", publicado em *The Hispanic Historical Review* em 1941.

Sobre St. Augustine, consultei *The Oldest City: St. Augustine, Saga of Survival*, uma coleção de ensaios de estudiosos editada por Jean Parker Waterbury. Também encontrei um tesouro de informações na St. Augustine Historical Society, um dos melhores arquivos que visitei durante minhas viagens. O membro da sociedade que cito com relação a "disparates e imposturas" em St. Augustine é Charles Reynolds; seu artigo "Fact Versus Fiction for the New Historical St.

Augustine" foi publicado em 1937. Uma opinião contrária, oferecendo provas da veracidade da Fonte da Juventude, é "The First Landing Place of Juan Ponce de León on the North American Continent in The Year 1513", um folheto à venda no atual parque da Fonte da Juventude.

Capítulo 11

Qualquer estudo das primeiras viagens inglesas ao Novo Mundo começa com a obra enciclopédica de Richard Hakluyt, o grande cronista elisabetano da exploração. *The Principall Navigations, Voyages Traffiques & Discoveries of the English Nation*, publicado em primeira edição em 1589, é uma compilação de múltiplos volumes dos escritos de Hakluyt e outros sobre todos os exploradores e aventureiros de que se tinha conhecimento ou se acreditava ter partido antes de 1600. Vasta e organizada de maneira excêntrica, a melhor forma de lê-la é em excertos, como os reproduzidos no site *American Journeys* ou em coleções como *The Discovery of North America*.

Um dos editores de *The Discovery*, David Beers Quinn, é um Hakluyt do século XX que editou e atualizou a pesquisa de seus predecessores e escreveu aproximadamente o mesmo número de palavras sobre a exploração inglesa. De seus muitos livros, os que me foram mais úteis incluem *England and the Discovery of America, 1481-1620* e *The Voyages and Colonising Enterprises of Sir Humphrey Gilbert*.

Quinn, que morreu em 2002, também era o decano de estudos sobre Roanoke, tendo coletado relatos originais em *Virginia Voyages* e oferecido uma história abrangente em *Set Fair for Roanoke: Voyages and Colonies, 1584-1606*. O texto de Quinn pode ser elíptico, mas a profundidade de seu conhecimento torna sua obra indispensável.

Mais acessível ao leitor médio é *The Virginia Adventure: Roanoke to James Town*, de Ivor Noël Hume, um relato lúcido e vívido dos primeiros tempos da colonização intercalado com insights arqueológicos. A obra de Karen Ordahl Kupperman *Roanoke: The Abandoned Colony* é uma excelente abordagem abreviada, inserindo Roanoke no contexto das sociedades inglesa e nativa. A obra de Raleigh Trevelyan *Sir Walter Raleigh* é recente e uma excelente biografia do patrono de Roanoke.

Em memória de Roanoke, o folheto de Robert Arner *The Lost Colony in Literature* oferece um levantamento irônico dos muitos livros, poemas e outras obras inspiradas pelo desaparecimento da colônia. Para uma visão global dos trabalhos de pesquisa e arqueológicos atuais relacionados à colônia, ver *Sear-*

ching for the Roanoke Colonies, uma coleção de ensaios editada por E. Thomson Shields e Charles E. Ewen. Mais informações sobre o trabalho do Lost Colony Center for Science and Research de Fred Willard pode ser encontrado em seu site http://www.lost-colony.com.

Para um estudo pioneiro sobre o trauma vivido pelos primeiros colonos ingleses em Roanoke, bem como em Jamestown e Plymouth, ver "Seasons of Misery: Catastrophe and the Writing of Settlement in Colonial America", dissertação de Ph.D. de 2006 na Universidade Yale de Kathleen M. Donegan.

Capítulo 12

John Smith, conforme indiquei no texto, é a melhor e a mais controversa fonte sobre Jamestown nos tempos iniciais. Suas centenas de páginas de escritos sobre a colônia são desorganizadas, suas frases são impossíveis de analisar sintaticamente, e sua ortografia e sintaxe são tão idiossincráticas que o inglês pode parecer uma língua estrangeira. Portanto, ajuda ter uma mão forte editorial que Philip Barbour oferece em seu estudo de três volumes bem provido de notas *The Complete Works of Captain John Smith*, o padrão ouro em termos de estudo sobre o capitão.

Uma compilação recente da Library of America é *Captain John Smith: Writtings, with Other Narratives of Roanoke, Jamestown, and the First English Settlement of America*. Editada por James Horn, tem o mérito de reunir Smith e muitos outros escritores em um volume. Para uma amostra breve da obra de Smith, ver *Captain John Smith: A Selected Edition of His Writings*, de Karen Ordhal Kupperman, que é muito bem escolhida, editada e introduzida. Sobre a primeira década de Jamestown, a coleção mais prática de fontes primárias é *Jamestown Narratives: Eyewitness Accounts of the Virginia Colony*, editada por Edward Wright Haile.

Das muitas obras secundárias sobre Jamestown, uma das melhores é *Love and Hate in Jamestown: John Smith, Pocahontas, and the Start of a New Nation*, de David A. Price, uma visão concisa, de leitura instigante e muitíssimo bem pesquisada da história muito emaranhada e difícil de contar dos primeiros anos da Virginia. Para o leitor médio, não existe melhor introdução ao tema. Entre as melhores análises de John Smith e seu legado está a obra de J. A. Leo Lemay *The American Dream of Capitain John Smith*. Para uma visão incisiva da historiografia de Jamestown, ver o ensaio de Jill Lepore em *The New Yorker*, "Our Town", de 10 de abril de 2007.

Sobre Powhatan e as tribos que ele governou, ninguém escreveu mais que Helen Rountree, cujas obras incluem *Pocahontas People: The Powhatan Indians of*

Virginia Through Four Centuries e *The Powhatan Indians of Virginia: Their Traditional Culture*. Sobre a famosa filha de Powhatan, ver *Pocahontas: The Evolution of an American Narrative*, de Robert S. Tilton, e *Pocahontas: The Life and the Legend*, de Frances Mossiker.

O recente quadricentenário de Jamestown trouxe uma torrente de livros sobre a colônia. Aquele que acrescenta ideias mais novas é *Jamestown: The Buried Truth*, de William Kelso, no qual o arqueólogo desenvolve muitas das opiniões que abordou em minha entrevista com ele, que teve lugar um ano antes da publicação do livro. Também novo é *The Birth of Black America*, de Tim Hashaw, que fala sobre o "Mayflower Negro" que trouxe africanos para Jamestown em 1619. Para mais informações sobre os primeiros africanos da Virginia, ver dois artigos publicados em *William and Mary Quarterly*: "The African Experience of the '20. and Odd Negroes' Arriving in Virginia in 1619", de John Thornton (1998), e "New Light on the '20. and Odd Negroes'", de Engel Sluiter (1997).

O artigo de Walter Plecker "Racial Improvement" foi publicado no *Virginia Medical Monthly* em novembro de 1925. Um artigo científico igualmente chocante é *Mongrel Virginians*, publicado no ano seguinte por dois de seus colegas, Arthur H. Estabrook e Ivan E. McDougle. Para um excelente estudo de Plecker e da eugenia, ver *The Eugenic Assault on America: Scenes in Red, White, and Black* de J. David Smith. Antecedentes históricos sobre a ruptura entre negros e os índios chickahominys podem ser encontrados em *Charles City County, Virginia: An Official History*, editado por James P. Whittenburg e John Coski.

Capítulo 13

Um relato da viagem de Bartholomew Gosnold de 1602, por um de seus participantes, John Brereton, pode ser encontrado no site *American Journeys*, bem como relatos de outros antigos viajantes ingleses à Nova Inglaterra. Também me baseei em minhas entrevistas com o arqueólogo Jeffrey P. Brain, do Peabody Essex Museum em Salem, Massachusetts, que procurou o sítio do posto avançado de Gosnold em Cuttyhunk.

O ponto de partida de qualquer pesquisa sobre a Pilgrim Plymouth é o livro de William Bradford *Of Plymouth Plantation, 1620-1647*, e um diário do primeiro ano da colônia que ele escreveu em coautoria com Edward Winslow, publicado como *Mourt's Relation*. Clássicos de estudiosos sobre os peregrinos e colonos puritanos posteriores incluem *A Little Commonwealth: Family Life in Plymouth Colony*, de John Demos, e *The Puritan Dilemma: The Story of John Winthrop*, de Edmund Morgan. Para o leitor comum, dois livros recentes dignos de nota são o bestseller de Nathaniel Philbrick *Mayflower: A Story of Courage, Community, and War* e *A Great and Godly Adventure: The Pilgrims and the Myth of the First Thanksgiving* de Godfrey Hodgson.

Sobre o rochedo de Plymouth, ver *Memory's Nation*, de John Seelye, e um folheto da Pilgrim Society, "Plymouth Rock: History and Significance", de Rose Briggs. Meu material sobre o Old Colony Club se baseou principalmente na obra do historiador de Plymouth Jim Baker, que foi muito generoso com seu tempo e pesquisa sobra a cidade e sua história. Parte de seu trabalho pode ser encontrado em http://www.oldcolonyclub.org.

Finalmente, algumas sugestões para outras leituras sobre algumas das pessoas e lugares que mencionei apenas de passagem. Para Samuel de Champlain, ver a biografia de Morison, *Samuel de Champlain: Father of New France*, e as obras da Champlain Society no Canadá; seu site é www.champlainsociety.ca. Amostras dos maravilhosos escritos de Champlain também podem ser encontradas no site *American Journeys*, bem como os de Jacques Cartier, o explorador francês do século XVI a que me refiro no capítulo sobre a Terra Nova.

Para outros exploradores do Canadá, e a busca da fugidia Passagem de Noroeste, ver *Northern Voyages*, de Morison, e os relatos apresentados em excertos em *The Discovery of North America*. Um dos mais extraordinários desses viajantes ao norte foi Martin Frobisher, cuja história é magnificamente bem contada por Robert Ruby em *Unknown Shore: The Lost History of England's Arctic Colony*.

Pouco se sabe sobre Henry Hudson, o navegador inglês a serviço dos holandeses que esteve em busca da Passagem de Noroeste e em 1609 navegou pelo rio de Nova York que tem seu nome. O único relato remanescente dessa viagem, de um tripulante chamado Robert Juet, pode ser encontrado no site *American Journeys*. Para mais informações sobre os holandeses, ver *Dutch Primacy in World Trade, 1585-1740*, de Jonathan Israel. O site *American Journeys* também inclui um relato da visita de Sir Francis Drake à costa da Califórnia em 1579. Uma excelente biografia recente é *Sir Francis Drake: The Queen's Pirate*, de Harry Kelsey.

Dois lugares que visitei na Nova Inglaterra, mas não consegui incluir, merecem menção especial. Jeffrey Brain, o arqueólogo a quem me referi anteriormente com relação a Cuttyhunk, também liderou a escavação a Fort St. George, em Popham, Maine, a colônia inglesa esquecida que precedeu Plymouth em 13 anos. Para dados e contexto históricos sobre a colônia de Popham, e informações sobre o trabalho arqueológico ainda em curso, ver, www.maine.gov/museum/anthropology/pophamcolony.

Dighton Rock é um sítio de tipo muito diferente, um pedregulho junto ao rio Taunton em Massachusetts que é coberto por entalhes. Essas inscrições foram atribuídas, variadamente, aos fenícios, aos nórdicos, aos portugueses do século

XVI e aos índios wampanoags. Dighton Rock e o pequeno museu que a encerra são uma introdução divertida para os muitos mistérios e mitos que cercam as explorações dos primórdios da América. Eu visitei o sítio em companhia de seu defensor moderno, dr. Manuel Luciano da Silva, que escreveu um estudo muito vívido, *Portuguese Pilgrims and Dighton Rock*.

BIBLIOGRAFIA

Adorno, Rolena. "The Negotiation of Fear in Cabeza de Vaca's *Naufragios*." *Representations*, nº 33 (inverno de 1991): 163-99.

Adorno, Rolena e Patrick Pautz. *Álvar Núñez Cabeza de Vaca: His Account, His Life, and the Expedition of Pánfilo de Narváez*, 3 vols. Lincoln: University of Nebraska Press, 1999.

Alexander, Michael, editor. *Discovering the New World, Based on the Works of Theodore de Bry*. Nova York: Harper & Row, 1976.

Anderson, Ruth Matilda. *Hispanic Costume 1480-1530*. Nova York: The Hispanic Society of America, 1979.

Arner, Robert D. *The Lost Colony in Literature*. Raleigh: North Carolina Department of Cultural Resources, 1985.

Axtell, James. *Beyond 1492: Encounters in Colonial North America*. Nova York: Oxford University Press, 1992.

Bailyn, Bernard. *Atlantic History: Concept and Contours*. Cambridge: Harvard University Press, 2005.

_____. *The Peopling of British America: An Introduction*. Nova York: Vintage Books, 1988.

Bakeless, John. *The Eyes of Discovery*. Nova York: Dover Publications, Inc., 1961.

Barrett, James H., editor. *Contact, Continuity, and Collapse: The Norse Colonization of the North Atlantic*. Turnhout, Bélgica: Brepols Publishers, 2003.

Benedict, Philip. *Christ's Churches Purely Reformed: A Social History of Calvinism*. New Haven: Yale University Press, 2002.

Bennett, Charles E. *Laudonnière and Fort Caroline: History and Documents*. Tuscaloosa: The University of Alabama Press, 2001.

Bennike, Pia. *Palaeopathology of Danish Skeletons: A Comparative Study of Demography, Disease and Injury*. Copenhagen: Akademisk Forlag, 1985.

Bolton, Herbert. *Coronado, Knight of Pueblos and Plains*. Albuquerque: University of New Mexico Press, 1990.

_____. *The Spanish Borderlands*. New Haven: Yale, 1921.

Boorstin, Daniel J. *The Discoverers*. Nova York: Vintage Books, 1985.

Bourne, Edward Gaylord. "Culumbus, Ramón Pane and the Beginnings of American Anthropology", Worcester: Proceedings of the American Antiquarian Society, 1906.

Bradford, William. *Of Plymouth Plantation 1620-1647*. Nova York: The Modern Library, 1981.

Briggs, Rose T. *Plymouth Rock: History and Significance*. Boston: The Nimrod Press, 1968.

Bushman, Claudia L. *America Discovers Columbus: How an Italian Explorer Became an American Hero*. Hanover: University Press of New England, 1992.

Cabeza de Vaca, Álvar Núñez. *The Account: Álvar Núñez Cabeza de Vaca's Relación*. Traduzida por Martin A. Favata e José B. Fernández. Houston Arte Público Press, 1993.

_____. *Adventures in the Unknown Interior of America*. Trad. Cyclone Covey, Albuquerque: University of New Mexico Press, 1983.

Carter, W. Hodding. *A Viking Voyage*. Nova York: The Ballantine Publishing Group, 2000.

Cervantes, Miguel de. *Don Quixote*, trad. Edith Grossman. Nova York: HarperCollins Publishers Inc., 2003.

Clayton, Lawrence A., Vernon James Knight Jr. e Edward C. Moore, editores. *The De Soto Chronicles: The Expedition of Hernando de Soto to North America in 1539-1543*, 2 vols. Tuscaloosa: The University of Alabama Press, 1993.

Columbus, Christopher. *The Log of Christopher Columbus*. Trad. Robert Fuson. Camden, Me.: International Marine Publishing, 1992.

Columbus, Ferdinand. *The Life of Admiral Christopher Columbus by his Son Ferdinand*. Trad. Benjamin Keen. New Brunswick, N.J.: Rutgers University Press, 1959.

Connell, Evan S. *The Aztec Treasure House*. Washington, D.C.: Conterpoint, 2001.

Connor, Jeannette Thurber, editor. *Pedro Menéndez de Avilés, Adelantado, Governor, and Captain-General of Florida, Memorial by Gonzalo Solís de Merás*. Delanda Filomena.: The Florida State Historical Society, 1923.

Cotten, Sallie Southall. *The White Doe or the Legend of Virginia Dare*. Filadélfia: J. B. Lippincott Co., 1901.

Cronon, William. *Changes in the Land: Indians, Colonists, and the Ecology of New England*. Nova York: Hill and Wang: 1983.

Crosby, Alfred. *The Columbian Exchange: Biological and Cultural Consequences of 1492*. Westport, Ct.: Greenwood Press, 1973.

_____.*Ecological Imperialism: The Biological Expansion of Europe, 900-1900*. Londres: Cambridge University Press, 1986.

Cushing, Frank Hamilton. *Zuñi: Selected Writings of Frank Hamilton Cushing*, editado por Jesse Green. Lincoln: University of Nebraska Press, 1979.

Da Silva, Manuel Luciano. *Portuguese Pilgrims and Dighton Rock*. Bristol, R.I.: Manuel da Silva, 1971.

Davies, Hunter. *In Search of Columbus*. Londres: Sinclair-Stevenson Ltd., 1991.

Davis, Robert E. *History of the Improved Order of Red Men and Degree of Pocahontas 1765-1988*. Waco: Davis Brothers Publishing Co., Inc., 1990.

Deagan, Kathleen e José Maria Cruxent. *Columbus's Outpost Among the Tainos: Spain and America at La Isabela, 1493-1498*. New Haven: Yale University Press, 2002.

Deloria, Philip J. *Playing Indian*. New Haven: Yale University Press, 1998.

Demos, John, *A Little Commonwealth: Family Life in Plymouth Colony*. Oxford: Oxford University Press, 1970.

Diamond, Jared. *Collapse: How Societies Choose to Fail or Succeed*. Nova York: Viking, 2005.

_____. *Guns, Germs, and Steel: The Fates of Human Societies*. Nova York: W.W. Norton & Co., 1997.

Diaz del Castillo, Bernal. *The Conquest of New Spain*. Trad. John M. Cohen. Nova York: Penguin, 1963.

Donegan, Kathleen M. "Seasons of Misery: Catastrophe and the Writing of Settlement in Colonial America", dissertação de Ph.D. de 2006 para Yale University.

Duncan, David Ewing. *Hernando de Soto: A Savage Quest in the Americas*. Norman: University of Oklahoma Press, 1996.

Elliot, J.H., *Empires of the Atlantic World: Britain and Spain in America, 1492-1830*. New Haven: Yale University Press, 2006.

_____. *Imperial Spain, 1469-1716*. Londres: Penguin Books, 1963.

Estabrook, Arthur H. e Ivan E. McDougle. *Mongrel Virginians:The Win Tribe*. Baltimore: The Williams & Wilkins Co., 1926.

Ewen, Charles R. e John H. Hann. *Hernando de Soto among the Apalachee*. Gainesville: University Press of Florida, 1998.

Fernández-Armésto, Felipe. *Columbus*. Oxford: Oxford University Press, 1991.

_____. *Pathfinders: A Global History of Exploration*. Nova York: W.W. Norton & Co., Inc., 2006.

Ferguson, T. J. e E. Richard Hart. *A Zuni Atlas*, Norman: University of Oklahoma Press, 1985.

Fitzhugh, William W., Elisabeth I. Ward, editores, *Vikings: The North Atlantic Saga*. Washington D.C.: Smithsonian Institution Press, 2000.

Flannery, Tim. *The Eternal Frontier: An Ecological History of North America and its People*. Melbourne: The Text Publishing Co., 2001.

Flint, Richard. *Great Cruelties Have Been Reported: The 1544 Investigation of the Coronado Expedition*. Dallas: Southern Methodist University Press, 2002.

Flint, Richard e Shirley Cushing Flint, editores. *Documents of the Coronado Expedition, 1539-1542*. Dallas: Southern Methodist University Press, 2005.

_____. *The Coronado Expedition from the Distance of 460 Years*. Albuquerque: University of New Mexico Press, 2003.

_____. *The Coronado Expedition to Tierra Nueva: The 1540-1542 Route Across the Southwest*. Boulder: University Press of Colorado, 2004.

Formisano, Luciano, editor. *Letters from a New World: Amerigo Vespucci's Discovery of America*, trad. David Jacobson. Nova York: Marsilio Publishers, Corp., 1992.

Fraser, Walter B. *The First Landing Place of Juan Ponce de Leon on the North American Continent in the Year 1513*. St. Augustine: Walter B. Fraser, 1956.

Fuentes, Carlos. *The Buried Mirror: Reflections on Spain and the New World*. Nova York: Houghton Mifflin Co., 1992.

Galloway, Patricia, editor. *The Hernando de Soto Expedition: History, Historiography, and "Discovery" in the Southeast*. Lincoln: University of Nebraska Press, 1997.

Goetzmann William H. e Glyndwr Williams, editores. *The Atlas of North American Exploration: From the Norse Voyages to the Race to the Pole*. Norman: University of Oklahoma Press, 1992.

Gould, Stephen Jay. "The Creation Myths of Cooperstown." *Natural History*, novembro de 1989.

Grafton, Anthony. *New Worlds, Ancient Texts: The Power of Tradition and the Shock of Discovery*. Cambridge: The Belknap Press of Harvard University Press, 1992.

Grant, John. *An Introduction to Viking Mythology*. Nova York: Shooting Star Press, Inc., 1990.

Greenblatt, Stephen. *Marvelous Possessions: The Wonder of the New World*. Chicago: The University of Chicago Press, 1991.

Gutiérrez, Ramón A. *When Jesus Came, the Corn Mothers Went Away: Marriage, Sexuality, and Power in New Mexico, 1500-1846*. Palo Alto: Stanford University Press, 1991.

Haile, Edward Wright, editor. *Jamestown Narratives: Eyewitness Accounts of the Virginia Colony*. Champlain, Va.: RoundHouse, 1998.

Hale, Sara Josepha. *Northwood: A Tale of New England*. Boston: Bowles & Dearborn, 1827.

Hakluyt, Richard, *The Principal Navigations, Voyages Traffiques and Discoveries of the English Nation*, 8 vols. Londres: J. M. Dent and Sons Ltd., 1927.

Hann, John H. e Bonnie G. McEwan. *The Apalachee Indians and Mission San Luis*. Gainesville: University Press of Florida, 1998.

Hashaw, Tim. *The Birth of Black America: The First African Americans and the Pursuit of Freedom at Jamestown*. Nova York: Carroll & Graf, 2007.

Haywood, John. *The Penguin Historical Atlas of the Vikings*. Londres: Penguin Books, 1995.

Heath, Dwight B., editor. *Mourt's Relation: A Journal of the Pilgrims at Plymouth*. Bedford, Ma.: Applewood Books, 1963.

Henige, David. *In Search of Columbus: The Sources for the First Voyage*. Tucson: The University of Arizona Press, 1991.

Hodgson, Godfrey. *A Great and Godly Adventure: The Pilgrims and the Myth of the First Thanksgiving*. Nova York: Public Affairs, 2006.

Hoffman, Paul E. *A New Andalucia and a Way to the Orient: The American Southeast During the Sixteenth Century*. Baton Rouge: Louisiana State University Press, 1992.

Howley, James P. *The Beothuks or Red Indians*. Toronto: Prospero, 2000.

Hreinsson, Vidar, editor. *The Complete Sagas of Icelanders*. Reykjavik: Leifur Eriksson Publishing, 1997.

Hudson, Charles. *Knights of Spain, Warriors of the Sun: Hernando de Soto and the South's Ancient Chiefdoms*. Athens: University of Georgia Press, 1997.

_____. *The Juan Pardo Expeditions*. Tuscaloosa: The University of Alabama Press, 1990.

_____. *The Southeastern Indians*. Knoxville: The University of Tennessee Press, 1976.

Hudson, Joyce Rockwood. *Looking for De Soto: A Search Through the South for the Spaniard's Trail*. Athens: University of Georgia Press, 1993.

Hudson, Marjorie. *Searching for the Virginia Dare: A Fool's Errand*. Wilmington, N.C.: Coastal Carolina Press, 2002.

Hume, Ivor Noël. *The Virginia Adventure: Roanoke to James Towne: An Archaeological and Historical Odyssey*. Charlottesville: University Press of Virginia, 1994.

Ingstad, Helge. *Westward to Vinland*. Londres: Jonathan Cape Ltd., 1969.

Israel, Jonathan I. *Dutch Primacy in World Trade, 1585-1740*. Nova York: Oxford University Press, 1990.

Jones Gwyn. *A History of the Vikings*. Londres: Oxford University Press, 1968.

Kamen, Henry. *Spain 1469-1714: A Society of Conflict*. Londres: Longman Group UK Ltd., 1991.

Karr, Ronald Dale, editor. *Indian New England 1524-1674*. Pepperell, Ma.: Branch Line Press, 1999.

Kelsey, Harry. *Sir Francis Drake: The Queen's Pirate*. New Haven: Yale University Press, 1998.

Kelso, William M. *Jamestown: The Buried Truth*, Charlottesville: University of Virginia Press, 2007.

Kennedy, Roger G. *Hidden Cities: The Discovery and Loss of Ancient North American Civilization*. Nova York: The Free Press, 1994.

Kuppermann, Karen Ordhal. *Indians and English: Facing off in Early America*. Ithaca: Cornell University Press, 2000.

_____. *Roanoke: The Abandoned Colony*. Savage, Md.: Rowman & Littlefield Publishers, Inc., 1984.

Kuppermann, Karen Ordahl, editor. *America in European Consciousness 1493-1750*. Chapel Hill: The University of North Carolina Press, 1995.

Las Casas, Bartolomé de. *A Short Account of the Destruction of the Indies*. Editado e traduzido por Nigel Griffin. Londres: Penguin Books, 1992.

Laudonnière, René. *Three Voyages*. Trad. Charles E. Bennett. Tuscaloosa: The University of Alabama Press, 2001.

Lemay, J. A. Leo. *The American Dream of Capitain John Smith*. Charlottesville: University Press of Virginia, 1991.

Lepore, Jill. *Encounters in the New World: A History in Documents*. Nova York: Oxford University Press, 2000.

_____. "Our Town." *The New Yorker*, 12 de abril de 2007.

Lopez, Barry. *The Rediscovery of North America*. Nova York: Vintage Books, 1992.

Lorant, Stefan. *The New World: The First Pictures of America*, Nova York: Duell, Sloan and Pearce, 1965.

Lowery, Woodbury. *The Spanish Settlements within the Present Limits of the United States*, 2 vols. Nova York: G. P. Putnam's sons, 1903-05.

Lyon, Eugene. *The Enterprise of Florida: Pedro Menéndez de Avilés and Spanish Conquest of 1565-1568*. Gainesville: University Press of Florida, 1974.

Madariaga, Salvador de. *Christopher Columbus: Being the Life of the Very Magnificent Lord Don Cristóbal Colón*. Nova York: The Macmillan Co., 1940.

Major, Kevin. *As Near to Heaven by Sea: A History of Newfoundland and Labrador*. Toronto: Penguin Books, 2001.

Mandeville, John. *The Travels of Sir John Mandeville*, trad. C. W. R. D. Moseley. Londres: Penguin Books, 1983.

Mann, Charles C. *1941: New Revelations of the Americas Before Columbus.* Nova York: Alfred A. Knopf, 2005.

Marshall, Ingeborg. *The Beothuk*. St. John's: Newfoundland Historical Society, 2001.

Maxwell, Kenneth. "Adios Columbus!" *The New York Review of Books*, 28 de janeiro de 1993.

McAleese, Kevin E., editor. *Full Circle: First Contact*. St. John's: Newfoundland Historical Museum, 2000.

McGovern, Thomas H. "The Vinland Adventure: a North Atlantic Perspective." *North American Archaeologist*, vol. 2 (4), 1980-1.

Milanich, Jerald T. *The Timucua*. Oxford: Blackwell Publishers, 1996.

Milanich, Jerald T. e Susan Milbrath, editores. *First Encounters: Spanish Explorations in the Caribbean and the United States, 1492-1570*. Gainesville: University Press of Florida, 1989.

Miller, Lee. *Roanoke: Solving the Mystery of The Lost Colony*. Nova York: Arcade Publishing, 2000.

Mitchem, Jeffrey M. "The Ruth Smith, Weeki Wachee, and Tatham Mounds: Archaeological Evidence of Early Spanish Contact." *The Florida Archaeologist*, vol. 42, n. 4, dezembro de 1989.

Mitchem, Jeffrey M., e Brent R. Weisman, Donna L. Ruhl, Jenette Savell, Laura Sellers e Lisa Sharik. "Preliminary Report on Excavations at the Tatham Mound." Gainesville: Florida State Museum, Departamento de Antropologia, 1985.

Morgan, Edmund S. *The Puritan Dilemma: The Story of John Winthrop*. Boston: Little, Brown and Co., 1958.

_____. "Slavery and Freedom: The American Paradox." *The Journal of America History*, vol. 59, n. 1 (junho de 1972), pp. 5-29.

Morison, Samuel Eliot. *Admiral of the Ocean Sea: A Life of Christopher Columbus*, 2 vols. Boston: Little, Brown and Co., 1942.

_____. *Samuel de Champlain: Father of a New France*. Boston: Little, Brown and Co., 1972.

_____. *The European Discovery of America: The Northern Voyages A.D. 500-1600*. Nova York: Oxford University Press, 1971.

_____. *The European Discovery of America The Southern Voyages A.D. 1492-1616*. Nova York: Oxford University Press, 1974.

Morison, Samuel Eliot, trad. e editor. *Journals and Other Documents on the Life and Voyages of Christopher Columbus*. Nova York: The Heritage Press, 1963.

Mossiker, Frances. *Pocahontas: The Life and the Legend*. Nova York: Da Capo Press, 1996.

Moya Pons, Frank. *The Dominican Republic: A National History*. Princeton: Markus Wiener Publishers, 1998.

Munn, W. A. *Wineland Voyages: Location of Helluland, Markland and Vinland*. St. John's: The Evening Telegram Ltd., 1914.

National Park Service. "De Soto Trail: De Soto National Historic Trail Study." National Park Service, Southeast Regional Office, 1990.

Ober, Frederick A. *In the Wake of Columbus*. Boston: D. Lothrop Co., 1893.

Olschki, Leonardo. "Ponce de Leon's Fountain of Youth: History of a Geographical Myth." *The Hispanic American Historical Review*, vol. 21, n. 3 (agosto de 1941), pp. 361-85.

Pagden, Anthony. *European Encounters with the New World*. New Haven: Yale University Press, 1993.

_____. *Peoples and Empires: Europeans and the Rest of the World, from Antiquity to the Present*. Londres: Phoenix Press, 2001.

Parry, John H. e Robert Keith, editores. *New Iberian World: A Documentary History of the Discovery and Settlement of Latin America to Early Seventeenth Century*. Vol. II. Nova York: Times Books, 1984.

Pastore, Ralph T. *Shanawdithit's People: The Archaeology of the Beothuks*. St. John's: Atlantic Archaeology Ltd., 1992.

Philbrick, Nathaniel. *Mayflower. A Story of Courage, Community, and War*. Nova York: Viking, 2006.

Plecker, Walter A. "Racial Improvement." *Virginia Medical Monthly*, novembro de 1925.

Pollard, John Garland. "The Pamunkey Indians of Virginia." Bureau of Ethnology Bulletin 17. Washington D.C.: Smithsonian Institution, 1894.

Preston, Douglas. *Cities of Gold: A Journey Across the American Southwest*. Albuquerque: University of New Mexico Press, 1992.

Price, David A. *Love and Hate in Jamestown: John Smith, Pocahontas, and the Start of a New Nation*. Nova York: Vintage Books, 2005

Quinn, David Beers. *England and the Discovery of America, 1481-1620*. Londres: George Allen & Unwin Ltd., 1974.

_____. *Set Fair for Roanoke: Voyages and Colonies, 1584-1606*. Chapel Hill: University of North Carolina Press, 1985.

_____. *The Lost Colonists: Their Fortune and Probable Fate*. Raleigh: The North Carolina Division of Archives and History, 1984.

_____. *The Voyages and Colonising Enterprises of Sir Humphrey Gilbert*. Volume I. Londres: The Hakluyt Society, 1940.

Quinn, David B., W. P. Cummings e R. A. Skelton, editores. *The Discovery of North America*. Nova York: American Heritage Press, 1971.

Quinn, David B. e Alison M. Quinn. *Virginia Voyages from Hakluyt*. Londres: Oxford University Press, 1973.

Reid, Alastair. "Reflections: Waiting for Columbus." *The New Yorker*, 24 de fevereiro de 1992.

Renouf, M.A.P. *Ancient Cultures, Bountiful Seas: The Story of Port Au Choix*. St. John's: Historic Sites Association of Newfoundland and Labrador, 1999.

Restall, Matthew. *Seven Myths of the Spanish Conquest*. Oxford: Oxford University Press, 2003.

Reynolds, Charles. "Fact Versus Fiction for the New Historical St. Augustine." Mountain Lakes, N.J.: Charles Reynolds, 1937.

Rountree, Helen C. *Pocahontas's People: The Powhatan Indians of Virginia Through Four Centuries*. Norman: University of Oklahoma Press, 1990.

_____. *Pocahontas, Powhatan, Opechancanough: Three Indian Lives Changed by Jamestown*. Charlottesville: University of Virginia Press, 2005.

_____. *The Powhatan Indians of Virginia: Their Traditional Culture*. Norman: University of Oklahoma Press, 1992.

Rouse, Irving, *The Tainos: Rise and Decline of the People Who Greeted Columbus*. New Haven: Yale University Press, 1992.

Ruby Robert. *Unknown Shore: The Lost History of England's Arctic Colony*. Nova York: Henry Holt and Co., 2001.

Russell, Peter. *Prince Henry "the Navigator"*. New Haven: Yale University Press, 2001.

The Sagas of Icelanders: A Selection. Nova York: Penguim Putnam Inc., 2000.

Sale, Kirkpatrick. *The Conquest of Paradise: Christopher Columbus and the Columbian Legacy*. Nova York: Plume, 1991.

Sauer, Carl O. *Sixteenth-Century North America: The Land and People as Seen by the Europeans*. Berkeley: University of California Press, 1971.

Sawyer, Peter. *The Oxford Illustrated History of the Vikings*. Oxford: Oxford University Press, 1997.

Schneider, Paul. *Brutal Journey: The Epic Story of the First Crossing of North America*. Nova York: Henry Holt and Co., 2006.

Seelye, John. *Memory's Nation: The Place of Plymouth Rock*. Chapel Hill: University of North Carolina Press, 1998.

Shields, E. Thomson e Charles R. Ewen, editores. *Searching for the Roanoke Colonies: An Interdisciplinary Collection*. Raleigh: North Carolina Department of Cultural Resources, 2003.

Sider, Gerald M. *Lumbee Indian Histories: Race, Ethnicity and Indian Identity in the Southern United States*. Cambridge: Cambridge University Press, 1993.

Silverberg, Robert. *The Mound Builders*. Athens: Ohio University Press, 1970.

Sluiter, Engel. "New Light on the '20. and Odd Negroes' Arriving in Virginia August 1619." *The William and Mary Quarterly*, vol. LIV, n. 2, abril de 1997.

Smith, J. David. *The Eugenic Assault on America: Scenes in Red, White, and Black*. Fairfax: George Mason University Press, 1993.

Smith, John. *Captain John Smith: A Selected Edition of His Writings*. Editado por Karen Ordahl Kupperman. Chapel Hill: University of North Carolina Press, 1988.

_____. *Captain John Smith: Writings with Other Narratives of Roanoke, Jamestown and the First English Settlement of America*. Seleção de James Horn. Nova York: The Library of America, 2007.

_____. *The Complete Works of Captain John Smith (1580-1631)*, 3 vols. Editado por Philip L. Barbour. Chapel Hill: The University of North Carolina Press, 1986.

Speck, Frank G. *Chapter on the Ethnology of the Powhatan Tribes of Virginia*. Indian Notes and Monographs, vol. 1 n. 5. Nova York: Heye Foundation, 1928.

Spicer, Edward H. *Cycles of the Conquest: The Impact of Spain, Mexico, and the United States on the Indians of the Southwest, 1533-1960*. Tucson: University of Arizona Press, 1962.

Stannard, David E. *American Holocaust: Columbus and the Conquest of the New World*. Nova York: Oxford University Press, 1992.

Stern, Theodore. "Chickahominy: The Changing Culture of a Virginia Indian Community." *Proceedings of the American Philosophical Society*, vol. 96, n. 2, 21 de abril de 1952.

Strachey, William. *The Historie of Travell into Virginia Britania*. Londres: The Hakluyt Society, 1953.

Sturtevant, William C., editor principal. *Handbook of North American Indians*, 20 volumes. Washington D.C.: Smithsonian Institution, 1978-2006.

Swanton, John R. *Final Report of the De Soto Expedition Commission*. Washington, D.C.: Smithsonian Institution, 1985.

Taylor, Alan. *American Colonies: The Settling of North America*. Nova York: Penguim Putnam Inc., 2002.

Thomas, David Hurst, editor. *Columbian Consequences*, 3 vols. Washington, D.C.: Smithsonian Institution Press, 1989-91.

Thomas, Hugh. *Rivers of Gold: The Rise of the Spanish Empire*. Londres: Weidenfeld & Nicolson, 2003.

Thornton, John. "The African Experience of the '20. and Odd Negroes' Arriving in Virginia in 1619." *William and Mary Quarterly*, vol. LV, no. 3, julho de 1998.

Tilton, Robert S. *Pocahontas: The Evolution of an American Narrative*. Cambridge: Cambridge University Press, 1994.

Todorov, Tzvetlan. *The Conquest of America*. Trad. Richard Howard. Nova York: Harper and Row, 1984.

Trevelyan, Raleigh. *Sir Walter Raleigh*. Nova York: Henry Holt and Co., 2004.

Turner, Frederick Jackson. *The Frontier in American History*. Nova York: Robert E. Krieger Publishing Co., Inc., 1976.

Udall, Stewart L. *To the Inland Empire: Coronado and Our Spanish Legacy*. Nova York: Doubleday and Co., Inc., 1987.

The Vinland Sagas: The Norse Discovery of America. Trad. de Magnus Magnusson e Hermann Pálsson. Londres: Penguin Books Ltd., 1965.

Waterbury, Jean Parker, editor. *The Oldest City: St. Augustine, Saga of Survival*. St. Augustine: The St. Augustine Historical Society, 1983.

Weber, David J. *The Spanish Frontier in North America*. New Haven: Yale University Press, 1992.

Whitehead, Ruth Holmes. *Elitekey: Micmac Material Culture from 1600 AD to the Present*. Halifax: The Nova Scotia Museum, 1980.

_____. *Stories from the Six Worlds: Micmac Legends*. Halifax: Nimbus Publishing Ltd., 1988.

_____. *The Old Man Told Us: Excerpts from Micmac History 1500-1950*. Halifax: Nimbus Publishing Ltd., 1991.

Whitfield, Peter. *New Found Lands: Maps in the History of Exploration*. Nova York: Routledge, 1998.

Whittenburg, James P. e John M. Coski, editores. *Charles City County, Virginia: An Official History*. Salem, W.Va.: Don Mills, Inc., 1989.

Wilford, John Noble. *The Mysterious History of Columbus: An Exploration of the Man, the Myth, the Legacy*. Nova York: Alfred A. Knopf, 1991.

Wilson, Ian. *John Cabot and the Matthew*. St. John's: Breakwater, 1996.

Winship, George Parker, tradutor e editor. *The Journey of Coronado 1540-1542*. Golden, Co.: Fulcrum Publishing, 1990.

Wood, Michael. *Conquistadors*. Berkeley: University of California Press, 2002.

Worster, Donald. *Dust Bowl: The Southern Plains in the 1930s*. Nova York: Oxford University Press, 1979.

Wroth, Lawrence. *The Voyages of Giovanni da Verrazzano 1524-1528*. New Haven: Yale University Press, 1970.

Wucker, Michele. *Why the Cocks Fight: Dominicans, Haitians, and the Struggle for Hispaniola.* Nova York: Hill and Wang, 1999.

Young, Gloria A. e Michael P. Hoffman, editores. *The Expedition of Hernando de Soto West of the Mississippi, 1541-1543.* Fayetteville: The University of Arkansas Press, 1993.

AGRADECIMENTOS

Como os exploradores neste livro, eu teria ficado perdido sem os guias locais, tradutores e intermediários que conheci ao longo de minhas viagens. Além daqueles já mencionados no texto e nas notas sobre fontes, gostaria de agradecer a Alba Moquete Brown pela ajuda que me prestou em Santo Domingo e a dois generosos e encantadores sulistas: Billy Atkinson em Childersburg, Alabama, e Dru-Anna Overbay, que me guiaram pelo condado Melungeon do leste do Tennessee. Lamento não ter conseguido incluir nossas aventuras neste livro. Do mesmo modo, embora eu tenha homenageado Timothy Burke da Calderon Company no texto, ele me foi de tremenda ajuda em todos os aspectos de minha pesquisa sobre De Soto. O web site de seu grupo é um raro e interessante repositório de informações sobre conquistadores, do vestuário à dieta e aos cães. Pode ser encontrado no endereço http://mywebpages.comcast.net/calderon.

Escrevi grande parte deste livro durante uma *fellowship* no Radcliffe Institute for Advanced Study, a instituição mais estimulante que jamais tive a oportunidade de frequentar. Apresento minha profunda gratidão ao reitor, Drew Gilpin Faust; a Judith Vichniac e a todo o quadro de funcionários do Radcliffe; e a meus companheiros bolsistas, que me divertiram e me inspiraram com seus trabalhos de pesquisa e companheirismo. Enquanto estive em Harvard, também tive a sorte imensa de me tornar o aluno mais velho de Jill Lepore, que me acolheu em seu incomparável seminário sobre literatura histórica. Desde então ela me presenteou com sua amizade, seus conhecimentos de especialista e trabalho editorial.

Eu concluí este livro durante uma sinecura de um semestre na John Carter Brown Library, o arquivo incomparável de obras sobre os primeiros tempos da

América na Brown University. Meus agradecimentos aos funcionários da biblioteca e associados, e ao diretor Ted Widmer, uma estrela boêmia na constelação de historiadores americanos. A maioria das imagens neste livro são da coleção excepcional da biblioteca. Também sou muito grato ao meu professor dos velhos tempos na Brown, Philip Benedict, que me ensinou história europeia há um quarto de século e mais uma vez me deu orientação durante este projeto, de seu novo cargo no Institut d'histoire de la Reformation, em Genebra.

Entre os santos que leram este livro enquanto ainda era um "trabalho em progresso na fase do caos", se incluem minha mãe, Elinor Horwitz, e meu irmão Josh Horwitz; Maria Wherley, professora e companheira de caçadas em Spruce Creek, PA.; e Victoria Sprow, que também ajudou na tradução e nas pesquisas na Widener. Aqui vai também meu muito obrigado a meus amigos escritores — Joel Achenbach, Jack Hitt, Michael Lewis, Bill Powers, Martha Sherrill — pela amizade, pelos conselhos editoriais e escolha de título.

Mais uma vez tenho uma incomensurável dívida de gratidão para com minha superagente Kris Dahl e meu *über*-editor John Sterling, a dupla que lançou ao mar esta longa e estranha viagem, e a trouxe de volta a terra com paciência, otimismo e empurrões construtivos característicos. Muito obrigado também a Henry Holt, o mais *cult* entre os editores, designers e assistentes, e a Jolanta Benal por mais uma meticulosa revisão, edição e checagem de fatos.

Finalmente, e para sempre, meu amor e gratidão eternos a minha esposa Geraldine, o rochedo de Plymouth desta e de todas as outras obras em minha vida.

CRÉDITOS DAS ILUSTRAÇÕES

Página

23 Cortesia da John Carter Brown Library na Brown University. De *De Insulis Inventis*, Basel, 1493.

36 Navio viking, da Tapeçaria Bayeux (com permissão especial da cidade de Bayeux).

48 Cortesia do Rooms Provincial Museum, Newfoundland. Original na Beothuk Collection.

67 Cortesia da John Carter Brown Library na Brown University. De Theodor de Bry, *Americae pars quarta*, Frankfurt, 1594.

75 Cortesia da John Carter Brown Library na Brown University. De Gonzalo Fernández de Oviedo y Valdés, *Historia general y natural de las Indias*, Sevilha, 1535.

77 Cortesia da John Carter Brown Library na Brown University. De André Thevet, *La cosmografie universelle*, Paris, 1575.

78 Cortesia da John Carter Brown Library na Brown University. De Lorenz Fries, *Uselegun der Mer Carthen*, Estrasburgo, 1527.

92 Cortesia da John Carter Brown Library na Brown University. De *Mundus novus*, Antuérpia, c. 1507.

99 Cortesia da John Carter Brown Library na Brown University. De Gonzalo Fernández de Oviedo y Valdés, *Historia general y natural de las Indias*, Sevilha, 1535.

127 Cortesia da John Carter Brown Library na Brown University. De Bernardo de Vargas Machuca, *Milicia y descripcion de las Indias*, Madri, 1599.

131 Cortesia da John Carter Brown Library na Brown University. De Juan de Tovar, *Historia de la benida de los yndios*. México, ca. 1585.

159 Cortesia da John Carter Brown Library na Brown University. De Theodor de Bry, *Brevissima relacion*, Frankfurt, 1598.

166 Cortesia da Glasgow University Library, Department of Special Collections. De Diego Muñoz Carmargo, *Descripcíon de la Ciudad y provincial de Tlaxcala*, México, ca. 1580.

172 Fotografia de Bem Wittick. Cortesia de Palace of the Governors, Santa Fe, negativo número 016054.

191 Cortesia da John Carter Brown Library na Brown University. De Francisco López de Gómara, *Primera y segunda parte de la historia general de las Indias*. Zaragoza, 1553.

216 Cortesia da John Carter Brown Library na Brown University. De Antonia de Herrera y Tordesillas, *Historia general de los hechos de los castellanos*, Madri, 1601-15.

243 Cortesia do Georgia Department of Natural Resources.

254 Cortesia de The Architect of the Capitol. De William H. Powell, encomendado 1847, comprado 1855.

271 Cortesia da John Carter Brown Library na Brown University. De Theodor de Bry, *America*, pt. 2, Frankfurt, 1591.

277 Cortesia da John Carter Brown Library na Brown University. De Theodor de Bry, *America*, pt. 2, Frankfurt, 1591.

303 Cortesia da John Carter Brown Library na Brown University. De *Delle navigationi et viaggi*, Veneza, 1606.

323 Cortesia da John Carter Brown Library na Brown University. De Theodor de Bry, *Grands Voyages*, pt. 1, Frankfurt, 1590.

324 Cortesia da John Carter Brown Library na Brown University. De Theodor de Bry, *Grands Voyages*, pt. 1 Frankfurt, 1590.

337 Cortesia da John Carter Brown Library na Brown University. De John Smith, *The generall historie of Virginia*, Londres, 1624.

340 Cortesia da John Carter Brown Library na Brown University. De John Smith, *The generall historie of Virginia*, Londres, 1624.

351 Cortesia da John Carter Brown Library na Brown University. De John Smith, *The generall historie of Virginia*, Londres, 1624.

378 Cortesia da John Carter Brown Library na Brown University. *Les voyages du sieur de Champlain*, Paris, 1613.

Uma Longa e Estranha Viagem

Rotas dos exploradores
NORTE-AMERICANOS

Nova Álbion

De Coronado
1540-42

Quivira

Sete Cidades
de Cibola

Viagens
Espanholas
1540-42

De Vaca
1528-36

Rio Rio Grande

Nova
Espanha

Groenlândia
Vikings
985-1020
América do Norte
Terra Nova
Gosnold
1602
Fort St. George
Plymouth
Cape Cod
Santa Margarida
John Smith
1607-09
Jamestown
Ilha de Roanoke
Os ingleses na Virginia
1584-90
Rio Mississipi
Fort Caroline
St. Augustine
Ribault & Menéndez
1562-74
De Soto
1539-43
San Salvador
Ponce de León
1513
Cuba
Rotas de Colombo
1492-98
Hispaniola

markgraph

Rua Aguiar Moreira, 386 - Bonsucesso
Tel.: (21) 3868-5802   Fax: (21) 2270-9656
e-mail: markgraph@domain.com.br
Rio de Janeiro - RJ